LAILA MARIA WITT

mit Nina Schnackenbeck

Du bist die beste Mama für dein Baby

Gemeinsam durch dein erstes Jahr mit Kind

Besuchen Sie uns im Internet:
www.knaur.de

Aus Verantwortung für die Umwelt hat sich die Verlagsgruppe
Droemer Knaur zu einer nachhaltigen Buchproduktion verpflichtet.
Der bewusste Umgang mit unseren Ressourcen, der Schutz unseres Klimas
und der Natur gehören zu unseren obersten Unternehmenszielen.
Gemeinsam mit unseren Partnern und Lieferanten setzen wir uns für eine
klimaneutrale Buchproduktion ein, die den Erwerb von Klimazertifikaten
zur Kompensation des CO_2-Ausstoßes einschließt.
Weitere Informationen finden Sie unter: www.klimaneutralerverlag.de

Originalausgabe April 2021
Knaur Taschenbuch
© 2021 Knaur Verlag
Ein Imprint der Verlagsgruppe
Droemer Knaur GmbH & Co. KG, München
Alle Rechte vorbehalten. Das Werk darf – auch teilweise –
nur mit Genehmigung des Verlags wiedergegeben werden.
Covergestaltung: ZERO Werbeagentur, München
Coverabbildung: DMITRII SIMAKOV / Glitterstudio / shutterstock.com
Bildnachweis: Alle Übungsfotos: Michael Gabat;
alle übrigen Fotos: Archiv Laila Maria Witt
Gestaltung und Satz: Sandra Hacke
Druck und Bindung: Firmengruppe APPL, aprinta druck, Wemding
ISBN: 978-3-426-79123-3

Das findest du alles im Buch

Herzlichen Glückwunsch, du Liebe, du bist jetzt Mama!   10

Eine kleine Lese- und Nutzhilfe   12

TEIL 1: DER ANFANG – ALLES, WAS DU WISSEN MUSST   13

1. Dein Baby nach der Geburt   14

Vorsorgeuntersuchungen   20

   Die allerersten Untersuchungen   20

   Gelbsucht   21

   Fünf Untersuchungen im ersten Jahr   21

   So viel wiegt dein Neugeborenes   22

   So groß ist dein Neugeborenes   23

Frühgeborene und zu leichte Babys   23

2. Erhole dich: Wochenbett und Mutterschutz   27

Im Wochenbett kommt die Hebamme   27

Kein Rhythmus und viel Zeit   29

   Bitte keinen Druck aufbauen   30

Meine acht goldenen Regeln fürs Wochenbett   31

Im Wochenbett allein   33

Wochenbett mit Mehrlingen   34

Das passiert alles mit und in deinem Körper nach der Geburt   35

   Rückbildung der Gebärmutter   35

   Wochenfluss   36

   Milcheinschuss   38

   Wenn der Babyblues kommt   38

Dein Beckenboden ist das A und O   42

   Meine Rückbildungsübungen, Teil 1   42

Worauf du sonst noch achten solltest   45

   Es heißt nicht »Wochensofa« …   45

   Intimpflege nicht übertreiben   45

   Keine Diäten!   45

   Sex nach der Geburt   46

   Die richtige Verhütung   46

Und das braucht dein Baby   47

Wenn dir die Decke auf den Kopf fällt   48

Ein bisschen was Formales: Mutterschutz und Elternzeit   49

  Gilt der »Mutterschutz« für jede Frau?   49

  Bezahlte Elternzeit   50

3. Das »Laila-Prinzip«   52

4. Stillen ist ein Wunder   55

100 Prozent Zaubertrank: deine Muttermilch   55

  Die erste Milch   56

  Der Milcheinschuss   56

  Mein Stillrhythmus: kein Stillrhythmus   57

  Muss ich mein Baby nachts zum Stillen wecken?   58

  Bleibe gelassen und ruhig   60

  Mach es dir bequem   60

  Baby hinlegen   61

  Brust formen   61

Meine liebsten Stillpositionen   62

  Stillen im Sitzen   63

  Footballposition   63

  Liegeposition   63

Still-Wehwehchen   64

  Au – Milcheinschuss!   64

  Wunde Brustwarzen   65

  Hilfe, ich habe zu wenig Milch!   65

  So regst du die Milchbildung an   66

Kein Hexenwerk – Milch abpumpen   68

Ernährung in der Stillzeit   71

Wenn du nicht stillen kannst oder willst   75

  Basics der Säuglingsernährung ohne Stillen   76

5. Vorsicht: zerbrechlich! So hältst du dein Baby richtig   78

Meine sieben goldenen Regeln zum »Handling« mit Baby   78

Der Schalengriff   79

Die Brustwiege- oder Armhaltung   79

Die Bäuerchen- oder Schulterhaltung   80

Das Ablegen   80

Der »Fliegergriff«   81

6. So schlafen Mama und Baby am besten 82

Wenn nicht Familienbett, dann Co-Sleeping 82

Maßnahmen für Babys sicheren Schlaf 82

Zusätzliche Maßnahmen mit Baby im Elternbett 84

Plötzlicher Kindstod 85

Was mache ich, wenn mein Baby nicht mehr atmet? 85

7. Watteweich und voller Liebe – so pflegst du dein Baby 88

Wickeln, Windeln, wunder Po 88

Windeln regelmäßig wechseln 88

Windelbereich reinigen 88

Nabelpflege 89

Baden mit Baby 91

Duschen mit Baby 91

Diese Stellen sind wichtig 92

Nagelpflege 93

Nackig sein ist schön! 93

8. Warum dein Baby weint – und warum du es immer trösten solltest 95

Zehn Gründe, warum dein Baby weint 96

Hilfe, mein Baby ist ein »Schreibaby« 100

So kannst du deinem Baby helfen 101

Babys mit sehr starken Bedürfnissen oder High-Need-Babys 102

Wie du auf dein High-Need-Baby eingehen kannst 103

Wenn es nicht mehr geht: Nimm dir eine Auszeit 108

Schüttele dein Baby niemals! 109

Koliken beim Baby 110

So kannst du deinem Baby helfen 110

Ernährung der Mutter bei Koliken 111

THEMA: Schwierige Geburt verarbeiten 112

TEIL 2: DIE WICHTIGSTEN ENTWICKLUNGSSCHRITTE DEINES BABYS 115

1. Von der ersten Erkältung bis zur ersten Einschlafroutine – die Monate 0–3 116

Das brauchst du für dein Baby 116

Und das brauchst du nicht 118

Mit deinem Baby unterwegs und in Bewegung 119

Wickelkreuztrage binden   121

Baby auf dem Rücken   124

Wir packen unsere Wickeltasche   124

Die zwölf schönsten Dinge, die du mit deinem Baby machen kannst   125

Babys im Sommer   127

Babys Kleidung im Sommer   130

Babys im Winter   131

Babys Kleidung im Winter   132

Die ersten Krankheiten   135

Erkältung der Mama in der Stillzeit   135

Babys erste Erkältung   136

Magen-Darm-Virus, Bronchitis und Co.   139

Notfälle beim Baby   143

Babys Impfungen im ersten Jahr   146

Meine Rückbildungsübungen, Teil 2   147

Tipps & Tricks zum Einschlafen und Durchschlafen deines Babys   150

THEMA: Wenn schon ältere Geschwister da sind   153

2. Vom ersten Zähnchen bis zum Mittagsschlaf – die Monate 4–6   156

Mit Urvertrauen zur Selbstständigkeit   156

Babys Forscherdrang unterstützen, nicht hemmen   157

So mobil ist dein Baby   162

So machst du dein Baby schlau   165

Die schönsten Spiele mit deinem Baby   168

Erste Zähnchen und Zähneputzen   171

Beikosteinführung: Wenn dein Baby anfängt zu essen   174

Daran erkennst du, dass dein Baby bereit für Beikost ist   174

Und daran erkennst du, dass dein Baby noch nicht bereit ist   175

Mein Rezept für Babys ersten Brei   180

Baby-led Weaning   182

Das darf dein Baby unter einem Jahr nicht essen   185

Babys Mittagsschlaf   188

Mein Mama-Alltag mit Baby   191

Die elf schönsten Unternehmungen mit Baby   192

Freundschaften zwischen Mamas und Nicht-Mamas   195

THEMA: An alle alleinerziehenden Mamas und Papas   196

3. Vom ersten Krabbeln bis zum ersten Brabbeln – die Monate 7–9   201

    Mit Volldampf voraus – was dein Baby alles kann   201

    Die eigenen vier Wände krabbelsicher machen   204

    »Erziehung« zur Selbstständigkeit = weniger Erziehung, mehr Bauch   206

Baby vom Elternbett ans eigene Bett gewöhnen   209

Dein Baby in andere Hände geben   210

    Wie du dein Baby auf die Betreuung durch andere vorbereitest   210

    Wenn dein Baby beim Abschied weint   211

    Für berufstätige Mütter   212

    Wenn dein Baby fremdelt   213

So trägst du dein großes Baby   215

    So binde ich mein großes Baby mit einem Tuch auf den Rücken   216

So verändert sich dein Körper in neun Monaten   218

    Mama-Fitness – meine tägliche Sportroutine (nur 15 Minuten!)   221

THEMA: Vier Dinge, die ich als Mama bereue,
und vier Fallen, in die ich immer wieder tappe   233

4. Von den ersten Schritten bis zum ersten Geburtstag – die Monate 10–12   236

    Wow, wow, wow – dein Baby ist schon sooo groß!   236

Abstillen – dein Baby von der Brust entwöhnen   240

    Die erste Periode   244

Der Schlaf deines großen Babys   247

Jetzt geht's um dich, Mama!   251

    Ich bin sooo müde! Wenn du auf dem Zahnfleisch gehst   251

    Mehr Zeit hab ich nicht – »schön« in 5 Minuten   255

    Ich habe nichts anzuziehen! »Mama-Mode« im Alltag   257

Wie schön, dass du geboren bist! – Babys erster Geburtstag   260

    Mein Rezept für Babys ersten Geburtstagskuchen   261

THEMA: Papas only – ein Kapitel für die frischgebackenen Väter   263

Nachwort   265

Dank   266

Die zehn wichtigsten Entwicklungsschübe deines Babys und Kleinkinds   267

Alles auf einen Blick – Stichwortregister   270

Herzlichen Glückwunsch, du Liebe, du bist jetzt Mama!

Was gibt es Schöneres?!
Vielleicht liegst du noch im Krankenhaus, vielleicht bist du schon zu Hause. Vielleicht seid ihr gerade erst zur Tür hereingekommen, vielleicht aber ist die Geburt deines Babys auch schon etwas länger her. Die eine von euch hat im Krankenhaus entbunden, eine andere im Geburtshaus oder sogar in den eigenen vier Wänden. Vielleicht lief deine Geburt traumhaft, vielleicht war sie kompliziert oder schwierig. Für manche von euch ist es das erste Kind, für manche das zweite oder dritte, und möglicherweise ist sogar die ein oder andere Vierfach- oder gar Fünffach-Mama dabei.

Ganz egal, denn was zählt, ist: Du hast es geschafft, du hast dein Wunder im Arm. Und du kannst so stolz auf dich sein.

Dieses Buch ist für dich.

Du bist jetzt eine Mama. Wow! Lass dir das noch mal auf der Zunge zergehen: Du hast ein Baby. Natürlich bringt es auch eine Menge Verantwortung mit sich, plötzlich für so ein kleines Menschlein verantwortlich zu sein. Und es ist ja auch wirklich so: Dein Baby braucht dich, um zu leben. Das ist etwas Wunderbares und Einzigartiges. Aber es ist auch etwas, das einem manchmal etwas Angst machen oder/und einen überfordern kann.

Aaaaber, du Liebe, es geht auch *einfach* mit Baby. Und in diesem Ratgeber möchte ich dir den Weg zeigen, wie man sich das Leben an vielen kleinen Punkten leichter machen kann, wie du dein Baby und dein neues Leben genießen kannst und dich dabei trotzdem nicht selbst zu vergessen brauchst.

Deswegen habe ich dieses Buch geschrieben und darin all meine Erfahrungen und besten Tipps und Tricks als vierfache Mutter zusammengefasst. Und das Schöne daran: Alle meine Ratschläge sind ganz einfach umsetzbar und vielfach in der Praxis erprobt. Bisher durfte ich auf YouTube weit mehr als 100 000 Mütter erreichen – dort hat sich eine liebevolle Mama-Community gebildet. Falls du Austausch zu anderen Müttern suchst, bist auch du herzlich eingeladen, vorbeizuschauen.

Wunderschön, wenn man bedenkt, wie es vor 15 Jahren angefangen hat. Da habe ich mich nämlich dazu entschlossen, mit meinem erstgeborenen Sohn einen besonderen Weg einzuschlagen: in der Großstadt ohne Kinderwagen zu sein und meinen Kleinen zu tragen und ihm dadurch das Leben etwas geborgener und mir deutlich leichter zu machen. Wie das genau zusammenhängt, erfährst du selbstverständlich in diesem Buch. Damit war ich zumindest in meinem Umfeld die Erste, und so kam es, dass ich meinen Freundinnen, dann auch deren Freundinnen und dann immer mehr

Frauen gezeigt habe, wie man das Trage-tuch bindet. Damals war das nämlich noch eher außergewöhnlich, und es gab noch keine Trageberatungen. Ich bin also ge-mächlich in die Rolle hineingewachsen, andere Mütter zu beraten. Mein YouTube-Kanal ist eine logische und so tolle Kon-sequenz aus dieser wunderschönen Ent-wicklung und dieses Buch eine Zusammen-fassung aus 15 Jahren Mama-Sein.

Darüber hinaus möchte ich dir aber gleich zu Beginn ans Herz legen, immer auf dein eigenes Bauchgefühl zu vertrau-en. Du wirst hier viel über meine persön-lichen Erfahrungen und Sichtweisen lesen. Aber auch jenseits von diesen gibt es eine Vielzahl an unterschiedlichen Wegen, mit deinem Baby glücklich zu sein. Und nur darum geht es ja: dass du mit deinem Baby glücklich bist.

Versuche, gut auf dich zu hören, ein bisschen lockerzulassen und immer daran zu glauben: Du bist die beste Mama für dein Baby. Punkt.

Ich freue mich wirklich, dass du da bist und ich deine Inspirationsquelle sein darf.

Vielleicht bist du *wieder* da und kennst bereits mein erstes Buch *Gemeinsam werden wir kugelrund*; vielleicht ist dies aber auch dein erstes Buch von mir. In jedem Fall freue ich mich auf die gemeinsame Zeit, die wir die nächsten Monate miteinander teilen werden.

Lass mich an deiner Seite sein in deinem ersten Jahr mit deinem Baby. Denn in diesem ganz besonderen Jahr ist noch oder jedes Mal wieder alles ganz neu und auf-regend. Ich hoffe von Herzen, all deine Fragen in diesem Buch beantworten zu können, damit du dich sicher fühlen kannst. Denn eins weiß ich ganz genau: Du bist die beste Mama für dein Baby. Genau so, wie *du* bist.

Deine Laila

PS: Obwohl ich eine Ärztin an meiner Seite habe, ersetzt dieser Ratgeber keinen Besuch beim Arzt. Deswegen: bei Unsi-cherheiten bitte immer Rücksprache mit deiner Frauenärztin oder Kinderärztin halten.

Eine kleine
Lese- und Nutzhilfe

Du Liebe, in diesem Buch erzähle ich dir, wie es im ersten Jahr mit Baby bei *mir* war. Es passieren da sehr viele Dinge gleichzeitig, aber vieles auch nacheinander. Es kann auch bei dir in dieser Reihenfolge geschehen, muss aber nicht. Wenn dir also gerade ein ganz anderes Thema wichtig ist, schlage es hinten im alphabetisch geordneten Stichwortregister nach und blättere zum entsprechenden Kapitel. Du kannst dieses Buch also von vorne bis hinten durchlesen oder aber jeweils zu den Themen blättern, die bei euch gerade dran sind. Denn es gibt zwar gewisse grobe Entwicklungsschritte im ersten Jahr, aber jedes Baby legt diese in seinem ganz eigenen Tempo zurück – das eine etwas schneller, das andere etwas langsamer.

Das Buch ist in zwei große Teile unterteilt: Im ersten geht es vor allem um die »Grundlagen« mit einem Baby. Im zweiten Teil um seine wichtigsten Entwicklungsschritte in den ersten zwölf Monaten.

Ich möchte dir ans Herz legen, den ersten Teil des Buches in einem Rutsch zu lesen, weil es gerade in den ersten Wochen mit Baby so viel Neues und so viel zu wissen gibt! So erfährst du die Grundlagen für dein Wochenbett, das Stillen, die Babypflege, das Wickeln und vieles mehr an einem Stück.

Die Sache mit dem Geschlecht ...

Ich habe es schon im ersten Buch erwähnt: Mir ist wichtig, dass sich alle da draußen, die Eltern geworden sind (oder noch werden) und dieses Buch lesen, angesprochen fühlen.

Da sich aber auch dieses Buch vor allem an die Mamas unter euch richtet, und wahrscheinlich vor allem von Frauen gelesen wird, benutze ich im Buch meist die weibliche Form. Vor allem bei der Frauen*ärztin* (auch, weil ich selbst eine Frauen*ärztin* habe) oder der *Ärztin* generell fällt das besonders auf, weil wir da in der Alltagssprache oft die männliche Form benutzen. Das bedeutet aber natürlich nicht, dass ein (Frauen-)*Arzt* nicht ebenso gut behandeln und wertvollen Rat aussprechen kann. Bitte, ihr Männer da draußen, fühlt euch davon nicht ausgeschlossen.

Und was mir noch ganz, ganz wichtig ist: Es ist mir bewusst, dass es immer mehr homosexuelle Paare mit Kindern gibt, ich habe selbst zwei in meinem Freundeskreis. Natürlich seid ihr alle ebenso jederzeit angesprochen, auch wenn ich, wenn es um den oder die Partner/-in geht, die männliche Form verwende! Bitte nicht böse sein, wenn es das ein oder andere Mal ausschließlicher klingt, als es gemeint ist und sein soll.

Teil 1

DER ANFANG –
ALLES, WAS DU WISSEN MUSST

Du Liebe,
in diesem ersten Teil muss ich dir ganz viel mit auf den Weg geben, darum ist der Anfang des Buches so vollgepackt: Wochenbett, Stillen, Rückbildung, Babypflege, Wickeln und vieles mehr …

Am liebsten wäre mir, du würdest diesen Teil einmal im Ganzen lesen und dann immer wieder nachschlagen, wenn ein Thema bei dir akut auftritt. Denn: Es passiert gerade am Anfang so vieles gleichzeitig, was für dich völlig neu und ungewohnt sein wird. Je mehr du darüber dann schon weißt, umso sicherer kannst du dich fühlen.

1. Dein Baby nach der Geburt

Juhu, es sind die wunderschönen ersten Tage mit deinem gut riechenden Baby. Es wird nie wieder so klein sein, und wahrscheinlich wirst du dein ganzes Leben immer wieder an diese ersten Tage mit deinem kleinen Goldschatz zurückdenken.

Vielleicht möchtest du dein Baby am liebsten gar nicht mehr loslassen, und höchstwahrscheinlich will auch dein Kleines den ganzen Tag auf deinem Arm schlafen und lässt sich selten ablegen. Du Liebe, das ist ganz normal und hat seinen Ursprung übrigens in der Steinzeit. Denn früher, als wir Menschen noch keine festen Häuser hatten, wäre ein Baby jederzeit in Lebensgefahr gewesen, wenn es allein gelassen worden wäre. Wilde Tiere hätten es angreifen können auf der Suche nach Nahrung, zum Beispiel. Wenn also dein Baby schreit, wenn es allein liegt, greift nur sein natürlicher Überlebensinstinkt. Es weiß nicht, dass es sicher und geschützt in seinem Bettchen liegt, es weiß noch nichts von und über die moderne Welt, in die es hineingeboren wurde. Und ganz wichtig ist: Es möchte dich auch nicht ärgern. Es braucht dich und deine körperliche Nähe einfach genauso sehr wie Nahrung und Wärme. Es war schließlich neun Monate in deinem Bauch gemütlich, eng und warm allzeit versorgt. Und braucht nun die ersten Wochen genau dieselbe Geborgenheit und Nähe, damit es sich an die Welt gewöhnen kann.

Und übrigens, weißt du was: *Du* brauchst auch dein Baby. Denn dadurch, dass du dein Baby eng bei dir hast, wird deine Milchproduktion angeregt, zieht sich deine Gebärmutter für die Rückbildung schneller zusammen, schüttet ihr beide Oxytocin aus, unser sogenanntes Kuschelhormon, das dazu führt, dass ihr zusammen glücklich und zufrieden seid und eine enge Mutter-Kind-Beziehung aufbauen könnt. Und darum beneide ich dich jetzt gerade.

Bevor wir gleich alles durchgehen, was es am Anfang zu wissen gibt, vom Wochenbett übers Stillen, Wickeln, Babypflege bis zu den U-Untersuchungen, kümmern wir uns erst mal um dein Baby. Denn du willst natürlich wissen: Was passiert mit deinem Engelchen, wie gedeiht es, wie viel wiegt es, wie viel nimmt es zu, was kann es zu welchem Zeitpunkt, kann es Geräusche hören, wann kommt das erste Lächeln?

Dein Baby hat also die anstrengende Geburt hinter sich und wirkt noch ganz zerbrechlich, kennt noch nichts von der Welt da draußen und muss sich erst langsam an alles gewöhnen, was uns so vertraut ist. Aber du wirst staunen, wie schnell aus deinem winzig kleinen Mäuschen in kürzester Zeit ein kräftiges Baby wird.

WAS IST BONDING?

Du Liebe, wenn die Geburt noch vor dir liegen sollte, möchte ich dir eines sehr ans Herz legen – die meisten Kranken- und Geburtshäuser und Hebammen werden ohnehin dazu raten: Lege dir dein nacktes Baby am besten direkt nach der Geburt für mehrere Stunden auf deine nackte Brust und verbringt in dieser Nähe, Haut an Haut, die Zeit so ungestört wie möglich.

»Bonding« kommt aus dem Englischen, *to bond with somebody,* und bedeutet, zu jemandem eine Beziehung aufbauen. Es bezeichnet den Prozess, wenn ein einzigartiges, emotionales Band zwischen Mutter und Kind entsteht. Das geschieht eben meist in den ersten Stunden und Tagen, nachdem das Baby auf der Welt ist. Auf der Brust der Mutter zu liegen, ihre Körperwärme zu spüren und ihren Herzschlag zu hören, schenkt deinem Baby Wärme, Geborgenheit und Sicherheit, um das Erlebnis der Geburt gut zu verarbeiten.

Außerdem tut das Bonding auch körperlich gut, denn dabei wird bei dir Oxytocin ausgeschüttet, das nicht nur die Milchproduktion und die Rückbildung deiner Gebärmutter anregt, sondern auch als Katalysator für die Mutter-Kind-Bindung gilt. Und auch dein Baby erhält eine Portion des »Kuschelhormons«, das sein Wohlbefinden steigert und sein Stresslevel nach der anstrengenden Geburt senkt.

Auch der Papa kann natürlich an diesem Erlebnis teilhaben, indem er sich ganz nah an euch heransetzt und ihr so die ersten gemeinsamen Momente zu dritt ganz intim als Familie erleben könnt.

Wenn es dir aus welchen Gründen auch immer nicht möglich sein sollte, gleich nach der Geburt zu bonden, mache dir keine Sorgen! Du kannst das Bonding mit deinem Baby auch jederzeit später ausgiebig nachholen.

Aber wenn du die Möglichkeit hast, dein Baby gleich ganz nah bei dir zu haben, nutze sie!

Das Bonding endet auch nicht nach ein paar Tagen. Es kann das ganze erste Lebensjahr gemacht werden. Dann kann auch der Papa mal an die Reihe kommen. Diese Nähe und Geborgenheit zu vermitteln, ist eine wertvolle Grundlage für eine stabile Eltern-Kind-Beziehung.

Dabei ist jedes Baby einzigartig, bringt eine ganz eigene Persönlichkeit mit, Wünsche, Besonderheiten, Vorlieben, die sich nach und nach immer deutlicher herauskristallisieren.

Viele denken bei einem Neugeborenen an ein zwei, drei Monate altes Baby mit glatter Haut, das uns mit großen Augen anschaut. Direkt nach der Geburt aber ist dein Baby noch verschmiert, verrunzelt und sieht mitunter gar ein bisschen zerdrückt aus. Manch ein Baby kommt schon mit **Haaren** auf die Welt, andere ganz ohne. Die Haare fallen in der ersten Zeit dann bei fast allen Neugeborenen aus. Und auch ihre Farbe und Festigkeit hat noch nichts mit den Haaren zu tun, die ihnen später wachsen werden. Vor allem frühgeborene Babys sind auch am Körper leicht behaart, das ist die Lanugobehaarung aus dem Mutterleib (vom Lateinischen *lana* = Wolle, weswegen auch »Wollhaare« dazu gesagt wird). Das ist eine ganz feine Ganzkörperbehaarung des Fötus. Sie sorgt dafür, dass die Käseschmiere an seinem Körper haften bleibt, sodass seine empfindliche Haut nicht vom Fruchtwasser aufgeweicht und vor Druck geschützt wird. Außerdem hilft das Wollhaar natürlich bei der Wärmespeicherung. Diese Haare fallen bald nach der Geburt aus, denn sie werden nicht mehr benötigt.

Die **Kopfform** deines Babys kann manchmal direkt nach der Geburt noch etwas merkwürdig anmuten. Einige haben einen ganz lang gezogenen Hinterkopf, zum Beispiel. Das zeigt einfach, wie formbar der kleine Kopf noch ist. Und diese »Knautschzone« braucht der Babykopf ja auch, um durch den Geburtskanal zu ge-

langen. Der Kopf deines Babys besteht bei der Geburt also noch nicht aus einer durchgehenden Knochenplatte, wie das später der Fall ist. Stattdessen ist der Schädel durchzogen von mehreren Furchen, an denen sich keine Knochen befinden. An diesen sogenannten Fontanellen können sich während der Geburt die Schädelplatten zusammen- und teilweise auch übereinanderschieben. Es gibt eine größere Fontanelle, die rautenförmig ist und zwischen Stirn- und Scheitelbein auf dem Vorderhaupt liegt, eine kleinere Fontanelle, die sich am Hinterkopf befindet, etwa eine Handbreit über dem Nacken, und vier weitere Fontanellen an den Seiten des Kopfes, die aber meist gar nicht bemerkt werden. Im Bereich der größeren Fontanelle lässt sich gaaaanz behutsam der Pulsschlag deines Babys fühlen. Wenn dein Baby aufgerichtet ist, fällt diese Fontanelle meist ein wenig ein, wenn es liegt, ist sie etwas gewölbt. Vorsicht aber: Sollte die Fontanelle sehr weit einfallen, ist das ein Zeichen dafür, dass dein Baby dringend Flüssigkeit benötigt.

Die kleine Fontanelle schließt sich meist nach etwa drei Monaten, die vier Seitenfontanellen erst später, die größere, vordere Fontanelle aber bleibt für einige Zeit erst mal unverändert. Sie schließt sich nach und nach bis zum zweiten Lebensjahr.

Vielen Eltern macht der Gedanke, dass das Köpfchen ihres Babys noch nicht richtig »geschlossen« ist, Angst. Generell gilt: Man muss ganz behutsam und vorsichtig mit dem Kopf des Babys umgehen. Er sollte nie gedrückt werden und vor Stößen geschützt sein. In Watte packen musst du dein Baby nun aber auch nicht. Der Kopf deines Babys ist an den Fontanellen nicht »offen«, diese empfindlichen Stellen werden von einer Bindegewebsschicht bedeckt, die sehr widerstandsfähig ist und das Köpfchen gut schützt. Ansonsten wirst du noch erfahren, wie du es am besten und sichersten hältst und worauf besonders zu achten ist.

Die **Atmung** deines Schätzchens ist nach der Geburt noch sehr schnell. Das kannst du sehen, wenn du seinen kleinen Brustkorb beobachtest. In den ersten Lebensstunden atmen einige Babys manchmal noch etwas geräuschvoll. Sorge dich dann nicht: Das ist ganz normal. Danach sollte die Atmung aber in der Regel leicht und ohne Mühe gehen. Ein Neugeborenes kann übrigens auch auffällig schnell oder geräuschvoll atmen, wenn ihm zu warm ist. Bei auffälligen Atemaussetzern deines Babys solltest du aber immer eine Ärztin kontaktieren.

Ich erinnere mich noch gut daran, als mein Kleiner etwa einen Tag alt war: Da hat er plötzlich nicht mehr eingeatmet. Ich habe ihm dann reflexartig ins Gesicht gepustet – er nahm daraufhin einen tiefen Atemzug und hat im Anschluss ganz harmonisch weitergeatmet. Wir Mamas sind in den ersten Tagen nach der Geburt einfach wachsam wie Löwinnen. Und wenn du dein Baby am Anfang immer bei dir hast, bemerkst du kleine, feine Unregelmäßigkeiten sofort und wirst oft einen ganz eigenen Instinkt dazu haben, was zu tun ist. So, wie ich es selbst erlebt habe.

Was in den ersten Tagen nach der Geburt sehr besonders ist, ist der unglaublich wache **Blick** deines Babys. Da ist es erst so kurz auf der Welt und guckt doch schon so, als

wüsste es genau Bescheid. Dieser Blick ändert sich aber in den ersten Lebenstagen, dann hält dein Baby seine Augen viel öfter geschlossen. Einige Babys mögen ihre Augen gar nicht mehr so recht öffnen. Da reicht es oft, sie behutsam aufzusetzen, dann öffnen sie die Augen meist von ganz allein. Bitte versuche nicht, die Augen mit deinen Fingern zu öffnen! Du musst die Augen deines Babys auch nicht reinigen. Sollten die Babyaugen viel Schleim absondern, kann das von einer in diesem Alter ganz normalen Tränenwegsverengung herrühren. Bitte keine Sorge, das verwächst sich in den allermeisten Fällen und wird auch bei den U-Untersuchungen immer mit angeschaut. Sollte es sich also in den ersten Wochen nicht von selbst geben, wird deine Kinderärztin ein Auge darauf haben.

Dein Baby kann am Anfang nur sehr verschwommen sehen und nur ungefähr 30 Zentimeter weit. Darum ist dein Gesicht für dein Baby auch das Interessanteste auf der Welt. Es wird dich nach seinen Möglichkeiten genauestens beobachten und vielleicht sogar schon den Blickkontakt suchen.

Die Augenfarbe des Babys steht bei der Geburt übrigens noch nicht fest. Hellhäutige Babys kommen häufig mit dunkelblauen Augen zur Welt, dunkelhäutige mit braunen oder dunkelgrauen Augen. Die Pigmentierung der Augen wird aber erst nach der Geburt durch den Einfluss von Sonnenlicht abgeschlossen, die endgültige Augenfarbe bildet sich erst zwischen dem sechsten und neunten Lebensmonat heraus.

Die **Haut** deines Neugeborenen ist noch sehr fein und dünn. Einige Neugeborene haben ganz glatte Haut, bei anderen ist sie runzlig und schuppig. Oft schälen sich in den ersten Tagen auch die oberen Hautschichten in groben Schuppen ab, das passiert besonders häufig am Bauch und an den Beinen. Das kommt daher, dass die obersten Hautschichten, die im Fruchtwasser aufgequollen waren, jetzt eintrocknen und sich ablösen. Die Haut deines Babys braucht aber keine besondere Behandlung. Es sei denn, sie wird rissig. Dann hast du zwei Möglichkeiten: Du kannst einfach abwarten, denn die rissige Haut wird sich von allein abpellen. Oder aber du träufelst ein bisschen gutes Olivenöl in deine Hände, verreibst es darin und verstreichst es behutsam auf die rissigen Hautstellen. Natürlich kannst du auch deine Hebamme einmal draufschauen lassen.

Auf der Kopfhaut (oder auch mal an den Augenbrauen) deines Babys bildet sich vielleicht in den ersten Wochen eine Form von Schuppen, **Kopfgneis** genannt. Dieser entsteht, wenn zu viel Talg produziert wird. Seine Schuppen sind fettig-glänzend, sie haben eine gelbe bis gelbbraune Farbe. Der Kopfgneis ist aber völlig unbedenklich, und nur sehr selten juckt er. Und niemals wird Kopfgneis von Fieber begleitet oder ist gar ansteckend. Du solltest nicht daran pulen oder kratzen und versuchen, die Schuppen zu entfernen. Und glaub mir, ich weiß, wie schwer das ist. Ich bin auch so eine Pulerin, und ich hatte große Schwierigkeiten, mich zurückzuhalten. Von meinen vier Kindern hatte der Älteste Kopfgneis, der aber ungefähr mit zwei Jahren ganz verschwunden ist. Mit einem halben Jahr waren seine Haare jedoch ohnehin so weit gewachsen, dass

der Kopfgneis darunter verborgen lag und gar nicht mehr zu sehen war. Das Pulen und Abkratzen kann nämlich zu Narben auf der Kopfhaut führen. Der Kopfgneis verschwindet in der Regel von ganz allein wieder innerhalb der ersten Lebensjahre.

Sollte sich der Kopfgneis neben den Augenbrauen noch auf anderen Hautstellen deines Babys ausbreiten oder dein Baby sich offensichtlich unwohl fühlen oder Fieber bekommen, kontaktiere aber bitte eure Kinderärztin. Dann handelt es sich nämlich aller Wahrscheinlichkeit nach um Milchschorf.

Oft wird der Kopfgneis mit **Milchschorf** verwechselt, weil sie sich sehr ähnlich sehen. Wo der Kopfgneis aber eine harmlose Hautirritation ist, gilt der Milchschorf hingegen tatsächlich als eine Hauterkrankung beim Säugling. Milchschorf tritt meist erst ab dem dritten Lebensmonat auf. Er bildet sich ebenfalls vor allem auf der Kopfhaut, kann aber auch im Gesicht (hier vor allem an den Augenbrauen, am Haaransatz oder aber an den Wangen, an der Stirn oder hinter den Ohren), in den Arm- und Beinbeugen vorkommen. Der bedeutende Unterschied zum Kopfgneis ist, dass der Milchschorf oft zu starkem Juckreiz führt und das Wohlbefinden deines Babys beeinträchtigt. Um Milchschorf zu behandeln, vereinbarst du bitte einen Termin bei eurer Kinderärztin, um die Symptome wie Jucken und Entzündungen abzumildern.

Einige Babys kommen mit einem sogenannten **Storchenbiss**, auch »Feuermal« genannt, auf die Welt: ein roter Fleck, oft im Nacken (eben da, wo der Storch die Babys trägt) oder auf dem Nasenrücken, den

Augenlidern, der Oberlippe oder keilförmig auf der Stirn. Er reicht von Blassrot bis Tiefblau. Storchenbisse verschwinden in den ersten Monaten und treten nur noch hervor, wenn das Kind zornig ist oder sich aufregt. Andere Babys werden mit einem »Mongolenfleck« am unteren Rücken, Gesäß oder Oberschenkel geboren. Es handelt sich um einen blauvioletten Fleck, der meist nach dem ersten Lebensjahr von allein wieder verschwindet. Meine Babys hatten alle so einen Fleck über dem Steiß und auch alle einen Storchenbiss. Eins meiner Kinder ist mit einem sehr großen Storchenbiss auf die Welt gekommen. Im zweiten Lebensjahr haben wir uns dazu entschlossen, ihn weglasern zu lassen, weil er sich bis dahin nicht deutlich zurückgezogen hatte. Denn andernfalls wäre er beim nächsten Wachstumsschub weiter mitgewachsen, wodurch die zu behandelnde Fläche auch immer größer geworden wäre. All das war völlig komplikationslos und ist gut verheilt. Darum möchte ich dich beruhigen, wenn dein Baby mit einem besonders großen Feuermal auf die Welt gekommen ist – es lässt sich gut behandeln, es tut nicht weh, und alles wird gut. Das habe ich selbst erlebt.

Falls es dir noch niemand gesagt hat (ich wusste es bei meinem ersten Baby auch noch nicht): Babys werden fast immer mit Pickelchen geboren. Keine Sorge, die gehen von ganz allein wieder weg. Es könnten zum Beispiel Milien (kleine weiße, verstopfte Talgdrüsen) sein, Pusteln oder »Neugeborenen-Ausschlag« (kleine erhabene, helle oder gelbliche Papeln, die von einem roten Hof umgeben sind). Und ich weiß, wie verlockend es scheint, aber bitte,

bitte nie daran herumdrücken! Du darfst aber gerne etwas Muttermilch drauftupfen und sie trocknen lassen.

Nachdem nach der Geburt die Nabelschnur zwischen dir und deinem Baby durchtrennt worden ist, wird der Rest des **Nabels** bei deinem Baby mit einer kleinen Klammer abgeklemmt. Er trocknet irgendwann in den nächsten zwei Wochen ein und fällt dann von allein ab. Zu tun ist hier nichts von dir (siehe dazu auch später das Kapitel »So pflegst du dein Baby« S. 88).

Übrigens, solange der Nabel noch nicht abgefallen ist, brauchst du dein Baby noch nicht zu baden (oder mit ihm zu duschen), und auch auf Eincremen solltest du noch verzichten (mehr dazu kannst du im Kapitel »So pflegst du dein Baby« ab Seite 88 nachlesen).

Einige Neugeborene leiden unter einem **Nabelbruch.** Der entsteht, wenn sich nach dem Abfallen des Nabels der Nabelring noch nicht verschließt. Dann kann eine ziemlich große Wölbung über dem Nabel auftreten. Einen sogenannten Nabelbruch lässt man bis auf Weiteres in Ruhe von allein abheilen. Sei auch ganz unbesorgt: Das bereitet deinem Baby keine Schmerzen. Deine Hebamme und Kinderärztin schauen sich den Nabel deines Babys übrigens bei jedem Besuch und jeder Untersuchung auch genau an.

Der erste **Stuhlgang** deines Babys nennt sich »Kindspech« (im Fachjargon »Mekonium«), weil er grünschwarz und ganz zähflüssig ist. Was da herauskommt, ist das, was sich während der Zeit im Mutterleib im Darm angesammelt hat. Das Trinken der Vormilch (Kolostrum) regt bei deinem Baby übrigens die Verdauung an und ermöglicht diese erste Ausscheidung.

In den ersten vier bis sechs Lebenswochen haben gestillte Babys normalerweise dreimal am Tag Stuhlgang. Später kann es dann auch mal drei, vier Tage dauern, bis die Windel richtig voll ist. Es kann auch sein, dass dein gestilltes Baby an einem Tag zehnmal in die Windel macht oder zehn Tage nur einmal oder gar nicht. Auch das ist alles normal. Und völlig unproblematisch. Problematisch wird's dann höchstens für die Mama, die die volle Windel wechseln muss. Der Inhalt reicht nämlich mitunter vom Nacken bis zur Kniekehle.

Wenn du dein Baby mit Milchersatznahrung fütterst, wird es seltener Stuhlgang haben, dafür aber regelmäßiger und in größeren Mengen.

Funfact am Rande: Mir ist aufgefallen, dass sich der Stuhlgang meines Babys auch in der Stillzeit immer dem angepasst hat, was ich gegessen habe. Obwohl die Muttermilch gar nicht aus dem Mageninhalt gebildet wird, sondern aus dem Blut. Das wird sicher auch die eine oder andere von euch bemerken.

Vorsorgeuntersuchungen

Vom Tag seiner Geburt an wird dein Baby regelmäßig ärztlich untersucht, um sicherzustellen, dass es sich »normal« entwickelt und mögliche Verzögerungen frühzeitig bemerkt werden, um ihnen entgegenzuwirken oder sie zumindest abzumildern. Diese Vorsorgeuntersuchungen werden »U-Untersuchungen« genannt.

Die allerersten Untersuchungen

Die allererste U-Untersuchung, die U1, wurde mit deinem Baby ja direkt nach der Geburt gemacht, wo und wie du auch immer entbunden hast. Die wird oft von deiner Hebamme durchgeführt. Die U2 aber muss dann von einer Kinderärztin gemacht werden, und zwar zwischen dem dritten und zehnten Lebenstag deines Babys. Das heißt, wenn du im Krankenhaus warst, wurdest du wahrscheinlich erst nach der U2 entlassen, wenn du aber ambulant, in einem Geburtshaus oder zu Hause entbunden hast, musst du für die U2 in eine Kinderarztpraxis gehen. Manche Kinderärzte kommen für den U2-Termin auch zu euch nach Hause. Um das zu klären, empfehle ich dir, rechtzeitig vorher telefonisch einen Termin abzumachen. In der Regel werdet ihr dann in eine U-Untersuchungs- oder gar Neugeborenen-Sprechstunde bestellt, weil das Baby noch so winzig klein ist. Teilweise gibt es recht lange Wartezeiten in den Kinderarztpraxen, darum hast du dich im Idealfall bereits im Laufe deiner Schwangerschaft um eine dir sympathische Kinderärztin gekümmert, sodass du direkt nach der Geburt den Termin für die U2 vereinbaren kannst. Den solltest du nämlich nicht versäumen und bis zum zehnten Lebenstag deines Babys wahrgenommen haben, sonst gibt es eine Erinnerung vom Jugendamt. Dazu gleich noch etwas mehr.

Zwischen der U1 und der U2 wird auch ein Stoffwechseltest, das sogenannte Screening, durchgeführt: Dabei werden deinem Baby normalerweise einige Blutstropfen aus der Ferse entnommen. Das tut deinem Baby nicht weh, weil es ein Minitröpfchen

Glukoselösung auf die Zunge bekommt. Da es noch kein geteiltes Nervenzentrum für Schmerz und Genuss hat, alles also noch eins ist, ist es quasi schmerzbefreit, weil es sich auf den Genuss der Süße konzentriert. Das Screening dient dazu, seltene angeborene Stoffwechselerkrankungen frühzeitig zu erkennen, um ihren mitunter schweren Folgen vorzubeugen und sie von Anbeginn an bestmöglich zu behandeln.

Gelbsucht

Es kann der nicht ganz so seltene Fall auftreten, dass ein Neugeborenes kurz nach der Geburt unter Gelbsucht leidet. Rund 60 Prozent aller Neugeborenen bekommen sie. Sie rührt daher, dass Babys mit einer höheren Zahl roter Blutkörperchen geboren werden, von denen ein Anteil noch den sogenannten fetalen Blutfarbstoff enthält. Diese Blutkörperchen werden nach der Geburt abgebaut, und es fällt der Gallenfarbstoff Bilirubin an. Der wird in der Leber in eine Form umgewandelt, die über die Nieren ausgeschieden werden kann. Da aber bei einem Neugeborenen die Leberfunktion noch nicht völlig ausgereift ist, wird das Bilirubin nur unzureichend abgebaut. Darum sind Frühgeborene auch häufiger von Gelbsucht betroffen, da ihre Leberfunktion noch unreifer ist. Wenn aber der Bilirubinwert im Blut ansteigt, entsteht die gelbliche Färbung der Haut und der Augäpfel des Babys.

Der Höhepunkt dieser Gelbsucht ist meist zehn bis 14 Tage nach der Geburt erreicht. Dann fällt der erhöhte Bilirubinwert langsam automatisch wieder ab, und die Färbung geht zurück.

Unterstützen kann man den Rückgang der Bilirubinkonzentration im Blut auf natürliche Weise: durch häufiges und regelmäßiges Stillen und ausreichend Licht für das Baby (aber kein direktes Sonnenlicht).

In den allermeisten Fällen verläuft die Neugeborenengelbsucht unkompliziert. Sollte der Bilirubinwert tatsächlich zu hoch sein, muss das Neugeborene sich einer speziellen Therapie unterziehen, die sich »Fototherapie« nennt. Diese kann nur im Krankenhaus durchgeführt werden. Hier wird der Säugling nur mit einer Windel und von einer Augenmaske geschützt in ein Wärmebett gelegt und in der Regel für ein bis zwei Tage mit dem »blauen Licht« bestrahlt. Dann klingen die Symptome recht schnell wieder ab.

Das tut deinem Baby übrigens überhaupt nicht weh und setzt es auch nicht unter Stress. Und hab keine Sorge: Selbstverständlich wirst du als Mutter stationär mit aufgenommen und musst dein Baby im Krankenhaus natürlich nicht allein lassen.

Fünf Untersuchungen im ersten Jahr

Bis zum 11. Lebensjahr finden zwölf U-Untersuchungen statt (und weitere zwei im Teenageralter), im ersten Lebensjahr allein mindestens die ersten fünf. Die U6 wird von vielen Kinderärztinnen auch nach dem 12. Lebensmonat vorgenommen, von einigen aber auch davor. Danach werden die Abstände aber größer. Jede Untersuchung soll in dem dazu vorgeschriebenen Zeitraum stattfinden. Es ist wirklich wichtig, sich an diesen Zeitraum zu halten, denn die

DAS PASSIERT BEI DEN U-UNTERSUCHUNGEN IM ERSTEN LEBENSJAHR

Bei jeder U-Untersuchung wird dein Baby gewogen und gemessen. Außerdem steht einem die Kinderärztin bei jeder Vorsorgeuntersuchung bei Fragen rund ums Baby und Kind beratend zur Seite.

- U1 (direkt nach der Geburt): Untersuchung der Vitalfunktionen, Sauerstoffgehalt des Blutes, ggf. Vitamin-K-Gabe
- U2 (3.–10. Lebenstag): Blutuntersuchung, Reflexe, ggf. Vitamin-K-Gabe
- U3 (4.–5. Lebenswoche): Körperfunktionen, Hüftgelenke, altersgerechte Entwicklung
- U4 (3.–4. Lebensmonat): Hör- und Sehvermögen, Beweglichkeit und Reaktionen, Ausmessen der Fontanelle
- U5 (6.–7. Lebensmonat): Sehvermögen, Milchzähne
- U6 (10.–14. Lebensmonat/1 Jahr): motorische und sprachliche Entwicklung, Verhalten

U-Untersuchungen sind gesetzlich vorgeschrieben. Wenn man sich nicht daran hält, bekommt man erst eine sanfte Erinnerung vom Jugendamt, die dann zu einer Ermahnung wird.

Und wo wir schon beim Thema »Jugendamt« sind: Wundere dich nicht, wenn das Jugendamt dir einen angekündigten Besuch abstattet. Es will dann nachsehen, in welchen Verhältnissen dein Baby aufwächst. Bei meinen ersten drei Wochenbetten habe ich so einen angekündigten Besuch vom Jugendamt bekommen, der mich allerdings gar nicht verunsichert hat – im Gegenteil: Ich empfinde es eher als beruhigend und schön zu wissen, wie viel Mühe sich der Staat macht, zu versuchen, auf alle Babys aufzupassen. In meinem zweiten Wochenbett, als ich gerade alleinerziehend mit Baby und einem Vierjährigen war, haben sie auch wirklich etwas genauer hingeschaut und mich intensiv danach befragt, wie ich mit allem zurechtkomme. Hintergrund ist einfach, dass viele Babys leider in schlimme Verhältnisse hineingeboren werden. Keine Sorge, ich gehe nicht davon aus, dass dein Baby dazugehört. Es geht mir eher darum, dass du Bescheid weißt. Natürlich sollte kein Ungeziefer in der Wohnung sein, es sollte keine Gewalt in der Familie geben, und es sollten keine Drogen konsumiert werden. Gegen eine unordentliche Wohnung und einen Out-of-Bed-Style der Mama hat das Jugendamt natürlich nichts einzuwenden.

So viel wiegt dein Neugeborenes

Ein Baby kommt mit einem durchschnittlichen Geburtsgewicht zwischen 2500 bis 4200 Gramm auf die Welt. Schwankungen im Geburtsgewicht oder ein Gewicht über oder unter diesen Werten sind möglich und lassen sich zurückführen auf verschiedene Gründe: Alter der Mutter, ihre Größe und ihr Gewicht, das Geschlecht des Babys, den Geburtszeitpunkt und auch die Genetik.

Viele Eltern sind in den ersten Tagen nach der Geburt verunsichert, weil ihr Baby erst mal abnimmt. Lass dich davon nicht verunsichern, das ist ganz normal. Wichtiger ist, dass es eine rosige Gesichtsfarbe hat, Interesse zeigt, wenn es wach ist, und nasse Windeln hat. Die maximale Gewichtsabnahme sollte dein Baby am fünften Tag nach der Geburt erreicht haben, und sie sollte bei maximal 10 Prozent des Geburtsgewichts liegen. Frühgeborene oder zu leichte Neugeborene sollten aber nicht mehr als 5 Prozent des Geburtsgewichts verlieren.

Um sicherzugehen, dass dein Baby normal und gut zunimmt und gedeiht, wiegt deine Hebamme es jedes Mal, wenn sie auf Hausbesuch bei euch ist. Wenn diese Zeit vorbei ist, überwacht die Kinderärztin das Gewicht und die Größe deines Babys bei den U-Untersuchungen.

Pro Woche nimmt ein Neugeborenes in den ersten zwei Monaten um die 150–350 Gramm zu. Das Geburtsgewicht deines Babys wird sich innerhalb des ersten Lebensjahrs ungefähr verdoppeln.

So groß ist dein Neugeborenes

Die durchschnittliche Größe bei der Geburt liegt beim Baby um die 46 bis 56 Zentimeter.

Die Geburtsgröße gibt übrigens nicht unbedingt Aufschluss darüber, wie groß dein Kind später sein wird. Die endgültige Körpergröße eines Menschen hängt von verschiedenen Faktoren ab wie Vererbung, Ernährung, Krankheiten.

WARUM VITAMIN K?

Alle Babys bekommen bei der U1, spätestens bei der U2 und U3, Vitamin K. Vitamin K ist wichtig für die Blutstillung und Blutgerinnung. Die Menge an Vitamin K, die über den Mutterleib und die Muttermilch dem Baby zugeführt wird, ist nämlich nicht ausreichend. In der Vergangenheit ist es bei Neugeborenen gelegentlich zu schweren Blutungen gekommen (am gefürchtetsten die Hirnblutung). Durch die Gabe von Vitamin K kann das nicht passieren.

Frühgeborene und zu leichte Babys

Ein Geburtsgewicht unter 2500 Gramm gilt als zu niedrig für ein Baby. Das ist ungefähr bei 4 bis 8 Prozent der Neugeborenen der Fall. Die meisten davon sind Frühchen, aber es gibt auch Babys, die bei termingerechter Geburt zu leicht sind. Diese Babys kommen im Regelfall rasch in einen Inkubator, auch »Brutkasten« genannt. In diesem können die Vitalfunktionen (Atmung, Herz-Kreislauf-Funktion, Körpertemperatur, im weitesten Sinne auch die Hirnfunktion) die ganze Zeit über kontrolliert werden. Außerdem ist das Baby darin vor Keimen und Infektionen geschützt. Wie lange ein Baby darin liegt, hängt davon ab, wie es sich entwickelt. Vielleicht hat es nur

BABYS INNERES SONNENLICHT: VITAMIN D

Dein Baby bekommt ab Tag fünf eine Vitamin-D-Tablette pro Tag. Man macht das bis zur Vollendung des ersten Lebensjahres. Und kann es darüber hinaus in Absprache mit der Kinderärztin in den dunklen Monaten auch weiterhin tun.

Man legt dem Baby die Tablette direkt vor dem Stillen auf die Zunge, sodass sie sich in Verbindung mit der Muttermilch auflöst. Am besten kontrollierst du nach dem Stillen noch mal, ob die Tablette wirklich weg ist, nicht, dass dein Baby sich daran verschluckt. Wenn du zu große Sorge vor dem Verschlucken hast, kannst du die Tablette auch auf einem Teelöffel mit etwas Muttermilch auflösen und die Flüssigkeit dann dem Baby mit dem Löffelchen in den Mund träufeln.

Es gibt auch Vitamin-D-Tropfen. Für die braucht man allerdings ein Rezept, weil sie so leicht überdosiert werden können. Es darf wirklich nur ein Tropfen pro Tag sein!

Es gibt Vitamin-D-Tabletten, die sind außerdem mit Fluorid angereichert. Sollte es in deiner Familie schwere Kariesschäden geben, könnte es sein, dass deine Kinderärztin dir zu solch einem Präparat rät. Nur bitte nicht in Eigenregie zu fluoridhaltigen Vitamin-D-Tabletten greifen, denn eine Überdosierung mit Fluorid kann das Gegenteil erreichen.

WAS MACHT VITAMIN D?

Vitamin D ist ein ganz besonderes Vitamin, das nur in sehr geringen Mengen in unserer Nahrung vorkommt. Unser Körper kann Vitamin D aber selbst bilden durch Sonneneinstrahlung. Allerdings ist die gerade in unseren Breiten meist unzureichend. Und gerade Neugeborene sollten gar keinem direkten Sonnenlicht ausgesetzt sein, weswegen das Risiko des Vitamin-D-Mangels bei ihnen natürlicherweise erhöht ist. Darum braucht es zusätzliches Vitamin D, am besten eben schon (fast) ab der Geburt.

Vitamin D brauchen wir zum Beispiel, um das Kalzium aus der Nahrung überhaupt in unseren Knochen einzulagern und ihnen dadurch Festigkeit zu verleihen. Ein Mangel an Vitamin D kann bei Kindern im schlimmsten Fall zu Rachitis und Fehlbildungen führen.

leichte Startschwierigkeiten und kann nach wenigen Tagen in ein Wärmebettchen umziehen. Andere Babys brauchen einfach etwas längere Zeit Unterstützung durch den Brutkasten.

Du Liebe, wenn es dich nun getroffen hat, und dein Baby liegt nach der Geburt im Brutkasten, möchte ich dir eine von Herzen kommende Umarmung senden. Das ist eine ganz besonders große Herausforderung für dich als Mama und auch für euch als Eltern. Ich weiß das, weil ich selbst eine Frühgeburt war. Und in den 80er-Jahren war das noch viel unsicherer als heute. Von meiner Mutter weiß ich, wie sehr sie in dieser Zeit gelitten hat, wie große Angst sie um mein Leben hatte und auch in den folgenden Monaten nach der Entlassung aus dem Krankenhaus bei den engmaschigen Untersuchungen. Immer schwebte die Sorge um mögliche Spätfolgen im Raum. Ich möchte dir mit auf den Weg geben, dass dies alles erst mal nur *Möglichkeiten* sind, die zutreffen können, aber nicht zutreffen müssen. Versuche, dich in den ersten Wochen nicht verrückt zu machen, und vertraue den euch behandelnden Ärzten, die ihr Bestes geben. So oder so wird dein Engelchen ein ganz besonderer Mensch und eine Kämpfernatur. Ich habe übrigens wider allen Erwartungen keinerlei Spätfolgen erlitten.

Dir kommt dein Kleines in dem Kasten vielleicht noch viel kleiner und so zerbrechlich vor. Einige Mamas haben dann regelrecht Angst, ihr Baby zu berühren, oder meinen, dass es sie durch den Inkubator gar nicht mitbekommt. Aber glaube mir: Dein Baby braucht nichts mehr als deine Anwesenheit, deine Berührungen, deine Stimme. Und auch in dieser etwas schweren Zeit kannst du vieles tun, um die Bindung zu deinem Baby trotzdem von Anfang an stark zu machen:

○ Berühre dein Baby auch im Inkubator viel. Das Krankenhauspersonal wird dir genau zeigen, wie du das am besten machst.
○ Wenn es dir erlaubt ist, dein Baby eine Weile aus dem Brutkasten zu nehmen, schmuse mit ihm, halte es ganz eng und die ganze Zeit bei dir. Das nennt sich auch »Bonding« (wie gerade beschrieben) oder eben »Känguruhen«, siehe etwas weiter unten.
○ Sprich mit deinem Baby, damit es deine Stimme hören kann, denn die kennt es noch aus dem Mutterleib. Falls du nicht die richtigen Worte findest, um mit einem Baby zu sprechen, kannst du

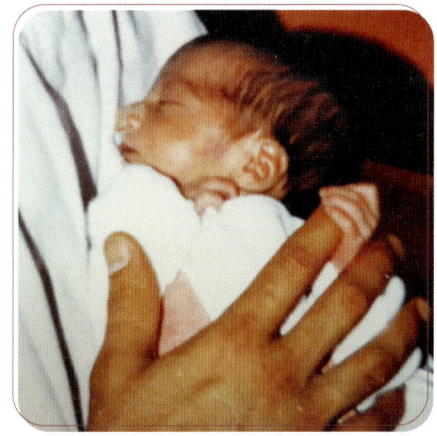

Auf diesem Bild bin ich zwischen zwei und vier Wochen alt, denn da durften meine Eltern mich damals zum ersten Mal für wenige Minuten aus dem Brutkasten nehmen.

auch telefonieren, wenn es im Raum erlaubt ist, oder mit dir selbst sprechen.

- Singe oder lies deinem Baby etwas vor. Es geht natürlich nicht darum, dass dein Kind versteht, worum es da geht, nur darum, dass es deine Stimme hört.
- Du kannst auch ein von dir getragenes Tuch mitbringen und es deinem Engelchen, nach Absprache mit dem Pflegepersonal, in den Brutkasten legen. So riecht es immer deinen Duft.
- Du kannst so bald wie möglich pflegerische Tätigkeiten übernehmen. Die Krankenschwestern und -pfleger zeigen dir, welche Aufgaben das sind, und leiten dich an.
- Gestalte den Platz um den Brutkasten, indem du vielleicht Fotos von dir und dem Papa und den Geschwistern, wenn es welche gibt, auf das Beistelltischchen stellst.

Passend zum Thema empfehle ich den Film *Die Babyfabrik von Manila* von 2018. In Manila fehlen die Mittel, um zu Frühgeborenen einen Brutkasten zur Verfügung zu stellen. Stattdessen tragen die Mütter ihre winzigen Babys in einem »Känguru-Tuch« um den nackten Bauch und machen so ihren eigenen Körper sozusagen zum Brutkasten. Und obwohl die hygienischen und medizinischen Bedingungen dort alles andere als optimal sind, überleben so sehr, sehr viele Babys. Auch in Deutschland hat sich seit den 90er-Jahren der nackte Bauch von Mama (oder Papa) in Kombination mit dem Brutkasten immer mehr etabliert. Denn der hilft wie der Kängurubeutel dem Kängurubaby als natürlicher Brutkasten bei der Entwicklung. Ärzte und Ärztinnen bestätigen, dass das Känguruhen sehr positive Auswirkungen auf das Baby und die Eltern hat.

Bewiesenermaßen wirkt sich der enge Körperkontakt sehr gut auf die kindliche Entwicklung aus. Ein sehr schöner Nebeneffekt des Känguruhens ist auch, dass durch den engen und häufigen Hautkontakt zu deinem Baby auch deine Milchbildung angeregt wird und du einen leichteren Stillstart haben wirst, wenn dein Baby endlich allein an deiner Brust trinken kann. Natürlich erleichtert es sofort auch schon das Abpumpen der Muttermilch für die Ernährung deines Frühgeborenen (anfangs noch durch eine Magensonde). Und natürlich hilft das enge Beisammensein mit deinem Baby auch der Festigung eurer Bindung.

2. Erhole dich:
Wochenbett und Mutterschutz

Wenn du schon mein erstes Buch *Gemeinsam werden wir kugelrund* über die Schwangerschaft gelesen hast, dann weißt du ein bisschen über das Wochenbett Bescheid. Dieses Kapitel ist also eine kleine Wiederholung für dich. Aber das schadet überhaupt nicht, denn die Wochenbettzeit ist eine ganz, ganz wichtige. Für dich, für dein Baby, für euch als »neue« oder gewachsene Familie.

Heute wird von einer Frau fast schon erwartet, am Tag drei nach der Geburt wieder auf den Beinen zu stehen und idealerweise wieder blendend auszusehen. Bitte streiche dieses Bild aus deinem Kopf und glaube mir: Das sollte so nicht sein. Im Gegenteil: Das Wochenbett ist dafür gedacht, die ersten Tage wirklich im Bett zu bleiben und sich zu erholen, umsorgt zu werden und Zeit mit seinem Baby zu verbringen.

Bis vor wenigen Jahrzehnten war das übrigens auch in Deutschland gang und gäbe. Da wurden die sogenannten Wöchnerinnen nämlich von allen umsorgt und gepflegt. Viele Kulturen machen das noch heute, und ich wünsche mir sehr, dass jede Wöchnerin diese Ruhe und Liebe spüren darf.

Die Zeit des Wochenbetts, auch »Kindbett« genannt, ist die Phase von der Entbindung bis zur Rückbildung der schwangerschafts- und geburtsbedingten Veränderungen. Und das dauert in der Regel *sechs bis acht Wochen*. Das kommt natürlich stark auf die Geburt an und auch auf die Zeit der Schwangerschaft davor.

Es geht in jedem Fall vor allem darum, dass die Mutter sich in dieser Zeit erholt. Früher durfte die Wöchnerin (vor allem im sogenannten Früh-Wochenbett, das sind die ersten zehn Tage nach der Geburt) keine körperlichen Arbeiten verrichten, sie sollte sich voll und ganz auf ihr Neugeborenes und sich selbst konzentrieren. Du Liebe, bitte denke daran, dass auch leichte Arbeit im Haushalt körperliche Arbeit ist und deshalb im Wochenbett nicht von dir verrichtet werden sollte. Ich möchte dir und deiner Familie an dieser Stelle ins Gewissen reden, denn eine Frau, die ein Kind entbunden hat, sollte nicht im Haushalt mit anpacken müssen. Daraus leitet sich übrigens in den meisten Ländern der Welt auch der *gesetzliche Mutterschutz* ab, der sechs bis acht Wochen beträgt (bei uns acht). In dieser Zeit gilt ein Beschäftigungsverbot für die Mamas.

Im Wochenbett kommt die Hebamme

In dieser Zeit hast du übrigens das Recht auf medizinische und beratende Hilfe durch eine Hebamme. Im Idealfall hast du sie während deiner Schwangerschaft gefunden und kennst sie bereits, und sie kann dich ab jetzt liebevoll betreuen. Andernfalls kannst du noch im Krankenhaus um eine Liste der in der Gegend ansässigen Hebammen bitten oder deine Frauenärztin danach fragen. Ich persönlich habe meine Gespräche mit der Hebamme immer sehr genossen. Auch bei meinem vierten Kind war der Austausch über mein Baby bei mir zu Hause in Ruhe von Frau zu *wissender* Frau immer besonders wertvoll. Nur bitte, bitte komm nicht auf die Idee, dich für die Hebamme hübsch machen oder extra aufräumen zu wollen. Der Besuch der Hebamme soll dir keinen Druck machen. Vertraue mir: Eine Hebamme ist es gewohnt, in chaotischen »Wochenbett-Wohnungen« auf Besuch zu sein.

Die Hebamme kommt in den ersten zehn Tagen des Wochenbetts in der Regel jeden Tag einmal zu dir nach Hause (bei Bedarf sogar zweimal am Tag), später dann mehrmals in der Woche, je nach Bedarf. Weitere 16 Hebammenbesuche sind nach den ersten zehn Tagen vorgesehen. Bei dringenden oder kurzen Fragen solltest du

AUFGABEN DER HEBAMME

Im Wochenbett übernimmt deine Hebamme regelmäßig folgende Aufgaben:

- Sie fragt nach deinem Befinden und achtet auf mögliche Anzeichen einer Wochenbettdepression (darauf kommen wir später noch zu sprechen S. 40).
- Bitte wundere dich nicht, sie fragt auch nach deinem Stuhlgang. Denn in den ersten Wochenbetttagen ist die reguläre Darmtätigkeit noch herabgesetzt, und du leidest vielleicht unter Verstopfung.
- Sie überprüft deine Geburtsverletzungen und die Rückbildung deiner Gebärmutter.
- Sie gibt dir Tipps zur Babypflege und zum Stillen.
- Sie beobachtet das Gedeihen und die gesamte Entwicklung des Babys, dazu gehören das Trinkverhalten, die Ausscheidung sowie das Abheilen des Nabels.
- Sie wiegt dein Baby. Es ist nämlich wichtig, dass es ausreichend zunimmt.
- Du kannst ihr alle deine Fragen rund um dein Baby stellen, die können von kleineren körperlichen Beschwerden im Wochenbett über Stillschwierigkeiten, Fragen zum Alltag mit Baby bis hin zur Veränderung der Paarbeziehung reichen.
- Deine Hebamme leitet in der Regel auch die ersten vorsichtigen Rückbildungsübungen an.

deine Hebamme aber auch zwischendurch telefonisch erreichen können. Wenn du darüber hinaus Wochenbettbesuche durch deine Hebamme brauchen solltest, dann ist auch das natürlich möglich. Das muss man sich nur für die Krankenkasse, die die Hebamme bezahlt, ärztlich bescheinigen lassen.

MEIN TIPP

Weil ich gerade die ersten Tage nach der Geburt viele meiner Fragen so schnell wieder vergessen habe, habe ich mir alle auf einem Zettel notiert, um sie parat zu haben, wenn die Hebamme kam.

Kein Rhythmus und viel Zeit

Im Wochenbett beginnst du mit dem Stillen, hier bildet sich die intensive Bindung zwischen dir und deinem Engelchen heraus und ihr findet mit der Zeit einen gemeinsamen Schlaf- und Trinkrhythmus. Du musst nämlich wissen, dass, wenn dein Baby auf die Welt kommt, es diesen Rhythmus noch nicht hat. Vielleicht hat es sogar einen genau entgegengesetzten zu deinem eigenen. Erinnerst du dich an die Schwangerschaft? Da war dein Baby meist aktiv, hat gestrampelt, wenn du zur Ruhe gekommen warst oder gar schlafen wolltest, und wenn du in Bewegung warst, hat es oft selig in deinem Bauch geschlummert. Und genau mit diesem Rhythmus kommt es auch auf die Welt.

GEWICHT DEINES BABYS

Wie viel und wie schnell ein Baby zunimmt, hängt von vielen verschiedenen Faktoren ab. Darum gibt es auch nur Durchschnittswerte, an denen man sich orientieren kann, wenn es um die »typische« Gewichtszunahme eines Babys geht. Manchmal liegt das Gewicht deines Babys sicherlich auch unter oder über diesem Wert. Das ist aber normalerweise überhaupt kein Problem. Wenn es einen bestimmten Wert untertrifft oder übersteigt, wird das der Kinderärztin in den ersten U-Untersuchungen der nächsten Monate auffallen, denn hier wird das Gewicht deines Babys (und seine Größe) später weiterhin kontrolliert und in die sogenannte Perzentilenkurve ins Vorsorgeheft eingetragen.

Alter:	Gewichtszunahme:
0–2 Monate	ca. 170–330 g/Woche
2–4 Monate	ca. 110–330 g/Woche
4–6 Monate	ca. 70–140 g/Woche
6–12 Monate	ca. 40–110 g/Woche

Und, du Liebe, während ich hier sitze und diese Zeilen schreibe, weiß ich ganz genau, dass du dich gerade fragst: Werde ich je wieder nachts durchschlafen? Darf ich überhaupt schlafen oder muss ich mein Baby die ganze Zeit überwachen, aus

WAS IST DIE PERZENTILE?

Bei jeder U-Untersuchung deines Kindes trägt die Kinderärztin das Gewicht und die Größe gemessen an der sogenannten Perzentilenkurve ins Untersuchungsheft ein. Eine Perzentile ist ein Vergleichsmaß, was Größe und Gewicht angeht und eine gesunde und normale Entwicklung. Der Wert wird mit dem Durchschnittswert Gleichaltriger verglichen.

Die Größe und das Gewicht von Kindern sind in Perzentilenkurven angegeben. Die Kurven unterscheiden sich übrigens bei Mädchen und Jungen.

Angst, dass ihm etwas geschieht? Werde ich je wieder Energie für meinen Alltag haben? Werde ich überhaupt je wieder einen *Alltag* haben? Werden sich meine Brustwarzen je ans Stillen gewöhnen (auf wunde Brustwarzen gehen wir später noch ein)? Werde ich je wieder schön sein?

Dazwischen bist du beseelt von lauter Liebe, wie du sie wahrscheinlich noch nie empfunden hast. Von so viel Glück und tiefer Zufriedenheit. Manchmal könntest du schlafen, weil dein Baby selig in deinen Armen ruht, aber du willst es gar nicht, weil du es die ganze Zeit, stundenlang, nur betrachten willst. Um überhaupt annähernd zu begreifen, was da geschehen ist in eurem Leben.

Bitte, mach dir keine Sorgen! Versuche, die unschönen Gedanken loszulassen und dich stattdessen auf die schönen Momente zu konzentrieren. Denn die sind es, die bleiben werden. Ich versichere dir, in einigen Monaten wirst du über deine Sorgen schmunzeln können und dich zurücksehnen zu der Zeit, als dein Baby noch so winzig klein war. Also: Versuche am besten, diese Zeit schon JETZT zu genießen. Alles andere wird sich mit der Zeit finden. Genau dafür bin ich ja auch an deiner Seite.

Bitte keinen Druck aufbauen

Das ist mein ganz wichtiger, persönlicher Tipp an dich: Setz dich nicht unter Druck, gleich am Anfang eine Routine und einen Rhythmus für dein Baby festzulegen und durchzusetzen. Nimm die ersten Wochen so, wie sie kommen, und sei bitte nicht enttäuscht, wenn es nicht so läuft, wie du oder ihr es euch vorgestellt habt. Diese ganz »wirre« Zeit geht schneller vorüber, als man denkt. Und sie ist auch so unglaublich schön und besonders – und kommt nie zurück.

Es ist mir soo wichtig, dir das mit auf den Weg zu geben. Und das aus einem einfachen Grund: Du wirst es schlicht nicht schaffen, gleich in den ersten Wochen einen Rhythmus zu erarbeiten und festzulegen, wann dein Baby schlafen und wann es essen soll. Dein kleiner Schatz wird dann viel weinen, und du wirst sehr gestresst sein, weil du es in eine Schablone pressen willst, in die es noch nicht passen kann. Du würdest so diese ersten und so wertvollen Wochen eures gemeinsamen Lebens regelrecht verschwenden mit Frustration und Unzufriedenheit. Weder du hättest Freude daran noch dein Baby.

Wenn du die Situation aber so akzeptierst, wie sie ist, und dem Baby Raum lässt, seinen eigenen Rhythmus zu finden, ist es entspannter, und weil es entspannter ist, hast du mehr Zeit für dich. Und glaub mir: Aus dieser Situation entsteht ganz von allein in den nächsten Wochen eine für euch beide funktionierende Routine, auch wenn du dir das jetzt noch nicht vorstellen kannst.

Dennoch wissen wir alle: Nicht immer bekommt man mit einem Neugeborenen am Anfang besonders viel Schlaf und nur selten durchgängigen. Darum ist es besonders wichtig, dass du dir jede Ruhepause gönnst, die du kriegen kannst. Leg dich mit deinem Baby hin, wenn es schläft, gehe mit ihm am Abend ins Bett und bleibe liegen. Im Wochenbett geht es erst mal nicht um die Partnerschaft, sondern darum, dass sich der Partner oder die Partnerin um dich kümmert, damit du dich ganz um das Baby kümmern kannst. Ihr könnt später alles nachholen.

Versucht es euch stattdessen in eurer »Wolke« gemütlich und so angenehm wie möglich zu machen und genießt sie. Ja, genieße es sogar, unausgeschlafen Babykotze wegzuwischen, denn auch daran wirst du eines Tages mit Wehmut zurückdenken. Warum also nicht gleich diesen Moment mit einem gelassenen Herzen erleben?

MEINE ACHT GOLDENEN REGELN

fürs Wochenbett

1. Du solltest im Wochenbett nicht allein sein. Bitte nimm diesen Punkt ganz ernst! Ich habe mein zweites Wochenbett leider allein verbringen müssen, und ich kann dir versichern: Das war keine schöne Zeit, und ich wünsche keiner Mutter, das Wochenbett so erleben zu müssen. Darum bestehe ich darauf und finde es so wichtig, dir noch mal zu sagen: Versuche, dein Wochenbett so einzuplanen, dass immer jemand bei dir ist, dein Schatz, deine Mutter, eine gute Freundin … Und zwar am besten sowohl im frühen als auch im späten Wochenbett, denn du wirst Gefühlen und Hormonen ausgesetzt sein, die du so nicht kennst, und wirst mit Situationen konfrontiert, die vollkommen neu sind und dich leicht überfordern können; außerdem heilt dein Körper noch von der Geburt, du blutest, bist noch gar nicht fit. Insbesondere gilt das, wenn du bereits ein oder mehrere Kinder hast, um die du dich außerdem kümmern musst.

2. Lass dich versorgen mit gutem, gesundem Essen und versuche zu schlafen, wenn dein Baby schläft. Denn so bekommst du am meisten Schlaf. Wenn das mal aus irgendeinem Grund überhaupt nicht klappt und du dazu bereit bist, kannst du dein Baby auch schon in die Arme einer engen

Vertrauensperson geben, damit du ein bisschen Schlaf bekommst.

3. Traue dich, bei deiner Nachsorgehebamme alles zu fragen, was dir auf dem Herzen liegt, und gegebenenfalls auch mal eine Träne zu verdrücken.

4. Plane nicht zu viel Besuch ein in der ersten Zeit nach der Geburt und vor allem nicht zu viele Menschen auf einmal. Und wenn sich Besuch hartnäckig aufdrängt und du merkst, dass dir das nicht recht ist, dann traue dich, Nein zu sagen. Spätestens jetzt (herzlichen Glückwunsch, du bist Mama!) darfst du selbstbewusst genug sein, um zu deinen Gefühlen und Ansichten zu stehen, denn du willst deinem Kind ja ein Vorbild sein. Selbst wenn du ein geselliger Mensch bist, unterschätze nicht, wie anders alles ist, wenn dein Baby da ist.
Wenn es dir aber guttut und du gern Besuch haben möchtest, achte bitte darauf, dass sich der Besuch die Hände desinfiziert und sehr gründlich wäscht. Denn ein Neugeborenes hat noch keinen natürlichen Schutz gegen Keime, Bakterien, Viren, sein Immunsystem baut sich in den nächsten Monaten erst langsam auf.

5. Du kannst sicher sein: Besuch will immer etwas mitbringen. Damit du am Ende nicht mit zwanzig Blumensträußen oder weißen Stramplern in Größe 56 dasitzt, wünsch dir von den Menschen, die dich besuchen:
   - etwas zu essen (einen deftigen Eintopf oder einen leckeren Kuchen). Das kannst du im besten Falle einfrieren und hast etwas Vorrat für die nächsten Tage.
   - Gutscheine für Geschäfte, in denen du gern einkaufst (Drogerie-Gutscheine sind mein heißer Tipp – hier wirst du noch seeehr oft einkaufen in den nächsten Monaten). Die ein oder andere Anschaffung wirst du in den nächsten Jahren garantiert machen müssen.
   - Wenn der Besuch auf Geschenke in Form von Kinderkleidung besteht, lass dir von einigen Kleidung in Größe 50/56 mitbringen, von anderen schon die nächste Größe (62/68).

6. Wenn du Besuch hast, bitte versuche, ihn nicht zu bewirten. Deine Gäste dürfen nicht erwarten, von dir bewirtet zu werden. Kommuniziere das auch ganz klar, damit es keine Enttäuschungen gibt. Übrigens, die meisten Freunde sind sehr stolz und glücklich darüber, wenn sie dir eine Freude machen können, indem sie dir etwas mitbringen oder dir in deiner Küche etwas zaubern. Beziehungsweise kannst du auch so mutig sein, deine Familie oder Freunde zu bitten, dir vom Lebensmittelladen um die Ecke einen kleinen Einkauf mitzubringen.

7. Wenn du schon Kinder hast, wäre es schön, wenn du jemanden hast, der sie betreut in der ersten Zeit des Wochenbetts: Wer bringt sie in die Schule oder in den Kindergarten, wer holt sie ab, wer bringt sie ins Bett, wer macht ihnen Essen etc.? Es geht darum, die Kinder zu versorgen und dich zu entlasten. Ich fand es besonders

hilfreich, mich in der Zeit des Wochenbetts frühmorgens und spätabends nicht um die großen Kinder kümmern zu müssen. Denn das waren die Zeiten, in denen ich mich voll und ganz um das Neugeborene kümmern musste und wenig freie Kapazitäten hatte.

8. Wusstest du, dass dir in bestimmten Fällen eine Haushaltshilfe zusteht, die von der Krankenkasse bezahlt wird? Du kannst direkt dort anrufen und nachfragen, welche Bedingungen dafür erfüllt sein müssen und wie du die Haushaltshilfe beantragst. Andernfalls ist es eine wunderbare Aufgabe für die frischgebackenen Großeltern, im Haushalt zu helfen. Nicht zu vergessen: Dein Partner wird natürlich mit Freude und vor Stolz geschwellter Brust für dich den Haushalt schmeißen. Aber wichtig: Er muss dafür dann natürlich ordentlich gelobt werden.

Im Wochenbett allein

Du Liebe, wenn du dein Wochenbett aber allein verbringen musst, entweder, weil dein Schatz arbeiten muss, die Großeltern zu weit entfernt wohnen oder aber, weil du alleinerziehend bist (dafür gibt es aber auch noch ein ganz eigenes Kapitel auf Seite 196), dann möchte ich dir folgende Tipps für die ersten Tage mit auf den Weg geben, die mir damals sehr geholfen haben:

1. Du wirst durch diese herausfordernde Zeit über dich hinauswachsen müssen. Sieh dies als Chance: Was du jetzt lernst, kann dir niemand mehr nehmen. Ich zehre noch heute von meinen Erfahrungen aus dieser Zeit. Ich sehe sie im Nachhinein sogar als Geschenk, denn es hat mich ein Stück weit zu dem Menschen gemacht, der ich heute bin. Ich weiß genau, was ich kann und was ich nicht kann, ich lebe meine Strukturen und Routinen mit Überzeugung und lasse viel leichter Dinge los, die ich einfach nicht kann oder brauche.

2. Höre klassische Musik. Ich habe mich oft sogar noch einsamer gefühlt, wenn der Fernseher lief. Außerdem hatte ich das Gefühl, dass das für das Neugeborene nicht das Beste war. Aber: Es gibt wunderbare klassische Lieder, die einen trösten und gut drauf bringen *und* gut fürs Baby sind. Zum Beispiel *Rondo alla Turca* von Mozart, *Klaviersonate in D-Dur* von Joseph Haydn, *Für Elise* von Beethoven, *Präludium Nr. 1* von Johann Sebastian Bach, *Clair de Lune* von Claude Debussy, *5. Sinfonie* von Beethoven, *Liebestraum No. 3* von Franz Liszt, *Schwanensee* von Tschaikowski, *Die vier Jahreszeiten* von Antonio Vivaldi oder *Kinderszenen* von Robert Schumann. Auch wenn du denkst, dass du bisher mit Klassik vielleicht nicht viel am Hut hattest, ich garantiere dir: Viele der Lieder werden dir bekannt vorkommen.

3. Lebe im Hier und Jetzt. Denke nicht daran zurück, wie schwer es gestern war, und sorge dich nicht darum, dass es morgen vielleicht wieder so schwer werden könnte. Nur der Moment ist

wichtig. Denn der Ist-Zustand ist tatsächlich oft gar nicht so schlimm. Diese Regel gilt natürlich für jeden und jede und immer im Leben, aber sie ist gerade jetzt so, so wichtig zu verinnerlichen.

Wochenbett mit Mehrlingen

Ich möchte dir an dieser Stelle einmal sagen: Hut ab vor deiner Leistung, du hast meinen höchsten Respekt!

Natürlich kannst du es mit dem Stillen versuchen, aber wenn es nicht klappt, dann ist es so. Mehrlinge zu stillen braucht auf jeden Fall mehr Übung und auch Geduld, bis es routiniert klappt, und auch du dich wohlfühlst. Spezielle Zwillingsstillkissen ermöglichen es, zwei Babys einigermaßen bequem gleichzeitig zu stillen. Einige Mehrlingsmütter entscheiden sich aber auch dafür, ihre Babys abwechselnd zu stillen und mit dem Fläschchen zu füttern.

Das schont ein wenig deine Kräfte, denn während du eines der Babys stillst, kann zum Beispiel dein Partner das andere Baby parallel mit dem Fläschchen füttern.

Du kannst auch versuchen, deine Babys abwechselnd zu tragen oder sogar gleichzeitig in einer Zwillingstrage. Nur bitte denke zuerst an dich und deine Kräfte, trage nur dann beide Babys gleichzeitig, wenn du es von deiner Muskulatur her gut schaffst.

Du wirst naturgegeben vielleicht auch schneller an deine körperlichen Grenzen kommen als eine Mama mit »nur« einem Baby. Was schon fürs »normale« Wochenbett gilt, gilt also insbesondere für dich: Versuche, in den ersten Wochen nicht allein mit deinen Babys zu sein, organisiere dir so viel Hilfe, wie du bekommen kannst. Und zwar über deinen Partner hinaus. Denn der wird ebenso wenig dazu kommen, etwas im Haushalt zu erledigen, einzukaufen oder gar zu kochen wie du. Idealerweise nimmt er sich mit dir zusammen Elternzeit.

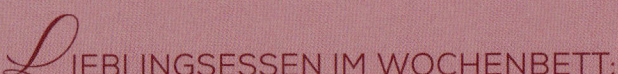

ℒIEBLINGSESSEN IM WOCHENBETT:

Während meines ersten Wochenbetts hat meine Mutter bei mir gewohnt und mir Buttermöhren mit Butterkartoffeln gekocht. Ein ganz simples Essen, das genau das Richtige war zu dieser Zeit. Denn ich habe in meiner aufgeregten Hormon-Babyblase ohnehin kaum einen Bissen runtergekriegt. Aber genau dieses Gericht aus meiner Kindheit hat mir ganz viel Geborgenheit gegeben. Und Geborgenheit ist besonders wichtig für die Anfangszeit, nicht nur für dein Baby, sondern auch für dich.

Es geht in den ersten Wochen mit Mehrlingen doch nur darum, dass ihr euch als Familie kennenlernt und ganz langsam und behutsam einen gemeinsamen Alltag mit euren ganz eigenen Routinen entwickelt. Setz dich nicht unter Druck, denn was für andere gilt, muss nicht für dich gelten.

Und denke immer daran: doppelte Arbeit – doppeltes Glück. Und du bist die beste Mama für dein doppeltes Glück!

Das passiert alles mit und in deinem Körper nach der Geburt

Der Körper bildet sich nach der Geburt zwar zurück, aber nicht so schnell, wie du vielleicht denkst. Ich gebe zu: Ich war nach der Geburt meines ersten Kindes doch etwas überrascht, dass mein Bauch noch da war. Dein Körper braucht einfach etwas Zeit, um sich nach der Schwangerschaft und der Geburt zurückzubilden.

Rückbildung der Gebärmutter

Nehmen wir deine Gebärmutter als Beispiel. Vor der Schwangerschaft hat sie eine Größe von etwa sieben bis zehn Zentimetern und wiegt durchschnittlich zwischen 50 und 60 Gramm. Während der Schwangerschaft steigt ihr Gewicht auf bis zu 1000 Gramm an und sie wächst auf ein Volumen von bis zu fünf Litern heran. Direkt nach der Geburt zieht sich das Muskelgewebe der Gebärmutter durch die Nachwehen ein ganzes Stück auf einmal zurück, nämlich dann, wenn die Plazenta »nach-

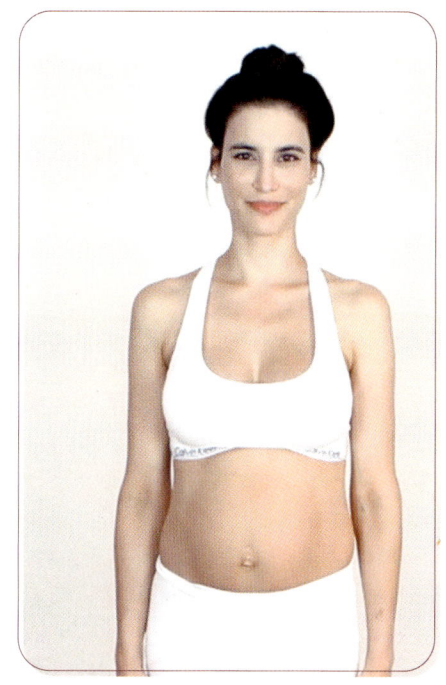

Mein Bauchumfang zwei Wochen nach der Geburt: 80 Zentimeter – wie in der 22. Schwangerschaftswoche.

geboren« wird. Darum ist die Nachgeburt auch so wichtig und wird streng überwacht. Ab dann bildet sich deine Gebärmutter nach und nach zurück, bis sie nach etwa sechs Wochen wieder annähernd ihre Ursprungsgröße erreicht hat.

Du kannst übrigens fühlen, wie sich deine Gebärmutter verkleinert. Wenn du mit deinen Fingern auf deinen Bauch drückst, fühlt sich alles weich an, wenn dein Baby nicht mehr darin ist, nur an einer Stelle ist es noch hart (wie eine kleine, feste Kugel) – und das ist deine Gebärmutter. Im Idealfall hast du eine Hebamme, die jeden Tag (oder mehrmals die Woche) vorbeikommt und überprüft, wie weit sich deine Gebärmutter bereits zurückgebildet hat.

VIEL PLATZ ZWISCHEN DEN BAUCHMUSKELN

Nicht erschrecken: Dein Bauch ist deshalb so weich, weil deine geraden Bauchmuskeln durch das Wachstum und die Dehnung der Gebärmutter zur Seite
gedrängt worden sind (das nennt sich »Rektusdiastase«). Dieser fühlbare Spalt
kann in der Breite zwischen 2 bis 10 Zentimeter betragen und bis zu 15 Zentimeter
lang sein. Bei einigen Frauen können dadurch auch leichte Schmerzen im unteren
Rücken, in Hüfte und Gesäß auftreten. Aber keine Sorge: Der Spalt bildet sich
normalerweise einige Monate nach der Geburt von allein zurück. Erst dann dürfen
die geraden Bauchmuskeln wieder beansprucht werden. Bis dahin ist es aber
sehr wichtig, dass du deine geraden Bauchmuskeln schonst und noch nicht
trainierst! Denn durch die zu frühe Belastung würden diese nur noch weiter
auseinandergezogen werden. Darum sollst du dich am Anfang aus der Rückenlage auch immer über die Seite aufsetzen statt gerade.
Der Spalt in den Bauchmuskeln wird von deiner Hebamme während der Nachsorge im Wochenbett regelmäßig kontrolliert.

Wochenfluss

Durch die Ablösung der Plazenta entsteht natürlicherweise eine Wunde in der Gebär-mutter, sodass mit diesem Moment auch der »Wochenfluss« (im Fachterminus »Lochia« genannt) einsetzt. Mit ihm werden Blut, Wundsekret, Schleimhäute und Gewebe-reste (zum Beispiel der Fruchtblase) aus deinem Körper gespült. Es ist darum wichtig, dass der Wochenfluss ungehindert fließen kann und es auch tut. »Ungehindert« be-deutet, dass du **keine Tampons** benutzen darfst! Und nein, du darfst auch nach sechs Wochen keine Tampons verwenden, wenn der Wochenfluss deutlich weniger gewor-den ist. Denn anders als bei der Regelblu-tung handelt es sich um eine Wunde.

Ich fand es sehr schwer, auf Tampons zu verzichten, aber es gibt ganz tolle, dünne Binden, die mich zum Ende des Wochen-betts gerettet haben, weil man sie kaum spürt. Am Anfang aber, du Liebe, kommst du leider um die extradicken Binden nicht herum.

MEIN TIPP

Gerade für die Anfangszeit des Wochen-flusses, wenn er besonders stark ist und du dicke Binden benötigst, empfehle ich dir, dir ein paar etwas größere Baumwollun-terhosen zu besorgen. Sie sollten nicht in die Haut schneiden, also bequem und eher etwas weiter sitzen. Du kannst sie danach ja wieder aussortieren.

Was sich auch bewährt hat, weil man nach der Geburt »untenrum« ganz schön

wund ist und gerade wenn du einen Dammriss oder eine andere Geburtsverletzung
erlitten hast: Versuche erst gar nicht, mit
vergleichsweise hartem Toilettenpapier die
Scheide abzuwischen, stell dir stattdessen
einen Messbecher mit lauwarmem Wasser
neben die Toilette. Einfach nach dem Pipimachen von oben das Wasser über die
Scheide gießen, leicht mit Toilettenpapier
abtupfen, und fertig. Im Laufe des Hei-
lungsprozesses kannst du dann einfach das
Toilettenpapier mit Wasser befeuchten und
die Scheide abtupfen.

Was ich nicht empfehle: feuchtes Toilettenpapier. Denn dem sind oft chemische
Stoffe zugesetzt, die der Wunde nicht gut-
tun.

Stillen beeinflusst den Wochenfluss positiv,
denn durch das Stillen schüttet der Körper
Oxytocin aus, das die Gebärmutter dazu
anregt, sich zusammenzuziehen und die
Heilung der Wunde voranzutreiben. Darum bemerken viele Frauen gerade kurz
nach der Geburt ein Ziehen im Unterbauch, wenn sie ihr Baby stillen: die Nachwehen. Das Gefühl ist so ähnlich wie die
Schmerzen kurz vor der Periode. Diese
Schmerzen können aber durchaus auch
stärker ausfallen, gerade, wenn man schon
mehrere Kinder hat. Sie werden verursacht
von der sich zusammenziehenden Gebärmutter, sind also ganz normal und eher ein
gutes Zeichen. Sie werden auch in den
nächsten Tagen weniger. Der Wochenfluss
dauert zwischen drei und sechs Wochen, in
denen sich aber seine Konsistenz und Farbe
verändert:

○ In den ersten Tagen nach der Geburt ist
  der Wochenfluss sehr stark, manchmal
  schwallartig, flüssig und rot. Darum ist
  es wichtig, dass du in dieser Zeit mit
  dicken, saugfähigen Binden versorgt
  bist.
○ Nach ein bis zwei Wochen hat der
  Wochenfluss an Stärke nachgelassen
  und sieht eher bräunlich aus.
○ Als Nächstes sieht der Wochenfluss
  dann schmutzig gelb aus, ist etwas
  zähflüssiger und meist schwach. Das
  kann nach drei oder vier Wochen der
  Fall sein, aber auch durchaus etwas
  später.
○ Und zum Ende des Wochenbetts hin,
  was auch bei jeder Frau individuell ist,
  ist der Wochenfluss eher weißlich und
  wässrig und tritt nur noch schwach
  auf.

Aber das ist nicht alles, was nach der Geburt in deinem Körper geschieht. Gib ihm
einfach Zeit. Er hat gerade sowohl das
Wunder der Schwangerschaft als auch das
Wunder der Geburt vollbracht.

Es heißt: Neun Monate ist man schwanger, und genauso lange braucht der Körper
auch ungefähr, um wieder in seine Form
vor der Schwangerschaft zurückzufinden.
Und die kann mitunter auch etwas anders
aussehen als davor. Aber keine Sorge! Ein
bisschen was hast du auch selbst in der
Hand mit deiner Ernährung und Bewegung. Zum Thema »Rückbildungsgymnastik« kommen wir später noch (siehe
Seite 218).

Milcheinschuss

Eine ebenso wichtige Veränderung im Wochenbett ist der Milcheinschuss. Der kann einem beim ersten Mal ganz schön Angst machen, weil die Brüste sich enorm vergrößern. Im Kapitel »Stillen« (siehe S. 55) wirst du mehr darüber erfahren. Aber nur, dass du schon mal Bescheid weißt: Der Milcheinschuss kommt auf dich zu. Juhu.

Wenn der Babyblues kommt

Was passiert noch mit oder in deinem Körper nach der Geburt? Ein ganz wichtiges Thema: der Babyblues. Acht von zehn Frauen erleiden ihn nach der Geburt. Ich hatte ihn nach allen vier Geburten und fand ihn jedes Mal furchtbar. Beim zweiten Kind war er wirklich am schlimmsten. Da habe ich in den Spiegel geguckt und in ein mir völlig fremdes Gesicht gestarrt und mich nicht erkannt.

Das letzte Mal hatte ich mir im Vorfeld sehr viel Unterstützung besorgt und dafür Sorge getragen, dass viele liebe Menschen um mich herum sein würden. Trotzdem wusste ich, dass der Tag (oder *die* Tage) kommen würde – und er kam: Ich hatte furchtbar schlechte Laune, war niedergeschlagen, traurig, fühlte mich hilflos. Und das alles auf einmal.

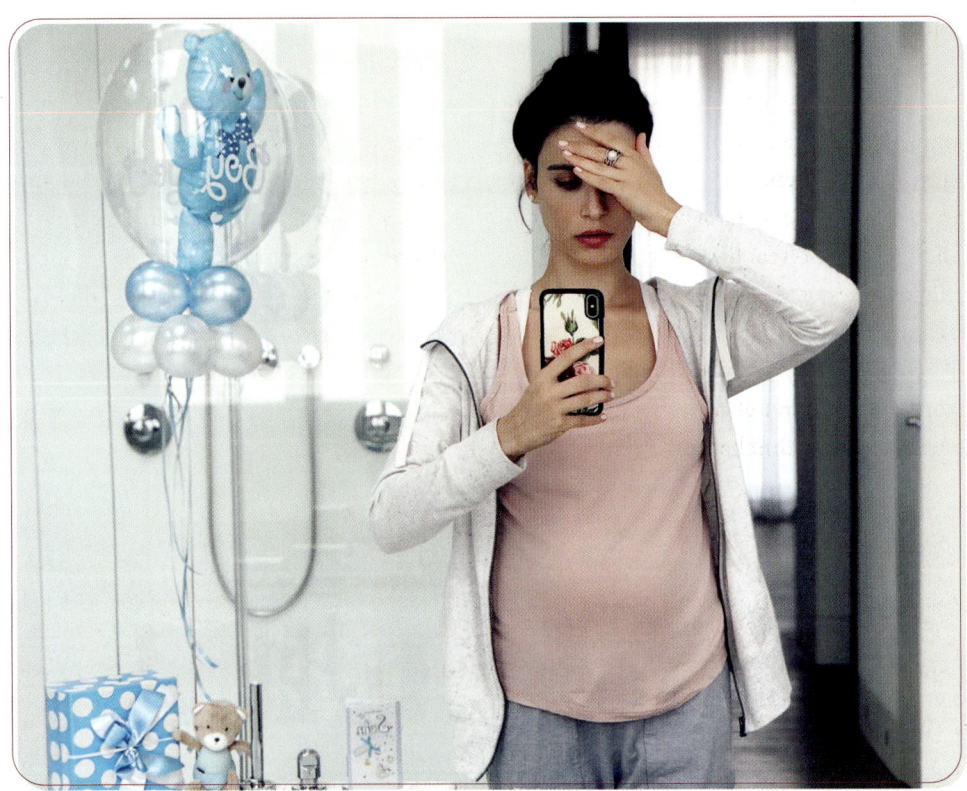

Der schlimmste Tag meines Babyblues war sieben Tage nach der Geburt. Eigentlich wollte ich dieses Bild sofort wieder löschen und mich verkriechen.

Der Babyblues findet übrigens darum statt, weil die Schwangerschaftshormone, die deinen Körper die letzten Monate durchflutet haben, abgesunken sind auf ein Vorschwangerschaftsniveau, und zwar etwa zwischen Tag drei bis sieben nach der Geburt. Das extreme Absinken von Östrogenen, Progesteron und hCG (humanes Choriongonadotropin) sorgt für eine Leere, die du jetzt spürst. Aber mach dir keine Sorgen: Dein Hormonhaushalt pendelt sich in den nächsten Monaten immer weiter ein, sodass sich dein Körper auch langsam wieder daran gewöhnen kann.

Außerdem beginnt für dich als Frau und für euch als Familie ja auch plötzlich ein ganz neuer Lebensabschnitt. Dass man die Verantwortung für einen neuen Menschen trägt, realisiert man meist erst jetzt so richtig. Und das kann einen emotional ganz schön hart treffen.

Was mir in den Babyblues-Phasen immer sehr geholfen hat, war: stillen, weil währenddessen Oxytocin freigesetzt wird, also unser »Kuschelhormon«. Und In-den-Arm-genommen-Werden und Kuscheln von und mit den lieben Menschen, die ich oben schon erwähnt hatte.

MEIN TIPP

Kleiner Hinweis: Sollte dies dein erstes Kind sein und dein/e Partner/in vielleicht auch noch keine Erfahrung mit Gebärenden gesammelt haben, lässt du ihn oder sie diesen Absatz am besten einmal lesen: NIMM MICH IN DEN ARM!

Auch Weinen entspannt deinen Körper, sodass du angestaute Anspannung abbauen kannst. Nach so einem richtigen Heultag können viele übrigens auch zum ersten Mal nach der Geburt wieder tief und erholsam schlafen.

Kurzum: Diese Babyblues-Tage sind keine schönen Tage, aber sie gehören dazu und gehen hoffentlich schnell vorüber, weil die Hormone sich dann wieder einigermaßen eingependelt haben auf ein Level wie vor der Schwangerschaft. Bei mir hat das ungefähr anderthalb Tage gedauert, dann hatte ich es überstanden.

Sei dir sicher: Auch bei dir geht diese etwas schwere Zeit vorüber.

𝓛IEBLINGSMUTMACHER WÄHREND DES BABYBLUES:

Drüber reden und sich ein Mantra vorsagen: *Es ist bald vorbei. Bald scheint wieder die Sonne. Ich muss nur ein bisschen durchhalten, dann ist es vorbei.*

WENN DER BABYBLUES BLEIBT

Wenn sich dieser »Babyblues-Zustand« allerdings nach ein paar Tagen nicht bessert, solltest du auf jeden Fall mit deiner Hebamme sprechen. Dann kann es nämlich auch sein, dass du unter einer Postnatalen Depression leidest, auch »Wochenbettdepression« genannt. Die trifft immerhin eine von zehn Frauen in Deutschland.

Anzeichen für die Wochenbettdepression sind:

- du bist extrem erschöpft und müde
- du fühlst dich überlastet
- du bist appetitlos
- du kannst nicht schlafen
- du spürst eine innere Leere, Traurigkeit und hast Schuldgefühle
- in deinem Kopf kreisen endlos negative Gedanken
- du hast das Gefühl, keinen richtigen Kontakt zu deinem Baby aufbauen zu können.

Zuerst sollst du wissen: Du bist damit nicht allein! Du kannst nichts dafür! Und vor allem: Es gibt einen Weg da raus! Wenn du Arme dazugehören solltest, versuche bloß nicht, diesen Zustand einfach auszuhalten und auszusitzen und die Schuld bei dir zu suchen. Hole dir Hilfe! Die erste Adresse ist deine Frauenärztin, die dich schon während der Schwangerschaft betreut hat. Wichtig ist: Schildere ihr deinen Zustand ganz ehrlich, spiele ihn nicht herunter. Deine Ärztin leitet dich, wenn du an einer Postnatalen Depression leiden solltest, an Experten weiter.

Was du selbst tun kannst, damit es dir etwas besser geht und du einer Depression vorbeugst:

- Stille dein Baby. Und wenn das nicht geht, weil du nicht stillen kannst oder willst, habe es bitte ganz eng bei dir.
- Achte gut auf deine gesunde Ernährung! Iss regelmäßig über den Tag verteilt viel Obst und Gemüse, mach keine zu langen Pausen zwischen den Mahlzeiten, damit dein Blutzuckerspiegel nicht hin- und herspringen muss. Es gibt Nahrungsmittel, die bewiesenermaßen glücklich machen: Cashewkerne, Bananen, dunkle Schokolade … Greif zu!

- Bewege dich viel, ab an die frische Luft: schnelles Marschieren, am besten mit deinem Baby im Tragetuch vorm Bauch. Denn je mehr und je häufiger du dein Baby an dir trägst, desto enger wird eure Bindung.
- Versuche, viel zu schlafen, ruhe dich oft aus. Nutze die Zeiten, wenn dein Baby gerade schläft, auch wenn du es nicht gewohnt bist, am Tag zu schlafen.
- Hol dir so viel Hilfe wie möglich von außen. Bestehe darauf, dass dein Partner, dein Freundeskreis und deine Familie dir helfen, weil du krank bist und nicht selbst stark sein musst. Bezahlt werden von der Krankenkasse übrigens sogenannte »Mütterpflegerinnen«, die zu dir nach Hause kommen, um *dich* zu pflegen, und »Familienpflegerinnen«, die deine größeren Kinder versorgen. Frag einfach direkt bei deiner gesetzlichen Krankenkasse nach, was du dafür tun musst. Es gibt auch noch die Möglichkeit, sich durch eine Haushaltshilfe unterstützen zu lassen, wenn man es aus medizinischen Gründen allein nicht schaffen kann. Dafür reichen ein Attest von der behandelnden Ärztin aus und das ausgefüllte Formblatt deiner Krankenkasse. Frage am besten einmal telefonisch (oder per E-Mail nach), ob es dir zugeschickt werden kann.
- Triff dich mit anderen Müttern, versuche, nicht zu viel allein zu sein, damit du dein Gedankenkarussell unterbrichst. Gute Treffpunkte sind Familienzentren und Babykurse. Und wenn dir eine Mutter auf der Straße sympathisch erscheint, die allein ihr Baby vorm Bauch trägt oder es im Kinderwagen schiebt, sprich sie einfach an. Ich habe das auch schon ein paarmal gemacht, und es hat mir noch nie jemand übel genommen. Im Gegenteil: Daraus sind zum Teil ganz schöne Freundschaften entstanden. Wenn das im Moment nicht möglich sein sollte, versuche dich online mit anderen Müttern auszutauschen. Eine gute Möglichkeit sind die Kommentare unter meinen YouTube-Videos. Dort findest du ganz viele liebe, gleichgesinnte Mamas.
- Das, was du tun *musst*: den ersten Schritt machen, nämlich deine Frauenärztin anrufen oder zu ihr gehen, damit sie dich weiterüberweisen kann. Denn: Die Angebote sind da, und du kannst sie alle in Anspruch nehmen.

Halte durch, du Liebe, und vergiss nie, trotz allem: Du bist die beste Mama für dein Baby!

Dein Beckenboden
ist das A und O

Nun habe ich so ausführlich darüber geschrieben, wie sehr du dich die ersten Wochen entspannen und ausruhen solltest. Aber eins darfst du leider trotzdem nicht sein: nämlich faul, was deinen eigenen Beckenboden anbelangt. Der hat durch Schwangerschaft und Geburt ganz schön gelitten und sollte kontinuierlich, wenn auch behutsam, wiederaufgebaut werden. Das ist auf jeden Fall eine kleine Herausforderung. Aber ein untrainierter Beckenboden (gerade, wenn man mehrere Kinder hat) führt mitunter später dazu, dass man unter Inkontinenz leidet. Darum war ich beim Beckenbodentraining immer ganz fleißig, denn: Ich will später keine Windel tragen!

DER BECKENBODEN

Unser Beckenboden besteht aus mehreren flachen Muskelschichten, die mittels Bindegewebe miteinander verbunden sind und so eine Einheit bilden, die sich »Beckenbodenmuskulatur« nennt. Sie ist eine immens wichtige Muskulatur, denn sie schließt unser Becken nach unten hin ab und stützt es. Sie trägt außerdem Organe wie Darm, Blase und Gebärmutter und hält sie an Ort und Stelle.

Schon in den ersten Tagen kannst du versuchen, den Beckenboden zu finden, was nicht besonders einfach ist. Auch ich hatte am ersten Tag nach der Geburt keinen Zugang zu meiner Beckenbodenmuskulatur – ich wollte sie anspannen, aber ich habe rein gar nichts gefühlt, und es ist nichts passiert. Und, ehrlich gesagt, ich hatte auch keine Lust. Denn: Beckenbodentraining macht überhaupt keinen Spaß. Aber, glaube mir, da müssen wir durch. DA MÜSSEN WIR EINFACH DURCH.

MEINE RÜCK-
BILDUNGSÜBUNGEN

Mama-
Spezial

Teil 1

Lange Rede, kurzer Sinn – fangen wir an!

Was du brauchst:

- bequeme Kleidung (im Wochenbett solltest du sowieso den ganzen Tag bequeme Kleidung tragen)
- eine weiche Unterlage (Teppich oder Yogamatte) und/oder einen Stuhl oder worauf auch immer du gut sitzen kannst
- und idealerweise legst du das Buch jetzt weg und machst die Übung

1. Übung:

Ich nenne diese Übung »Fahrstuhlfahren«, weil man dabei den Beckenboden tatsächlich nach oben zieht.

Setze dich mit aufrechtem Rücken in den Schneidersitz oder auf einen Stuhl, beide Füße sind auf dann auf dem Boden abgestellt, die Beine stehen etwa hüftbreit aus-einander. Spüre deine Sitzbeinhöcker. Du kannst diese Übung auch beim Frühstück machen oder auf einer Parkbank. Keiner wird mitbekommen, dass du gerade eine Beckenbodenübung machst.

Atme einmal tief ein. Beim Ausatmen ziehst du dann den Beckenboden zusam-men. Und zwar so, indem du den ganzen Bereich inklusive Scheide und After an-spannst, sozusagen nach oben ziehst, also »Fahrstuhl fährst«. Bitte verwechsele »An-spannen« nicht mit »Runter- oder Raus-drücken«! Beim nächsten Einatmen lässt du wieder los und locker. Das Ganze wie-derholen wir zehnmal. Mache diese Übung am besten jede Stunde einmal.

Eine Variante ist, dass du nach dem Ausatmen ein paar Sekunden innehältst, den Beckenboden aber weiter angespannt lässt, bevor du beim Einatmen dann wie-der lockerlässt.

2. Übung:

Dazu legst du dich nun auf den Bauch. Du stützt dich auf deine Unterarme und streckst die Beine nach hinten aus. Du hebst den Oberkörper, der Kopf ist in der Verlän-gerung der Wirbelsäule.

In dieser Position wiederholen wir nun die Übung von eben, ebenso zehnmal hin-tereinander: Beim Ausatmen ziehen wir den Beckenboden zusammen, beim Einat-men lassen wir immer locker.

Ich finde, dass in dieser Position der Be-ckenboden schwerer zu finden ist als im Sitzen. Dadurch ist diese Übung aber eben auch effektiver.

Im ersten Jahr habe ich diese Übung möglichst vor jedem Spaziergang und nach jedem Spaziergang gemacht. Denn gerade beim Spaziergehen spürt man oft ganz deutlich, wie das Gewicht des Kindes alles in uns nach unten gedrückt hat.

3. Übung:

Jetzt legst du dich auf den Rücken und stellst die Beine auf. Sie stehen ungefähr hüftbreit auseinander. Deine Arme legst du neben deinem Körper ab, Handflächen nach unten.

Bei Einatmen lassen wir alles locker, beim Ausatmen ziehen wir den Beckenbo-den hoch und zusammen. Wenn du magst, kannst du auch bei dieser Übung vor dem nächsten Einatmen ein paar Sekunden den Beckenboden angespannt lassen und die Atmung anhalten.

Aber jetzt kommt noch etwas hinzu: Damit wir kein Hohlkreuz machen beim Anspannen des Beckenbodens, drücken wir den unteren Rücken nach unten auf den Boden. Aber ohne Hilfe der Bauchmuskeln! Die brauchen noch ein paar Wochen Ruhe. Unser Bauch darf noch untrainiert sein. Wir machen das mithilfe der Beckenbodenmuskulatur.

Auch diese Übung wiederholst du zehnmal.

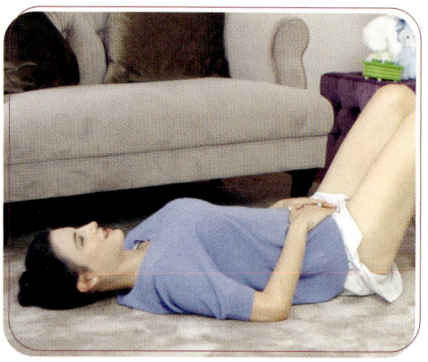

Und das war's auch schon, denn mehr als diese drei Übungen brauchst du am Anfang nicht.

Und noch eine Sache zum Schluss, die für jeden Moment (nicht nur bei den Übungen) in der Anfangszeit nach der Geburt gilt: Wenn du dich aufsetzt/aufstehst, dann bitte immer über die Seite, damit du deine Bauchmuskeln nicht zu sehr beanspruchst. Wie gesagt: Die brauchen noch Ruhe und dürfen nicht überfordert werden.

MEIN TIPP

Nicht mehr als das Gewicht deines Babys tragen. Und auch das nicht den ganzen Tag.

Meinen ersten Spaziergang mit meinem Baby im Tuch habe ich neun Tage nach der Geburt gemacht und auch nicht länger als zwanzig Minuten. Von da an habe ich mich langsam gesteigert. Denn den untrainierten Beckenboden solltest du keinesfalls zu lange belasten.

Mein erster Spaziergang mit Baby - neun Tage nach der Geburt.

Worauf du sonst noch achten solltest

Apropos »nicht schwer heben« … Wenn wir schon dabei sind, folgen hier noch einige meiner Empfehlungen für dich in der Zeit des Wochenbetts.

Es heißt nicht »Wochensofa« …

… sondern »Wochenbett«. Das bedeutet im Klartext: Schone dich die ersten Tage. Du solltest mehr liegen als sitzen. Frauen, die mit Kaiserschnitt entbunden haben, sollten übrigens unbedingt liegen, weil sich die Wunde sonst entzünden kann. Nur im Liegen kann der Beckenboden sich erholen. Denn der hat extrem viel geleistet in der letzten Zeit (in über neun Monaten, sogar!). Und bitte, wenn du schon bei den ersten Spaziergängen mit deinem Kleinen bist – fange wie ich langsam und klein an! Denn solange dein Beckenboden nicht aufgebaut ist, ist es gefährlich, ihn durch zu viele Bewegungen überzustrapazieren. Das kann nämlich zu Schäden am Beckenboden führen, die sehr unangenehme Nachwirkungen haben können: Inkontinenz habe ich schon genannt, aber auch Schmerzen in Kreuz und Rücken, Schmerzen beim Sex oder ein Druckgefühl im Unterbauch können auftreten, um nur einiges zu nennen.

Intimpflege nicht übertreiben

Und dann gibt es noch etwas »Praktisches« zu sagen, um dir das Leben zu erleichtern bzw. dich gut zu versorgen: Wasche deinen Intimbereich am besten nur mit Wasser, nicht mit parfümierten Seifen oder Ähnlichem, sodass der pH-Wert der Scheide nicht beeinträchtigt wird. Es ist nämlich so, dass durch den Wochenfluss der pH-Wert deiner Scheide etwas erhöht ist. Und das bedeutet, dass sich krank machende Mikroorganismen leichter dort ansiedeln und vermehren können.

Keine Diäten!

Natürlich ist auch deine Ernährung ganz wichtig in der Zeit nach der Geburt (wie eigentlich immer). Hoffentlich hast du jemanden oder mehrere liebe Menschen, die dich gut versorgen, vor allem während des frühen Wochenbetts. Achte darauf, nichts zu essen, was Verstopfungen verursacht. Denn in den ersten Wochen solltest du vermeiden, beim Toilettengang zu viel und zu stark drücken zu müssen, weil das äußerst

> ### DAS IST GESUND UND TUT DIR GUT
>
> Viel Obst, viiiel Gemüse, ausreichend Eiweiß (z. B. Fleisch und Fisch, Eier, Joghurt, Magerquark, Quinoa, grünes Gemüse), wenig Zucker (und andere Süßungsmittel) und immer ausreichend trinken (zwei bis drei Liter am Tag). Es tut übrigens auch gut (und gehört dazu), wenn man sich ab und zu mal etwas gönnt, wie ein Stück Kuchen, einen Keks, ein Stück Schokolade … Die Frau, die das nicht macht, gibt es meiner Meinung nach nicht.

unangenehm ist und zu Hämorrhoiden führen kann.

Im Grunde genommen kannst du dir an der bewussten Ernährung in der Schwangerschaft ein Beispiel nehmen. Und fang bloß nicht an, eine Diät zu machen! Denn wir brauchen gaaanz viel Energie zum Stillen und um Babys sonstige Bedürfnisse zu befriedigen.

Sex nach der Geburt

Du Liebe, ich sage es geradeheraus: Nach der Geburt haben viele Frauen erst mal längere Zeit überhaupt keine Lust auf Sex. Und das ist ganz normal. Wir fühlen uns von der Geburt noch so erschöpft und gleichzeitig durch das Stillen und die Rundumbetreuung unseres Babys, dass da gar keine Kraft mehr bleibt für ein sexuelles Gefühl gegenüber unserem Partner. Den Männern geht es garantiert in Teilen genauso, denn auch sie müssen sich ja an die ganz neue Situation gewöhnen: Plötzlich seid ihr eine Familie, eine ganz eigene!

Außerdem gibt es auch rein medizinische Gründe, die dafür sprechen, noch eine Weile auf den Geschlechtsverkehr zu verzichten, denn unser Körper muss sich wirklich von der extremen Anstrengung der Geburt und der langen Schwangerschaft erholen. Der Wochenfluss weist darauf hin: Solange er nicht versiegt ist, empfiehlt es sich darum, mit dem Sex zu warten. Das dauert etwa drei bis sechs Wochen.

Einige von uns erleiden auch Geburtsverletzungen wie den Dammriss. Je nachdem, wie schwer diese Verletzung ist, ist Sex kurz nach der Geburt keine gute Idee. Bei einem Dammriss vierten Grades solltet ihr zum

Beispiel drei Monate abwarten, bis alles verheilt und das Gewebe wieder stabil ist. Bei einer Kaiserschnittnarbe ist ebenso Geduld geboten, wobei es keine Faustregel gibt, wie viele Tage oder Wochen man warten sollte, bevor man wieder Sex haben kann.

Höre in dich hinein und sei ganz ehrlich mit dir und deinem Schatz. Pass auf dich auf und mach langsam, wenn dir danach ist. Es hilft ungemein, wenn man darüber spricht, was der jeweils andere empfindet und sich wünscht. Ich finde, das ist das Wichtigste.

Es gibt auch andere Arten, seine Liebe zu zeigen und miteinander intim zu werden. Versichere deinem Schatz, dass du ihn genauso liebst wie vorher, und genießt die ganz intensive erste Zeit mit eurem Baby so viel wie möglich zusammen.

Die richtige Verhütung

Wenn du Lust haben solltest, spricht nichts dagegen, wieder zärtlich zu sein (vorausgesetzt natürlich, die Geburtsverletzungen sind geheilt). Aber denkt daran, zu verhüten. Stillen ist kein hundertprozentiger Schutz! Auch wenn die Periode bei stillenden Frauen erst rund 30 Wochen nach der Geburt einsetzt, kann der Eisprung schon vorher stattfinden. Wer nicht stillt, bekommt seine Periode ohnehin bereits um die sechs Wochen nach der Entbindung. Und dann beginnen auch die Eierstöcke wieder, reife Eier zu produzieren.

Es ist wirklich wichtig, deinen Körper nicht gleich mit einer erneuten Schwangerschaft zu belasten. Und so nah hintereinander zwei Kinder zu bekommen ist zudem alles andere als ein Zuckerschlecken.

Am Anfang verhütet ihr am besten mit einem Kondom, so gelangen keine Keime in die vielleicht noch nicht ganz verheilten Wunden. Oder aber ihr findet andere Möglichkeiten, euch glücklich zu machen, ohne Penetration – auch das kann sehr spannend sein.

Und das braucht dein Baby

Das Wichtigste, was dein Baby die ersten Tage, ach, was sage ich, die ersten Wochen braucht, sind Nähe und Geborgenheit. Das heißt, wenn man ganz genau ist: Nähe direkt am Körper.

Es will ganz oft trinken, muss ganz viel schlafen, aber möglichst nicht allein. Babys schaffen es noch nicht, sich allein wieder zu beruhigen, sie brauchen dazu noch Körperkontakt und unsere Hilfe.

Ich weiß, es gibt da draußen Meinungen, die besagen, dass ein Baby von Anfang an weggelegt werden kann und nach einem festen Rhythmus trinken und schlafen sollte. Zum Glück ist diese Sichtweise mittlerweile veraltet, und die neuen Erkenntnisse zeigen, wie wichtig in der ersten Zeit vor allem die Bedürfnisbefriedigung deines Babys ist. Und genauso habe ich es auch gemacht mit meinen vier Kindern und damit sehr gute Erfahrungen gesammelt. Wir kommen in einem späteren Kapitel noch mal genauer darauf zu sprechen (siehe Seite 52).

Meine Devise ist also ganz klar: Die ersten Wochen gibt es keine Routine, keinen

Glaub nicht, dass es hier noch Frühstückszeit ist: Die Brötchen sind hart, der Tee ist kalt, – es ist Nachmittag. Nur ich kam noch zu nichts: Baby first.

Rhythmus, und ich mache keine Pläne. Das heißt: Ich bin zu Hause und bedingungslos für mein Baby da, und wenn es trinken will, kann es trinken. Das konnte bei uns durchaus 18 bis 20 Mal am Tag (in 24 Stunden gerechnet) sein. Mal sind das nur fünf Minuten, mal eine halbe Stunde. Auch das ist ganz verschieden. In der Nacht habe ich anfangs alle ein bis zwei Stunden gestillt, dabei immer die Seite gewechselt …

Und weißt du auch, warum ich es so mache? Weil es der einfachste Weg ist! Auch wenn es auf den ersten Blick aufopfernd klingt: Ich schwöre dir, es ist alles andere als kompliziert, es macht dein Leben mit Baby leichter. Probiere es aus!

Alles braucht Übung und Zeit der Gewöhnung und *Um*gewöhnung, ganz besonders der Umgang und das Leben mit einem Baby. Rückblickend wirst du dich wundern, wie schnell du ruck, zuck zur absoluten Expertin für dein Baby geworden bist. Und die beste Mama für dein Baby bist du sowieso schon von Anfang an.

Wenn dir die Decke auf den Kopf fällt

Ein Gefühl, welches ich aus allen meinen vier Wochenbetten kenne, war Einsamkeit. Egal, wie glücklich ich mit meinem Baby war, und egal, wie schön alles hätte sein können, es gab einfach Momente, da habe ich mich so einsam gefühlt, und mir ist die Decke auf den Kopf gefallen. Das waren manchmal Augenblicke, in denen ich neue Chartsmusik gehört habe und ich das Gefühl bekam, die Welt dreht sich ohne mich weiter, ich verpasse alle Trends, ich bin zu alt, und alle meine Freunde haben ihr altes Leben, können abends ausgehen, und ich bin immer in meinen vier Wänden mit meinem Baby. Dieses Gefühl empfand ich als extrem beengend. Und ich hoffe sehr, dass du dieses Gefühl nicht kennst oder kennenlernen wirst. Aber wenn es sich auch bei dir einstellen sollte, möchte ich dich an dieser Stelle beruhigen: Es geht wirklich schnell vorüber, es sind nur Phasen, in denen es aus

*L*IEBLINGSERINNERUNG DER ERSTEN TAGE:

An meinem Kleinen riechen und die kleinen Füßchen abküssen. Den ganzen, ganzen, ganzen Tag.

der Tiefe aufsteigt. Mir hat dann immer geholfen, mein Baby ins Tragetuch zu nehmen und einfach raus an die frische Luft zu gehen. Dabei eine Freundin anzurufen, mit der man vielleicht schon länger nicht gesprochen hat. Auch geholfen hat mir, meine Gefühle aufzuschreiben und zu analysieren: Warum ich mich allein fühle und warum dies eigentlich Unsinn ist. Außerdem hat es mir sehr geholfen, mir etwas Gutes zu tun. Das kommt ja manchmal etwas zu kurz, weil sich alles nur ums Baby dreht. Aber das Schöne ist ja, dass, wenn man sich so bedingungslos um sein Baby kümmert, es oft recht ausgeglichen und zufrieden ist, sodass man im Umkehrschluss auch mehr Zeit für sich hat. Wenn dein Baby das nächste Mal schläft, nutze die Zeit doch und schminke dich mal wieder. Und dann machst du mit der Selfie-Kamera ein Babyshooting: Du hübsch gemacht neben deinem schlafenden Baby.

Ein bisschen was Formales: Mutterschutz und Elternzeit

Und zum Abschluss dieses so aufwühlenden, aufregenden Kapitels, möchte ich noch ein paar formale Dinge erklären zum Thema »Mutterschutz« und »Elternzeit«. Was ist das, was geht damit einher, und was musst du tun?

Gilt der »Mutterschutz« für jede Frau?
Sechs Wochen vor und bis zu acht Wochen nach der Geburt besteht die sogenannte Mutterschutzfrist (bei Mehrlingsgeburten sind es sogar zwölf Wochen nach der Entbindung). Voraussetzungen, die Vorteile dieses Status' wahrzunehmen, sind, dass du angestellt bist und freiwilliges oder pflichtversichertes Mitglied der gesetzlichen Krankenkasse mit Anspruch auf Zahlung von Krankengeld.

Der Mutterschutz ist staatlich vorgeschrieben und soll dich und dein Kind vor zu großen Belastungen rund um die Geburt schützen und vor Nachteilen wie einer unberechtigten Kündigung. Außerdem sichert der Mutterschutz das Einkommen in dieser Zeit. Die Krankenkasse zahlt das Mutterschaftsgeld und der Arbeitgeber einen Zuschuss.

Das Mutterschaftsgeld hast du hoffentlich bereits beantragt. Wenn nicht, ist es jetzt schleunigst an der Zeit, damit du keine Einkommenslücken hast. Beantragen musst du es bei der Krankenkasse, bei der du versichert bist. Frag am besten direkt dort nach, was du für die Beantragung machen musst und welche Informationen benötigt werden. Auf jeden Fall brauchst du für die Beantragung von Mutterschaftsgeld den Nachweis über den mutmaßlichen Entbindungstermin (wenn du es vor der Geburt beantragst) oder die Geburtsurkunde (wenn du bereits entbunden hast).

Selbstständige und freiberufliche Frauen haben leider nicht automatisch ein Recht auf Mutterschutz und Mutterschaftsgeld. Das hängt davon ab, ob du bei einer gesetzlichen oder privaten Krankenversicherung versichert bist und ob du Anspruch auf Krankengeld hast. Es ist also sehr wichtig, dass du dich rechtzeitig mit deiner Krankenkasse in Verbindung setzt und diese

Frage klärst: Hast du Anspruch auf Mutterschutz und Mutterschaftsgeld?

Sollte das nicht der Fall sein und es auch keine Möglichkeit geben, noch dafür zu sorgen, ist es sinnvoll, rechtzeitig Rücklagen für diese Zeit des Verdienstausfalls zu bilden. Nach den acht Wochen Mutterschutz folgt dann aber das Elterngeld, das auch Freiberuflerinnen und Selbstständigen zusteht.

Bezahlte Elternzeit

Elternzeit bedeutet, dass ihr euch nach der Geburt eures Babys eine Auszeit von der Arbeit nehmen könnt, um die Zeit ganz eurem Baby und eurer Familie zu widmen. Und zwar, ohne dass euer Job gefährdet ist. Ihr habt das Recht darauf, nach eurer Elternzeit an euren Arbeitsplatz oder einen gleichwertigen zurückzukehren.

Elternzeit zu nehmen ist bis zu drei Jahre möglich, am Stück oder gesplittet, gemeinsam oder nacheinander. Die ersten zwei Jahre müssen allerdings auf die Zeit bis zum dritten Geburtstag eures Kindes entfallen. Beim dritten Jahr könnt ihr etwas flexibler sein und müsst euch nicht gleich entscheiden. Bedingung ist, dass die Zeit bis zum achten Geburtstag »aufgebraucht« sein soll. Dieser sogenannten Übertragung muss aber dein/-e Chef/-in zustimmen. Seit Juli 2015 kann jeder Elternteil seine Elternzeit in drei Abschnitte aufteilen (vorher waren es nur zwei). Wenn du eine weitere Aufteilung wünschst, muss wiederum dein/-e Chef/-in einverstanden sein.

Die Elternzeit beantragt ihr bei eurem Arbeitgeber per Antrag, und zwar spätestens sieben Wochen vor Beginn der Elternzeit, die im Anschluss an die acht Wochen Mutterschutz nach der Geburt beginnt. Das bedeutet: *Spätestens eine Woche nach der Geburt* sollte der Antrag auf Elternzeit rausgehen.

Diese »freie« Zeit bezahlt zumindest zum Teil der Staat. Und zwar über zwölf Monate (bzw. 14, wenn beide Partner Elternzeit nehmen, denn dadurch verlängert sich das Elterngeld um zwei Monate). Alleinerziehende haben Anspruch auf 14 Monate Elterngeld.

In welcher Höhe das Elterngeld ausfällt, hängt vom Verdienst in der Zeit vor der Geburt ab (bei Selbstständigen sogar vom vorherigen Kalenderjahr, in der Regel). Maximal wird aber ein Betrag von 1800 Euro im Monat bezahlt, minimal von 300 Euro. Bei Mehrlingen erhaltet ihr pro weiteres Kind 300 Euro mehr Elterngeld.

Es ist auch möglich, über 24 Monate Elterngeld zu beziehen, dann allerdings wird monatlich entsprechend nur die Hälfte des Anspruchs ausgezahlt.

Elterngeld beantragt ihr bei der zuständigen Elterngeldstelle per Formular. Und das am besten auch rechtzeitig (zusammen mit der Elternzeit), wenn ihr lückenlos Geld bekommen wollt. Ihr braucht für den Antrag die Geburtsurkunde eures Kindes, außerdem einen Gehaltsnachweis der letzten zwölf Monate, wenn ihr angestellt seid, eine Bestätigung des Arbeitgebers über die Elternzeit und über den Zuschuss zum Mutterschutzgeld und eine Bestätigung der Krankenkasse zum Mutterschutzgeld.

Du siehst schon: Es ist sehr zu empfehlen, die Formulare (jeder Elternteil braucht einen eigenen Antrag) schon vor der Geburt auszufüllen, denn die Anträge sind recht umfangreich, und so könnt ihr noch in Ruhe alle Nachweise besorgen (außer natürlich die Geburtsurkunde). Dann müsst ihr später nur noch das Geburtsdatum eures Kindes eintragen, die Geburtsurkunde beilegen und die Umschläge in den Briefkasten werfen.

Elterngeld muss übrigens nicht sofort nach der Geburt beantragt werden, aber es ist wichtig zu wissen, dass es *rückwirkend nur die letzten drei Monate* gezahlt wird, ausgehend von dem Tag, an dem der Antrag bei der Elterngeldstelle eingegangen ist.

Neben diesen Formularen kommt nach der Geburt noch einiges an Papierkram auf euch zu: Anfordern der Geburtsurkunde, Beantragung von Kindergeld, ggf. der Sorgerechtsbescheinigung und Vaterschaftsanerkennung (wenn du und dein/-e Partner/-in nicht verheiratet seid; die letzten beiden kann man übrigens schon in der Schwan-

gerschaft beantragen). Für einige dieser Anträge benötigt ihr die Geburtsurkunde, die ihr natürlich erst nach der Geburt erhaltet. Trotzdem ist es beruhigend, alle Formulare vielleicht schon in der Zeit, bevor euer Baby da ist, gesehen und so weit wie möglich ausgefüllt zu haben. Dann könnt ihr nach der Geburt eure volle Aufmerksamkeit eurem kleinen Wunder widmen.

Ihr findet alle Infos zu den Anträgen übrigens zuverlässig im Netz. Bei Fragen stehen euch natürlich auch die zuständigen Ämter zur Verfügung. Das ist bei Elternzeit und Elterngeld die Elterngeldstelle, beim Kindergeld die Familienkasse, bei Beantragung von Vaterschaftsanerkennung und Sorgerechtsbescheinigung das Jugendamt. In einige Städten gibt es auch nichtstaatliche Anlaufstellen, die euch beraten und beim Ausfüllen den Elterngeldantrags helfen. Auch die findet ihr schnell übers Internet.

3. Das »Laila-Prinzip«

ICH NENNE ES SO, WEIL ICH DAFÜR KEINEN ANDEREN NAMEN FINDE UND DAMALS AUCH NIEMANDEN KANNTE, DER ES VOR MIR SO GEMACHT HAT

Vielleicht ist es dir bis hierher schon aufgefallen, dass du noch gar nicht viel benötigt hast für dein Baby außer dich selbst. Und was ich dir in diesem Buch von Herzen mit auf den Weg geben möchte: Es kann auch weitestgehend so bleiben, zumindest in Babys erstem Jahr. Und das kann dein Leben sehr viel leichter machen.

Dafür gehen wir einmal zurück in meine erste Schwangerschaft: Ich war Anfang zwanzig, und für mich war alles, was mit Babys zu tun hatte, komplettes Neuland. Mich erschlug geradezu die Vorstellung, ich müsse pädagogische Konzepte auswendig lernen, um eine gute Mutter sein zu können. Und dann hat mich auch die große Auswahl an unterschiedlichsten Produkten im Babymarkt völlig überrollt. Ich hatte überhaupt keine Ahnung, was ich für mein Baby brauche, was ich wie kaufen soll, wie viel von allem … Ich bin dann rückwärts aus dem Laden wieder rausgegangen, habe tief durchgeatmet und gedacht: Wenn ich nicht alles kaufe, kann ich keine gute Mutter sein.

Meine Mutter hat mir damals ein Buch geschenkt mit dem Titel *Auf der Suche nach dem verlorenen Glück* von Jean Liedloff, einer Wissenschaftlerin, die einige Jahre im venezolanischen Urwald mit Urvölkern zusammengelebt hat, um deren Umgang mit ihren Kindern zu beobachten. Beschrieben hat sie eine sehr harmonische, glückliche Einheit zwischen Mutter und Kind, in der die Mutter sich bedingungslos um die Bedürfnisse ihres Babys kümmert, das Baby dadurch zufrieden ist und die Mutter deshalb kurz nach der Geburt wieder in der Lage ist, ihrem Alltag nachzugehen. Und das ganz ohne irgendwelche Extra-Babyprodukte oder -Gegenstände. Dazu gehört zum Beispiel, dass die Frauen ihre Babys rund um die Uhr an ihrem Körper getragen, sie nach Bedarf gestillt haben und bei sich im Bett haben schlafen lassen. Dabei haben die Babys die Mütter aber nicht gestört. Mich hat das damals sehr fasziniert. Besonders der Aspekt, dass die Babys nicht weinen und die Mütter nicht gestresst sind und viel Zeit für ihren Alltag und sich selbst haben.

Nun wohne ich nicht im Urwald, wohl aber im Großstadtdschungel, und da entschloss ich mich dazu, diese Lebensart für meinen modernen Alltag zu adaptieren. Und so verzichtete ich größtenteils auf die Anschaffung von vielen unübersichtlichen Babyprodukten, deren Auswahl mich so überfordert hatte. Ich wollte zumindest versuchen, mit so wenig wie möglich auszukommen. Denn eigentlich braucht mein Baby doch gar nicht so viel. Und – o Wunder – es hat funktioniert. Was mit einem Versuch startete, der von anderen eher belächelt wurde, hat sich als *Role Model* zuerst für meine Freundinnen, dann für deren Freundinnen und anschließend für die Freundinnen der Freundinnen herausgestellt. So kam es, dass sich immer mehr Mamas in meinem Umkreis davon haben inspirieren lassen.

Deswegen ist es mir auch so wichtig, dir dieses Prinzip einmal zu erklären, es dir mit auf den Weg zu geben, sodass du Teile davon oder auch alles in deinen Alltag integrieren kannst. Denn damit geht es deinem Baby besser, aber ganz wichtig: auch dir, weil dein Leben leichter wird.

Lass uns dazu einen kurzen Blick in die Menschheitsgeschichte werfen …

Unsere Instinkte stammen aus der Steinzeit

Eine weitverbreitete Theorie lautet: In dem Moment, als der Mensch den aufrechten Gang entwickelt hat, ist sein Becken schmaler geworden, damit er aus dem Vierfüßlerin den Zweifüßlerstand kommen konnte. Und genau darum werden Menschenbabys früher geboren, als sie aus eigener Kraft heraus überlebensfähig wären. Sie kommen unreif auf die Welt. Ein Fohlen zum Beispiel wird geboren und kann wenige Stunden nach der Geburt aufstehen, gehen, den Weg allein zur Zitze finden, um zu trinken. Oder Elefanten, die tragen ihre Babys 20 bis 22 Monate lang, bevor sie geboren werden.

Grundbedürfnis: Nachreifen

Nun wird ein Menschenbaby aber nicht einfach unreif geboren und muss dann sehen, wie es klarkommt. Auch die Menschen, die für sein Überleben verantwortlich sind, sind mit entsprechenden Instinkten und Fähigkeiten und Hormonen ausgestattet. Allen voran natürlich die Mutter. Die Instinkte und Verhaltensweisen, die wir in der Steinzeit schon hatten, besitzen wir noch heute, auch wenn sich unsere Lebensweise so extrem verändert hat. Eine jede Mutter, die ein Baby gebärt, hat so das Bedürfnis, dieses Baby ganz nah bei sich zu halten und zu tragen. Und ein Baby erwartet in den ersten Wochen nach der Geburt auch genau das. Es benötigt den Mutterleib in dieser Zeit noch fast genauso, wie die neun bis zehn Monate davor: damit all seine Bedürfnisse zu jeder Zeit befriedigt werden, damit es in Ruhe noch weiterwachsen und »reif« werden kann. Damit es ein paar Monate nach der Geburt zu einem Baby herangewachsen ist, das schon etwas selbstständiger geworden ist. An der Mutter nachzureifen ist sozusagen in den ersten Lebenswochen sein Grundbedürfnis.

Wird dieses Grundbedürfnis nun gestört, zum Beispiel, indem das Baby allein irgendwo auf dem Rücken liegt, fängt es an zu schreien. Ein Baby lebt nämlich in der ersten Zeit nur in seinem winzigen Mikrokosmos, es kennt die Welt noch nicht, kann kaum etwas erkennen. Es muss also instinktiv fühlen: Ich wurde hier allein gelassen, meine Mutter ist weg. Und eben genau darum schreit es sozusagen um sein Leben. Glücklicherweise sind wir Mütter von der Natur mit ebenso cleveren Instinkten ausgestattet, sodass alle Alarmglocken schrillen, wenn unser (oder auch ein anderes) Baby weint, und unser Körper schüttet Stresshormone aus. Unsere natürliche Reaktion ist also: Wir nehmen unser Baby hoch und auf den Arm.

Vertraue deinen Gefühlen

Wenn nun sowohl Baby als auch Mama mit diesen natürlichen Mechanismen ausgestattet sind, wie kommt es, dass dieses Verhalten oft kritisch beäugt wird? Wieso hat es einen leicht bitteren Beigeschmack, wenn wir unser Baby viel im Arm haben, wieso drängt sich uns der Gedanke auf, dass wir es womöglich »verziehen« könnten? Dies sind alte Theorien, und die halten sich oft hartnäckig. Da wäre zum Beispiel: Ein Baby muss auch mal schreien, um seine Lungen zu stärken. Oder: Der Rücken des Babys kann nicht gerade wachsen, wenn man es zu viel trägt.

Schön, dass es mittlerweile viele Studien gibt, die uns das Gegenteil belegen: Wenn ein weinendes Baby nämlich *nicht* gehört wird, lernt es schnell: Meine Bedürfnisse werden nicht wahrgenommen. Es gibt niemanden, der sich um mich kümmert. Und womöglich: Ich bin nicht richtig so, wie ich bin. Diese Babys stumpfen oft ab, haben es schwer, Urvertrauen aufzubauen und dann als Erwachsene Glück zu empfinden.

Steinzeitprinzip heute

Dieses »Steinzeitprinzip« in die heutige Zeit zu übertragen lässt also nicht nur dein Baby zufriedener heranwachsen, nein, es kann auch dir dein Leben mit deinem Baby leichter machen. Dein Kleines im Tragetuch dabeizuhaben bedeutet nämlich auch, seine Bedürfnisse immer unmittelbar und recht unkompliziert befriedigen zu können. Also auch unterwegs, mit Freundinnen oder beim Einkaufen. Das Baby (und damit auch du) muss nicht von den Dingen ausgeschlossen werden, die dir wichtig sind und die du gern tust. Dazu später noch etwas mehr, wenn ich dir auch zeige, wie man die Trage richtig bindet (siehe Seite 121).

Und auch das Baby direkt bei mir schlafen zu lassen war für mich persönlich eine Erleichterung, weil ich nachts nicht aufstehen musste, sondern es direkt im Liegen stillen konnte. Meist habe ich dann gleich weitergeschlafen.

Selbstverständlich ist ein Leben mit Baby immer etwas anstrengender als ein Leben ohne Baby. Aber keine von uns sollte in der Isolation sein, wenn sie ein Baby bekommen hat.

Ich habe eine Vision – vielleicht kann das der neue Weg der heutigen Mütter sein: dass sie ganz selbstverständlich mit ihrem Baby auch mal an den Arbeitsplatz gehen können, sie bei einer Besprechung ihr Baby dabeihaben. Einfach, dass es für Mamas natürlicher wird, ihr Kleines in den Alltag zu integrieren, um sich in Babys erstem Jahr nicht von allem ausgeschlossen zu fühlen.

4. Stillen ist ein Wunder

Wie versprochen, will ich dir zeigen, wie wir uns das Leben mit Baby einfach machen. Dazu gehört Stillen. Stillen ist das Beste für dein Baby. Aber es ist auch das Beste für dich, denn es entspannt deinen Alltag, dein Leben. So musst du nachts nicht aufstehen und Fläschchen zubereiten, du kannst während des Stillens liegen bleiben und weiterschlafen, beim Stillen schüttest du automatisch permanent Glückshormone aus, wenn du unterwegs bist mit Baby, hast du seine Nahrung immer in der richtigen Menge und Temperatur dabei … Und glaube mir, du wirst mit deinem Baby viel draußen sein und sehr, sehr oft große Erleichterung verspüren und viel weniger Stress haben und, wichtig: viel weniger Gepäck dabeihaben, wenn du stillst. Und wie man die minimalistischste Wickeltasche der Welt packt, zeige ich dir später. Keine Sorge: Du musst ab jetzt nicht ein Leben lang vollbepackt durch die Straßen laufen.

Ich habe alle meine vier Kinder gestillt und habe die Stillzeit mit jedem Baby sehr genossen. Auch wenn ich bei meinem ersten Baby Anlaufschwierigkeiten hatte. Ich hatte damals einfach gar keine Erfahrung und auch keine Freundinnen in meiner Umgebung, bei denen ich mir hätte etwas abgucken können. Hinzu kam, dass mein Kleiner ein sehr verschlafenes Baby war, und so hatten wir einen etwas holperigen Start miteinander. Am Anfang habe ich viel mit Stillhütchen gearbeitet (was bei mir nicht wirklich funktioniert hat) und sogar Muttermilch abgepumpt und sie ihm mit der Flasche zu geben versucht. Mein Kleiner hat einfach nicht verstanden, wie er an meiner Brust trinken sollte. Er war dazu noch zu schwach, zu müde und zu unerfahren. Und ich war es gleichermaßen.

Aber nach drei Wochen hatten wir endlich den Dreh raus, und es wurde eine wunderbare Stillzeit! Bei den nächsten Kindern war es bei mir übrigens überhaupt kein Problem mehr, weil ich eben wusste, wie es geht.

Es ist mir sehr wichtig, dir das mit auf den Weg zu geben: Es kann durchaus länger dauern, bis du dich ans Stillen gewöhnt hast, bis alles so klappt, dass es für dich und das Baby eine durchweg positive Erfahrung ist und die Stillmomente solche, auf die ihr gern zurückschaut.

100 Prozent Zaubertrank: deine Muttermilch

Man hört es immer wieder – und es stimmt: Muttermilch ist das Allerbeste für Babys, was es gibt. Sie ist immer da, hat die richtige Temperatur, ist keimfrei, ist gut verdaulich, passt sich den Bedürfnissen des Babys an (wenn es zum Beispiel draußen heiß ist, ist sie eher flüssig, um den Durst zu stillen, wenn es kalt ist, ist sie fetthaltiger).

Muttermilch enthält außerdem verschieden wichtige Abwehrstoffe (Immunglobuline), die Infektionen, Entzündungen und andere Arten von Krankheiten verhindern können.

Der erste Tipp, den ich in diesem Kapitel habe, ist darum an die unter euch gerichtet, die das erste Stillen noch vor sich haben: Legt euer Baby so schnell wie möglich nach der Geburt an, damit es gleich mit dem Nuckeln anfangen und seinen Saugreflex befriedigen kann.

WUSSTEST DU, DASS ...

- … in vielen Kulturen Babys zwei bis drei Jahre gestillt werden?
- … sich beim Nuckeln an der Brust die Hirnaktivität deines Babys enorm steigert?
- … vom Bakterienkiller Lysozym in Muttermilch 3000-mal mehr enthalten ist als in Kuhmilch?

WAS MACHT DAS KOLOSTRUM?

Das Kolostrum schützt das Baby auch vor der Neugeborenengelbsucht, davon habe ich euch weiter vorn schon berichtet (siehe Seite 21). Außerdem sorgt es dafür, dass das Baby seinen ersten Stuhlgang, das »Kindspech«, leichter ausscheiden kann.

Die erste Milch

Die allererste Milch, die du produzierst, nennt sich »Kolostrum« oder »Vormilch«. Sie ist eher dickflüssig und gelblich und reich an Eiweiß, an Antikörpern und weißen Blutkörperchen, die dafür sorgen, dass dein Baby einen Immunschutz bekommt. Sozusagen Babys erste Impfung.

Davon reichen aber minimale Mengen. Wenn es die ersten Tage zwei, drei Schlucke pro Stillmahlzeit nimmt, reicht das bereits aus.

Natürlich gibt es auch Frauen, die nicht stillen können oder wollen. Und diese Entscheidung darf auch jede für sich allein treffen und sollte dafür nicht verurteilt werden. Jeder Mensch hat seine guten Gründe für das, was er im Leben tut oder lässt.

Auch wenn ihr euch also gegen das Stillen entscheiden solltet, warum auch immer, wird empfohlen, das Kolostrum in den ersten Tagen zu »füttern«. Dazu kannst du es dir aus der Brust streichen oder abpumpen oder aber versuchen, dein Baby die ersten drei Tage anzulegen. Im Kapitel »Wenn du nicht stillen kannst oder willst« (siehe Seite 75) findest du noch mehr zu diesem Thema.

Der Milcheinschuss

Nach ein paar Tagen Stillen kommt es zum Milcheinschuss, was bedeutet, dass die Vormilch von der Übergangsmilch abgelöst wird. Diese ist dann weißer und flüssiger als die Vormilch und hat einen hohen Fett- und Kohlenhydratanteil. Mit dieser Milch beginnt dein Baby in der Regel schon richtig schön zuzunehmen. Abgelöst wird sie ungefähr nach zwei Wochen dann von der reifen Muttermilch, deren Zusammensetzung bis zum Ende der Stillzeit im Groben gleich bleibt.

Mein Stillrhythmus: kein Stillrhythmus

Viele denken, dass ein Baby trinkt und dann erst mal satt ist, eine Pause macht, bis es wieder Hunger hat. Aber: Ein Baby trinkt mal mehr und öfter, mal weniger und seltener. Mal trinkt es eine halbe Stunde an einer Brust, mal nur fünf Minuten.

Meine Erfahrung hat gezeigt, dass man das Baby entscheiden lassen sollte, wann es trinken will und auch, wie lange es trinken will, das nennt sich »Stillen nach Bedarf«. Manchmal hat dein Baby einfach nur Durst, da reichen einige Minuten. Denn am Anfang jeder Stillmahlzeit ist die Muttermilch sehr flüssig, erst zum Ende der Mahlzeit hin wird sie fetthaltiger. Wenn dein Baby jetzt also nur Durst hat, reicht ihm die flüssige Muttermilch vom Anfang absolut aus. Wenn es aber Hunger hat, möchte es natürlich länger trinken, damit es richtig satt wird. Bei mir war es übrigens so, dass jedes meiner vier Kinder seinen eigenen Rhythmus hatte. Während mein Großer durchaus mal eine Stunde durchgetrunken hat, hat meine Zweitgeborene selten länger als zehn Minuten oder eine Viertelstunde getrunken. Darum lässt sich schwer eine maximale oder minimale Trinkzeit angeben. Fakt ist: Jedes Baby weiß, was es braucht, und jedes Baby braucht es anders. Wichtig ist nur, dass dein Baby zunimmt und gut gedeiht.

Darum greife als Mama lieber nicht ein, sondern vertraue auf das richtige Bedürf-

In 100 Millilitern reifer Muttermilch stecken ungefähr:

- 1–2 Prozent Eiweiß
- 4 Prozent Fett
- 7 Prozent Kohlenhydrate
- Vitamine, Spurenelemente, Mineralstoffe, Hormone, Immunkörper
- Und sie liefert bei 100 Millilitern etwa 70 Kilokalorien

nis deines Babys. Es wird seinen eigenen Rhythmus finden, wenn du es lässt.

VORSICHT!

Auch wenn es draußen sehr heiß ist, braucht dein Baby nicht zusätzlich Wasser oder Tee, denn das führt nur dazu, dass sein kleines Bäuchlein voll ist mit Flüssigkeit. Wenn es dann Hunger bekommt, muss es an der Brust aber erst die flüssige Milch trinken, bevor es wirklich seinen Hunger stillen kann. Viele Babys schaffen das mit ihren kleinen Mägen gar nicht. So kann es passieren, dass das Baby hungrig bleibt.

Gibt es eine Regel, wie oft man in 24 Stunden stillen sollte? Ja: so oft, wie dein Baby eben möchte. Es kann passieren, dass es jede Viertelstunde an die Brust will. Das nennt man auch »Clusterfeeding«. Aber denke daran: Das macht dein Kleines nicht, um dich zu ärgern oder nur zum Vergnügen. Meist trinkt das Baby viel und saugt an der Brust, bevor ein Wachstumsschub kommt. Denn wenn es erst mal gewachsen ist, wird es mehr Milch brauchen und gewöhnt sozusagen deine Brust durch das ständige Nuckeln schon mal daran, mehr Milch produzieren zu müssen. Du siehst: Dein Baby ist wirklich schlau – vertraue ihm.

Clusterfeeding kann übrigens auch ein Zeichen dafür sein, dass dein Baby einen Entwicklungsschub macht. Jede neue Errungenschaft, jede neue Fähigkeit, die dein Baby in seinem ersten Lebensjahr erlangt, ist ein riesengroßer Schritt. Auch wenn dein Kleines durch diese Entwicklungen beflügelt wird, schreckt es doch manchmal selbst davor zurück und braucht eine Weile, bis es sich der neuen Herausforderung wirklich stellen kann. Meistens ist es dann so, dass dein Baby, obwohl es gerade sozusagen einen Schritt voran gemacht hat, wieder zwei zurückgeht. Das sind die Zeiten, in denen dein Kleines wieder ganz besonders eng bei dir sein will, am liebsten in dich hineinkriechen möchte. Und in denen

es eben auch wieder besonders viel an der Brust sein will, denn sie ist sein geschützter, vertrauter Raum, sein Nest.

Übrigens: Wenn die Milchbildung erst mal angeregt ist (also nach den ersten Tagen), und ihr ein paar weitere Tage später ein eingespieltes Team seid, verringern sich die Stillmahlzeiten automatisch. Und dann kannst du auch pro Stillmahlzeit erst mal nur eine Brust anbieten und dein Baby so lange saugen lassen, bis es sich satt und zufrieden von selbst von deiner Brust löst. Beim nächsten Mal ist dann die andere Seite dran. Du kannst aber auch jedes Mal beide Seiten anbieten, je nachdem, womit du dich wohler fühlst.

Muss ich mein Baby nachts zum Stillen wecken?

Wenn du zu den Glücklichen gehörst, deren Baby von Anfang an viele Stunden durchschläft, kann ich dir von ganzem Herzen gratulieren. Mein Erster war genauso, er hat von Anfang an quasi die Nacht durchgeschlafen. Die Antwort auf die Frage, ob man sein Baby wecken sollte zum Stillen oder nicht, hängt vom Gewicht deines Babys ab. Sehr dünne oder zu früh geborene Babys oder solche, die unter gesundheitlichen Problemen leiden, würde ich nachts zum Stillen wecken, weil es für sie besonders wichtig ist, dass sie regelmäßig und permanent mit ausreichend Nahrung versorgt sind. Ein gesundes Baby solltest du die ersten Tage auch behutsam nach etwa vier durchgeschlafenen Stunden zum Stillen wecken, damit die Milchproduktion bei dir ordentlich in Gang kommt. Außerdem nimmt dein Baby gera-

MEHR KALORIEN

Durchs Stillen benötigst du anfangs pro Tag ungefähr 500 Kalorien mehr zu deinem Grundbedarf von etwa 2000 Kalorien. Beachte dazu auch das Kapitel ›Ernährung in der Stillzeit‹ (siehe Seite 71).

de am Anfang in der Regel ja wieder etwas von seinem Geburtsgewicht ab, sodass es die Extra-Stillmahlzeit gut gebrauchen kann. Nach ein paar Tagen muss ein gesundes, normalgewichtiges Baby, das normal zunimmt, nachts nicht geweckt werden. Es kann schlafen und darf seinen eigenen Rhythmus finden. Es wird sich melden, wenn es hungrig oder durstig ist. Da wünsche ich dir: Genieße deinen Schlaf.

MEIN TIPP

Damit du immer weißt, welche Brust als Nächstes dran ist, binde dir ein kleines Bändchen um das jeweilige Handgelenk oder um den entsprechenden BH-Träger.

WUSSTEST DU, DASS

dein Baby keinen Schnuller braucht?

Ich möchte dich bitten, in den ersten Tagen keinen Schnuller zu verwenden und stattdessen dein Baby bei jedem Saugreflex an die Brust anzulegen. Wie auch immer du dich später vielleicht entscheidest ... Auf jeden Fall: Bitte in den ersten Tagen ohne Schnuller.

SO WAR ES BEI MIR

Du weißt: Wenn ein Baby eins kann, wenn es auf die Welt kommt, dann ist es saugen. Praktischerweise ergänzt sich diese Spezi-

alfähigkeit deines Babys mit seinem Grundbedürfnis nach satt werden. Und das passt wiederum wunderbar zur Fähigkeit von uns Mamas, Milch zu produzieren und zu geben. Und je mehr ein Baby an der Brust saugt, umso stärker steigt die Muttermilchproduktion.

Wenn das Baby dann um die sechs bis acht Wochen alt ist, kristallisiert sich ein Saugbedürfnis heraus, das *eventuell* über das des Hungers hinausreicht. Das ist der Moment, an dem sich oft die Geister scheiden: Braucht das Baby einen Schnuller oder nicht? Mir geht es hier nicht um die Diskussion der Vor- und Nachteile. Was ich dir erzählen will, ist, wie *ich* es mit meinen Babys gemacht habe.

Ich war bei meinem ersten Baby Anfang zwanzig und allein auf weiter Flur damit, es ohne Schnuller probieren zu wollen. Und ich hatte keine Ahnung, ob das überhaupt funktioniert. Natürlich habe ich zur Geburt den ein oder anderen Schnuller geschenkt bekommen. Ich hatte also eine »Notreserve« zu Hause.

Ich habe meinen Kleinen dann viel gestillt, hatte auch genug Milch, weil ich ihn nach Bedarf an die Brust genommen habe. Und habe trotzdem im Hinterkopf immer auf den Moment gewartet, an dem ich ihm das erste Mal den Schnuller in den Mund stecken würde, damit ihm nichts fehlt. Aber dieser Moment kam nicht. Und so ist mein erstes Baby groß geworden ohne Schnuller. So wie alle meine weiteren Kinder auch.

Hätte aber eines meiner Babys ein Saugbedürfnis außerhalb des Stillens gehabt, so hätte es von mir aus ruhig das Däumchen nehmen können. Denn: Was ein Baby im fünften Schwangerschaftsmonat im Mutterleib macht, kann doch nicht schlecht sein, sagte mir mein Bauchgefühl. Und ich habe mir auch gedacht: Das wird sich schon von allein regulieren. Denn die Hand mit dem Daumen dran wird ja die meiste Zeit für andere Dinge benötigt. Also wird der Daumen von einem Baby höchstwahrscheinlich nur dann benutzt, wenn es sich wirklich beruhigen *muss*.

Aber auch dazu kann ich dir am Ende nicht viel mehr sagen, denn ebenso wenig hat eines meiner Kinder am Daumen genuckelt.

Ich stelle mir vor, dass es daran liegt, dass das Saugbedürfnis des Babys eben im Kern dazu dient, die Milchproduktion der Mama anzuregen und also vor allem, satt zu werden. Und wenn das Baby die ersten Wochen viel an der Brust sein kann, viel trinkt und so die Milchproduktion ordentlich angeregt hat, verfliegt das große Saugbedürfnis vielleicht von selbst. Und offenbar scheint ein Baby so auch zu lernen, sich mit vier, fünf Monaten anders zu beruhigen als durch das Saugen.

Aber: Das ist »nur« meine ganz persönliche Erfahrung, die ich mit meinen vier Kindern gemacht habe. Wobei: Mein Vierter schnappte sich ab und an das Fäustchen und nuckelte daran herum. Aber mehr ist nicht daraus geworden.

Bleibe gelassen und ruhig

Es ist wie mit so vielem im Leben: Ohne Stress und Druck geht's leichter – so auch mit dem Stillen. Und wenn es am Anfang nicht ganz ohne Komplikationen geht, denke immer daran: Das ist ganz normal. Lass dich nicht entmutigen, auch ihr werdet mit der Zeit eine innige, harmonische Stillbeziehung entwickeln. Bitte deine Hebamme um Unterstützung, sie hat viel Erfahrung und wird dir immer wieder gern zeigen, wie du dein Baby am besten anlegst.

Um einen harmonischen Stillmoment zu erleben, hilft es sehr, dein Baby rechtzeitig anzulegen, also bei den ersten Anzeichen von Hunger. Denn wenn dein Baby erst mal weint oder gar schreit, findet es die Brustwarze nicht mehr so gut, und auch du stehst unter Stress. Du Liebe, und ich weiß, es ist wirklich kompliziert, einem schreienden Baby die Brustwarze in den Mund zu schieben.

Also, die wichtigen Signale sind:

○ Dein Baby wird unruhig, es fuchtelt herum, wackelt mit dem Köpfchen hin und her;
○ es will überall andocken, schnappt mit dem Mündchen, saugt sich an deinem Unterarm fest;
○ es streckt seine kleine Zunge heraus und schmatzt.

Wenn du auf diese Signale achtest, findet dein Goldengelchen schneller an die Brust, und ihr habt eine ganz entspannte Stillzeit.

Mach es dir bequem

Mach es dir so bequem wie möglich, bevor du zu stillen beginnst. Dazu gehört übrigens auch, gemütliche und unkomplizierte Kleidung zu tragen. Entweder weite V-Ausschnitte, die du einfach über die Brust nach unten ziehen kannst, oder aber, dein Oberteil ist unten schön weit und luftig geschnitten, sodass dein Baby bequem drunterliegen kann. In der Öffentlichkeit hast du damit später auch gleich einen Sichtschutz. Auf die Kleidung von Mamas kommen wir nachher übrigens noch ausführlicher zu sprechen.

Und dann lehne dich zurück, sodass das Gewicht eher auf dem Kreuzbein liegt, nicht auf den Sitzbeinen wie beim aufrechten Sitzen auf einem Stuhl. Lege ein Stillkissen als Unterstützung um deinen Rücken herum und bette auf die vorn zusammenlaufenden Enden deine Arme und darauf dein Baby, sodass sein Köpfchen ganz in der Nähe der Brustwarze liegt, an der es gleich saugen soll.

Natürlich musst du dafür kein Stillkissen nehmen, es können auch andere Kissen sein. Hauptsache ist, du unterstützt deinen gesamten Oberkörper.

Baby hinlegen

Dann legst du dir dein Baby bäuchlings auf den Bauch, es wird automatisch zu dir »gezogen«. Sein Kopf liegt auf oder zwischen deinen Brüsten, seine Nase befindet sich etwas unterhalb oder auf gleicher Höhe wie deine Burstwarze. Jetzt muss es nämlich den Kopf leicht in den Nacken nehmen und kann so seinen Mund weit öffnen und mit dem Unterkiefer mehr von der Brust erfassen.

Die Ärmchen liegen leicht angewinkelt rechts und links deiner Brust, als würden sie sie umarmen. Es ist ein bisschen so, als würden eure beiden Körper wie Puzzleteile ineinanderpassen.

Auch die Beinchen und Füße deines Babys sollten nicht in der Luft hängen, son-

dern auf einem Kissen ruhen. So fühlt sich dein Baby sicher.

Brust formen

Und nun formst du deine Brust passend für den Babymund. Einige Babys finden die Brustwarze übrigens auch ganz von allein. Aber die meisten brauchen am Anfang etwas Hilfe.

Und das geht so: Nimm dazu deine Brust einige Zentimeter von deiner Brustwarze entfernt, parallel zu den Lippen deines Babys, zwischen zwei Finger oder zwischen Zeigefinger und Daumen. Drücke die Brust nun etwas flach, sodass dein Baby leichter viel Brust zwischen seine Kiefer tief in den Mund nehmen kann.

Selbst wenn dein Baby die Brust im Mund hat, dreht es manchmal noch sein Köpfchen hin und her, als würde es nach ihr suchen, sodass sie wieder rausrutscht. Lass dich davon nicht verunsichern. Bleib einfach dran.

Wichtig ist, dass der Mund deines Babys mit deiner Brustwarze *und* ungefähr mit zwei Dritteln deines Warzenhofs gefüllt ist. So kann das Baby die Brust gut mit seinen Kiefern und seiner Zunge ansaugen und erzeugt damit einen geringeren Unterdruck im Mund, sodass die Brustwarze nicht zu sehr gereizt wird. Außerdem hat dein Kleines so die Möglichkeit, die Brust bis an den Gaumen zu ziehen, sodass besonders viel Milch herauskommt. Wenn es nur die Brustwarze im Mund hat, kommt schwer Milch heraus, und außerdem tut es dir höllisch weh.

Wenn dein Baby falsch liegt, solltest du seinen Mund noch mal von deiner Brust lösen, um zu vermeiden, dass es zu Verletzungen kommt. Dazu schiebst du ganz behutsam deinen kleinen (sauberen!) Finger in den Mundwinkel deines Babys. Wenn du ihn jetzt ganz leicht nach unten drückst, öffnet sich der Mund deines Babys automatisch, sodass es von der Brust »abdockt«. Nie einfach so die Brust herausziehen – autsch!

Diese Technik ist grundsätzlich wichtig anzuwenden, wenn du dein Baby von deiner Brust lösen möchtest, sollte es das nach dem Stillen nicht allein tun. Wenn du die Brust nämlich einfach herausziehst, riskierst du gereizte Brustwarzen.

Nach einigen Sekunden setzt dann der Milchspendereflex ein, das heißt, die Muttermilch beginnt zu »fließen«. Das spürst du vielleicht als leichtes Ziehen in den Brüsten. Dann beginnt auch dein Baby, hörbar zu schlucken. Niedlich! Und auch ein sehr erhebender Moment.

Jetzt kannst du deinen Oberarm noch etwas näher an dein Baby heranführen, damit es seinen etwas seitlich gelegten Kopf daran anlehnen kann. Schiebe dir am besten ein Kissen unter den Arm, damit du es entspannt genießen kannst. Während ich mir die Situation gerade bildlich vorstelle, beneide ich dich ein bisschen um dieses große Glück. Wie gern würde ich selbst solch einen schönen Moment noch mal erleben.

MEIN TIPP

Stillkissen

Ich persönlich empfand stabile und besonders lange Stillkissen am angenehmsten.

Meine liebsten Stillpositionen

Beim Stillen gilt immer: Kind zur Brust, nicht Brust zum Kind. Sonst bekommst du sehr schnell Rückenschmerzen. Wichtig ist auch, dass du öfter mal die Stillposition wechselst. Einmal, um alle Milchdrüsen in deiner Brust zur Milchproduktion anzuregen, aber auch für dich selbst, um deine Muskeln zu entlasten.

$\mathcal{L}$IEBLINGS-FUNFACT ZUM STILLEN:

Ich habe meinen Kleinen durchaus auch mal beim Pipimachen gestillt. Denn manchmal docken sich Babys so doll an und sind so zufrieden beim Stillen, dass man sie nicht stören und unterbrechen will. Schon verrückt: Am Anfang des Stillens sitzt man noch verkrampft auf dem Sofa, und später hast du das Kind an einer Brust und kochst mit der anderen Hand das Mittagessen. Du wirst noch zum Einhand-Pro, ich sage es dir.

Stillen im Sitzen

Im Sitzen hält man das Baby meist in der sogenannten Wiege-Haltung, das ist die »klassische« Stillhaltung, weil man sie am häufigsten antrifft. Dazu sitzt du aufrecht und hältst dein Baby im Arm an deine Brust. Du stützt den Rücken deines Kleinen oder umfasst seine Oberschenkel. Sein Köpfchen ruht auf deinem Arm. Dein Rücken und deine Schultern sollten aber möglichst bequem abgestützt werden (zum Beispiel durch ein Stillkissen).

Ich benutzte mein Stillkissen im Sitzen übrigens gerne andersrum, als die meisten es machen. Dazu schüttelte ich es einmal aus, sodass in den Enden wenig Material war, in der Mitte aber viel. Und dann legte ich es mir mit der dicken Mitte auf die Beine und um den Bauch, die offenen Enden

zeigten also zu meinem Rücken. So hatte ich es bequem und musste das Kissen nicht verändern, wenn ich die Brust wechselte.

Zur Unterstützung habe ich mir oft noch ein kleines Kissen unter den Tragearm gelegt.

Footballposition

Diese Stillhaltung wird auch »Rückenhaltung« oder »Seitenhaltung« genannt.

Dabei sitzt du ebenfalls und hältst dein Baby ein bisschen so wie einen amerikanischen Football, daher auch der Name: Das Kleine liegt seitlich, unterhalb deines Arms. Seine Beinchen zeigen zu deinem Rücken und stemmen sich gegen eine Rückenlehne (wenn es denn eine gibt). Sein Köpfchen liegt in deiner Hand.

Diese Position ist übrigens gut geeignet, falls du einen Kaiserschnitt hattest, denn so kannst du deine Narbe entlasten.

Liegeposition

In der Liegeposition, auch »Seitenlage« genannt, habe ich immer gern gestillt, wenn ich selbst etwas müde war oder auch am Abend, wenn mein Kleiner und ich gemeinsam eingeschlafen sind, und natürlich nachts. Allerdings ist diese Stillposition für

einige frischgebackene Mamas gerade am Anfang eine Herausforderung, weil der Mund deines Babys im Liegen einfach viel schwieriger an die Brust zu bekommen ist. Wenn man den Dreh aber erst mal raushat, ist es so ein sehr bequemes und unkompliziertes Stillen.

Still-Wehwehchen

Du Liebe, so schön Stillen auch sein kann, wenn ihr erst mal ein eingespieltes Team seid – auf dem Weg dorthin kann es ein paar Wehwehchen geben.

Au – Milcheinschuss!

Kommen wir noch mal zurück zum Milcheinschuss. Meiner setzte beim letzten Mal an Tag fünf nach der Geburt ein. Und ich sage dir: Mir taten höllisch die Brüste weh. Quasi über Nacht explodierten sie, wurden steinhart und heiß. Das ist aber ganz normal. Vielleicht geht es dir genauso: Deine Brüste und Brustwarzen schwellen an, spannen oder verursachen sogar Schmerzen. Deine Haut ist vielleicht gerötet, fleckig und/oder warm. Und es kann sogar sein, dass du leicht erhöhte Temperatur

hast. Dies ist kein Grund zur Sorge, aber bitte beachte: Solltest du Fieber bekommen, halte bitte mit deiner Ärztin Rücksprache. Der Milcheinschuss passiert ohnehin während des Wochenbettes, also in der Zeit, in der deine Hebamme kommt. Bitte lass sie deine Brust abtasten. Das gehört zu ihrer Aufgabe, und sie wird es fachkundig tun.

Und spätestens ab jetzt muss dein Baby trinken, trinken, trinken. Am besten in vielen verschiedenen Positionen, so lösen sich alle schmerzhaften Verhärtungen in deiner Brust.

Wenn es gar zu schmerzhaft werden sollte, weil die Brüste zu prall sind, kannst du kurz vor dem Stillen und zwischendurch einen warmen Waschlappen oder ein Kirschkernkissen auf deine Brust legen. Denn die Milchgänge in der Brust sind manchmal einfach etwas eng oder es befindet sich zu viel Milch in ihnen. Mit Wärme werden sie behutsam geweitet, das Gewebe entspannt sich, und die Milch kann besser hindurchgelangen. Nach dem Stillen kannst du deine Brust mit einem ausgewrungenen Waschlappen mit kaltem Wasser etwas abkühlen.

MEINE TIPPS

Kohlkopf-Kühlung

- Lass dir einen Kohlkopf besorgen (am besten bio, der ist ohne Schadstoffe).
- Die äußeren Blätter entfernen und entsorgen.
- Dann ein Blatt abbrechen (oder abschneiden), waschen und abtrocknen.

- Das Blatt auf einem Brett mit einem Teigroller (oder einer Flasche) glatt rollen. Ein paarmal hin und her reicht. Das bewirkt, dass der Pflanzensaft aus dem Blatt austritt, der antibakteriell wirkt.
- Jetzt legst du dir das (am besten gekühlte) Blatt auf die Brust – herrlich!
- Bewahre den Rest des Kohlkopfes im Kühlschrank auf, dann ist jedes neue Blatt immer schön gekühlt.
- Oder du machst einen Quarkwickel. Wie das geht, erfährst du auf Seite 242.

Bevor du das nächste Mal die gekühlte Brust anlegst, solltest du sie aber erst ein wenig aufwärmen. Massiere sie dafür ganz sanft oder streiche sie ein bisschen aus, damit der Milchfluss wieder angeregt wird.

Wunde Brustwarzen

O nein, du Arme, wenn auch du zu den Frauen gehörst, die in den ersten Tagen des Stillens wunde Brustwarzen bekommen, lass dir eins gesagt sei: I feel you! Ich versichere dir, es geht vorbei, es handelt sich wirklich nur um die ersten Tage. Und tatsächlich lässt der große Schmerz nach, wenn das Baby erst mal ein paar Minuten getrunken hat. Deswegen: Versuche, am Anfang ganz doll die Zähne zusammenzubeißen, schon nach den ersten Schlucken wird sich die Situation wieder entspannen.

Außerdem achte darauf, dass du nach dem Stillen deine Brustwarzen nicht trocken tupfst. Im Gegenteil: Verteile den Rest Muttermilch darauf und lass deine Brustwarzen an der Luft trocknen. Außerdem gibt's wunderbar heilsame Lanolincreme

MUTTERMILCH – DAS ALLHEILMITTEL

Muttermilch ist nicht nur für dein Baby und sein Wachstum das Beste. Sie ist außerdem ein Wunderheilmittel – sowohl für dein Baby als auch für dich!

Ich habe es oben gerade erwähnt: Wunde Brustwarzen heilen auch wunderbar mit Muttermilch.

Auch erwähnt haben wir schon die Pickelchen deines Babys: Muttermilch draufgeben und trocknen lassen.

Muttermilch auf Babys wundes Popöchen getupft, hilft ebenfalls Wunder.

Und wenn dein Baby Schnupfen hat, kannst du ebenso vorsichtig mit etwas Muttermilch von innen seine Nase befeuchten.

aus der Apotheke, das ist eine Creme, basierend auf Wollfett, die die Brustwarzen wieder geschmeidig macht, damit sie weich bleiben und nicht einreißen.

Du musst die Creme vor dem Stillen auch nicht abwischen, sie ist absolut unbedenklich für dein Baby.

Hilfe, ich habe zu wenig Milch!

Vielleicht gehörst du zu den Frauen, die befürchten, dass sie zu wenig Milch produzieren, um ihr Baby satt zu bekommen. Ich kann dich beruhigen: Das kommt nur

(FAST) HANDYFREIE ZONE

Ich weiß, dass die Verlockung immer groß ist, das Smartphone in der Hand zu haben – gerade beim Stillen. Aber bitte, bitte mach das nur, wenn dein Baby beim Stillen die Augen zuhat. Genieße lieber den Moment und schau dein Baby an. Die WhatsApp-Nachrichten, Instagram und TikTok laufen nicht weg. Aber der Moment mit deinem Baby kommt nie wieder zurück. Außerdem war mir nie ganz wohl mit der Handystrahlung so nah an dem kleinen Babyköpfchen. Ich weiß nicht, wie es dir geht, aber da ich ja auf mein Bauchgefühl höre, habe ich das lieber weitestgehend vermieden.

ganz, ganz selten vor. Wenn dein Baby zunimmt, wenn es die Windel mehrmals am Tag voll hat, wenn sein Urin geruchs- und farblos ist, dann kannst du sicher sein: Dein Baby bekommt genug zu trinken. Außerdem sollte es nach dem Trinken ausgeglichen und ruhig sein, vielleicht schläft es sogar ein, dann ist es zufrieden und satt.

Solltest du noch immer unsicher sein, ob du dein Baby satt bekommst, sprich bitte mit deiner Hebamme darüber. Sie kennt dich und dein Baby und kann sich deines Problems gut und erfahren annehmen.

Solltest du wirklich zu den Frauen gehören, die nicht genug Muttermilch produzie-

ren können, brauchst du kein schlechtes Gewissen zu haben – dann gibt es hochwertige Babynahrung. Dazu später mehr.

Normalerweise lässt sich die Milchbildung aber erfolgreich wie folgt anregen.

So regst du die Milchbildung an

Ein paar einfache Hausmittelchen, um die Milchbildung anzuregen:

1. Schau dein Baby immer an, wenn du stillst, denn dein Baby braucht Blickkontakt zu dir und will mit dir in Kommunikation gehen. Wenn es wach ist und die Augen geöffnet hat beim Stillen, dann natürlich sowieso. Aber schau es auch an, wenn es die Augen geschlossen hat. Denn das setzt auch einen ganz natürlichen Reflex in Gang, der den Milcheinschuss anregt. Ist das nicht wunderbar einfach? Rieche vielleicht an seinem Köpfchen – es duftet soo gut! Leg dein Handy weg – widme dich ganz eurem Mama-Kind-Moment.

2. Stille dein Baby nackig. Auch dein Baby kann nur eine Windel anhaben, sodass ihr beim Stillen Haut an Haut liegt. Macht es euch dazu ganz gemütlich und nehmt euch Zeit. Ihr könnt auch mal gemeinsam baden.

3. Trinkst du immer genug? Es ist ganz wichtig, dass du als stillende Mama ausreichend Wasser und/oder ungesüßte Tees trinkst! Es kann auch mal ein verdünnter Saft sein. Zwei bis drei Liter am Tag sollten es sein. Aber zwinge dich nicht dazu, wenn du absolut keinen Durst hast. Achte auch

An Babys Köpfchen riechen und die Nähe genießen – einfach das Schönste!

darauf, dass du in der Nacht Wasser griffbereit hast, denn du stillst auch dann. Nichts ist schlimmer, als durstig beim Stillen zu sitzen und keine Möglichkeit zu haben, an Wasser heranzukommen.

Achtung aber: Keinen Pfefferminz- oder Salbeitee trinken, denn das hemmt wiederum die Milchbildung!

4. Du kannst Stilltee ausprobieren, den bekommst du in der Apotheke, aber auch in der Drogerie.

5. Man sagt, auch das Trinken von Malzbier fördere die Milchbildung. Ich persönlich fand das praktisch, so konnte ich ab und zu mal ein Malzbier genießen. Lecker – erinnert an die Jugend!

6. Ganz wichtig ist: Du solltest versuchen, beim Stillen abzuschalten. Stress kann (nicht nur während des Stillens) dazu führen, dass sich die Milchmenge in deinen Brüsten reduziert. Ebenso zu wenig Schlaf. Hole ihn dir, wann immer du ihn kriegen kannst! Viel Ruhe ist wichtig, damit das Stillen gut funktioniert.

7. Auch die Milch abzupumpen hilft, die Produktion anzuregen. Alles, was du darüber wissen musst, findest du auf den nächsten Seiten.

8. Häufiges Anlegen regt die Milchproduktion an, ebenso

9. häufiges Wechseln der Seiten beim Stillen.

10. Du kannst dich auch an eine Stillberatung wenden, Kontaktmöglichkeiten findest du im Internet.

11. Und dann gibt's auch noch Prolaktintabletten, die dir deine Frauenärztin verschreiben kann. Sie enthalten das Hormon, das für die Milchproduktion zuständig ist.

Bitte gib nichts auf die Vorurteile, die sich leider trotz aller wissenschaftlichen Widerlegungen bis heute da draußen halten, dass man mit Schlupfwarzen (Hohlwarzen) oder kleinen Brustwarzen oder kleinen Brüsten zu wenig Milch habe oder nicht stillen könne. Lass dich da auf keinen Fall verunsichern – das ist einfach nicht richtig!

Vertraue mir: Bis auf wenige Ausnahmen können wirklich alle Frauen stillen.

Kein Hexenwerk –
Milch abpumpen

Die ersten Male Milch abzupumpen ist nicht ganz leicht, aber auch kein Hexenwerk. Man muss eben wissen, wie es geht und worauf man achten muss. Ich möchte dir hier einen kleinen Überblick verschaffen.

Es gibt verschiedene Gründe für das Milchabpumpen:

○ Weil dein Baby direkt nach der Geburt vielleicht zu schwach ist, um an deiner Brust zu trinken.
○ Wie oben bereits erwähnt, weil man die Milchproduktion anregen möchte. Dafür ist wichtig zu wissen: Dein Körper kann nicht auf einmal viel mehr Milch abgeben. Am Anfang reichen also 20–30 Milliliter abgepumpte Muttermilch, am nächsten Tag dieselbe Menge. Die Menge steigert sich Tag für Tag. Je öfter du abpumpst, desto mehr Milch wird dein Körper produzieren.
○ Weil man ein paar Muttermilchmahlzeiten in petto haben möchte, falls man selbst mal nicht verfügbar ist und das Baby über die Flasche gefüttert werden muss.
○ Weil die Brust so sehr spannt, dass man das Gefühl hat, sie muss unbedingt entleert werden, das Baby aber gerade keinen Hunger hat.
○ Weil du ungesunde Substanzen im Körper hast (z. B. durch eine Operation, Alkohol oder weil du ein Antibiotikum einnehmen musst), sodass ein paar Muttermilchmahlzeiten für dein Baby wegfallen müssen.

○ Weil man seine Muttermilch an eine Säuglingsstation spenden möchte. Das habe ich in meiner ersten Stillzeit gemacht. Diese Milch kommt dann in eine sogenannte Muttermilchbank und steht den Babys zur Verfügung, die von ihren Müttern nicht gestillt werden können. Und zwar nicht nur nicht an der Brust, sondern die andernfalls auf keine Weise Muttermilch zugeführt bekommen würden. Die Milch, die in einer Milchbank zu bekommen ist, stammt immer von einer ganz gesunden Mutter und ist natürlich geprüft und überarbeitet, bevor sie weitergegeben wird.

Milch abpumpen ist vor allem Übungssache. Anfangs dauert es etwas länger, bis die Milch einschießt. Lass dich davon nicht verunsichern, nach ein paar Malen wirst du den Dreh mit Sicherheit raushaben.

SO WAR ES BEI MIR

Du weißt es schon: Auch ich habe abgepumpt. Besonders bei meinem ersten Baby, weil es die ersten Tage nach der Geburt einfach zu schwach und zu müde war, um von meiner Brust zu trinken. Und so habe ich am Anfang den »Umweg« genommen über das Abpumpen und Fläschchengeben, bis wir uns irgendwann in unserem Stillprozess eingespielt hatten. Auch bei meinen zwei folgenden Babys habe ich Milch abgepumpt, weil ich immer einen kleinen Vorrat haben wollte.

So kannst du Milch ausstreichen oder abpumpen

1. Brüste ausstreichen. Wasche dir die Hände vor der Entleerung deiner Brust, und ich empfehle dir auch kurze Fingernägel, damit du dich nicht verletzt. Erwärme deine Brust, zum Beispiel mit einem nasswarmen Waschlappen. Das verbessert die Durchblutung und stimuliert den Milchspendereflex.

   Am besten massierst du deine Brust ein bisschen vorab mit sanften, kreisenden Bewegungen von außen nach innen. Dann legst du eine Hand unter deine Brust, die andere obendrauf. Die Handinnenflächen zeigen zueinander.

   Nun streichst du mit vorsichtigem Druck beide Hände zur Brustwarze hin, und zwar so, dass sie immer enger zusammenkommen. Diese Bewegung sollte aber auf keinen Fall schmerzhaft sein.

2. Milch abpumpen mit der Handpumpe: Diese Pumpe übernimmt die Aufgabe deiner Hände beim Ausstreichen. In der Packung ist eine Anleitung

enthalten, aus der du ablesen kannst, wie du genau vorgehen musst. Die Handpumpe bekommst du zum Beispiel in der Apotheke oder in der Drogerie. Sie kostet um die 30 Euro.

3. Mit der elektrischen Pumpe: Sie ist leichter zu handeln und der Spitzenreiter, was die Menge der abgepumpten Milch angeht. Hier müssen deine Hände gar nichts mehr machen, das übernimmt alles die Maschine. Wie genau sie gehandhabt wird, erfährst du aus der Gebrauchsanleitung, die wirklich ganz schnell zu lesen und leicht zu verstehen ist. Eine solche Pumpe kann dir deine Frauenärztin verschreiben, du bekommst sie dann auf Rezept in der Apotheke. Das Verleihen bzw. Mieten geht auch ohne Rezept, und die Leihgebühr für eine elektrische Pumpe ist sehr niedrig.

Achte darauf, dass deine Brust beim Abpumpen sauber ist. Aber bitte nicht desinfi-
zieren. Einmal mit dem nassen Waschlappen drüberwischen reicht vollkommen.

SO WAR ES BEI MIR

Ich kann dir sagen: Als ich das erste Mal
mit dieser elektrischen Milchpumpe dasaß,
beide Brüste draußen, an denen die Saug-
näpfe hingen – da fühlte ich mich ganz
und gar nicht wohl. Mir war das richtig
unangenehm. Man kommt sich ja wirklich
ein bisschen vor wie eine Milchkuh. Wichtig ist aber, dass du dich trotzdem ent-
spannst beim Abpumpen. Denn nur dann
kann die Milch gut und ungehindert fließen. Ich habe beim Abpumpen immer
mein Baby auf dem Arm gehalten. Das
regt auch gleich den Milchspendereflex auf
natürliche Weise an. Und wenn das gerade
nicht geht, habe ich einen Ratschlag für
dich, der vielleicht im ersten Moment etwas merkwürdig klingt: Schau dir ein *Bild*
von deinem Baby an. Glaub mir, allein das
sorgt dafür, dass du Oxytocin ausschüttest,
sodass die Milch besser fließt.

Muttermilch aufbewahren

Bei den Pumpen-Varianten fließt die Milch
direkt in eine kleine Muttermilchflasche.
Wenn du die gewünschte Milchmenge darin beisammenhast, verschließt du die Flasche mit den dafür vorgesehenen Deckeln.
Es gibt auch Muttermilchbeutel, falls du
etwas mehr Milch einfrieren willst. Fülle
alle Behälter nur bis zu drei Vierteln, denn
beim Einfrieren dehnt sich die Milch aus.

**Vermische nie bereits abgepumpte Milch
mit neuer Muttermilch.**

Die Muttermilch muss keimfrei sein,
auch wenn sie den Umweg über Pumpe
und Fläschchen nimmt. Darum solltest du
alle Pumpen und Zubehör nach jedem Ge-
brauch ordentlich auskochen, in einem großen Topf mit viel Wasser, ungefähr für fünf
Minuten.

Lass die noch körperwarme Milch im
Kühlschrank abkühlen und bewahre sie
dann im hinteren Bereich des Gefrier-
schranks auf. Dort ist die Temperatur am
stabilsten. Die Behälter sollten aber nicht
die Wände berühren.

Es ist ratsam, nur kleine Portionen Muttermilch einzufrieren (weniger als 60 Milliliter). Denn sobald die Milch aufgetaut ist,
ist sie bei Raumtemperatur nur noch für
maximal zwei Stunden haltbar.

Taue Muttermilch nie in der Mikrowelle
oder in kochendem Wasser auf, denn dadurch werden die nährenden und schüt-
zenden Stoffe in ihr beschädigt. Im Kühlschrank dauert es um die zwölf Stunden.
Wenn es mal schneller gehen muss, kannst
du die Flasche auch unter fließendes, war-
mes Wasser halten.

Aufgetaute Muttermilch auf keinen Fall wieder einfrieren!

Wenn du die abgepumpte Milch bald verbrauchen willst, kannst du sie auch im Kühlschrank auf der untersten Ablage (über dem Gemüsefach) aufbewahren. Dort ist es am kältesten. Hier hält sich die Milch für 24 Stunden.

Bevor du dein Baby dann damit fütterst, wärme die Milch eine Weile auf, bis sie Körpertemperatur (37 Grad) erreicht hat. Schwenke die Flasche dann ein wenig, denn die Milch setzt sich in verschiedenen Schichten ab.

Ernährung in der Stillzeit

Juhu, das wird ein ganz unbeschwertes Thema! Die gute Nachricht schicke ich gleich mal vorneweg: Alle Dinge, auf die wir während der Schwangerschaft verzichten mussten, wie Rohmilchprodukte, rohes Fleisch, roher Fisch – dürfen wir wieder essen. Toxoplasmose und Listeriose sind keine Gefahr mehr, weil Muttermilch kein Überträger ist. Und uns schaden sie sowieso nicht.

Auch sonst gibt es nur wenige Lebensmittel, auf die wir in der Stillzeit verzichten sollten.

Die Ernährung in der Stillzeit basiert viel eher auf drei großen Regeln:

1. Mädels, macht bitte keine Diät!
2. Esst ausgewogen, gesund, bunt und vielfältig
3. Nehmt regelmäßig über den Tag verteilt Mahlzeiten zu euch, denn wir geben auch den ganzen Tag über Milch
4. Trinkt ausreichend

Zum Thema »Diät«

Klar, einige von uns haben nach der Geburt noch einige Kilos zu viel, wobei das auch Ansichtssache ist. Aber selbst, wenn du unzufrieden bist mit deinem Körper, solltest du bitte nicht gleich eine Diät anfangen. Und wahrscheinlich musst du es auch gar nicht, denn wenn du stillst, wird dich das noch einige Kalorien und Fettdepots kosten in den nächsten Wochen und Monaten. Du wirst sehen. Mehr als 500 Gramm Gewichtsverlust pro Woche sollten es aber auch nicht sein, achte bitte darauf.

Außerdem sammeln sich die Schadstoffe, die wir über die Nahrung aufnehmen, in unseren Fettreserven an. Wenn wir die jetzt in einer Diät aufbrauchen, ist auch die Milch voll mit diesen Giften. Die Fettdepots sollten darum nur langsam abgebaut werden, was fast automatisch das Stillen übernimmt.

Und ich verspreche dir: Durch das Buch hindurch mache ich gemeinsam mit dir Sport.

Sei also beruhigt: Wir stehen doch noch ganz am Anfang! Dein Baby ist noch ganz, ganz klein. Schiebe deinen Stress und den Druck, von den Kilos runterzukommen, erst einmal beiseite und genieße die erste Zeit und sammle die Kräfte, die du kriegen kannst.

Zum Thema »ausgewogene Ernährung«

Sich ausgewogen zu ernähren, ist immer wichtig. Gerade in der Stillzeit aber ganz besonders, denn wir ernähren unser Baby ja durch unsere Muttermilch. Und wenn wir selbst uns nicht ausreichend und gut ernähren, nimmt sich der Körper das, was ihm fehlt zur Bildung der Muttermilch, aus unseren Reserven. Als Beispiel: Fehlt ihm Kalzium, dann nimmt er es aus unseren Zähnen.

Ausgewogen bedeutet: viel Obst und Gemüse, gekocht oder als Rohkost; iss alle Farben, stelle dir bunte Teller zusammen, das bringt auch viel mehr Spaß, als jeden Tag nur Gurke zu kauen. Nimm viel Eiweiß zu dir, das in Milch und Milchprodukten steckt, in mageren Fleischsorten und Fisch (wobei du den nicht mehr als zweimal die Woche zu dir nehmen solltest). Oder Nüsse in allen Varianten. Hier ist ungesüßtes Nussmus eine gute Variante (z. B. Bio-Mandel- oder -Cashewmus), denn davon kann man auch schnell mal ein paar Teelöffel löffeln, wenn einen der Heißhunger packt. Und glaub mir, der wird dich in der Stillzeit des Öfteren packen. Für mich war das Gold wert in dieser Zeit!

Und auch Kohlenhydrate sind wichtig, denn wir brauchen einfach viel Energie und Kraft. Low Carb ist also während der Stillzeit auch nicht angesagt. Ich liebe zum Glück Brot – dunkle Körnerbrötchen oder saftige Vollkornbrote. Das könnte ich jeden Tag essen! Darauf möchte ich niemals verzichten.

Mein Frühstück

Ich habe ein paar einfache Bausteine fürs Frühstück, die man auch abwandeln und anders miteinander kombinieren kann. Hauptsache, es wird nicht langweilig und ist gesund und gehaltvoll.

- Blaubeeren und Kefir, Himbeeren in Quark, Banane in Joghurt (oder anderes Obst mit Milchprodukten)
- dunkles Brot mit Putenbrust und Möhrenstiften oder Käse und Paprikasticks
- Rührei mit Tomaten (diese in der Pfanne kurz in Butter weich werden lassen – mmmmh!), Kräutern, Pilzen oder Lachs

MEIN LIEBLINGSFRÜHSTÜCK:

Du weißt es vielleicht: Erdbeeren mit Mandelmus. Erdbeeren in Mandelmus tunken oder das Mandelmus auf die Erdbeeren löffeln, wenn man sein Glas teilen muss. Ich teile mein Mandelmus nie, darum kann ich die Früchte auch direkt hineintunken.

WIE SCHLECHT IST KOFFEIN FÜRS BABY?

Ich habe in der Stillzeit versucht, meinen Koffeinverzehr stark einzugrenzen. Ich habe einfach immer sofort den Effekt gemerkt, den Koffein auf mein Baby hatte: Es war unruhiger.

Koffeinhaltige Getränke sind: Kaffee, schwarzer Tee, Matetee, Cola, Cola-Mischgetränke, außerdem diverse Energydrinks. Koffein steckt auch in Schokolade und in einigen Medikamenten.

WIE VIEL KOFFEIN IST ERLAUBT?

Ein geringer Koffeinkonsum wirkt sich hingegen offenbar nicht negativ auf das Baby aus. Wissenschaftler haben herausgefunden, dass nicht mehr als 300 mg Koffein pro Tag aufgenommen werden sollten. Das entspricht in etwa 2–3 Tassen Filterkaffee. Bei den 300 mg am Tag musst du allerdings auch andere koffeinhaltige Lebensmittel (siehe oben) mitrechnen.

1 Tasse Filterkaffee enthält ca. 80–125 mg Koffein
1 Espresso (50 ml) = ca. 50 g (es kommt aber stark auf den Espresso an)
200 ml Cola = 20–50 mg
Milchschokolade (100 g) = ca. 20 mg
1 normale Tasse schwarzer Tee (125 ml) = 30–60 mg
Je länger schwarzer oder grüner Tee zieht, desto stärker wird sein Koffeingehalt.
Zucker und Milch verzögern die Aufnahme des Koffeins.

Zum Thema »regelmäßige Mahlzeiten«

Es ist tatsächlich Fakt, dass wir während des Stillens am Anfang pro Tag 500 Kalorien mehr benötigen! Später werden es sogar noch mehr. Und die solltest du auch wirklich zu dir nehmen. Das bedeutet in der Regel drei große Mahlzeiten am Tag und ausreichende Zwischenmahlzeiten.

Für mich war die wichtigste Zwischenmahlzeit in der Stillzeit immer die direkt vorm Insbettgehen. Denn wenn ich um 18 Uhr Abendbrot aß und dann um halb zehn schlafen ging, brauchte ich auf jeden Fall noch etwas Futter, um die Nacht durchzustehen. Ich habe nämlich nachts am Anfang immer sehr viel Milch gegeben.

Bei mir war das dann meist ein Kefir, ein paar Löffel Nussmus oder (und häufig auch »und«) irgendetwas Gesundes zum Knabbern. Übrigens habe ich auch oft nachts noch etwas gegessen, weil ich abends eben doch nicht genug zu mir genommen hatte. Mal ehrlich: Man hat ja auch nicht immer

Appetit. Ich bin dann also manchmal in der Nacht in die Küche gegangen und habe etwas gegessen. Oder ich habe mir einen Kefir ans Bett gestellt und den dann getrunken, wenn ich hungrig wurde. Den nächtlichen Gang in die Küche kannst du also vielleicht auch für dich ab und zu einplanen. Und entsprechend vorausschauend gesunde Snacks bereithalten.

Probieren geht über Studieren …

… besonders, was die Ernährung in der Stillzeit betrifft.

○ Blähende Lebensmittel (Brokkoli, Bohnen, Zwiebeln u. a.) lösen nicht zwangsläufig beim Baby Blähungen aus. Das kannst du probieren, indem du kleine Mengen verzehrst und beobachtest, was passiert.
○ Zitrusfrüchte machen nicht in jedem Fall einen wunden Po beim Baby. Taste

dich auch da vorsichtig ran, wenn es dir wichtig ist.

Meine Babys haben ganz unterschiedlich auf verschiedene Lebensmittel reagiert. Darum war es für mich lohnend, dass wir uns jedes Mal langsam an die Nahrung herangetastet haben, um herauszufinden, wem was guttut und schmeckt und was nicht so sehr. Ich glaube, es war bei meinem dritten Baby, dass ich auf Zitrusfrüchte weitestgehend verzichtet habe, weil es einen wunden Po bekam. Aber ehrlich gesagt weiß ich nicht mehr genau, ob es nicht auch beim zweiten Baby war … Rückblickend verschwimmen einfach so viele Ereignisse, und man schafft es gar nicht mehr, sich an alles richtig zu erinnern. Schade eigentlich.

Darum kommt mir gerade der Gedanke: Vielleicht möchtest du eine Art »Baby-Tagebuch« führen, in dem du die Entwicklungen und Gewohnheiten deines

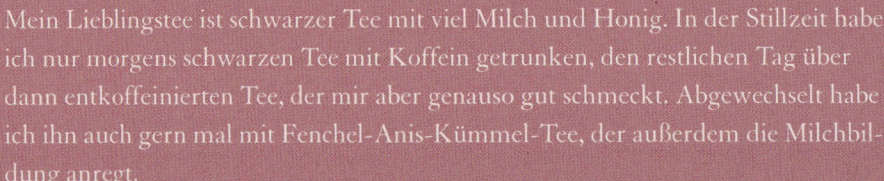

$\mathcal{M}$EIN LIEBLINGSGETRÄNK:

Mein Lieblingstee ist schwarzer Tee mit viel Milch und Honig. In der Stillzeit habe ich nur morgens schwarzen Tee mit Koffein getrunken, den restlichen Tag über dann entkoffeinierten Tee, der mir aber genauso gut schmeckt. Abgewechselt habe ich ihn auch gern mal mit Fenchel-Anis-Kümmel-Tee, der außerdem die Milchbildung anregt.

Das ist übrigens auch mein Tipp für KaffeeliebhaberInnen: Trinkt doch am Morgen eure Tasse Kaffee mit Koffein und über den Tag dann koffeinfreien Kaffee. So müsst ihr zumindest nicht auf den Geschmack verzichten.

Babys im ersten Jahr (und auch darüber hinaus, wenn du willst) festhältst.

Wenn du nicht stillen kannst oder willst

Du Liebe, na klar, es geht immer darum, wie wichtig Muttermilch ist und dass (fast) jede Mutter stillen kann. Aber einige Mütter können eben nicht stillen. Und wir müssen und sollten auch akzeptieren, wenn eine Mama nicht stillen will. Und hier geht es jetzt auch darum, dass du keine Muttermilch abpumpen kannst oder willst.

Ich bin absolut gegen Mom-Shaming und wünsche mir Respekt für alle Frauen, die diesen Weg gehen wollen oder müssen. Ich unterstütze das.

Ich habe eine solche Geschichte hautnah miterlebt, die mich damals sehr erschüttert hat und die meine Meinung zu diesem besonderen Weg verändert hat. Beziehungsweise hat mich diese Geschichte dahin gebracht, überhaupt erst mal das Einzelschicksal hinter dem Trend zu sehen. Und auch den Willen der einzelnen Person. Denn der Trend geht im Moment ganz klar dahin: Jede Mutter kann stillen, um nicht zu sagen: Jede Mutter muss stillen. Und oft steht der Trend dann über allem, über dem körperlichen und seelischen eigenen Schicksal und Weg.

In den 60er- und 70er-Jahren war das übrigens genau umgekehrt: Da galt die Ernährung des Babys mit der Flasche als fortschrittlich, und stillende Mütter wurden eher schräg von der Seite angeguckt. Das hatte allerdings auch mit einem starken

> ### NO-GOS IN DER STILLZEIT!
>
> Zwei Dinge solltest du keinesfalls in der Stillzeit zu dir nehmen: **Alkohol und Nikotin** und selbstverständlich auch keine anderen Drogen, welcher Art auch immer. Beides geht nämlich in die Muttermilch über!

Einfluss der Babynahrungs-Lobby zu tun. Aber das soll jetzt nicht unser Thema sein.

Aus welchen Gründen auch immer du nicht stillen kannst oder willst. Ich will dir drei Dinge mit auf den Weg geben:

○ Es ist dein Körper, dein Leben, dein Kind, deine Entscheidung. Stehe dazu und lass dir bitte von niemandem reinreden.
○ Mach dir keine Sorgen um dein Baby und seine Gesundheit. Es wird groß und stark werden wie alle anderen auch. Ich bin als Baby übrigens auch nicht gestillt worden, das nur mal nebenbei … Und die Säuglingsnahrung, die es damals auf dem Markt gegeben hat, war lange nicht so gut wie heute. Heute folgt die Säuglings- und Babynahrung höchsten Standards und hat 1a-Qualität.
○ Mach dir keine Sorgen um eure Bindung. Die kann genauso eng sein, wenn du dein Baby mit dem Fläschchen fütterst.

SO BEREITEST DU DAS FLÄSCHCHEN ZU

Ein Fläschchen zuzubereiten ist wirklich ganz einfach. Aber wenn du das erste Mal davorstehst, hast du vielleicht doch Sorge, etwas falsch zu machen. Das musst du aber nicht. Auf der Packung steht ganz genau und Schritt für Schritt, wie es gemacht wird. Lies dir das in einem ruhigen Moment durch, nicht erst, wenn dein Baby hungrig ist, und halte dich dann einfach genau an die Anweisungen und Mengenangaben.

Vor der Zubereitung wäschst du dir einmal gründlich die Hände. Das Fläschchen wird dann in der Regel mit 40–50 Grad warmem Wasser aufgefüllt. Hinzu füllst du anschließend die exakte Menge an Milchpulver, wie auf der Packung angegeben. Dann stelle auf jeden Fall sicher, dass die Flasche gut verschlossen ist, bevor du sie kräftig durchschüttelst. Dann wartest du noch ab, bis sich alle Luftblasen gelöst haben, und zu guter Letzt prüfst du die Temperatur der Milch, bevor du sie deinem Baby zu trinken gibst.

Basics der Säuglingsernährung ohne Stillen

○ Benutze in den ersten fünf Monaten Pre-Milch. Das ist eine Säuglingsanfangsnahrung, die der Muttermilch nachempfunden ist. Und auch wenn Muttermilch als ideale Nahrung für Säuglinge gilt, ist die Pre-Milch ein vollwertiger Ersatz.

○ Als Nuckelflaschenaufsatz nimm immer den kleinsten. Denn dann muss sich dein Baby anstrengen wie beim Saugen an der Brust. Diese Anstrengung braucht dein Baby, damit es seine Kau- und Kiefermuskulatur ordentlich ausbilden kann.

○ Die Fläschchennahrung muss immer frisch zubereitet werden, sie kann nicht im Kühlschrank aufbewahrt oder eingefroren werden.

○ Benutze immer abgekochtes Wasser. Das muss kein Wasser aus der Flasche, sondern kann auch Leitungswasser sein, je nachdem natürlich, wie sicher es ist (bei den Wasserwerken kannst du die Qualität eures Leitungswassers prüfen lassen).

○ Dein Baby braucht zwischendurch kein Wasser oder ungesüßten Tee. Es kann nach Bedarf, ähnlich dem Stillen, mit der Pre-Milch so lange und so oft es will gefüttert werden. So stillst du mit der Pre-Milch Hunger und Durst.

○ Wenn du deinem Baby nun die Flasche gibst, versuche, die Wiege-Stillposition einzunehmen, wie ich sie oben beschrieben habe (siehe Seite 62). Du kannst dich obenrum auch frei machen, damit ihr Hautkontakt habt. Halte die Flasche ganz nah an deine Brust. Und wechsele bei der nächsten Fläschchenmahlzeit die Seite, wie man es auch beim Stillen macht. Und immer dran denken: Stelle Blickkontakt zu deinem Baby her, schaue es an, auch wenn es mal wegdöst.

○ Lass dein Baby sein Fläschchen in den ersten Monaten bitte noch nicht selbst halten. Es ist wichtig, dass ihr eure ganz eigene »Stillbeziehung« pflegt. Denn dadurch wird auch bei dir Oxytocin ausgeschüttet.

○ Dann kannst du auch sicher sein, dass eure Beziehung nicht darunter leidet oder dass dein Baby trotzdem ausreichend Liebe bekommt, wenn du nicht stillen solltest.

○ Generell empfehle ich jeder Mama: Trage dein Baby viel, im Tragetuch, auf dem Arm. Es ist besonders wichtig in den ersten Wochen, dass du dein Baby ganz viel und nah bei dir hast.

○ Noch eine Sache, die mir auf dem Herzen liegt, gerade, wenn du nicht stillst: In den ersten Wochen ist dein Baby noch sehr damit beschäftigt, sein Saugbedürfnis zu stillen, seinen Hunger und seinen Durst. Weder ihm noch dir ist aber schon ganz klar, wann was dran ist. Das wird sich in der nächsten Zeit noch finden. Wenn du nun mit Fläschchen fütterst, sollte in dieser ersten Zeit nicht auch noch ein Schnuller dazukommen. Warte ruhig vier bis sechs Wochen, bevor du mit dem Schnuller beginnst. Wenn du überhaupt einen Schnuller geben willst. Dazu habe ich auf Seite 107 etwas mehr geschrieben. Sehr oft hat dein Baby allerdings einfach Hunger und braucht keinen Schnuller, um sich zu beruhigen. Dein Baby beruhigen kannst du sonst auch immer gut, indem du es trägst. Aber wie gesagt, meist hat es einfach Hunger. Und zwar will es nicht immer nur alle vier Stunden das Fläschchen, mitunter braucht es alle 20 Minuten ein Schlückchen.

5. Vorsicht: zerbrechlich! So hältst du dein Baby richtig

Keine Sorge, ich gehe mit dir alles Step-by-Step durch, sodass du auf all deine Fragen eine Antwort findest. Frag auch deine Hebamme danach, dir die wichtigsten Griffe einmal zu zeigen. Sie kommt in der ersten Zeit öfter zu dir, sodass du die Griffe auch jedes Mal üben kannst. Wenn du es noch mal »live« sehen willst, kannst du dir auch mein Video dazu angucken mit dem Titel »Baby richtig halten: Das sind die richten Griffe« vom 1. November 2019 auf YouTube.

Fangen wir also damit an, wie du dein Neugeborenes richtig hältst:

Ein Neugeborenes ist ganz zart, hat noch ganz weiche Knochen und noch gar keine Muskulatur. Darum ist es ganz wichtig, es am Anfang sehr behutsam und vorsichtig hochzuheben, zu tragen, überhaupt zu berühren. Und ganz besonders das Köpfchen muss immer sehr gut gestützt werden, weil die muskuläre Kopfkontrolle deines Babys noch nicht ausreicht, um den Kopf allein zu halten. Achte vor allem darauf, dass das Köpfchen nicht nach hinten fällt! Dazu stützt du den Kopf am besten immer mit den ausgestreckten Fingern beider Hände, wenn du dein Baby hochnimmst. Wenn das Köpfchen beim Hochheben leicht nach vorne fällt, ist das übrigens nicht so schlimm.

MEINE SIEBEN GOLDENEN REGELN

zum »Handling« mit Baby

1. Saubere Hände und Nägel (auch Schmuck), weil euer Kleines noch kein Immunsystem hat und so wenig wie möglich mit Bakterien in Berührung kommen sollte. Und ja, auch ich habe meine »Tussi-Gelnägel« abgenommen und sie ein paar Monate schmerzlich vermisst. Aber die Gefahr, mein Baby damit zu kratzen, war mir einfach zu groß.

2. Trage und halte dein Baby immer ganz nah an deinem Körper.

3. Das Baby nie an Armen, Händen, Füßen oder Beinen ziehen, weder beim Wickeln noch, um es aufzusetzen.

4. In den ersten acht bis zwölf Wochen immer das Köpfchen stützen, denn das kann es noch nicht allein.

5. Beide Körperseiten deines Babys sollten gleichermaßen in Anspruch genommen werden, also nimmst du dein Kleines am besten mal über die linke, mal über die rechte Seite hoch, trägst es mal auf dem rechten Arm, mal auf dem linken etc.

Gerade wenn dein Baby eine Lieblingsseite hat, ist es gut, diese auch zu wechseln, damit keine einseitigen Belastungen entstehen bzw. damit sich beide Körperhälften gleichmäßig gut entwickeln können.

Der Schalengriff

Dieser Griff ist sozusagen der »Basisgriff«, um das Köpfchen deines Babys sicher zu stützen. Wenn es auf dem Rücken liegt, fasst du es mit beiden Händen seitlich am Körper. Die Daumen liegen auf dem Brustkorb, die anderen Finger sind gespreizt am Rücken. Weil das Baby noch so klein ist, stützen sie so automatisch das Köpfchen mit. Ansonsten rutsche mit den Händen einfach einen Tick höher, sodass das Köpfchen wie in einer Schale darin ruht. Dann nimmst du es hoch.

Wenn dein Baby auf dem Bauch liegt, schiebst du eine Hand zwischen seinen Beinchen hindurch bis zum Brustkorb. Mit der anderen Hand umfasst du seine Schulter. Jetzt drehst du dein Baby langsam in die Seitenlage und wartest, bis das Köpfchen sich eingestellt hat. Dann nimmst du dein Baby, wie oben beschrieben, hoch.

Die Brustwiege- oder Armhaltung

Lege dein Baby mit dem Rücken in deine rechte/linke Armbeuge. Das Köpfchen ruht in der Ellbogenbeuge oder wird vom Oberarm gestützt, Rücken und Po vom Unterarm.

Die Hand des Tragearms umschließt den Oberschenkel oder die Hüfte des Babys. Dabei liegen Ring- und Mittelfinger unter dem Oberschenkel, der Daumen darüber.

Der andere Arm samt Handfläche liegt unterstützend unter Po, Rücken und den kleinen Beinchen.

Wenn du dein Baby jetzt etwas zu dir drehst, also seine Brust und seinen Bauch gegen deine Brust und deinen Bauch, ist das eine sehr gute Haltung zum Stillen, denn dein Baby kommt so ganz einfach an deine Brust heran. Ob im Sitzen oder Stehen, spielt dabei keine große Rolle.

Bei einem wenige Tage alten Baby ist dieser feste Griff vielleicht noch nicht so entscheidend, denn ein Neugeborenes bewegt sich in der Regel noch nicht sehr viel. Aber wenn dein Baby wächst, stärker und größer wird, ist es hilfreich, es gut im Griff zu haben.

Wie bekommen wir das Baby aus dieser Position heraus? Das ist die ersten Tage gar nicht so einfach und bedarf durchaus etwas Übung. Nimm dir also die Zeit, die du brauchst. Wichtig ist dabei wieder: Das Köpfchen immer stützen, wie bei allen Übergängen. Es kann sonst schnell zu Blockaden und Schäden an Kopf und Nacken kommen.

Und ja, das ist am Anfang wirklich schwierig. Aber glaube mir, in ein paar Tagen schon fühlst du dich sicher und bist du so geübt darin, dass du es den nächsten frischgebackenen Mamas zeigen könntest.

Die Bäuerchen- oder Schulterhaltung

Du hältst dein Baby senkrecht mit dem Kopf nach oben und führst es zu einer deiner Schultern. Dein Baby und du, ihr seid jetzt sozusagen Ohr an Ohr, sodass deine Schulter dein Kleines gut stützt. Dann kannst du eine Hand langsam lösen und unter den Po legen.

Aaaaber: Die andere Hand stützt *nach wie vor den Kopf* und der Arm den Rücken deines Babys. Denn auch, wenn du das Gefühl hast, der Kopf deines Babys liegt ganz sicher auf deiner Schulter, kann es immer zu einer unerwarteten ruckhaften Bewegung kommen, sodass das Köpfchen nach hinten wegknicken kann.

Aus dieser Position heraus lässt sich nun wunderbar zum Beispiel das Bäuerchen machen. Vergiss dann nur nicht, ein Spucktuch über deine Schulter zu legen.

Für das Bäuerchen solltest du übrigens nicht fest mit der flachen Hand auf den Rücken klopfen. Viel schöner ist, du streichelst deinem Baby sanft darüber. Oder du klopfst es ganz behutsam und sanft nur mit deinen Fingerspitzen auf den oberen Rücken. Du kannst auch einfach mit deinem Baby in dieser Haltung ein bisschen auf und ab wippen.

In dieser Position hat dein Baby auch einen super Blick, wenn es älter ist. Viele Babys haben übrigens eine Lieblingsposition. So gibt es wirklich welche, die am liebsten in dieser Position getragen werden wollen, weil sie so besonders viel mitbekommen.

Das Ablegen

Wenn du dein Baby ablegen willst, zum Beispiel zum Wickeln, nimmst du die Hand, die den Po umfasst hat, wieder nach oben ans Köpfchen, um es mit der anderen Hand zusammen zu stützen (siehe oben).

Dann legst du dein Baby über die Seite ab (nicht gerade nach unten!). Dabei berühren zuerst Hüfte und Schulter die Unterlage, dann folgt das Köpfchen. Das hat den Vorteil, dass das Kleine sich sozusagen abrollen kann. Du hilfst ihm natürlich dabei. Von hier aus kannst du dein Baby langsam in die Rückenlage drehen.

Du nimmst dein Baby auch über *die Seite* wieder auf. Ob über die rechte oder linke

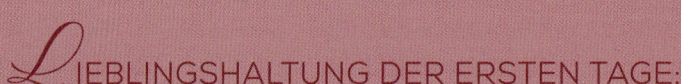

*L*IEBLINGSHALTUNG DER ERSTEN TAGE:

Mein Baby lag auf dem Bett und ich daneben und guckte es immerfort an. Auch danach wollte ich es zu Hause immer bei mir haben: im Tragetuch vor dem Bauch. Mein Baby war so ganz nah an mir, und ich hatte die Hände frei.

Seite, ist dabei egal. Wichtig ist nur, dass du die Seiten ab und zu wechselst.

Der »Fliegergriff«

Wenn dein Baby Bauchschmerzen oder Blähungen hat, empfehle ich dir den »Fliegergriff«. Bäuerchenmachen geht übrigens auch gut in dieser Position. Wenn wir schon dabei sind …

Du nimmst dein Baby dazu aus der Bauchlage auf, indem du mit der einen Hand zwischen die Beine bis zum Bauch oder bis zur Brust hochfährst (je nachdem, wie groß dein Kind schon ist), wie ich es oben schon beschrieben habe (»Schalengriff«).

Bei diesem Griff liegt dein Baby mit Brust und Bauch nach unten auf deinem Unterarm. Sein Kinn stützt sich dabei auf der Armbeuge des Tragearms ab. Ärmchen und Beinchen hängen rechts und links von deinem Arm hinunter. Daumen und Zeigefinger deiner Hand umschlingen dabei einen Oberschenkel. Mittel- und Ringfinger halten den Po.

Mit der freien Hand kannst du von oben den Rücken und auch den Po stützen. Oder aber auch die andere Hand von der anderen Seite mit unter den Bauch legen, sodass dein Baby ganz sicher auf beiden Armen gewiegt werden kann.

Wenn du geübt bist mit diesem Griff und dein Baby noch ganz klein und leicht ist, lässt sich dein Engelchen so auch mit einem Arm halten. Dann hast du mal eine Hand frei.

Fühlt euch sicher

Was ich dir noch mit auf den Weg geben will: Wenn du oder dein Partner mit irgendeinem Griff Berührungsängste habt, wartet ab, bis ihr euch sicherer fühlt im Umgang mit eurem Baby, bis ihr euch ein bisschen kennengelernt habt. Das kann auch mal ein paar Wochen dauern.

Und dann kommt es natürlich auch darauf an, was dein Baby will. Einige Babys mögen den »Fliegergriff« zum Beispiel gar nicht, andere lieben ihn. Das werdet ihr schon herausbekommen mit der Zeit und auch, mit welchem Griff ihr euch am wohlsten fühlt.

Wichtig ist nur, dass ihr immer mal die Seite wechselt oder den Tragearm. Einmal für euch, um keine Körperseite zu überlasten, dann aber auch für euer Baby, damit sich keine Verspannungen oder Blockaden bilden. Sollte dein Baby eine Seite partout ablehnen, sich auf einer Seite gar nicht wohlfühlen, kannst du das gern mal deiner Hebamme zeigen oder bei der U-Untersuchung erwähnen. Manchmal haben Kinder von der Geburt noch eine Blockade, die dann gelöst werden kann.

6. So schlafen Mama und Baby am besten

Die Frage, wo das Neugeborene am Anfang schläft, ist eine, die viele Eltern umtreibt. Von im Elternbett über im Elternzimmer bis hin zu im eigenen Zimmer. Gleich vorneweg: Ich persönlich habe es nicht über mich gebracht, mein Baby nachts von mir getrennt schlafen zu lassen, deswegen habe ich auch nur damit Erfahrung.

Ich weiß, Kinderärzte raten einem ab, sein Baby bei sich im Bett schlafen zu lassen. Da ist die Sorge um den plötzlichen Kindstod (dazu gleich mehr). Und ich weiß auch: Menschen um einen herum behaupten, es würde nicht selbstständig werden, wenn es nicht lernt, allein ein- und durchzuschlafen. Das kann ich an dieser Stelle schon mit bestem Wissen und Gewissen widerlegen – meine vier Kinder sind alle wunderbar selbstständig und selbstbewusst.

Zum Thema, das Baby im eigenen Bett schlafen zu lassen: Ich habe dafür gesorgt, es so sicher wie möglich zu machen. Und übrigens sei an dieser Stelle gesagt: Es gibt mittlerweile eine Vielzahl an Studien, die belegen, dass das Schlafen des Babys im Familienbett, das sogenannte Co-Bedding, für das Baby genauso sicher und nebenbei für die Mutter das Entspannteste ist.

Wenn nicht Familienbett, dann Co-Sleeping

Eine Zwischenlösung zu Babys Schlaf im Familienbett und im eigenen Bett im eigenen Zimmer ist, dein Baby im eigenen Bett, aber in eurem Schlafzimmer schlafen zu lassen. Das nennt sich dann Co-Sleeping. Und wird heute sogar, soweit ich informiert bin, immer empfohlen. Auch dann nimmt dein Baby nämlich Geräusche, Gerüche und Bewegungen aus dem Elternbett wahr. Und das ist wichtig, denn das bewahrt dein Baby davor, in einen allzu tiefen Schlaf zu fallen. Der kann für dein Kleines tatsächlich gefährlich werden, weil sein Nervensystem noch nicht vollständig ausgereift ist, sodass es sich mitunter nicht allein aus gefährlichen Situationen wie Atemaussetzern heraushelfen kann.

Maßnahmen für Babys sicheren Schlaf

○ Grundsätzlich wird empfohlen: Lass dein Baby in deinem Schlafzimmer schlafen, nicht allein in einem eigenen Zimmer. Das kann im eigenen Bettchen oder im Beistellbettchen sein. Wenn du es wie ich im Elternbett schlafen lassen willst, dann achte bitte ganz genau auf die hier vorgestellten Präventionsmaßnahmen.

- Lege dein Baby nicht auf ein Kissen und decke es auch nicht zu.
- Lege es in einem Schlafsack auf den Rücken. Der Schlafsack sollte aber passen, das Baby sollte nicht noch erst hineinwachsen. Denn auch in einen zu großen Schlafsack kann es sich hineingraben.

MEIN TIPP

Es gibt Schlafsäcke mit Knöpfen an den Seiten, die mitwachsen, aber passend für die jeweilige Größe eingestellt werden können.

- Solange dein Baby sich noch nicht selbstständig drehen kann: Lege es zum Schlafen nicht in die Bauchlage. Die Gefahr, dass es nicht ausreichend Luft bekommt, weil sein Näschen in die Matratze gedrückt ist, ist zu groß. Danach ist es aber kein Problem, wenn es sich im Schlaf selbstständig auf den Bauch dreht. Mach dir keine Sorgen – du musst das nachts nicht kontrollieren.
- Überhaupt sollte alles, was nicht notwendig ist, aus dem Bett verschwinden, weil das Baby sich darunter vergraben könnte und es noch nicht das Verständnis oder die Fähigkeit hat, sich wieder selbstständig daraus zu befreien.
- Das gilt also auch für Kuscheltiere, Tücher … Es sollten auch keine Nestchen gebaut werden, auch wenn das soo gemütlich aussieht. Wenn dein

Kleine Erinnerung: Menschenbabys kommen »zu früh« aus dem Mutterleib, sodass sie noch nicht fertig ausgereift sind und allein nicht überleben könnten. In der Zeit des »Nachreifens« brauchen sie darum besonders viel Nähe. Vor allem im Schlaf, weil das Kind da die Kontrolle über seine Sinne und seinen Körper abgibt. Und ohne den Schutz eines Erwachsenen hätten Babys in der Steinzeit nicht lange überlebt. Schon gar nicht im Schlaf. Und auch wenn unsere Lebensumstände sich seitdem reichlich verändert haben, sind die Bedürfnisse, die gerade ein müdes Baby hat, doch gleich geblieben: Es braucht Schutz, Geborgenheit, Körperwärme und im besten Fall noch Muttermilch.

Baby bei dir schläft, sollten lange Haare zusammengebunden werden, und deine Schlafklamotten dürfen keine langen Bänder haben.

- Benutze keinen Matratzenschoner aus Plastik, weil das Baby auch daruntergelangen und die Luft gerade unter Plastik nicht zirkulieren kann.
- Die Raumtemperatur im Schlaf sollte zwischen 17–19 Grad liegen.
- Die Umgebung muss rauchfrei sein. Das bedeutet, dass natürlich nicht nur im Schlafzimmer nicht geraucht wird, sondern in der ganzen Wohnung nicht.

Nur auf dem Balkon, wenn es sein muss. Und auch dann bitte in einer eigens dafür vorgesehenen Jacke.

Zusätzliche Maßnahmen mit Baby im Elternbett

○ Du kannst dein Baby nur im Elternbett schlafen lassen, wenn alle Menschen, die darin schlafen, Nichtraucher sind, keinen Alkohol getrunken oder gar Drogen genommen haben.

○ Der Schlaf der Eltern sollte leicht sein, um jedes Unwohlsein des Babys sofort zu bemerken. Das ist bei den Mamas natürlicherweise gegeben und nach der Geburt rein hormonell bedingt. Allerdings mit Einschränkungen, wenn du beispielsweise Medikamente zur Schlafförderung oder Antidepressiva einnimmst. Sollte das der Fall sein, lass dein Baby im selben Raum auf einer eigenen Matratze schlafen oder aber in seinem Bettchen.

○ Extremes Übergewicht der Eltern ist auch ein Hemmnis für das Schlafen des Babys im Elternbett.

○ Haustiere und auch ältere Geschwister sollten in dieser ersten Zeit nicht mit im Bett schlafen.

○ Achtet darauf, dass eure Matratze hart ist und einheitlich. Solltet ihr zwei getrennte Matratzen haben, darf die Besucherritze nicht breit sein, damit das Baby nicht darin verschwindet. Die Betten so weit es geht zusammenstellen oder einen Topper besorgen, der diese Ritze auffüllt.

○ Ihr solltet am besten auch keine Kissen verwenden, und wenn, dann nur ein flaches, auf das ihr selbst euren Kopf legt. Und das sollte mit Schaumstoff gefüllt sein, denn der ist schön fest. Auf keinen Fall Federbetten und Daunen verwenden, weder für die Kissen noch für die Decken. Ich habe mich mit meiner Decke nur bis zur Hüfte zugedeckt und, weil das im Winter etwas kühl ist, mir zusätzlich obenrum noch etwas Wärmeres angezogen. So lag mein Baby immer oberhalb der Decke.

○ Lass dein Baby auf deiner Brusthöhe schlafen, nicht auf Höhe deines Kopfes. So muss es nicht deine Ausatemluft einatmen, die zu wenig Sauerstoff enthält. Außerdem ist auf Brusthöhe der Weg zur Nahrung ein schön kurzer.

○ Im Schlafzimmer sollte genug Sauerstoff vorhanden sein. Lüfte darum vor dem Schlafen deines Babys noch einmal gut durch. Vielleicht könnt ihr auch mit gekipptem Fenster schlafen, aber bitte nur, wenn es nicht zieht. Sonst reicht es auch, wenn ihr die Tür zum Nebenraum/Flur offen lasst.

○ Auch wenn dein Baby in den ersten Wochen seine Schlafposition nicht

verändert, ist es wichtig, dass es nach allen Seiten vor dem Herausrollen geschützt ist. Denn je nachdem, welche Brust als Nächstes dran ist und auf welcher Seite du also liegst, nimmst du dein Baby mit, sodass es immer vor dir liegt. Lege dich nicht mit dem Rücken zu deinem Baby.

○ Ich habe immer sehr gern auf der Seite geschlafen. Erstens kann dein Baby so immer sofort an die Brust, und außerdem hast du es gut im Blick (siehe Bild).

○ Hilfreich ist, ein Beistellbett zu haben, das man direkt ans Elternbett heranschieben und dort befestigen kann, sodass es nicht wegrutscht. Das dient zum einen als Rausfallschutz, und zum anderen kann dein Baby darin schlafen, wenn du das möchtest. Mir war übrigens selbst das Hineinlegen des Babys ins Beistellbettchen in der Nacht zu anstrengend, sodass ich es nie als tatsächliche Bettstatt für mein Baby genutzt habe.

○ Wenn dein Baby in der Mitte schläft, lege am besten ein Stillkissen auf die Seite zu deinem Partner. Denn der hat, wie bereits erwähnt, meist einen tieferen Schlaf und bemerkt mitunter nicht, dass er sich zu nah ans Baby heranrollt.

Wenn du diese Maßnahmen ernst nimmst und umsetzt, seid ihr auch mit Baby im Elternbett auf der sicheren Seite.

Plötzlicher Kindstod

Ich weiß, es ist ein furchtbares Thema, aber auch ein ganz wichtiges, und darum sprechen wir jetzt einmal darüber. Egal, wo dein Baby schläft: Es ist sehr wichtig, dass ihr seinen Schlaf am Anfang genau beobachtet und bewacht. Wenn du dein Baby tatsächlich in einem anderen Zimmer schlafen lassen solltest, ist es wichtig, dass es nah an eurem Schlafzimmer dran ist. Lass alle Türen offen. Babys haben nämlich mitunter einen unreifen Atemantrieb und eine schwerere Erweckbarkeit des Nachts. Und das kann in ganz unglücklichen Fällen zu Atemstillstand führen, bis hin zum plötzlichen Kindstod. Wenn du die oben beschriebenen Maßnahmen aber beachtest und ernst nimmst, ist das Risiko, dass deinem Baby etwas passiert, sehr gering.

Jährlich sterben in Deutschland zum Glück nur noch um die 100 Säuglinge am plötzlichen Kindstod. Die Zahl hat sich in den letzten Jahrzehnten erheblich verringert.

Ganz geklärt ist nicht, wieso der plötzliche Kindstod passiert. Die Definition ist, dass ein Säugling im ersten Lebensjahr, häufig in den ersten sechs Lebensmonaten, plötzlich verstirbt. In den meisten Fällen geschieht das in der Schlafumgebung, darum auch die vielen Tipps oben.

Was mache ich, wenn mein Baby nicht mehr atmet?
Das wird natürlich niemandem von euch passieren! Trotzdem gibt es uns Sicherheit, wenn man weiß, was im Notfall zu tun ist,

wenn also ein Baby plötzlich nicht mehr atmet und auch nicht mehr reagiert. Im schlimmsten Fall hat sich die Gesichtsfarbe in einem Dreieck um seinen Mund herum ins Graubläuliche verändert.

Das Erste, was man machen soll, ist: das Baby direkt hochnehmen und einen kleinen Schmerzreiz setzen, indem du es in die Händchen, die Schulter oder ins Ohrläppchen kneifst! Aber auch, wenn du Panik hast: Auf keinen Fall schütteln! Denn auch das Schütteln kann für das Baby sehr gefährlich werden. Dazu kommen wir später noch mal (siehe Seite 109). Einige Babys schlafen einfach sehr, sehr fest. Und ganz Frischgeborene haben durchaus mal einen kleinen Atemaussetzer. Im Normalfall weckst du das Baby mit diesen Maßnahmen unsanft auf, es erschrickt, ärgert sich und weint.

Wenn aber weiterhin nichts passiert, braucht ihr einen festen Untergrund, am besten den Boden. Darauf wird das Baby gelegt. Jetzt geht es darum, zu prüfen, ob es noch atmet. Dazu geht man mit dem Ohr ganz nah an seinen Mund und die Nase heran und horcht. Die Atmung würdet ihr hören. Gleichzeitig schaut man auf Bauch und Brust, man würde sehen, wenn sich der Brustkorb hebt und senkt.

Wenn das nicht der Fall ist, ist das Baby bewusstlos. Der häufigste Grund für Bewusstlosigkeit bei Kindern ist die Atmung. Bei Erwachsenen ist es eher das Herz.

Ganz wichtig ist darum der nächste Schritt: das Beatmen. Bei Kindern unter einem Jahr müssen sowohl Nase als auch Mund von den Lippen umschlossen sein. Die Lippen müssen fest angedrückt werden, es darf an den Seiten keine Luft entweichen. Wichtig ist noch, dass der Kopf des Babys leicht gestreckt bzw. sein Kinn leicht angehoben wird, damit die Atemwege nicht durch die Zunge blockiert werden.

Und jetzt atmest du einmal kurz in das Kind hinein. Wirklich nur kurz, denn die Lungen sind noch so klein, die wollen wir nicht mit zu viel Luft aufblähen. Dann setzt du ab, holst frische Luft und atmest wieder in das Kind. Fünfmal wird das wiederholt. Es ist ganz wichtig, dazwischen die frische Luft einzuatmen und erst dann gleich wieder anzusetzen zum erneuten Beatmen.

Wenn es noch immer keinen Erfolg zu verzeichnen gibt, muss nun gedrückt, also eine Herzdruckmassage durchgeführt werden.

Dazu sucht man das Brustbein des Kindes und setzt im unteren Drittel (das ist ein Stück unterhalb der Brustwarzen) zwei Finger auf seinen Körper. Nun drückt man den Oberkörper mit der Zweifinger-Technik nach unten. Und zwar relativ schnell: ungefähr mit zwei Drückern pro Sekunde. Das wird 15-mal durchgeführt.

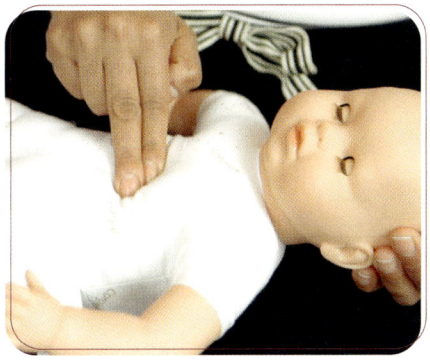

Viele haben Angst, zu doll zu drücken. Man muss aber tatsächlich ein Drittel tief drücken. Das kann dann auch knacken. Aber darüber sollten wir uns erst mal keine Sorgen machen, denn ein Rippenbruch heilt wieder. Der ist im Moment unser geringstes Problem.

Ab jetzt geht es im Wechsel 15 zu 2, also 15-mal drücken, 2-mal beatmen.

Ganz wichtig ist bei Kindern noch – im Gegensatz zu Erwachsenen: Nicht erst Hilfe holen und das Kind allein liegen lassen! Hier zählt wirklich jede Sekunde. Beginnt erst mit den Erste-Hilfe-Maßnahmen und ruft dann parallel mit eurem Handy die 112 an. Ihr könnt das Telefon mit Lautsprechfunktion neben euch legen und weitermachen, weitermachen, weitermachen.

Ihr solltet eine Minute lang bereits reanimiert haben, bevor ihr zum Beispiel die Tür öffnen könnt, um den Rettungsdienst hereinzulassen. Nehmt das Baby am besten mit, drückt und beatmet weiter.

Bitte, bitte lasst euch nicht verrückt machen von den Zahlen, der genauen Reihenfolge, den »Details«: Die Hauptsache ist, ihr macht etwas! Drücken und beatmen, das ist wichtig.

Der Endpunkt ist erst erreicht, wenn professionelle Hilfe da ist. Vorher entscheidet keiner, dass es nichts mehr bringt. Und dann seid ihr eurer Verantwortung enthoben und dürft hoffen.

Zum Abschluss dieses schweren Themas bleibt uns allen nur zu hoffen, dass keiner von uns diese Maßnahmen jemals wird durchführen müssen. Wichtig, davon gehört zu haben, finde ich es aber auf jeden Fall.

7. Watteweich und voller Liebe – so pflegst du dein Baby

Auch die Pflege des Babys kann man ganz individuell angehen. Ich will dir hier und heute meinen Weg zeigen.

Wickeln, Windeln, wunder Po

Beginnen wir mit dem Wickeln. Es gibt drei verschiedene Möglichkeiten, mit den Ausscheidungen deines Babys umzugehen:

○ wickeln mit herkömmlichen Windeln (dazu gehöre ich)
○ wickeln mit Stoffwindeln
○ und sogar ganz ohne Windeln

Ich habe weder windelfrei noch Stoffwindeln ausprobiert, sondern bin leider den nicht nachhaltigen Weg der Einwegwindeln gegangen. Schade, dass ich an dieser Stelle kein Vorbild sein kann.

Windeln regelmäßig wechseln

Für welche Windel du dich auch immer entscheidest, wichtig ist, dass sie regelmäßig gewechselt wird. Achte einfach darauf, dass die Windel nicht ganz voll ist, bevor du sie wechselst. Schau lieber öfter mal nach, ob etwas drin ist. So kannst du gut einem wunden Po und Genitalbereich deines Babys vorbeugen.

Windelbereich reinigen

Ich habe übrigens immer gern Feuchttücher verwendet. Wenn aber die Haut um den Genitalbereich deines Babys auch nur leicht angegriffen ist, nimm lieber einen weichen Waschlappen mit lauwarmem Wasser zum Reinigen. Das habe ich auch immer so gemacht. Denn in Feuchttüchern stecken ein paar Zusatzstoffe, die empfindliche Haut zusätzlich reizen können. Achte beim Kauf am besten auf die Bewertung »Gut« oder »Sehr gut«.

MEIN TIPP

Damit das Wasser lauwarm ist, du aber nicht erst mal zum Waschbecken laufen musst, wenn dein Baby gewickelt werden muss: Stelle dir eine Thermoskanne mit warmem Wasser an der Wickelkommode bereit. Und eine kleine Schale, in die du den nassen Lappen legen oder ihn darin auswringen kannst.

Bei Mädchen ist ganz wichtig, dass man immer von der Scheide zum Po hin wischt, damit keine Bakterien in die Scheide gelangen können. Keine Ausnahme machen!

Beim Jungen ist ganz wichtig, darauf zu achten, dass sich zwischen dem kleinen Hodensack und den Beinchen nichts sammelt, denn auch das kann sich dann schnell entzünden. Reinigt also immer schön gründlich. Aber Vorsicht, liebe Jungs-Mamas: Bitte niemals die Vorhaut zurückziehen, um dort zu reinigen! Denn die Vorhaut von Babys ist sehr eng.

Und noch ein guter Tipp: Halte beim Schließen der Windel den Penis nach unten, damit das Pipi auch in der Windel bleibt. Ach, und während des Wickelns ist es sehr hilfreich, ein kleines Stück Klopapier oder Taschentuch auf den Penis zu legen. Es ist nämlich so: Babys pieschen ganz gern mal just dann, wenn die Windel ab ist. Und da geht's beim Jungen eben schnell mal nach oben.

Nabelpflege

Nach der Geburt wird die Nabelschnur zwischen dir und deinem Baby durchtrennt und eine Klemme an den kleinen Rest geklemmt, der noch am Nabel deines Babys hängt. Der fällt zwischen drei Tagen und zwei Wochen nach der Geburt von al-

BITTE DEIN BABY NIE ALLEIN
AUF DER WICKELKOMMODE LASSEN!

Ich muss es ganz unbedingt und dringend LAUT sagen: Bitte, bitte lass dein Baby nie allein! Egal, wie alt es ist und wie beweglich (oder auch nicht). Die Wickelkommode (und auch das Bett, der Tisch, das Sofa ...) ist zu hoch, als dass ein Sturz aus dieser Höhe deinem Kleinen nicht gefährlich werden könnte. Behalte immer eine Hand an deinem Baby, halte es sachte fest, auch wenn du dich zur Seite drehst, um zum Beispiel eine Windel zu nehmen. Und wenn du etwas im Nebenzimmer vergessen hast, nimm dein Baby noch mal hoch und auf deinen Arm und gehe mit ihm zusammen rüber.

Es geht schneller, als du denkst und es dir vorstellen kannst, dass dein Baby die erste Drehung macht – vertraue mir!

Was du aber tust, wenn es dir doch passiert sein sollte, erfährst du auf Seite 143. Und glaub mir: Das macht dich nicht zu einer schlechten Mutter! Und weil es ein so großes Tabuthema ist, als Mutter zuzugeben, dass einem das Baby runtergefallen ist, mache ich hier einfach mal den ersten Schritt: Auch mir ist mein erstes Baby vom Wickeltisch gefallen. Da war es zwar schon größer, und es ist nicht passiert, weil ich es allein gelassen habe, sondern weil es so doll gestrampelt hat. Aber Fakt ist: Mein Baby ist mir runtergefallen. Ich habe mir große Sorgen gemacht, aber wie ihr bereits erfahren habt, hat das Baby zu diesem Zeitpunkt ja noch ganz weiche Schädelknochen, und so ist zum Glück nichts passiert.

lein ab, da musst du gar nichts weiter tun. Es wird mittlerweile sogar davon abgeraten, mit Cremes und Puder am Nabel herumzuwerkeln.

Wichtig ist nur, dass die Windel nicht auf den Nabel drückt und der Nabelbereich schön trocken ist. Also klappst du den Rand der Windel einfach einmal nach außen und unten um. Das Baby hat dort auch keinerlei Schmerzen. Das Einzige, was mal zwicken kann, ist die Klemme. Leg doch einfach ein kleines Stück Baumwollstoff zwischen Nabelklemme und Bauch.

Ich habe in der Zeit, als der Nabel noch nicht abgefallen war, meinen Kleinen auch noch nicht gebadet oder mit ihm geduscht. Babys in dem Alter sind ja noch so sauber und riechen so gut. Ich habe höchstens mal mit einem feuchten Waschlappen mit lauwarmem Wasser den Windelbereich gesäubert, wenn es ein besonders großes Geschäft war oder auch, wenn es Erbrochenes zu beseitigen gab.

Wenn der Nabel dann abgefallen ist, lass den Bauchnabel weiterhin schön in Ruhe und viel Luft dran.

Es kann passieren, dass der Nabel anfängt zu bluten. Auch das ist kein Problem. Sollte der Nabel aber richtig doll anfangen zu bluten, hältst du natürlich einmal Rücksprache mit deiner Hebamme oder Kinderärztin.

Baden mit Baby

Juhu! Eines meiner liebsten Themen! Ich mache das allerdings ein klein wenig anders als die meisten.

Viele baden ihr Baby in einer kleinen Babybadewanne mit warmem Wasser. Dazu hält man es auf einem Arm und wäscht mit der anderen Hand vorsichtig sein Körperchen, vielleicht auch das Köpfchen, die Haare. Das Wasser sollte um die 37 Grad Celsius haben. Dazu gibt es extra Badewannenthermometer.

Ich aber habe mir keine Babybadewanne gekauft und auch kein Thermometer, sondern mein Baby immer mit unter die Dusche genommen oder mich mit ihm zusammen in die Badewanne gelegt. Ich finde das ein wunderschönes Erlebnis, und es ist außerdem so leicht umzusetzen. Wie, das zeige ich dir jetzt.

Duschen mit Baby

Zuallererst heize ich das Badezimmer schön warm vor, damit das Baby nicht friert. Dann lege ich es vor der Dusche nackig auf ein dickes Handtuch. Auf das Baby lege ich noch ein zweites kleines Handtuch oder ein Baumwolltuch, damit es wirklich warm

bleibt. So ist es die ganze Zeit in meiner unmittelbaren Nähe, und ich kann mit ihm sprechen. Außerdem beruhigt viele Babys das Geräusch von fließendem Wasser.

Und dann gehe ich erst einmal allein unter die Dusche. Denn da brauche ich die Hände frei, und das Baby sollte auch nicht in Berührung mit meinem Shampoo und Duschgel kommen.

Wenn ich mit allem fertig bin, lasse ich die Dusche weiterlaufen, stelle das Wasser aber einen Tick kälter, als ich es gern mag. Das sind dann in der Regel die 37 Grad, die das Wasser für ein Baby haben sollte.

Und jetzt hole ich mein Baby dazu und gehe mit ihm zusammen noch mal unter die Dusche. Ich benutze gar keine Seife, sondern einfach Wasser.

Ich selbst habe nie Sorge gehabt, dass ich ausrutsche oder mir das Baby in der Dusche runterfällt. Aber natürlich ist sehr, sehr wichtig, dass das nicht passiert. Wenn du also nur eine Spur Unsicherheit empfindest, setze dich lieber auf den Boden der Dusche.

Ich habe dem Baby den sanften Duschstrahl auch über den Kopf laufen lassen. Das hat meinem Kleinen immer sehr gut gefallen. Er hat mit wachen Augen sogar richtig geguckt und gestaunt, wenn das Wasser über sein kleines Köpfchen gelaufen ist. Das war bei allen meinen vier Kindern übrigens so.

Wenn wir fertig sind, stelle ich die Dusche mit einer Hand aus und halte mit dem anderen Arm das Baby. Dann lege ich es sofort in das dicke Handtuch, reibe es vorsichtig trocken und mummele es richtig schön warm in ein Handtuchnestchen ein.

Dann trockne ich mich ab oder schlüpfe

sofort in einen Bademantel und kümmere mich erst mal um meinen Schatz. Was ich absolut liebe: Mein Baby nach dem Baden einzucremen. Viele schwören da auf Olivenöl, aber da ich den Geruch nicht mag, nehme ich ganz normale Babycreme mit einem ganz sanften, natürlichen Duft, der mir gefällt. Idealerweise aus der Apotheke, da weiß man, es ist sicher für Babys Haut geeignet.

Jetzt noch wickeln, anziehen, und dann wurde bei uns immer gestillt. Direkt im Bad.

Meistens bin ich erst, wenn mein Baby satt und zufrieden war, dazu gekommen, mich weiter fertig zu machen. Ich habe es dann wieder auf ein dickes Handtuch gelegt und mich angezogen.

Für unsere »Badezeit« haben wir uns immer richtig schön viel Zeit genommen. Zeit, die man so wundervoll gemeinsam gestalten kann, wenn das Baby noch so klein ist und man frei von Terminen ist. Sie ist wirklich wunderschön, diese erste Morgenroutine, mit der ihr beide ganz positiv in den Tag starten könnt.

Natürlich habe ich nicht jeden Tag mit meinem Baby gebadet. Öfter als ein-, zwei-mal in der Woche ist das nämlich nicht nötig. Babys Haut ist ein wunderbarer Organismus, in den man gar nicht weiter eingreifen sollte. Die anderen Tage habe ich also allein geduscht, mein Baby aber natürlich trotzdem mit ins Bad genommen, auf das Handtuch vor die Dusche gelegt und mit ihm Gespräche geführt. So konnte ich mein Baby sehen und mein Baby mich.

Diese Stellen sind wichtig

Ein paar Stellen sind wichtig, sie im Auge zu behalten, weil sie sich sonst entzünden können, wenn sich dort Hautschüppchen oder Babykotze sammeln (ist es nicht ein Wunder, dass wir Mamas sogar die Babykotze süß finden, wo einem bei einem Erwachsenen schon selbst alles hochkommt?) Das sind die Hautfalten des Babys, vor allem:

- hinter den Ohren (vor allem oben)
- der Hals
- die Achseln
- die Leiste

Sei ganz vorsichtig, wenn du sie reinigst, denn Babys Haut ist sehr empfindlich und

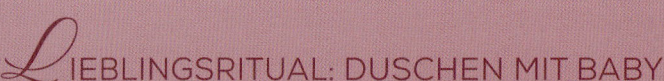

LIEBLINGSRITUAL: DUSCHEN MIT BABY

Und, ihr lieben Mamas, wenn es dann im Laufe der Monate zum Duschen mit Kleinkind wird, wird das immer, immer schöner. Noch heute gehe ich manchmal mit meinen kleinen Mädels gemeinsam unter die Dusche – das ist einfach ein wunderschöner Familienmoment.

reißt schnell ein. Nimm am besten einen ganz weichen Lappen oder sogar nur deinen Finger. Und ganz wichtig ist auch, dass dein Baby in den Hautfalten nach dem Baden, Duschen oder generell dem Reinigen immer schön trocken ist. Tupfe dein Kleines an den oben genannten Stellen also ganz behutsam noch mal ab.

Nagelpflege

Die ersten Wochen habe ich nie die Nägel geschnitten. Sie werden zwar erstaunlich schnell recht lang, aber dann lösen sie sich meist auch schon auf einer Seite des Nagels, und man kann sie ganz vorsichtig abziehen. Es gibt auch Mamas, die die Fingernägel ganz vorsichtig abknabbern.

Ich würde so früh noch nicht mit einer Nagelschere hantieren. Und wenn es nicht anders geht, dann bitte die Nägel nicht zu kurz abschneiden.

Wenn dein Baby etwas älter ist, kannst du als guten Moment zum Fingernägelschneiden abpassen, wenn es schläft. Dann hält es seine Hand meist auch etwas lockerer. Jetzt nimmst du eine spezielle Babynagelschere, die ist vorn abgerundet, sodass man damit das Baby nicht piken kann, und schneidest die Fingernägelchen ganz vorsichtig in Ruhe und nicht zu kurz ab.

Nackig sein ist schön!

Babys lieben es, nackig zu strampeln – und Mamas lieben es, ihr nackiges Baby strampeln zu sehen! Für mich gehört darum auch das zur Babypflege. Und zwar jeden Tag. Und am besten auch lange. Schön ist, wenn ihr euch dazu Zeit nehmt und Ruhe habt. Ich habe das gern zusammen mit den großen Geschwistern gemacht, sodass wir gemeinsam eine wunderschöne, innige Familienzeit hatten. Gerade, wenn dein Baby lange in der Windel, in seiner Kleidung oder auch im Tuch war und du leichte Rötungen und Abdruckstellen vom Material auf seiner Haut siehst. Mach dir darüber aber keine Sorgen, denn Babys bekommen nun mal leichter Abdrücke auf der Haut. Deswegen ist es umso schöner, wenn sie mal strampeln können. Wichtig ist nur, dass der Raum schön warm ist und keinen Durchzug hat. Auch im Hochsommer bitte ich dich, darauf zu achten, im Winter sowieso. Schließe also am besten immer das Fenster. Dein Baby hat noch kein Immunsystem, das es vor Erkältungen bewahren kann, und kann deswegen schnell Zug kriegen, gerade am Kopf. Ob dein Baby zu warm oder zu kalt ist, kannst du übrigens an seinem Nacken erfühlen. Der darf weder kalt noch schwitzig nass, er sollte schön warm sein. Seine Händchen und Füßchen dürfen durchaus auch mal leicht kühl sein. Nur natürlich nicht eiskalt.

Lege dein Baby am besten auf eine weiche Decke auf dem Boden, und dann streichele es, massiere es ein wenig oder schau es einfach nur an, weil es so zuckersüß und wunderschön ist. Viele Mamas (und auch die Babys) lieben es, mit ihrem kleinen Schatz Babymassagen zu machen. Dabei brauchst du auch gar nicht viel zu beachten. Sei nur immer schön sanft, und genießt es alle beide. Dein Baby zeigt dir ja ganz deutlich, was es mag und was nicht.

8. Warum dein Baby weint – und warum du es immer trösten solltest

Mir war ganz wichtig, dieses Kapitel möglichst an den Anfang des Buches zu stellen, damit du früh Bescheid weißt. Denn nichts ist schrecklicher für eine Mutter, als das eigene Baby herzzerreißend weinen zu hören. Bestimmt hast du das selbst schon festgestellt. Und ja, es kommt uns wirklich so vor, als würde unser Herz zerreißen, wenn wir unser Baby leiden sehen. Aber denk daran: Für dein Baby ist das im Moment noch die einzige Möglichkeit, seine Bedürfnisse deutlich auszudrücken. Du kannst dein Baby in den allermeisten Fällen sehr schnell beruhigen und trösten, indem du es auf den Arm nimmst. Und das darfst du auch immer tun: Es auf den Arm nehmen, trösten, wiegen und stillen. Genau wie dein Herz und dein Bauch es dir sagen. Und gib bitte nichts auf die Meinung anderer, die vielleicht meinen, dein Baby wolle dich nur »ärgern« oder es wäre vielleicht ganz wichtig für dein Kleines, auch mal abzuwarten, damit du es nicht verziehst. Das stimmt nicht! Dein Baby ist noch viel zu klein, um abwarten zu können. Und kein Baby der Welt hat jemals die Absicht und auch nicht die intellektuelle Fähigkeit, seine Eltern zu verärgern.

Auf der nächsten Seite verrate ich dir die zehn häufigsten Gründe, warum dein Baby weint, und was du tun kannst, um das zu verhindern oder abzumildern.

Eins ist vorweg schon mal klar: Jedes Baby weint. Es gibt Babys, die weinen ganz wenig, man nennt sie auch »Buddha-Babys«, einige weinen ganz viel, die »Schrei-Babys« (dazu schreibe ich gleich noch ausführlicher), und die meisten Babys weinen ab und zu und sind dazwischen wieder fröhlich. Und weißt du was, das kann auch innerhalb einer Familie ganz unterschiedlich sein. Nur weil ein Kind ein »Schreibaby« ist, muss das nächste nicht auch eins werden. Und umgekehrt. Ich hatte zum Beispiel ein »Buddha-Baby«, das so gut wie nie geweint hat, ein »Fast-Schreibaby«, das mich stark gefordert hat, und zwei Babys, die eben ab und an mal geweint haben, mal etwas mehr, mal weniger, aber nicht auffällig.

Es gibt auch verschiedene Arten des Weinens: Da wäre das reizüberflutete Quengeln, das gelangweilte Nörgeln, das herzergreifende »Ich habe Hunger«-Weinen, aber auch das sehr schrille, plötzlich auftretende, laute, intensive Weinen, bei dem du fast sicher sein kannst, dass deinem Baby etwas wehtut. Alle diese Arten schauen wir uns unten gleich genau an.

Egal, wie oft oder wie selten ein Baby weint – es ist für uns Mütter immer sehr schwer auszuhalten, weil dieser Laut sofort an unser Gehirn funkt: »Gefahr im Verzug.« Und dieses Signal schickt Stresshormone durch unseren Körper. Dass wir so reagieren, hat einen guten Grund, sorgt dieses Signal immerhin dafür, dass wir uns um unser Kleines kümmern und nach dem Rechten sehen, weil es Hunger hat, müde ist, vielleicht gar Schmerzen hat oder es sich vor irgendetwas ängstigt. Wir wollen unser Baby also sofort trösten. Und genau das sollten und dürfen wir auch immer tun.

Zehn Gründe, warum dein Baby weint

Es gibt verschiedene Gründe, warum ein Baby sich unwohl fühlt und weint. Natürlich hilft es, dein Kleines auf den Arm zu nehmen, um es zu trösten, es zu tragen, ihm etwas vorzusingen, es zu stillen. Die Kunst ist aber, es gar nicht erst dazu kommen zu lassen, dass dein Baby weint, und deshalb folgende Ratschläge:

1. Der wahrscheinlich häufigste Grund, der ein Baby zum Weinen bringt, ist **Hunger.** Gerade, wenn es noch ganz klein ist. Denn sein Magen ist noch so winzig, sodass bei jeder Mahlzeit nur eine geringe Menge Milch hineinpasst. Darum eben das Stillen nach Bedarf, über das wir schon ausführlich gesprochen haben. Ich empfehle dir immer, dein Baby zu füttern (ob zu stillen oder mit dem Fläschchen), *bevor* es vor Hunger weinen muss. Achte auf die typischen Signale, die es aussendet, wenn es hungrig wird: Dein Baby wird unruhig, fuchtelt herum, wackelt mit dem Köpfchen hin und her, will

überall andocken, schnappt mit dem Mündchen, saugt sich an deinem Unterarm fest, es streckt seine kleine Zunge heraus und schmatzt.

2. Dein Baby ist **müde,** schafft es aber nicht, einzuschlafen. Ein weinendes oder gar schreiendes Baby in den Schlaf zu begleiten, ist ein nicht ganz einfaches Unterfangen. Achte darum am besten im Vorhinein auf die Signale deines Babys, die es aussendet, wenn es müde ist. Das sind: Dein Baby starrt ins Leere, es reibt sich die Augen, runzelt die Stirn und kneift vielleicht die Augen zusammen, weil ihm alles zu hell ist, es zuckt bei lauten Geräuschen leichter zusammen, weil es auch geräuschempfindlicher wird. Wenn du aufmerksam auf diese Signale achtest und sie bemerkst, versuche dein Baby zum Schlafen zu bringen (siehe Seite 82). Du kannst es in den Schlaf stillen oder tragen, wiegen, singen, dein Baby ins Bettchen legen und so lange streicheln, bis es eingeschlafen ist, oder es pucken (wie das genau geht, erfährst du auf Seite 103).

3. Dein Baby ist **reizüberflutet** und fängt vor allem in den frühen Abendstunden an zu weinen. Das liegt daran, dass es tagsüber so viel erlebt hat, so viele Eindrücke auf es eingeprasselt sind, dass es nicht mehr alles verarbeiten kann. Es kann auch vor allem nichts Neues, Aufregendes mehr aufnehmen, hat aber auch noch nicht die Fähigkeit, sich dagegen abzuschotten oder sich selbst zu beruhigen. Wahrscheinlich ist

es dadurch auch angestrengt und übermüdet, obwohl noch gar keine Schlafenszeit ist. Was tut es also? Es weint. Denn etwas anderes bleibt ihm, wenn es noch so klein ist, gar nicht übrig, um seinen Unmut kundzutun. Was du tun kannst, um das Weinen aufgrund von zu vielen Reizen zu verhindern: Mildere die täglichen Eindrücke für dein Baby von vornherein ab. Dafür kannst du es beispielsweise, wenn du unterwegs bist, im Tragetuch tragen. So hört es deinen Herzschlag, den es noch aus dem Mutterleib kennt. Es ist geborgen und fühlt sich durch die Nähe zu deinem Körper auch in fremder Umgebung und bei lauten, fremden Geräuschen, sicher. Dein Baby hat dann in den Abendstunden weniger zu bewältigen. Hingegen muss ein Baby, das viel weggelegt und allein gelassen wird, obwohl es dafür noch nicht reif ist, vieles allein erleben, filtern, bewältigen. Da kann irgendwann dann das Mobile zu viel des Guten sein und das Baby am Abend zum Weinen bringen. Die Abendstunden gestalten sich dann besonders anstrengend für die ganze Familie.

Einige Babys sind übrigens sensibler als andere. Je sensibler dein Kleines ist, umso wichtiger ist es, darauf zu achten, die Reize von außen, soweit es geht, zu begrenzen. Wann welcher Eindruck von außen zu viel ist, wirst du mit der Zeit herausspüren. Man kann dann zum Beispiel den Besuch, der das Baby unbedingt auf den Arm nehmen möchte, lieber auf die Mittagsstunden legen, wenn dein Kleines noch genug Kraft hat und aufnahmefähig ist. Den Rest des Tages kannst du dann darauf achten, dass so wenig wie möglich um euch herum passiert, damit sich dein Engelchen wieder beruhigen kann. Umso entspannter werden die Abendstunden für euch alle sein.

4. Eine **volle Windel** ist ein Grund für viele Babys, zu weinen. Mamas, bitte achtet darauf, dass die Windel eures Babys nie zu voll ist, nicht nur von Kacka, sondern auch von Pipi. Und wenn dein Baby einen wunden Po haben sollte, kann auch das der Ursprung des Weinens sein. Dann creme ihn ein oder betupfe ihn mit Muttermilch und lass sie erst trocknen, bevor die neue Windel drankommt. Ich habe es im Kapitel zur Babypflege schon erwähnt, aber hier zur Sicherheit noch mal, weil es gerade so gut passt: Lass dein Baby am besten mehrmals am Tag ohne Windel strampeln.

5. Babys können ihre Körpertemperatur noch nicht selbst regulieren, darum ist es deine Aufgabe, darauf zu achten, dass deinem Baby weder zu kalt noch zu warm ist. Keine Sorge, du Liebe, dafür wirst du sehr schnell ein Gefühl entwickeln. Wenn dein Baby weint, ist ihm also vielleicht **kalt.** Allerdings fängt es erst dann an, vor Kälte zu weinen, wenn es schon unterkühlt ist. Achte darum rechtzeitig darauf, dass die kleinen Händchen und Füßchen

deines Babys und auch sein Nacken nicht kalt werden. Wenn du es spürst, ziehe deinem Baby etwas Wärmeres an.

6. Die meisten Babys melden sich relativ schnell, wenn ihnen **zu warm** ist. Aber nicht alle. Wenn dein Baby ein rotes Gesichtchen hat, sich auf dem Näschen Schweißtröpfchen bilden, die Haare feucht sind, ist es ihm definitiv zu warm.

7. Deinem Baby könnte auch **langweilig** sein, wenn es weint. Aber keine Angst, du musst dein Baby in dem Alter noch nicht fördern oder unterhalten. Es reicht, wenn du es in der Trage auf dem Bauch oder auf dem Rücken trägst, damit es an deinem Leben teilhaben kann. Selbstverständlich kannst du auch Lieder singen oder eine Babymassage machen, wenn du Lust dazu hast.

8. Nach dem Essen (Stillen) muss dein Baby vielleicht ein **Bäuerchen** machen. Das ist lange nicht nach jeder Mahlzeit so und nicht bei jedem Baby. Aber wenn Luft im Körper quersitzt, ist das für dein Kleines sehr unangenehm. Und dann weint es eben. Bei meinen vier Kindern war es übrigens ganz unterschiedlich. Eines meiner Kinder musste zum Beispiel nach jeder Mahlzeit ein Bäuerchen machen, sonst wäre die Milch im Schwall wieder herausgekommen, ein anderes hat so gut wie nie aufgestoßen. Und mein viertes Baby musste ab und zu ein Bäuerchen machen. Ich habe das übrigens immer gehört, wenn mein

Kleiner beim Trinken Luft mit runtergeschluckt und es im Bauch danach gegluckert hat. Vielleicht achtest du auch mal darauf. Wenn es nun sehr viel Luft sein sollte, die dein Baby geschluckt hat, kannst du die Stillmahlzeit auch unterbrechen und es erst mal aufstoßen lassen. Dazu nimmst du es hoch an deine Schulter und klopfst ihm ganz, ganz sanft auf den Rücken. Auch dafür wirst du rasch ein Gefühl entwickeln.

9. Wenn dein Baby **krank** ist, weint es natürlich auch. Meist ganz anders als bei allen anderen Gründen, die ich zuvor genannt habe. Es ist ein oft plötzlich auftretendes, schrilles, sehr intensives Schreien. Dann musst du prüfen, ob deinem Baby nicht wirklich etwas fehlt, es Schmerzen, Koliken (zu diesem Thema in den ersten Lebenswochen etwas später noch mehr), vielleicht sogar einen Bruch hat, was nur die Ärztin mit Sicherheit abklären kann. Bei kränklichem Unwohlsein kann es aber auch sein, dass dein Baby nur noch wimmert, weil es zum Weinen und Schreien zu schwach ist. Überprüfe, ob es heiß ist, ob es eine belegte Zunge hat, vielleicht hat es eine Erkältung oder sich einen anderen Virus eingefangen. Auch dann solltest du zur Kinderärztin gehen.

10. Babys sind sehr sensibel. Sie bemerken, wie es der Mama geht, wenn sie es bei sich trägt. Wenn du nun also sehr gestresst bist oder angespannt, überträgt sich das auf dein Baby, und es fängt an zu weinen. Umgekehrt ist es

übrigens genauso: Wenn dein Baby aus einem der oben genannten Gründe weint, löst das bei dir **Stress** aus. Der sich wiederum auf dein Baby überträgt und so weiter. Ein Kreislauf entsteht, der ganz schwer zu durchbrechen ist. Du Liebe, auch wenn es schwer ist, bitte ich dich trotzdem: Versuche, gelassen zu bleiben und tief durchzuatmen. Sei unbesorgt: Dein Baby weint zwar, aber es geht ihm gut, es ist bei dir sicher, und du wirst schaffen, es zu beruhigen (oder ihm wird durch eure Kinderärztin geholfen, sollte es sich beim Grund des Weinens um Punkt 9 handeln). Es braucht nur eben manchmal etwas Zeit. Ich weiß, wie schwer es ist, ein weinendes Baby auszuhalten, wenn man noch so viel zu tun, so viele Aufgaben zu erledigen hat. Aber, meine Liebe, ich sage dir: Diese Aufgaben werden ja nicht weniger dadurch, dass du dich unter Druck setzt. Und auch dein Baby beruhigt sich nicht schneller. Im Gegenteil. Je gelassener du bist und je mehr Zeit du euch gibst, umso schneller wird sich dein Baby wieder entspannen. Und dann hast du im besten Falle noch genug Zeit, aber auch Kraft für das, was du eigentlich geplant hattest zu tun.

Auch wenn dir vielleicht beim ersten Mal lesen unglaublich erscheint, dass du je wirst unterscheiden können, warum dein Baby weint und was es braucht – glaub mir, du wirst bald eine Expertin auf dem Gebiet sein. Wenn das keine Superkraft ist!

Und ganz sicher wirst du bald noch viel mehr Möglichkeiten in petto haben, um dein Baby zu beruhigen. Denn wir Eltern werden mitunter sehr kreativ, um zu vermeiden, dass unser Baby weint. Da wird mit dem Kinderwagen im Dunkeln übers Kopfsteinpflaster gerollt, mit dem Auto immer wieder um den Block gefahren, die Treppen rauf- und runtergelaufen … Was wir nicht alles versuchen und auf uns nehmen, um unsere Babys zu beruhigen! Wir Eltern sind einfach toll!

Dennoch wird jedes Baby mit einem unterschiedlichen Temperament und unterschiedlicher Sensibilität geboren. All die aufgezählten Maßnahmen können dein Baby zwar beruhigen und abholen, aber immer nur entsprechend seiner Wesensart. Das bedeutet: Ein Baby, das von Haus aus viel weint, wird durch meine Tipps und Tricks zur Beruhigung sicherlich weniger weinen, aber immer noch mehr als das tiefenentspannte Baby der Nachbarin. Vergleiche dich an dieser Stelle bitte niemals mit anderen Eltern und ihren Babys.

Übrigens lassen sich auch Geschwisterkinder nicht miteinander vergleichen: Mit meinem ersten, tiefenentspannten Baby war es recht einfach, aber mein zweites Baby war ja nun ein »Fast-Schreibaby«. Da hat es ein paar Wochen gedauert, bis ich ihm offenbar so viel Urvertrauen mitgegeben hatte, dass es weniger geschrien hat und die neue Welt um sich herum besser verarbeiten konnte.

Hilfe, mein Baby ist ein »Schreibaby«

Du Liebe, wir wissen nun: Jedes Baby weint, das eine öfter, das andere weniger oft. Hast du aber das Gefühl, dass deine Nerven blank liegen, weil du dein Baby einfach nicht beruhigt bekommst und sein Weinen und Schreien nicht mehr aushalten kannst? Dann kann es sein, dass dein Baby ein sogenanntes Schreibaby ist. Lass mich dir gleich zu Anfang sagen: Wenn du ein Schreibaby hast, bist du nicht schuld daran. Es ist so, wie es ist, und wir wollen gemeinsam einen Weg suchen, wie du am besten damit umgehen kannst.

Du Arme, ich fühle mit dir! Denn auch eines meiner Babys war zumindest in der Grauzone zum sogenannten Schreibaby. Es hat extrem viel geweint, sodass ich es nur sehr schwer habe aushalten können. Darum beschäftigte ich mich damals intensiv mit dem Thema »Schreibaby« und holte mir Hilfe. In diesem Kapitel möchte ich euch Mamas, denen die erste Zeit mit eurem kleinen Baby so erschwert wird, wenigstens ein paar dieser Ratschläge mit auf den Weg geben.

Die meisten Babys weinen im Durchschnitt zwischen zehn und dreißig Minuten am Tag, aber um die 20 Prozent der Babys weinen häufiger. Ob dein Baby ein »Schreibaby« ist oder »einfach nur« sehr viel weint, kannst du so herausfinden:

Ein »Schreibaby« ist ein Baby, das an *drei* Tagen in der Woche *drei* Stunden am Stück über einen Zeitraum von *drei* Wochen schreit.

Diese Babys schreien nicht nur oft und ausdauernd, häufig sind sie generell sehr unruhig, schlafen schlecht und sind auch in ihren Wachphasen oft äußerst quengelig. Die Ursachen für diese ausdauernden Schrei- und generellen Unruhephasen können vielfältiger Natur sein: Es kann sich um einfache Blähungen handeln, um Allergien, ganz selten werden Babys auch mit Laktoseintoleranz geboren, die zu dollen Bauchschmerzen führen kann, um Reizüberflutung, Stress, eine unpassende Schlafumgebung oder gar das sogenannte KiSS-Syndrom oder andere Erkrankungen wie Mittelohrentzündung, Leistenbruch oder Knochenbruch, der vielleicht durch die Geburt ausgelöst worden ist.

Wenn auf dein Baby die oben beschriebene »Dreierregel« passt, gehe darum bitte zuerst einmal zu eurer Kinderärztin und lass es genau untersuchen, um abzuklären, dass dein Baby nicht an einer Krankheit oder unter Schmerzen leidet und darum so viel weint.

In den allermeisten Fällen ist es aber nichts dergleichen, sondern es handelt sich um eine »Regulationsstörung der frühen Kindheit«. So wird das Phänomen heute nämlich in der Säuglingsforschung genannt. Ebenso spricht man mittlerweile eher von »Babys mit starken Bedürfnissen« oder »High-Need-Babys«. Und das meint, dass das Baby besonders stark auf äußere Reize reagiert und schlecht abschalten kann, selbst wenn es sehr müde ist. Es kann sich nicht einfach, wie viele andere Babys, abwenden oder zurückziehen und einschlafen. Es muss intensiver von seinen Eltern dabei begleitet werden. Auf diese

»High-Need-Babys« gehe ich im nächsten Kapitel noch näher ein.

Der Alltag mit einem »Schreibaby« ist extrem herausfordernd, für die Mamas noch mehr als für die Papas, weil das mütterliche Gehirn extrem auf das Schreien des Babys reagiert und total unter Stress steht, und das mitunter für viele Stunden. Meistens sind die Babys im Laufe des Tages schon extrem unruhig und quengelig, ab dem späten Nachmittag und am Abend beginnen sie sich einzuschreien und sind oft gar nicht mehr zu beruhigen. Oft bleiben sie die ganze Nacht hindurch unruhig und schreckhaft.

Genauso anstrengend wie für dich ist das Ganze selbstverständlich für dein Engelchen. Denn ein Baby bewegt beim Schreien ja nicht nur den Mund, sondern seinen ganzen kleinen Körper. Alle Muskeln sind angespannt, das Baby streckt sich durch, das Köpfchen wird rot, es schluckt außerdem beim Schreien Luft, der Bauch bläht sich auf, wodurch das ganze Verdauungssystem durcheinandergerät.

Die gute Nachricht ist: Nach vier Monaten weinen nur noch etwa 20 Prozent der Babys, und nach einem halben Jahr sind die meisten »Schreibabys« im Hier und Jetzt angekommen und haben diese schwierige Anfangsphase überwunden. Und bis dahin gilt: durchhalten und gemeinsam mit dem Baby Werkzeuge entwickeln, die euch diese Zeit leichter machen.

So kannst du deinem Baby helfen

Stecke so viel Energie und Aufmerksamkeit wie möglich in die Phasen, in denen dein Baby *nicht* weint. Nimm dein Baby

WAS IST DAS »KISS-SYNDROM«?

»KiSS« steht abgekürzt für »**K**opfgelenk-**i**nduzierte **S**ymmetrie-**S**törung«. Es handelt sich dabei um eine seltene, durch eine Fehlhaltung des Körpers ausgelöste Verrenkung oder Blockade der Halswirbelsäule. Diese Fehlhaltung kann bereits im Mutterleib zustande gekommen sein oder während einer erschwerten Geburt beispielsweise mit Saugglocke oder Zange.

auf den Arm und trage es besonders viel, wenn es friedlich ist. Ich weiß, dass der Impuls sehr groß ist, das Baby wegzulegen, wenn es mal nicht weint. Einfach, um selbst eine Pause zu machen. Aber ich sage dir: Wenn das Baby erst mal wieder schreit, lässt es sich nur sehr schwer beruhigen. Beuge also vor! Gib ihm ganz viel Nähe, wenn es »gut drauf« ist. Stell dir vor, ihr wacht morgens zusammen auf und du nimmst es gleich ins Tragetuch, nah an deinen Körper. Ich habe durch dieses Tragen meines Babys rund um die Uhr die Schreibaby-Zeit zumindest drastisch auf ein paar Wochen verkürzt. Ich bin mir ganz sicher, dass es damit zu tun gehabt hat, dass ich meinen kleinen Schatz fast 24/7 liebkost und ganz nah bei mir gehabt habe.

Und gleichzeitig solltest du darauf achten, laute Geräusche, Geschrei, große Gruppen, Musik, zu viele fremde Menschen, die dein Baby auch noch auf den Arm nehmen wollen, zu vermeiden. Denn Schreibabys sind ganz sensible kleine Würmchen, die sich noch nicht anpassen und nicht abschirmen können gegen die Welt da draußen.

Da dein Baby wahrscheinlich ohnehin viel weinen wird, nutze die Möglichkeit, es auch mal vertrauensvoll in andere Arme zu geben. In die deines Partners sowieso, sooft es geht, aber auch in die deiner Mutter, Schwiegermutter, Tante, Freundin oder wer sonst nah an eurer Seite ist. Höchstwahrscheinlich wird deinem Baby das nicht gefallen, und es wird lautstark protestieren, aber das tut es in deinem Arm ja auch. Nutze darum jede helfende Hand, um dich für eine Zeit lang zurückzuziehen und durchzuatmen.

Zum Schluss möchte ich dich am liebsten in den Arm nehmen und dir versichern: Auch ihr zwei werdet eine wunderschöne Mutter-Kind-Bindung haben, wenn auch etwas verspätet. Aber sie wird kommen und ist dann genauso intensiv und schön wie bei anderen Babys und ihren Mamas. In ein paar Monaten hast du es durchgestanden. Versuche, bis dahin gelassen zu sein, liebe dein Kind trotzdem. Eine wichtige, aufmunternde Info an dieser Stelle: Dein Kind lehnt dich nicht ab, es kann nur (noch) nicht anders. Mein ehemaliges »Fast-Schreibaby« ist heute ein ganz, ganz großer Sonnenschein.

Babys mit sehr starken Bedürfnissen oder High-Need-Babys

Wenn man es ganz genau nimmt, ist ja eigentlich jedes Baby, das auf die Welt kommt, ein High-Need-Baby: Es hat ganz wichtige Bedürfnisse, die die Eltern befriedigen müssen. Und doch gibt es Babys, die sind viel anspruchsvoller als andere.

Es gibt eine genaue Definition von »High Need« und zwölf konkrete Punkte, anhand derer du erkennen kannst, ob dein Baby ein »High-Need-Baby« ist. Diese hat der US-amerikanische Wissenschaftler Dr. William Sears erarbeitet und erforscht.

Nun ist es immer mit Vorsicht zu genießen, Menschen und vor allem Babys mit »Stempeln« zu versehen und ihnen ein Stigma aufzudrücken, wie es »High-Need-Baby« nun mal tut. Dennoch kann das Wissen um die (möglichen) Besonderheiten eines High-Need-Babys dabei helfen, sich bestätigt zu wissen in seinem gelegentlichen Gefühl der Ohnmacht und Überforderung mit einem Baby, das nicht so »pflegeleicht« ist wie manch anderes. Manche Kinder sind nun mal wirklich anders als andere – und die Eltern tragen daran nicht die Schuld. Es ist einfach ihr ganz eigenes Temperament, mit dem die Babys geboren werden.

Das Wichtigste (und gleichzeitig Einfachste) ist immer, egal ob High-Need-Baby oder »nur« reizüberflutet: Nimm dein Baby so, wie es ist. Dein Engelchen braucht eben ganz, ganz viel Aufmerksamkeit und Nähe. Auch wenn es manchmal schwer ist, ist es der leichtere Weg, es anzunehmen.

Denn leider kann man es ja sowieso nicht ändern oder gar »abtrainieren«.

Wie du auf dein High-Need-Baby eingehen kannst

Und hier schließt sich der Kreis zu meiner ersten bedeutenden Entdeckung und darauf folgenden Entscheidung damals mit meinem ersten Baby: den verblüffenden Forschungsergebnissen von Jean Liedloff folgend, mein Kleines 24/7 bei mir zu tragen und seine Bedürfnisse bedingungslos zu befriedigen. Und das Erstaunliche und so besonders Schöne daran ist, dass aus Babys, die solch ein Urvertrauen erfahren dürfen, ganz selbstständige, mutige Kinder und noch dazu glückliche Erwachsene werden. Durch dieses stabile Urvertrauen schaffen es die Kinder sogar noch schneller und besonders leicht, sich eines Tages von ihrer Mutter zu lösen.

Gehen wir noch etwas genauer auf das Tragen deines Babys ein: Mit 24/7 meine ich wirklich, dass du dein Baby den ganzen Tag bei dir hast – tagsüber im Tragetuch, nachts zum Schlafen in deinem Arm oder auf deinem Bauch. Nun ist das Tragen mit Tragetuch nicht für jede und jeden etwas. Man kommt da vielleicht doch an seine körperlichen Grenzen, gerade wenn das Baby mit einem etwas höheren Geburtsgewicht geboren wurde.

Darum möchte ich hier noch ein paar ergänzende Alternativ-Tipps geben, wie du die Bedürfnisse deines »anspruchsvollen« Babys befriedigen kannst.

DARAN ERKENNST DU, OB DEIN BABY EIN HIGH-NEED-BABY IST:

Dein Baby ist …
– intensiv
– hyperaktiv
– energiesaugend
– unzufrieden
– unberechenbar
– sehr sensibel oder empfindlich
– anspruchsvoll und fordernd

Es …
– will häufig gefüttert werden
– erwacht häufig
– möchte immer auf den Arm
– kann nicht allein einschlafen
– hat Angst vor Trennungen

1. Pucken

Pucken ist eine sehr alte Methode, bei der ein Baby ganz eng in ein dünnes Tuch gewickelt und ihm damit das geborgene, sichere Gefühl des Mutterleibs zurückgegeben wird. Auf diese Weise spürt das Baby Grenzen an seinem Körper, die es beruhigen. Übrigens ist Pucken für alle Babys geeignet, denn es reduziert zum Beispiel auch Blähungen durch die durch den Puckwickel entstehende Wärme.

Damit deinem Baby nicht zu warm wird, sollte es beim Pucken nur einen kurzärmeligen Body tragen (im Sommer vielleicht sogar nur eine Windel). Und niemals noch eine Decke über das Pucktuch legen! Die Gefahr der Überhitzung ist sonst einfach zu groß. Frieren sollte dein Kleines natürlich auch nicht. Mache dazu ab und zu die »Nackenprobe«: Stecke zwei Finger in den Pucksack und fühle, ob sich der Nacken deines Babys kühl anfühlt.

Pucken kann man im Prinzip ab der Geburt bis zum vierten oder sechsten Lebensmonat. Einige Babys mögen so gepuckt übrigens auch gestillt werden (oder ihr Fläschchen trinken). Ich empfehle aber, das Kleine nie länger als zwei Stunden zu pucken – dann kann es wieder etwas Bewegung vertragen. Pucke dein Kleines auch nicht zu oft. Ich habe meine Babys nie mehr als einmal am Tag gepuckt, übrigens.

Und pucke dein Baby bitte nur, wenn es sich dabei wohlfühlt. Und nicht, wenn es Fieber hat, breit gewickelt werden muss, eine Hüftbeugeschiene oder eine Spreizhose trägt.

MEIN TIPP

Wenn dir die Puckwickeltechnik zu kompliziert ist, gibt's auch extra Pucksäcke zu kaufen. Bei denen können die Arme des Babys auch draußen bleiben, wenn einem das lieber ist. Das ist vielleicht etwas für Kinder, die das ganz feste Pucken nicht mögen.

Und so geht's:

Für das Pucken brauchst du bloß eine dünne Decke oder ein Moltontuch.

Dieses legst du schräg, also mit einer Ecke zu dir hin, vor dich, am besten auf den Boden.

Schlage nun die obere Ecke des Tuches ungefähr 20 Zentimeter nach innen um.

Jetzt legst du dein Baby so auf das Tuch, dass diese neu entstandene Kante mit seinen Schultern abschließt. Sein Köpfchen liegt also oberhalb der Decke und schaut aus dem Tuch heraus. Das ist ganz wichtig: Der Kopf bleibt natürlich frei vom Tuch!

Dann nimmst du die linke Ecke des Tuches und führst sie quer nach rechts über dein Baby. Lege den Zipfel des Tuches unter deinem Baby ab.

Dann nimmst du die rechte, noch freie Tuchseite, führst sie nach links über den Körper deines Babys und steckst ihren Zipfel fest.

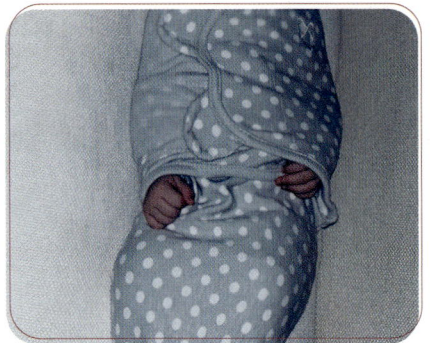

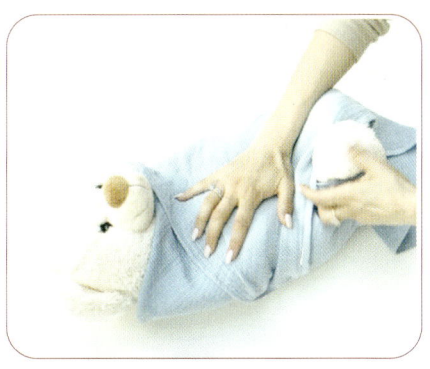

2. Wiege, schaukelnde Bewegung

Statt es in sein eigenes Bettchen zu legen, in dem sich dein Winzling leicht verloren vorkommen kann, kannst du dein Baby auch in eine Wiege legen. Die Bewegung imitiert das Schaukeln im Mutterleib.

MEIN TIPP

Den unteren Zipfel des Tuches kannst du nun nach oben führen und befestigen, du kannst das Tuch nach unten hin aber auch offen lassen.

Es gibt heutzutage auch tolle und wirklich empfehlenswerte »Federwiegen« oder Babyhängematten, die von der Decke (oder einem tragbaren Gestell) herunterhängen. Besonders schön sind hier die weichen »Wände«, die eng am Kleinen anliegen und ihm dadurch eine besondere Art der Geborgenheit vermitteln. Darin liegt dein Baby außerdem in einer natürlichen Haltung, der gerundete Rücken hilft zusätzlich bei Verdauungsproblemen und Blähungen. Und diese Art von Wiege oder Schaukel lässt sich auch überallhin mitnehmen (zum Beispiel zur Oma oder in den Urlaub) und mithilfe von Türrahmenklammern eigentlich an jedem Ort installieren. Mir wurde damals von meiner »Schrei-Hebamme« eine solche Federwiege für mein zweites Baby empfohlen. Allerdings hat sie bei uns leider nicht viel bewirkt. Aber das bedeutet ja nicht, dass es bei euch nicht vielleicht hilft.

Du kannst deinen Goldschatz auch im Kinderwagen spazieren fahren, denn der schaukelt ja auch. Durch seine rhythmischen Bewegungen beim Fahren findet das Baby in der Regel auch schneller zur Ruhe.

Voraussetzung ist natürlich, dass dein Baby sich überhaupt ablegen lässt.

Das Autofahren scheint für viele Eltern ein Allheilmittel zu sein: Sie setzen das Baby in seinen Sitz und fahren so lange mit ihm in der Gegend herum, immer wieder um den Block, bis es sich beruhigt hat und vielleicht sogar eingeschlafen ist. Man hört sogar von Erfahrungsberichten von Eltern mitten in der Nacht.

Aber auch das Autofahren ist nicht für jedes Baby das Idealeinschlafmittel. Mein Kleiner zum Beispiel hat sich ein Jahr lang vehement geweigert, überhaupt Auto zu fahren. Und das, obwohl er ein ganz ausgeglichenes Baby ist. **Kleiner Funfact am Rande:** Während die Familie also oft mit dem Auto irgendwo hingefahren ist, bin ich mit dem Kleinen mit dem Bus oder der U-Bahn hinterhergefahren.

Es gibt auch eine ganze Menge elektronischer Geräte, die als Hilfsmittel angepriesen werden, um zu Babys Beruhigung und Schlaf beizutragen. Das sind beispielsweise elektronische Wiegen, die von allein schaukeln und zum Teil noch weißes Rauschen imitieren. Meist sind das recht kostenintensive Anschaffungen, die keine Garantie dafür liefern, dass sie auch wirklich funktionieren. Darum würde ich dir lieber davon abraten und empfehlen, es auf natürliche Art und Weise zu probieren.

3. »Weißes Rauschen«

Auch das kennt dein Baby aus dem Mutterleib, und es vermittelt ihm ein vertrautes, geborgenes Gefühl. Denn im Bauch hört dein Baby ständig Geräusche: deinen Herzschlag, deine Verdauungsgeräusche, das Fließen deines Blutes und natürlich auch gedämpft deine Stimme und Laute

von außen. Und das ist eben dem weißen Rauschen sehr ähnlich. Das meint eine Geräuschquelle, die ununterbrochen und gleichbleibend auf demselben Ton andauert. Weißes Rauschen erinnert an das Geräusch von Föhn, Staubsauger oder Ventilator, aber auch an Blätterrauschen, laufendes Wasser oder Wind. Ich habe übrigens sehr gerne sehr lange telefoniert oder mit meinem Baby gesprochen oder sogar mal Selbstgespräche geführt.

MEIN TIPP

Es gibt Apps, die verschiedene Geräusche versammeln, die das weiße Rauschen imitieren. Bitte achte aber darauf, dass der Lautsprecher nicht zu nah am Ohr deines

Die Farbe war übrigens eine auswaschbare Kindertönung. Manchmal muss man als Mama eben auch so was machen.

Babys ist und die Geräusche, mit denen du es beschallst, nie lauter als Zimmerlautstärke sind. Und aktiviere beim Abspielen den Flugmodus, damit dein Baby keiner unnötigen Strahlung ausgesetzt wird.

4. Satt sein

Und zwar am besten ebenfalls 24/7. Denn auch das kennt dein Baby aus deinem Bauch. Stillen nach Bedarf heißt bei einem High-Need-Baby mitunter alle fünf bis zehn Minuten. Zum Glück ist die Brust ja in der Regel immer verfügbar, und es ist auch immer Milch darin, sodass diesem Bedürfnis recht unkompliziert nachzukommen ist. Aber es stillt eben nicht jede Frau. Mit dem Fläschchen ist es nicht mehr ganz so einfach, dein Baby dauerhaft satt zu halten, weil das Zubereiten der Nahrung schon einiges an Aufwand bedeutet. Du kannst aber relativ bald die Mahlzeiten reduzieren und die Pausen dazwischen größer werden lassen. In der Zwischenzeit muss dann wahrscheinlich mal ein Schnuller angeboten werden.

5. Saugbedürfnis befriedigen

Nicht jede Mama hält es sowohl körperlich als auch nervlich aus, ihr Baby rund um die Uhr an der Brust zu haben, wenn es einfach nur nuckeln will. In diesem Fall empfehle ich dann tatsächlich einen Schnuller. Nur nicht gleich in den allerersten Wochen. Und gerade, wenn du stillst, fange behutsam und mit kurzen Schnullerphasen an. Denn durch das Saugen an der Brust wird deine Milchproduktion angeregt und reguliert. Wenn du da mit einem Schnuller zu viel eingreifst, indem dein

Baby sein Saugbedürfnis nicht mehr hauptsächlich an deiner Brust stillt, kann das den natürlichen Stillprozess durcheinanderbringen. Wenn du aber siehst, dass dein Baby gut zunimmt, es wächst und du genug Milch hast, dann ist der Schnuller eine gute und hilfreiche Möglichkeit, das große Saugbedürfnis deines High-Need-Babys zu befriedigen, ohne dein Nervenkostüm zu weit auszureizen.

6. Vertraute Gerüche

Babys sind sehr stark mit ihren Sinnen verbunden. Und sie lieben vertraute Gerüche. Achte darauf, dass du nicht zu viele intensive, künstliche Duftnoten benutzt, wie durch Wäsche mit Weichspüler oder zu viel Parfüm. Damit überforderst du dein Baby nämlich, weil es sich verloren fühlt. Gerade wenn dein Baby sehr sensibel ist, empfehle ich dir darum, erst mal ganz auf Parfüm zu verzichten und auch auf alles andere, was intensiv riecht, auf Duschgels, Shampoos, Cremes etc. Auch die Babybettwäsche muss nicht zu oft gewechselt werden, alle zwei Wochen reichen da wirklich aus. Dein Baby ist ja noch ganz rein und sauber.

7. Kontinuität der Bezugspersonen

Nicht jedes Baby verträgt es, dass es auf fremden Armen herumgetragen wird. Es geht nicht darum, deine Verwandtschaft glücklich zu machen, sondern dein sensibles Baby in seinem starken Verlangen zu befriedigen, Geborgenheit zu spüren. Der Papa, die Oma, die zwei-, dreimal die Woche zu Besuch kommt, und auch die beste Freundin, die häufig bei euch ist, gehören mit zum ganz engen Kreis für das Baby. Da mag es dann sicher auch mal auf dem Arm sein. Aber alle anderen Personen sollten Rücksicht darauf nehmen, dass dein Baby lieber auf deinem Arm bleiben will. Allerdings möchte ich hinzufügen, wie ich schon beim Kapitel »Schreibaby« erwähnt habe: Wenn dein Baby in seiner Schreiphase ist und das also auch auf deinem Arm tut, dann kannst du es auch in die Arme einer Vertrauensperson geben und eine Weile den Raum verlassen, um abzuschalten. Du weißt ja: Dein Baby ist in sicheren und liebevollen Händen.

Du Liebe, ich hoffe einfach von Herzen, dass die eine oder andere Methode dabei ist, die dich und euch dabei unterstützen kann, dein Goldengelchen zur Ruhe zu bekommen, damit ihr alle etwas zufriedener sein und Luft holen, Kraft tanken könnt. Mir ist noch wichtig zu sagen: Wenn dem nicht so ist, wenn keiner der Tricks oben bei euch funktioniert, liegt es nicht daran, dass du etwas falsch machst. Sondern daran, dass es einfach nicht das Richtige für dein Baby ist. Dann probiere es weiter. Du wirst mit der Zeit selbst herausfinden, welche Methode der Beruhigung für euch am besten funktioniert. Und vielleicht ist ja auch *ein* Trick dabei, der bei euch klappt – dann freut euch darüber! Das ist doch schon was.

Im Prinzip steckt in allen diesen oben genannten Methoden doch vor allem diese eine wesentliche Botschaft, die auch für mich die Antwort ist auf die Frage, wie man mit einem besonders bedürftigen Baby umgeht: Umsorge dein Baby noch mehr, trage es noch mehr an deinem Körper, gehe auf es ein und erwarte am Anfang nichts von ihm. Vielleicht wird es sich die erste Zeit eben nicht ablegen lassen. Wenn du aber die ersten Monate durchgehalten hast, deinem Baby die Geborgenheit gegeben hast, die es braucht, wird sich auch dein High-Need-Baby selbstbewusst von dir lösen und zu einem mutigen, starken Kind werden. Selbst, wenn es dabei vielleicht immer etwas sensibler bleiben wird als ein anderes Kind.

Das macht das Leben mit einem Schrei- oder High-Need-Baby natürlich nicht weniger anstrengend. Und genau dafür kannst du dir dann bitte Hilfe holen. Und tausche dich mit anderen Mamas aus, deren Babys auch so sensibel sind und viel schreien. Sprich über deine Situation und versuche nicht, sie zu verschweigen. Miss dich nicht unbedingt an der Freundin, deren Baby von Anfang an durchschläft. Nimm dir lieber den Druck, dass ein Haushalt immer perfekt sein muss. Habe Geduld. Du wirst belohnt werden mit einer wundervollen Mutter-Kind-Beziehung und einem starken, ganz besonderen Kind.

Wenn es nicht mehr geht: Nimm dir eine Auszeit

Du Liebe, es kann passieren, dass bei deinem »Schreibaby« oder deinem »High-Need-Baby« keiner der oben genannten Ratschläge und Methoden Früchte trägt, weil du selbst vielleicht überfordert und angespannt bist. Und vielleicht bist du auch allein zu Hause und kannst dein Baby niemandem in den Arm legen. Wenn dem so ist, mache dir keine Vorwürfe und lass diese Überforderung bitte, bitte nicht an deinem Baby aus! In einem solchen Fall lege dein Baby vorsichtig an einen geborgenen Ort, wo ihm nicht zu heiß und nicht zu kalt ist, wo es sicher liegt. Schließe die Tür. Du weißt ja: Dein Baby ist sicher. Wenn du das Schreien immer noch hörst, stecke dir meinetwegen noch Ohropax ins Ohr. Und wenn es nur fünf oder zehn Minuten sind. Du musst wieder zu Kräften kommen, um dann wieder für dein Baby da zu sein.

Schüttele dein Baby niemals!

So unglaublich anstrengend und nervtötend das Ganze ist, bleibt doch das Wichtigste: Versuche, ruhig zu bleiben. Ich weiß, das ist viel leichter gesagt als getan, wenn man überfordert ist. Wenn du das aber erkannt hast und zu deiner Überforderung stehst, kannst du dir Hilfe holen. Und, bitte, mach das auch, trau dich, dir Hilfe zu holen! Allein in Berlin gibt es fünf Schreiambulanzen, auch »Babyambulanzen« genannt, die mit einem Team zu dir nach Hause kommen und dich und euch unterstützen. Es gibt auch in jedem Gesundheitsamt Anlaufstellen. Und von deiner Krankenkasse wird dir eine speziell für diese Situationen ausgebildete Hebamme, eine sogenannte Schrei-Hebamme, zur Seite gestellt.

Denn wenn du mit der Situation allein bleibst, kann es passieren, dass du in eine Spirale der Überforderung hineingezogen wirst und dann Dinge im Affekt tust, die du hinterher bereust. *Eine* Überreaktion in

extrem stressbehafteten Situationen ist das Schütteln des Babys. Die Folge kann ein Schütteltrauma sein: Bei einem Neugeborenen mit einer ungeschützten Wirbelsäule und einem instabilen Köpfchen können schon leichtes Schütteln und Rütteln lebenslange schwere Schäden und Behinderungen oder Hirnblutungen hervorrufen. Das hört sich unglaublich an, aber dazu braucht es gar nicht viel Kraft. Noch heute werden in Deutschland pro Jahr 200 bis 400 Babys totgeschüttelt.

Wenn es doch passiert sein sollte, was ich mir bei keiner von euch jemals vorstellen mag!, dann bitte, bitte verschweige es nicht! Wende dich umgehend an einen Arzt und berichte ehrlich davon. Denn dann ist wirklich schnelle Hilfe notwendig.

Darum noch mal: Du musst das nicht allein durchstehen! Und du bist auch bei Weitem nicht die einzige Mutter, der es so geht. Hole dir Hilfe. Auch ich habe mir damals Hilfe geholt, denn ich war heillos überfordert mit meinem schreienden Baby, da ich ja auch noch einen Vierjährigen zu Hause hatte und in dieser Zeit alleinerziehend war. Damals ist zusätzlich zu meiner Nachsorgehebamme eine Schrei-Hebamme zu uns nach Hause gekommen. Sie hat zum Beispiel mein Baby genommen, damit ich mal duschen und abschalten konnte. Sie hat es genommen, damit ich allein spazieren gehen und tief Luft holen konnte. Oder damit ich mich mal meinem Großen zuwenden konnte, der auch hin und wieder meine volle Aufmerksamkeit gebraucht hat. Diese Unterstützung hat mir damals wirklich enorm geholfen, damit ich Kraft und Energie tanken konnte, um anschließend wieder für mein Baby da sein zu können.

Solltest du ein noch kleineres Kind als ich damals zusätzlich zu deinem Schreibaby zu Hause haben, kannst du dich auch um eine Familienhebamme kümmern. Frage deine Nachsorgehebamme oder deine Frauenärztin, ob sie jemanden empfehlen kann.

Koliken beim Baby

Ein häufiger Grund, weswegen Babys in ihren ersten Lebenswochen viel weinen, ist ihre Verdauung. Denn sie stellt sich gerade erst auf die neuen Prozesse und Aufgaben im Körperinneren ein, und das verursacht eben Blähungen und Bauchweh.

Dass dein Baby Koliken hat, erkennst du daran, dass es unstillbar schreit, sein Bäuchlein womöglich aufgebläht ist, es vielleicht auch viel pupst und die Beinchen anzieht. Das Problem ist, dass sich krampfartige Bauchschmerzen, und das sind Koliken, und Schreien auch noch gegenseitig verstärken: Denn durch das Schreien gelangt noch mehr Luft in Babys Bauch, wodurch er sich weiter aufbläht und schmerzt.

Das auch »Dreimonatskoliken« genannte Krankheitsbild tritt meist ab der zweiten Lebenswoche auf und steigert sich in den folgenden Wochen.

So kannst du deinem Baby helfen

Es gibt Möglichkeiten, deinem Kleinen zu helfen. Am besten probierst du die Methoden aber nacheinander aus und nicht alle zur gleichen Zeit. Denn sonst weißt du

nicht, was wirklich hilft, und es kann dann auch wieder überfordernd sein.

○ Trage dein Baby im Tragetuch. So kann sich nämlich die Anspannung deines Babys lösen, und das Verdauungssystem kann sich wieder regulieren. So habe ich es bei meinem zweiten Baby gemacht, das auch oft in diesem »Viel Schreien, viel Luftschlucken, viel Pupsen«-Rhythmus drin war.

○ Du kannst dein Baby auch vor dich auf den Rücken legen und mit deiner Hand sanft im Uhrzeigersinn über seinen Bauch streichen.

○ Oder du nimmst die Beinchen deines Babys in die Hand und bewegst sie auf und ab wie beim Fahrradfahren: Auch dabei liegt dein Baby vor dir auf dem Rücken.

○ Wichtig ist oft auch das Bäuerchen nach der Mahlzeit. Denn alles, was an Luft oben rauskommt, muss nicht mehr den ganzen Darm passieren.

○ Probiere doch mal den »Fliegergriff« aus, den ich dir in Kapitel 5 (siehe Seite 81) gezeigt habe. Der ist auch eine gute Position, um Spannungen und Luft im Bauch zu lösen.

○ Auch Kümmel ist eine Substanz, die gut bei Blähungen wirkt. Es gibt Kümmelöl für das Babybäuchlein, das sich sanft im Uhrzeigersinn einreiben lässt. Oder auch Kümmeltee. Den dann aber nicht als Pulver, sondern als Beuteltee. Und bitte nicht vor oder *statt* des Stillens oder des Fläschchens, sondern nach dem Stillen oder Fläschchen. Und dann gibt es Kümmel auch noch als Zäpfchen. Aber bitte besprich diese Anwendung vorher mit deiner Hebamme.

- Und zu guter Letzt kannst du dir in der Apotheke auch entblähende Tropfen empfehlen lassen, die dein Baby zu den Mahlzeiten erhält. Ein bewährter Tipp: Träufele ein, zwei Tröpfchen auf deine Brustwarze, kurz bevor du dein Baby stillst. Dann landen sie ganz sicher in seinem Mündchen.

Mein Favorit ist und bleibt, auf Medikamente zu verzichten und das Baby den ganzen Tag im Tragetuch zu tragen. Du kannst ja auch eine Kombination probieren.

In jedem Fall sollte bei andauernden Schmerzen und Geschrei einmal eure Kinderärztin dein Baby anschauen, um auszuschließen, dass keine anderen, beispielsweise organischen Ursachen vorliegen.

Ernährung der Mutter bei Koliken

Für stillende Mamas gibt es keine Empfehlung, sich besonders zu ernähren oder auf bestimmte Lebensmittel zu verzichten. Ein paar Erfahrungswerte berichten davon, dass es den Kindern schlechter geht, wenn die stillende Mama Linsen oder Zwiebeln gegessen hat. Aber das ist lange nicht bei allen der Fall. Darum gilt: Du kannst prinzipiell alles essen. Probiere es aus und lass eben etwas weg, wenn es negative Auswirkungen auf die Verdauung deines Engelchens zu haben scheint.

In Sachen Pre-Nahrung gibt die Industrie tatsächlich einiges her, was Koliken vermeiden soll. Aber sei da vorsichtig und drehe nicht an zu vielen Schrauben auf einmal. Probiere erst mal eine natürliche Methode aus, und wenn die nichts bringt, versuche die nächste. Auf keinen Fall solltest du »Nahrungsmittel-Hopping« machen.

Du Liebe, was kann ich dir also zum Abschluss Aufmunterndes mitgeben? Halte durch und verzweifle nicht! Und nimm es keinesfalls persönlich, dass dein Baby so viel schreit. Es hat nichts damit zu tun, wie du mit deinem Baby bist oder dass es sich bei dir nicht wohlfühlt. Es hat einfach zu große Schmerzen für sein kleines Bäuchlein.

Aber sei dir sicher: Die Koliken gehen vorbei. Bei den allermeisten Kindern ebben sie mit drei Monaten ab (daher eben auch der Name »Dreimonatskoliken«). Bei einigen auch erst nach vier, fünf oder sechs. Dann hat sich der kleine Darm in der Regel gut an die neue Verdauung angepasst. Begleite dein Engelchen durch diese schwere und schmerzhafte Zeit hindurch. Es wird auf *jeden Fall* besser.

Schwierige Geburt verarbeiten

Du Liebe, dein Baby ist endlich da, es liegt in deinen Armen, ist so winzig und zauberhaft! Du wünschst dir, einfach den Moment zu leben, im Hier und Jetzt, das Mutterglück zu genießen, euer neues Familienglück, eure ganz besondere Nähe zueinander.

Und doch schieben sich immer wieder düstere Gedanken in deinen Kopf, bist du tief in dir so traurig und niedergeschlagen. Denn vielleicht ist die Geburt nicht so gelaufen, wie du es erhofft und gedacht hast. Vielleicht musste ein Notkaiserschnitt durchgeführt werden, vielleicht dauerte die Geburt viele, viele Stunden, vielleicht musste am Ende mit Saugglocke oder Zange nachgeholfen werden … Manchmal geht es sogar um Leben und Tod. Du hast dich vielleicht ausgeliefert gefühlt wie noch nie in deinem Leben. Und nun kreisen deine Gedanken immer wieder darum, obwohl du am liebsten gar nicht mehr daran zurückdenken möchtest. Du hast tief in dir drin das Gefühl, versagt zu haben, weil du dein Baby nicht auf natürliche Weise gebären konntest.

Solche Gedanken und Gefühle stehen natürlich deinem Mutterglück im Weg, dir wird dadurch so viel Energie geraubt, und vielleicht fehlt dir dann auch die Kraft für ganz viel Liebe zu deinem kleinen Baby. Daraus kann auch eine Wochenbettdepression werden. Die kann direkt nach der Geburt auftreten, manchmal aber auch erst Wochen oder gar Monate später oder wenn du erneut schwanger wirst.

Wichtig ist, dass du dich mit deinen Erlebnissen auseinandersetzt, dass du sie verarbeiten kannst. Auf welche Weise du das machst, kannst aber ganz allein du entscheiden.

Reden ist Silber …

Ein guter Ratschlag ist immer, offen darüber zu sprechen. Mit einer Person, die dir nahesteht und sehr vertraut ist – dein/-e Partner/-in, deine beste Freundin, aber auch die Hebamme kann da die richtige Vertrauensperson sein. Vielen Frauen, die traumatische Erfahrungen während einer Geburt gemacht haben, hilft es, darüber zu sprechen.

… Schweigen ist Gold

Aber ebenso viele Mamas tun sich damit eher schwer. Eigentlich wollen sie das Erlebte ganz tief in sich einschließen und gar nicht wieder hervorholen. Wenn es dir genauso geht, sollst du wissen: *Du* entscheidest, wie viel und was du preisgeben möchtest. Um niemanden vor den Kopf zu stoßen und dich auch »abzusichern«, falls jemand fragt, kannst du dir einen Satz zurechtlegen wie »Ach, über die Geburt erzähle ich dir mal, wenn wir mehr Zeit haben«. Manchmal ist Schweigen einfach schützender als Reden.

Schreibe alles auf – für dich

Eine schöne Idee finde ich auch, einen Geburtsbericht aus deiner persönlichen Sicht zu verfassen: Wie hast du die Geburt von Anfang bis Ende erlebt? Denn das Niederschreiben der Erfahrungen hilft dabei, die Geburt aktiv zu verarbeiten. Es hilft, Gedanken und Gefühle zu ordnen. Wenn Gedanken, Emotionen und Erinnerungen geordnet sind, fällt es einem meist leichter, zu erkennen, woran man drehen kann, was einem helfen könnte, damit es besser wird. Und wenn man einmal alles aufgeschrieben hat, hat man außerdem oft das Gefühl, die immer wiederkehrenden Gedanken loslassen zu können.

Schreibe dazu am besten an einem Tag den ganzen Geburtsvorgang auf, von Anfang bis Ende, wie *du* ihn erlebt hast. Mache es dir dabei ganz gemütlich, zünde eine Kerze an, trinke Tee und höre schöne Musik. Und dein Baby sollte in den Händen einer lieben Person sein oder aber schlafen. An einem anderen (vielleicht schon am nächsten) Tag notierst du deine innersten und tiefsten Gefühle und Gedanken rund um das Geburtserlebnis. Wenn du das nächste Mal schreibst, folgt die Frage, wie sich die schwierige Geburt konkret auf dein Leben ausgewirkt hat und wie oder wo du sie spürst. Und zum Abschluss, vielleicht mit ein paar Tagen Pause dazwischen, schaust du dir das Geschriebene noch einmal an: Welche Gedanken und Gefühle tauchen jetzt dabei auf? Vielleicht fällt dir etwas auf, was du noch nicht aufgeschrieben hast. Und was hast du durch das Geburtserlebnis gelernt oder gar verloren?

Wenn du an einem Punkt nicht weiterkommst, weil es dir zu schwierig erscheint, es aufzuschreiben, lass es erst mal aus. Vielleicht hast du später dafür die Kraft. Zwinge dich zu nichts. Denn dieser Prozess kann dich auch sehr traurig machen. Nimm dir darum direkt nach dem Schreiben auch immer noch ein wenig Zeit für dich, wenn es geht.

Ich kann mir vorstellen, dass diese Auseinandersetzung mit den eher düsteren Erinnerungen an die Geburt auf dich beängstigend wirkt. Will man wirklich alles noch mal durchgehen? Aber es wird dir helfen, damit in der Zukunft gut umgehen zu können und nicht irgendwann von deinen Gefühlen überrannt zu werden.

Geburtsbericht anfordern

Hilfreich kann auch eine Kopie des tatsächlichen Geburtsberichts aus dem Krankenhaus sein. Denn gerade nach einem Kaiserschnitt fragen sich viele Mamas wochenlang, ob der wirklich notwendig gewesen ist, ob sie es nicht doch aus eigener Kraft hätten schaffen müssen. Wenn du aber verstehst, wie es dazu gekommen ist, hilft das ungemein, loszulassen und zu akzeptieren. Einige Frauen können sich auch nicht mehr genau an die Geburt erinnern, weil sie ab einem bestimmten Zeitpunkt vielleicht gar keine aktive Rolle mehr darin gespielt haben. Auch das kann sehr belasten. Hier hilft dir ebenfalls der Geburtsbericht zu verstehen, was mit dir während und nach der Geburt geschehen ist und aus welchem Grund. Lies diesen Bericht aber gemeinsam mit deiner Frauenärztin, weil sie die medizinischen Fachausdrücke und Zusammenhänge versteht und für dich einordnen kann.

Es ist einfach sehr wichtig, dass du verstehst, welche Folgen dieses traumatische Geburtserlebnis für dich hat: für deine Gefühle, Gedanken und mitunter auch körperlich. Dann gelingt es dir vielleicht, dass du dem nicht mehr so ohnmächtig gegenüberstehst. Du fühlst dich womöglich weniger ausgeliefert und kannst sicherer mit den starken Gefühlen und leidvollen Erinnerungen umgehen.

Freunde und Familie

Wichtig ist auch, dass die Menschen, die dich umgeben, deine Niedergeschlagenheit ernst nehmen, anstatt so zu tun, als sei nichts geschehen. Hier helfen aufmunternde Sprüche wie »Ach, das wird schon« nicht weiter. Denn dann fühlst du dich unverstanden. Außerdem benötigst du besonders viel Pflege und Fürsorge im Wochenbett und vielleicht darüber hinaus. Ein starkes soziales Netzwerk, Freunde und Familie sind hier unglaublich viel wert.

Wenn all das dir nicht weiterhilft, ist manchmal auch professionelle Hilfe gefragt. Dann kannst du deine Hebamme oder Frauenärztin nach einer Empfehlung für eine Traumatherapeutin oder -beratung in deiner Nähe fragen.

Teil 2

DIE WICHTIGSTEN ENTWICKLUNGSSCHRITTE DEINES BABYS

Herzlich willkommen, du Liebe, im zweiten Teil des Buches! Ich hoffe, die Grundlagen im ersten Teil haben dir zu einem entspannten und unbeschwerten Start mit deinem Baby verholfen. Lass uns nun die wichtigsten Entwicklungsschritte deines Babys betrachten und alles, was auf eine junge Familie in den ersten drei Monaten so zukommt. Grundlage ist zum einen das, was ich mit meinen Kindern erlebt habe, es sind aber auch eure zahlreichen Erfahrungen, an denen ich im Laufe der Jahre teilhaben durfte.

Wichtig ist: Es *kann* bei dir in dieser Reihenfolge geschehen, muss aber nicht. Wenn dir also gerade ein ganz anderes Thema wichtig ist, schlage es hinten im Register nach und blättere direkt dorthin.

Wir werden im Folgenden also viel über die Entwicklung von Babys sprechen. Dazu möchte ich dir mit auf den Weg geben: Wenn du in diesem Buch erfährst, wann ein Baby wie viel zunimmt, wann ein Baby sein Köpfchen halten, wann es sich hinsetzen kann, handelt es sich dabei immer nur um Durchschnitts- oder eigene Erfahrungswerte und soll keinesfalls dazu führen, dass du dich durch den Vergleich unter Druck setzt oder das Gefühl bekommst, dein Baby würde sich »falsch« entwickeln. Jedes Baby entwickelt sich individuell und in seinem ganz eigenen Tempo.

Sollte es Auffälligkeiten geben, bemerkt das deine Hebamme oder Kinderärztin. Ansonsten darf dein Baby alles in seinem eigenen Tempo erlernen.

1. Von der ersten Erkältung bis zur ersten Einschlafroutine

DIE MONATE 0–3

Das brauchst du für dein Baby

Juhu, lass uns mit dem Thema »Erstausstattung für dein Baby« beginnen!

Wie du weißt, brauchst du für dein Baby nicht viel. Aber da einige Dinge auf jeden Fall nötig sind, möchte ich dir mit der folgenden Liste Inspiration bieten. Gut zu wissen an dieser Stelle: Du brauchst dir keine Sorgen zu machen, dass du am Anfang zu wenig gekauft hast, denn sollte etwas fehlen, kannst du es jederzeit nachkaufen. Diesen Weg empfehle ich sehr gern. So vermeidest du, viel Geld in Produkte zu investieren, die unter Umständen dann ungenutzt zu Hause Platz wegnehmen.

Wir alle lieben es, für unsere Babys und Kinder shoppen zu gehen. Wenn man aber weniger braucht, kann man dafür hochwertigere Produkte auswählen, die sich praktischerweise nach dem Ausrangieren noch gut »weitervererben« lassen.

KLEIDERGRÖSSEN FÜR BABYS

Die gängige erste Größe für Neugeborene ist oft 50 oder 56 (es gibt auch Kombigrößen: 50/56). Meine Kinder wurden übrigens alle mit Kleidergröße 50 geboren. Es gibt aber auch Babys, die brauchen gleich Größe 62.

Zur Sicherheit eine Nummer größer zu kaufen ist übrigens keine gute Idee bei einem Neugeborenen, denn es versinkt darin und kann nicht ausreichend warm gehalten werden.

MEINE CHECKLISTE

für die Erstausstattung

- 6 Langarmbodys (Kurzarmbodys nur, wenn es sehr warm ist)
- 3 Höschen
- 1 leichtes Jäckchen, 1 wärmeres
- 3 Strampler, die man statt Höschen und Jäckchen über den Body ziehen kann
- 3 Paar Söckchen oder Strumpfhosen

- 1 Paar Wollsöckchen, wenn's mal kälter ist
- 3 Mützchen (wenn dein Baby im Winter auf die Welt kommt, eines, das warm ist und die Ohren bedeckt)
- Schlafsack in der passenden Größe
- 4–6 Spucktücher oder Mullwindeln, die du dir beim Stillen über die Schulter legen kannst, falls dein Baby spucken muss
- 1 leichtes Baumwoll- oder Wolltuch zum Zudecken
- Tragetuch: Ich empfehle für die ersten vier, fünf Monate ein elastisches Tragetuch
- Babybeistellbettchen: Ich hatte eines, auch wenn meine Babys nie darin geschlafen haben. Es diente aber als Rausfallschutz
- Babybettchen: Das habe ich allerdings erst viel später gebraucht, weil ja alle meine vier Kinder anfangs in meinem Bett geschlafen haben (darum gehört es eigentlich nicht auf meine Liste. Ich habe es aber der Vollständigkeit halber hinzugefügt, weil ich weiß, dass einige von euch das Kinderzimmer gern schon komplett eingerichtet haben wollen)
- Wickelkommode: Ich hatte eine, hätte sie aber nicht gebraucht, weil ich meine Babys meist auf dem Bett oder dem Boden gewickelt habe. Wozu ich sie aber benutzt habe: um die Babysachen in ihre Schubladen zu räumen
- Wiege oder Federwiege
- für alle, die ein Auto haben: Autositz für Neugeborene

MEIN TIPP

Ich habe Bodys übrigens immer von unten angezogen. Ich fand das viel einfacher, und das Kleine hat beim Anziehen dann nicht gemeckert.

MEIN TIPP

Wenn du ein Merkmal brauchst, anhand dessen du dein Tragetuch auswählen sollst, nimm die Farbe. Welche gefällt dir am besten? Denn da gibt es eine groooße, schöne Auswahl für jeden Geschmack.

Du siehst: Das Tragetuch ist durchaus auch ein Accessoire.

Neugeborene und Körperwärme

Ein Neugeborenes kann seine Körperwärme weder regulieren noch halten. Das heißt, es muss immer schön warm gehalten werden. Die meiste Wärme geht bei deinem kleinen Baby übrigens über den Kopf ab, weil er im Verhältnis zum Körper sehr groß ist. Darum sollten Neugeborene je nach Temperatur ein dünnes oder dickeres Mützchen tragen.

Aber: Es ist auch sehr, sehr wichtig, dass Babys nicht zu warm angezogen sind, sie sollten nicht schwitzen oder gar einen roten Kopf bekommen. Denn sonst droht Gefahr durch Überhitzung, und die kann deinem Baby wirklich gefährlich werden. Darum gilt auch: Im Sommer braucht ein Neugeborenes in der Trage nicht noch zusätzlich eine Mütze, denn die Tuchbahnen bedecken ja sein Köpfchen.

Und das brauchst du nicht

Wenn du Spaß daran hast, für dein Baby einzukaufen und euch komplett auszustatten, mit allem, was da draußen auf dem großen Babymarkt zu haben ist, dann wünsche ich dir viel Vergnügen und will dich auch gar nicht bremsen. Wenn es dich aber, so wie mich damals, eher unter Druck setzt und überfordert, dann lass dir gesagt sein:

Du *brauchst* überhaupt nicht viel an Ausstattung für dein Leben mit Baby. Nicht vergessen: Wir machen uns das Leben mit Baby so einfach wie möglich! Also beschwere dich nicht mit unnötigem Materiellen, denn das kostet Geld, will gepflegt und geputzt werden und nimmt Platz weg.

Meine Top vier der Dinge, die ich mit Baby nicht gebraucht habe:

1. Still-BHs: Ich habe lieber Tops, Unterhemden oder normale Bügel-BHs getragen, die sich leicht nach unten oder oben schieben lassen.
2. Babybadewanne und Badethermometer: Ich habe meine Babys ja immer mit unter die Dusche genommen, du kannst auch mit deinem Baby zusammen baden. Das Waschbecken oder eine große Schüssel tut's aber auch.
3. Spielzeug, Rasseln, Kuscheltiere: Babys fangen erst gaaanz spät an zu spielen. Und wenn du unsicher bist: Du brauchst es sowieso nicht zu besorgen, denn ihr bekommt zur Geburt garantiert welches geschenkt.
4. Kinderzimmer: Braucht ein Baby nicht, wenn es auf die Welt kommt, es wird ohnehin immer bei dir sein. Darüber hinaus habe ich mich ganz bewusst gegen eine Babywippe, einen Kinderwagen und einen Schnuller entschieden.

MIT DEINEM BABY UNTERWEGS UND IN BEWEGUNG

Du Liebe, dein Baby ist vielleicht noch ganz klein, vielleicht schon einige Wochen alt. Auf jeden Fall wollt ihr zusammen die Welt erkunden, drinnen und draußen. Das kann ich nur zu gut verstehen. Mir ging es immer ganz genauso. Und das kannst du mit deinem Baby auch von Anfang an machen, vorausgesetzt, du fühlst dich fit genug und hast keine größeren Geburtsverletzungen, die noch ausheilen müssen.

Widmen wir uns zuerst dem Spazierengehen und Frische-Luft-Schnappen. Auch das machen wir gemeinsam auf die einfachste Art und Weise: mit dem Tragetuch! Das Schöne ist nämlich: So kannst du dich ganz schnell und unkompliziert auf den Weg machen, egal wohin.

Davor möchte ich dir aber noch verraten, was meine wichtigsten Gründe waren, alle meine Babys nur zu tragen.

- Es hat mir ein sehr beruhigendes Gefühl gegeben, mein Baby immer ganz nah bei mir zu haben. So bekam ich genau mit, wie es ihm ging, ob es Hunger oder Durst hatte, die Windel voll war, ob es ein Bäuerchen machen musste oder Schluckauf hatte.
- Mein Baby stand im Tuch permanent in Kontakt mit mir, was ihm ein starkes

KINDERWAGEN ODER NICHT?

Wie oben schon angedeutet, und vielleicht weißt du es ohnehin bereits: Ich habe für keines meiner Babys einen Kinderwagen gebraucht. Was ohne Kinderwagen auch wegfällt: Regenabdeckung und Sonnenschutz, Mückennetz, Aufsätze, Schloss, um ihn zu sichern … Mich hat der Verzicht darauf total entspannt, weil ich mich mit all dem nicht auseinandersetzen musste. Wie genau ich das mit dem Tragen gemacht habe und warum es mir das Leben mit Baby so erleichtert hat, erfährst du auf der nächsten Seite.

Deswegen empfehle ich sehr gern allen frischgebackenen Mamas, sich in den ersten Wochen erst mal keinen Kinderwagen anzuschaffen. Einfach deswegen, weil das Leben mit Baby am Anfang kompliziert genug ist. Falls du dir aber im Laufe der ersten Wochen das Leben ohne Kinderwagen nicht vorstellen kannst – wie findest du die Idee, ihn dir erst nachträglich anzuschaffen? Der Kauf ist jedenfalls schnell getätigt.

Gefühl von Sicherheit und Geborgenheit vermittelt hat. Das schenkt einem Baby ganz viel Urvertrauen.

○ Durch die aufrechte Position und die angehockte Beinstellung im Tragetuch ist die Hüfte in der idealen Haltung, die allen möglichen Hüft- und Rückenschäden vorbeugt. Wichtig ist dabei natürlich, dass das Tuch richtig gebunden ist, also schön eng, damit es deinem Baby Stabilität gibt. Wie das geht, zeige ich dir gleich.

○ Der allerwichtigste Grund für mich war: Ich hatte die Hände frei. Und ich war auch in meinem Bewegungsradius nicht eingeschränkt. Du weiß ja, ich bin ein absoluter Freiheits- und Bewegungsmensch und liebe es, mich ungebunden zu fühlen und herumspazieren zu können, wie ich es will: Treppe hoch, Treppe runter, auf die Rolltreppe, durch enge Gassen oder enge Supermarktgänge, unkompliziert in die U-Bahn und »platzsparend« in den Bus, sich nicht sperrig durch enge Menschenmassen manövrieren müssen, und auch auf der Straße möchte ich nicht darauf achten müssen, ob ich durch zwei parkende Autos hindurchpasse oder der Bordstein vielleicht zu hoch ist.

○ Und außerdem ist es, wie oben schon angekündigt, so einfach, wenn man mit seinem Baby rausgehen will: Es braucht kaum Vorbereitung. Statt den Kinderwagen im Treppenhaus hoch- und runterkarren und das Baby im Winter dick einpacken zu müssen, nimmst du dein Kleines so, wie es auch in der Wohnung angezogen ist, weil es im Tragetuch von der Mama und ihrer Jacke gewärmt wird (dazu gleich noch etwas mehr). Außerdem kannst du jederzeit und ganz unkompliziert fühlen, ob dein Baby schwitzt oder zu kühl ist: Du fährst mit deiner Hand einfach ins Tuch und befühlst seinen Nacken oder auch seine Händchen und Füßchen.

SO WAR ES BEI MIR

Ich hatte meinen Großen als Baby übrigens im Tragetuch bei einer Wurzelbehandlung beim Zahnarzt, beim Klavierunterricht zu Hause (da allerdings auf den Rücken ge-

Egal, wie sehr man sich als neue Mama vornimmt, auch mal was für sich zu kaufen – man landet doch immer wieder in der Babyabteilung.

bunden) und in der Ballettklasse dabei (kleiner Tipp: Da habe ich das Tragetuch abgenommen, es als Decke auf den Boden gelegt und mein Baby draufgelegt). Überhaupt: Ich habe mir einfach angewöhnt, alles zusammen mit meinem Baby im Tragetuch zu machen. Wenn ich mit einer Freundin auf Shoppingtour war, ist es immer wieder passiert, dass sie eine ganze Weile gebraucht hat, um überhaupt zu bemerken, dass ich mein Baby vor dem Körper dabeihatte. Denn das Kleine war die meiste Zeit über sehr ruhig und zufrieden, weil es ja direkt bei mir sein durfte, mich riechen und hören konnte. Apropos Shopping: Anprobieren von Kleidung mit Baby im Tragetuch ist natürlich ein klein wenig komplizierter. Deswegen habe ich mir angewöhnt, die Sachen nur anzuhalten, zu Hause anzuprobieren und gegebenenfalls zurückzugeben.

Wickelkreuztrage binden

Meine Lieblingsvariante ist die Wickelkreuztrage, um mein Baby *vor* dem Körper zu tragen. Gut finde ich an der Variante, dass ich meinen Kleinen recht einfach zum Beispiel zum Stillen herausnehmen und anschließend wieder reinlegen konnte, ohne das Tuch neu binden zu müssen.

Und so binde ich mein Tragetuch:

1. Lege das Tragetuch zuerst faltenfrei und ausgebreitet vor dich.
2. Fasse es nun mit deinen Händen, sie sind etwa schulterbreit auseinander, und raffe es zusammen.
3. Schlinge das geraffte Tuch in Höhe deines Bauchnabels von vorne nach hinten um deine Körpermitte.

4. Überkreuze die Tuchbahnen hinter dem Rücken.
5. Führe dann erst die linke Tuchbahn wieder nach vorn, und zwar diagonal über den Rücken und die rechte Schulter. Wiederhole das mit der rechten Tuchbahn über die linke Schulter, fächere das Tuch an den Schultern etwas auf.
   Achte darauf, dass es sich dabei nicht verdreht, sondern schön glatt an deinem Körper herunterhängt.

6. Führe beide Tuchbahnen von den Schultern ausgehend gerade vor deinem Oberkörper nach unten.

7. Führe dann beide Bahnen durch die quer liegende Schlinge vor deinen Bauch und überkreuze sie darunter.

8. Führe sie dann wieder hinter den Rücken und verknote sie dort mit einem Doppelknoten. Achte darauf, dass das Tuch schön eng und fest gebunden ist.

9. Jetzt nimmst du dein Baby und führst sein Beinchen behutsam erst in die unten liegende Tuchbahn vor deiner Brust.
Dann steckst du vorsichtig das andere Beinchen in die oben liegende Tuchbahn.

10. Jetzt schiebst du dein Baby (bis auf den Kopf) ganz in die unten liegende Tuchbahn, indem du sie über seinem Körperchen auffächerst.

11. Dann machst du dasselbe mit der oben liegenden Tuchbahn auf der anderen Körperhälfte deines Babys. Wichtig ist: Die Tuchbahnen müssen jeweils von Kniekehle zu Kniekehle deines Kleinen reichen, damit es richtig »sitzt«.

12. Nun drehst du das Köpfchen ganz vorsichtig in eine der beiden Richtungen, sodass es mit der Wange an deinem Körper liegt. Am besten beugst du dich dazu etwas nach vorn. Dann ziehst du die obere Tuchbahn behutsam darüber.

13. Und zu guter Letzt ziehst du die quer liegende Tuchbahn um deinen Bauchnabel über die Füßchen, Beinchen und über den Rücken deines Babys nach oben. Achte darauf, dass die Füßchen nach außen zeigen und die Hüfte schön gespreizt ist. Übrigens, auf dieser letzten quer liegenden Tuchbahn ist in meiner Wickeltechnik keinerlei Zug oder Druck. Es gibt Anleitungen, da liegt Spannung auf dieser Tuchbahn. Wenn dem so ist, bitte die Füßchen freilassen und diese

Tuchbahn nicht übers Baby hochziehen, da sonst die Füßchen abgedrückt werden.

14. Schlage das Tuch noch einmal um, damit es nicht zu hoch reicht.
15. Die langen Enden des Tragetuchs einfach so oft um den Körper schlingen und dann verknoten, bis sie dich nicht mehr stören.

Wenn du länger mit deinem Baby im Tragetuch unterwegs sein solltest, wende ungefähr alle Dreiviertelstunden vorsichtig das Köpfchen in die andere Richtung, damit dein Schatz nicht zu lange in ein und dieselbe Richtung schaut.

MEIN TIPP

Ziehe dir immer erst die Schuhe an, bevor du die Trage bindest beziehungsweise auf jeden Fall, bevor du dein Baby hineinnimmst. Das wird sonst nur unnötig kompliziert und anstrengend. Oder aber, habe einen langen Schuhlöffel griffbereit.

Baby auf dem Rücken

Du Liebe, wie du es wahrscheinlich aus meinen Videos und Vlogs kennst, habe ich meinen Kleinen schon sehr früh auf dem Rücken getragen, weil ich mich so ungehindert um meine anderen Kinder kümmern konnte und den Kleinen trotzdem immer dabeihatte. Das war für mich einfach Gold wert und hat weder den Größeren das Gefühl gegeben, dass ich keine Zeit mehr für sie habe, noch mein Baby unzufrieden gemacht, sodass es weinen musste.

Sosehr ich dir auch Vorbild sein will, möchte ich dich an dieser Stelle doch darauf hinweisen, dass ich eine sehr geübte Rückenträgerin bin. Idealerweise wendest du dich an eine Trageberatung, wenn du auch in einem so frühen Alter dein Baby auf dem Rücken tragen möchtest, oder du wartest damit ab, bis dein Baby etwa sechs Monate alt ist. Denn dann kannst du sicher sein, dass es seinen Kopf stabil und lange selbst halten kann.

Wir packen unsere Wickeltasche

Einfach und unkompliziert bleibt unser Motto – also auch nur leichtes Gepäck! Aber ein kleines Notfallset fürs Wickeln sollte man als Mama dabeihaben.

Ich habe dafür aber keine extra Wickeltasche gekauft, sondern einfach eine meiner Handtaschen genommen. Je nachdem, wie lange ich unterwegs war und wie viel ich einpacken musste, war dann auch die entsprechende Tasche entweder klein oder

WIE OFT DARF ICH MEIN BABY TRAGEN?

Keine Sorge, anfangs gibt es beim Tragen kein Zuviel. Wenn du dein Baby in der Trage oder im Tuch trägst, vorausgesetzt natürlich, es ist richtig gebunden und eingestellt, fördert das sogar seine Entwicklung. Zum Beispiel stärkt die aufrechte Position seine Rumpfmuskulatur, und die immer schaukelnde Bewegung fördert gleichzeitig den Gleichgewichtssinn und die motorische Entwicklung deines Engelchens.

Ab einem gewissen Alter aber sollten Baby sich viel bewegen und an ihrer Motorik arbeiten dürfen. Darum empfehle ich dir, dein Baby zu Hause zu tragen, wann immer es quengelt oder weint. Wenn es aber fröhlich ist, lege es ab und lass es sich uneingeschränkt bewegen. Ich habe es zum Beispiel immer sehr genossen, meine Babys auf einer Decke abzulegen, um mal meine Schultern und meinen Rücken auszuruhen. Wenn du draußen mit deinem Baby unterwegs bist, kannst du es natürlich in der Trage tragen, um von A nach B zu kommen, wie andere den Kinderwagen benutzen.

größer. Und ich habe sie oft auch passend zu meiner Kleidung ausgewählt – so viel Chic muss sein, finde ich. Außerdem würden meine heiß geliebten Handtaschen es mir nicht verzeihen, wenn ich sie im Schrank verstauben ließe, »nur« weil ich Mama geworden bin. Platz für Dinge wie Handy, Portemonnaie und Schlüssel findet sich dann auch noch darin.

Diese Reduzierung auf das Nötigste lag natürlich auch in der Natur der Sache: Ich hatte keinen Kinderwagen dabei, in dem ich viel hätte verstauen können. Der wunderbare Nebeneffekt: Ich fühlte mich freier, wenn ich so abgespeckt durch die Welt spazierte.

Und das ist meine Ausstattung für kleine Touren mit Baby:

○ 1 angebrochene Packung Feuchttücher
○ 1 Windel
○ 1 Packung Taschentücher (kann man immer gebrauchen)
○ Mullwindel (als Wickelunterlage, Spucktuch, Deckchen)
○ 1 Lätzchen, falls beim Stillen was danebengeht. So spart man sich den Ersatzbody und das Umziehen

Ausstattung für längere Touren mit Baby:

○ 1 große Packung Feuchttücher
○ mehrere Windeln
○ wieder: Taschentücher
○ wenn man ahnt, dass das Baby vielleicht groß machen muss: Wechselkleidung (Body, Strumpfhose)
○ etwas zu trinken für mich

Eins gilt es allerdings zu bedenken: Weil ich gestillt habe, brauchte ich natürlich keinen Stauraum für Fläschchen, Fläschchennahrung etc.

Die zwölf schönsten Dinge, die du mit deinem Baby machen kannst

Um von den Phasen, in denen dein Baby zufrieden ist, so viel wie möglich zu profitieren, verrate ich dir hier meine zwölf liebsten Dinge, die ich mit meinen Babys unternommen habe.

1. Spazieren gehen. Raus an die frische Luft mit Baby in der Trage! Richtig schön durch die ganze Stadt, Treppe rauf, Treppe runter oder durch die Natur. Du weißt: Ich liebe es.

2. Etwas unternehmen, was *dich* interessiert. Glaub mir, wenn dein Kind erst mal größer ist, wirst du nur noch auf Kinderspielplätze gehen, in Kindercafés sitzen oder durch Kindermuseen flanieren. Aber das kulturelle Angebot, das dich interessiert, kannst du wunderbar mit einem Baby in der Trage machen: Museumsbesuche, Stadtrundgänge, Freilichtkonzerte, Flohmarktbummel …

3. Leute besuchen. Gerade, wenn dir die Decke auf den Kopf zu fallen droht oder du dich einsam fühlst, wirkt ein Tapetenwechsel Wunder: Also raus aus den eigenen vier Wänden. Wir haben es ab und zu bitter nötig, auch mal andere Wände zu sehen.

Aber natürlich gibt es auch wunderschöne Dinge, die du mit deinem Baby drinnen machen kannst, und die wären:

4. Lachen. An einem Morgen, an dem ich Zeit hatte, nach dem Aufwachen mit meinem Baby im Bett liegen bleiben und mit ihm gemeinsam lachen.

5. Stillen. Das perfekte Stillen war für mich immer das morgendliche Stillen mit meinem bereitgestellten Frühstück, Zeitung in Reichweite und mit viel Zeit. Aber manchmal habe ich es auch genossen, in einem Park zu sitzen und zu stillen und dabei andere Menschen zu beobachten.

6. Gemeinsam duschen. Du weißt es bereits. Wenn du noch mal nachlesen willst, findest du es auf Seite 91.

7. Wenn es Geschwisterkinder gibt: Einer Mama geht das Herz auf, wenn sie dabei zusehen kann, wie die älteren Geschwister das Baby herumtragen, ihm vorlesen, es einfach betüdeln.

8. Freude teilen. Am allerschönsten ist es natürlich, unser Baby mit jemandem gemeinsam anzusehen, es zu bestaunen, sich über seine Fortschritte zu freuen – mit deinem Partner, einem anderen Familienmitglied, einer guten Freundin. Getreu dem Motto: Geteiltes Glück ist doppeltes Glück.

9. Tanzen. Binde dir dein Baby um oder nimm es in die Arme, mache Musik an und tanz ein bisschen mit ihm. Du kannst das Angenehme übrigens gut mit dem Nützlichen verbinden, dein Baby ins Tragetuch nehmen und bei Musik zum Beispiel staubsaugen.

10. Quatschen. Nun ist einem nicht immer nach tanzen zumute. Wenn du dich mal allein und isoliert fühlst, sprich mit deinem Baby. Aber nicht in »Babysprache«, sondern als würdest du mit einem Erwachsenen quatschen, quatschen, quatschen. Ich habe meinen Kleinen dazu immer in der Trage auf dem Rücken getragen und im Haus allerhand Dinge erledigt.

11. Nackig strampeln. Wenn die Temperaturen draußen etwas kälter sind, suche dir einen schönen warmen Platz in eurer Wohnung, lege eine Decke drunter und lass dein Baby eine ganze Weile nackig darauf strampeln. Schaue ihm zu, streichele es, »spiele« mit ihm.

12. Der schönste Abschluss des Tages war für mich immer: Als Mama mein kleines Baby dabei zu betrachten, wie es schläft und dabei aussieht wie ein Engelchen. Mich dazuzulegen, einfach nur sein kleines, perfektes Gesichtchen zu bewundern. Und neben meinem

Goldschatz einschlafen zu dürfen. Egal, wie stressig der Tag war, am Abend wurde ich damit belohnt.

Babys im Sommer

Die warme Jahreszeit bringt Licht und Wärme und gefühlt grenzenlose Freiheit: Unser Engelchen kann mit uns gemeinsam die Welt draußen erkunden. Aber gerade in einem heißen Sommer gibt es ein paar Dinge zu beachten, damit es deinem Baby gut geht.

Im Sommer und bei praller Sonne gilt:

- Halte dich mit deinem Baby im Schatten auf. Meide insbesondere die Mittagshitze. Wenn es über 30 Grad warm ist, solltest du dich mit deinem Baby eher drinnen aufhalten.
- Wenn es morgens schon so warm ist, dass ihr verschwitzt aufwacht, nimm dein Engelchen mit unter die lauwarme Dusche (kalt sollte sie nicht sein). So startet ihr beide erfrischt in den Tag.
- Bei einem Neugeborenen sollte man am besten noch auf Sonnencreme verzichten. Sonnenschutz ist nämlich Kosmetik und enthält verschiedene künstliche Stoffe, die ungefiltert in Babys zarte, ungeschützte Haut eindringen können. Wenn sich direkte Sonne aber nicht vermeiden lässt, geht natürlich der Schutz von Babys Haut vor!
- Wenn du dein Baby mit Sonnencreme eincremen willst, bietet sich das nach dem Duschen an, wenn dein Kleines noch nackig ist. Dann erreichst du alle

Stellen ganz unkompliziert, und es gibt keine unschönen Flecken auf der Kleidung. Bitte eine halbe Stunde vor dem Anziehen und Rausgehen eincremen, damit der Sonnenschutz seine Wirkung entfalten kann. Ich empfehle einen Lichtschutzfaktor 50 mit UV-A- und UV-B-Filtern. Lass dich dazu einmal in der Apotheke beraten.

- Bei hohen Temperaturen muss dein Baby mehr trinken und wird wahrscheinlich weniger essen. Das kennen wir von uns selbst. Wundere dich also nicht, wenn dein Goldengel plötzlich wieder alle halbe Stunde an die Brust will, und lass es zu. Denn: Die ersten Schlucke der Muttermilch sind ja besonders dünnflüssig und stillen erst mal den Durst. Vielleicht trinkt dein Baby also nur ganz wenig, will aber nach kurzer Zeit schon wieder an die Brust. Beachte dabei: Es macht gerade keinen Entwicklungsschritt zurück, sondern hat einfach »nur« Durst. Erst, wenn es auch Hunger hat, wird es so lange trinken, bis die fetthaltigere Milch fließt.
- Gib deinem Neugeborenen auf keinen Fall zusätzlich Wasser oder Tee zu trinken (weder wenn du es stillst, noch wenn es Pre-Milch trinkt)! Denn sowohl in der Muttermilch als auch in der reichhaltigen Pre-Milch stecken Elektrolyte und andere lebenswichtige Nährstoffe, und gleichzeitig halten sie die Elektrolyte auch im Körper deines Babys. Zusätzliche Flüssigkeit, die keinerlei Nährstoffe enthält, füllt nur den Magen deines Kleinen, sodass nicht

mehr genug Platz für die wichtige Muttermilch (Pre-Milch) ist. Zudem würde es weniger an der Brust trinken.

○ Erst wenn die Beikostnahrung hinzukommt, solltest du deinem Baby im Sommer zusätzlich Wasser und ungesüßte Tees anbieten.

○ Es kann auch sein, dass dein Baby nachts wieder häufiger aufwacht, weil es Durst hat, obwohl es vielleicht schon länger am Stück geschlafen hat. Dann lass es trinken.

○ Wenn dein Baby schon etwas größer ist, mag es sich vielleicht gern im Planschbecken abkühlen. Das sollte immer im Schatten stehen, nur ganz wenig Wasser enthalten, und dein Baby darf trotzdem nie, nie unbeaufsichtigt im Becken sein.

○ Das gilt übrigens für Wasser generell: Vorsicht! Verlass dich nie darauf, dass Umstehende dein Kind im Blick haben. Das musst immer du machen. Wenn ein Kind ins (vielleicht sogar tiefe) Wasser fällt, passiert das nämlich in der Regel lautlos, weil Babys und Kleinkinder meist sofort unter Schock stehen und darum nicht herumzappeln, um sich über Wasser zu halten. Sie sinken einfach wie ein Stein nach unten. Und das bekommt im schlechtesten Falle keiner mit.

Als meine Tochter etwa ein Jahr alt war und mein Sohn um die fünf, waren wir in Griechenland im Urlaub und saßen an der hoteleigenen Poolanlage. Ich muss wohl einen Moment lang weggeschaut haben, denn plötzlich schrie der Große, und ich sah, dass meine Kleine ins Wasser gefallen war. Und obwohl der Pool gut besucht war und alle Liegen besetzt waren, hatte es niemand bis auf meinen Großen mitbekommen. Ich sprang schnell genug ins Wasser und holte sie raus. Seitdem ist der Große der Lebensretter und Schutzengel seiner kleinen Schwester. Dieser Moment war mir eine große Lehre, darum ist es mir so wichtig, ihn mit euch zu teilen.

○ Lass dein Baby niemals allein im heißen Auto! Auch nicht mit Fenster auf und/oder im Schatten. Ein Baby sollte sowieso NIE allein gelassen werden. Natürlich ist die Überhitzung im Auto genauso gefährlich, wenn du dabei bist. Vermeidet also, lange Strecken mit dem Auto zu fahren, wenn es sehr warm ist. Oder ihr habt eine Klimaanlage, die für die richtige Temperatur sorgt.

○ Verhänge nie den Kinderwagen ganz mit einem Tuch oder sonstigem, denn dann drohen Hitzestau und die Gefahr der Erstickung.

MEIN TIPP

zum Abkühlen

An etwas Kaltem herumzunuckeln, erfrischt dein Baby und bringt ihm außerdem Spaß. Fülle dazu etwas abgepumpte Muttermilch, Pre-Milch oder auch Wasser in einen kleinen Plastikbehälter (es geht auch eine Eiswürfelschale), den du ins Tiefkühlfach stellst. Den fertigen Eiswürfel umwickelst du zum Beispiel mit einer Mullwindel und bindest ein Gummi darum. Das

Ganze gibst du deinem Baby in die Hand – es wird diese Erfrischung lieben! Das Gute ist: Der »nackte« Eiswürfel kann nicht wegglitschen, und geschmolzene Flüssigkeit wird vom Tuch aufgesogen. Übrigens auch eine super Sache beim Zahnen.

Tipps bei lästigen Insekten und ihren Stichen

Mücken: Natürlich ist Vorbeugen besser als Nachsorgen. Also: Wenn ihr Licht anmacht, Fenster zu! Fliegengitter vor den Fenstern sind natürlich sehr zu empfehlen. Und ich suche vorm Schlafengehen auch noch mal jede Ecke im Schlafzimmer nach den ungebetenen Gästen ab. Ganz wichtig: Babys nie mit Mückenspray einsprühen, egal, wie viele Mücken unterwegs sind. Aber auch sich selbst nicht, damit die Mücke im Raum im Zweifelsfall nicht das gut riechende Baby der »gewappneten« Mama vorzieht. Sie soll sich doch besser auf dich stürzen.

Und wenn dein Kleines doch gestochen wird: Kühle den Stich mit einem nassen Waschlappen oder halte eine Weile eine Zwiebel darauf. Achte darauf, dass dein Baby sich nicht wund kratzt, weil das zu Entzündungen führen kann – Fingernägel kurz halten und ablenken sind die besten Mittel dagegen.

Wespen/Bienen: Auch hier gilt natürlich: Besser gar nicht erst gestochen werden. Halte Essen unterwegs so gut es geht unter Verschluss, lass keine Essensreste liegen, denn die ziehen die Insekten an. Platziert euch, wenn ihr euch draußen hinsetzen wollt, nicht gerade neben einem Mülleimer.

Außerdem solltest du Bienen und Wespen weder anpusten noch nach ihnen schlagen. Ruhig bleiben ist die Devise.

Wenn dann aber das Unglück passiert, ist wichtig, genau zu beobachten, wie dein Baby reagiert. Wenn es »nur« weint, weil der Stich natürlich schmerzt, reicht es, ihn zu kühlen. Natürlich solltest du bei einem Bienenstich sichergehen, dass der Stachel nicht mehr in der Haut steckt. Andernfalls entfernst du ihn. Du kannst eine Zwiebel auf den Einstich legen oder einen Essigwickel machen: Essig auf eine Mullwindel geben und sanft auf den Stich drücken. Es gibt auch super Kühl- oder Essigstifte in der Apotheke zu kaufen, die du in der Tasche dabeihaben kannst.

Sollte die Einstichstelle aber übermäßig anschwellen, sich große, rote Quaddeln bilden, dein Kind womöglich nach Luft ringen, reagiert es aller Wahrscheinlichkeit nach allergisch auf den Bienen- oder Wespenstich. Dann müsst ihr sofort einen Arzt aufsuchen. Allerdings passiert eine allergische Reaktion erst ab dem zweiten (manchmal sogar erst ab dem dritten) Stich. Wenn der erste Stich also glimpflich abgelaufen ist, ist das leider noch keine Garantie, dass es auch so bleibt.

Auch ohne allergische Reaktion sind Einstichstellen im Mund oder Hals problematisch, weil diese schnell anschwellen, was zu Atemnot führen kann. Auch dann ist ärztliche Hilfe nötig.

Zecken: Wenn du mit deinem Baby im Freien warst, suche es jeden Abend nackig einmal von Kopf bis Fuß nach Zecken ab. Die verstecken sich gern in Hautfalten, also unter den Armen, hinterm Ohr … Wenn du eine Zecke entdecken solltest, geht es darum, sie so schnell es geht zu entfernen (die ersten zwölf Stunden sind wichtig, weil erst dann die Gefahr der Übertragung von Borreliose besteht). Was man nicht mehr macht: Öl oder Klebe auf die Zecke, um sie zu töten, oder sie rausdrehen. Stattdessen sollte die Zecke gerade nach oben herausgezogen werden. Dazu gibt es in der Apotheke Zeckenpinzetten und -karten. Zur Not geht es aber auch mit einer normalen Pinzette oder sogar mit den Fingern. Wichtig ist dabei: Die Zecke nicht totquetschen! Packe sie so weit unten an der Haut wie möglich (ihr Kopf steckt ja darin) und ziehe sie gerade nach oben heraus.

Anschließend solltest du bei ganz kleinen Babys zur Sicherheit einmal zur Kinderärztin gehen. Wenn dein Kind älter ist und du vielleicht schon Erfahrung mit Zecken gemacht hast, reicht es wahrscheinlich aus, dein Kleines einige Tage lang gut zu beobachten. Ein roter Ring um den Einstich, aber auch flächige, oft rundliche Rötungen an anderen Hautstellen, Fieber oder grippeähnliche Symptome können Anzeichen für Borreliose sein.

Babys Kleidung im Sommer

Keine Sorge, du kannst gar nicht viel falsch machen. Und du wirst als Mama ganz schnell ein Gefühl für die richtige Temperatur und entsprechende Kleidung deines Babys entwickeln. Zur Sicherheit gebe ich dir zum Einstieg noch ein paar Tipps. Allerdings beziehen die sich vor allem auf das Baby im Tragetuch, denn nur damit habe ich viel Erfahrung.

Weil ich mein Engelchen im Tragetuch getragen habe, habe ich ihm im Prinzip dasselbe angezogen wie zu Hause – sommers wie winters. Immer wärmte es meine Körperwärme, und je nach Temperatur war *ich* über dem Tragetuch dünner oder wärmer angezogen.

- Wenn auch du dein Baby im Sommer trägst und es sehr heiß ist, empfehle ich, ihm nur eine Windel und darüber einen ganz dünnen Kurzarmbody anzuziehen.
- Seine Ärmchen und Beinchen sind, wenn dein Baby noch ganz klein ist, vom Tragetuch vor der Sonne geschützt. Wenn dein Baby etwas größer ist, kannst du eine leichte Mullwindel

*L*IEBLINGSSACHE MIT BABY IM SOMMER:

Picknick auf einer Wiese. Mama und Baby liegen auf der Decke, die anderen Kinder spielen drum herum.

über die Trage legen, unter der die Arme und Beine verborgen sind.

○ Neugeborene brauchen draußen immer eine Kopfbedeckung. Da reicht im Hochsommer natürlich ein ganz dünnes Mützchen. Aber: Sollte es sehr heiß sein, braucht dein Neugeborenes und Säugling im Tragetuch *keine* Mütze, weil es sonst zu schnell schwitzt. Außerdem schützen die Tuchbahnen sein Köpfchen.

○ Auch dein älteres Baby sollte draußen möglichst immer eine Kopfbedeckung tragen. Achte darauf, dass die Sommermütze einen Sonnenschirm und Nackenschutz hat. Am besten noch Bändchen zum Zubinden, damit die Mütze auf dem Köpfchen bleibt. Nur Achtung: Lass dein Baby nie unbeaufsichtigt mit Bändern, Schnüren etc. spielen, es könnte sich damit würgen.

○ Du hast am besten immer ein leichtes Jäckchen und Höschen dabei. Das solltest du deinem Baby überziehen, wenn du es aus der Trage herausholst. Weil es seine Körpertemperatur noch nicht allein halten kann, braucht es diese Wärme von außen. Ein vier oder fünf Monate altes Baby kannst du auch mal in seinem Body auf eine Decke legen, wenn es nicht zieht.

○ Achte im Sommer darauf, dass dein Tragetuch aus leichtem Stoff und elastisch ist. Dieses Material ist luftdurchlässiger. So beugst du Hitzestau und übermäßigem Schwitzen deines Kleinen vor.

○ Es ist im Sommer kaum möglich, das Schlafzimmer auf 17 Grad runterzukühlen. Aber keine Panik! Beachte einfach: Je wärmer die Schlaftemperatur, desto weniger muss dein Baby nachts anhaben.

Babys im Winter

Auch wenn es draußen immer kälter und ungemütlicher wird – Mamas und Babys müssen an die frische Luft, im Idealfall täglich! Denn das stärkt unser Immunsystem. Und gerade das Sonnenlicht ist für uns

WENN DEIN BABY NICHT GETRAGEN WIRD

Wenn dein Baby nicht zusätzlich durch deine Körperwärme gewärmt und durch ein Tuch geschützt ist, ist es sicherlich sinnvoll, ihm ein dünnes Jäckchen über den Body zu ziehen oder gleich einen Langarmbody anzuziehen, der schützt auch die Ärmchen gut vor der Sonne. Die Beinchen gehören in eine dünne Hose, die Füße in dünne Söckchen. Gerade, wenn dein Baby noch ganz klein ist. Etwas ausziehen, wenn es deinem Baby zu warm ist, kannst du dann immer noch. Aber gerade im Schatten weht öfter mal eine leichte Brise. Und natürlich eine dünne Sommermütze auf den Kopf setzen.

ganz wichtig, weil es unseren Vitamin-D-Speicher auffüllt.

○ Sobald die Sonne rausschaut, hole dir (mit deinem Baby in der Trage) also deine Extraportion frische Luft, Licht und gute Stimmung ab! Und wenn es draußen einfach zu kalt ist, legst du dein Baby nackig auf eine Decke vor das Fenster und lässt es von der Sonne bescheinen. Besser als nichts – natürlich sollte es im Raum schön warm sein.

○ Denke daran, dass die Haut deines Kleinen noch sooo zart ist. Ich empfehle darum bei niedrigen Temperaturen und kaltem Wind: Fett ins Gesicht (gibt es als Cold Cream für Babys in der Apotheke). Dann glänzt das Gesichtchen auch so schön.

○ Uns Mamas kann in der kalten, dunklen Jahreszeit mit Baby schon mal die Decke auf den Kopf fallen (was übrigens auch an einem Vitamin-D-Mangel liegen kann, frag mal deine Ärztin danach). Was ich dir ans Herz lege: Verbringt die Tage mit anderen Mamas und ihren Babys. So holt ihr

euch eben durch Gesellschaft die Sonne ins Haus.

○ Achte im Winter auch ganz besonders auf eine gesunde Ernährung mit vielen Vitaminen. So bist du gut gefeit gegen Infekte und auch gegen allzu trübe Stimmung.

○ Durchs Heizen wird die Luft in der Wohnung sehr trocken, was dein Baby anfälliger für Krankheiten macht. Stelle ein Schälchen mit Wasser auf die Heizung oder, wenn ihr eine Fußbodenheizung habt, lege einen nassen Lappen auf den Boden. Ein Luftbefeuchter im Raum ist auch eine gute Sache für ein besseres Klima zum Atmen.

Babys Kleidung im Winter

Und noch einmal sage ich zur Sicherheit vorweg: Ich konzentriere mich wieder auf Kleidung von einem Baby, das in der Trage getragen wird.

○ Auch im Winter trug mein Baby draußen das, was es in der Wohnung anhatte. Das war: ein Langarmbody, ein

ℒIEBLINGSSACHE MIT BABY IM WINTER:

Schneeflocken bestaunen, Schnee betrachten und auch mal anfassen. Das Schöne ist: Das machst du im ersten Winter, und im nächsten Jahr ist alles wieder wie das erste Mal für dein Engelchen. Durch dein Kind wirst du viele Dinge auch selbst noch mal ganz neu entdecken und mit anderen Augen sehen.

Höschen, Strümpfe. Es wurde in der Trage von meinem Körper gewärmt und von dem, was ich noch darüber trug.

○ Ich selbst habe es übrigens immer so gemacht, dass ich mir bis auf ein Unterhemd alles *über* die Trage gezogen habe, so war mein Baby ganz nah an mir dran, und ich konnte es genau spüren.

○ Zum Überziehen für Mama eignet sich: ein Oversize-Pullover oder ein übergroßer Hoodie mit Reißverschluss. Darüber dann eine Winterjacke. Sie muss gar nicht zugehen, es reicht oft, wenn sie euch von der Seite wärmt.

○ Willst du deine Jacke aber schließen, oder wird es so kalt, dass es sein muss, gibt es extra Tragejacken, die einen Einsatz haben, der Platz für die Trage und das Baby darin schafft.

○ Wenn es draußen eisig ist, die Temperaturen gen Gefrierpunkt sinken, ziehe deinem Baby noch ein Jäckchen über.

○ Eine warme Mütze, die die Ohren bedeckt, ist auf jeden Fall wichtig. Mein Tipp ist eine Schlupfmütze, die über

Hier habe ich den Kleinen mit zu einer Schneewanderung genommen. Im Lift und auf der Skihütte konnte ich ihn zum Stillen aus der Jacke nehmen, ansonsten war er darunter versteckt.

WENN DEIN BABY GRÖSSER IST ODER NICHT GETRAGEN WIRD

Wenn dein Baby zu groß ist, um unter deinen Pullover zu passen, trägst du die Trage natürlich über deiner Kleidung. Dann musst du dein Baby aber auch wärmer anziehen.

Die folgende Empfehlung gilt übrigens auch für Babys, die im Kinderwagen geschoben werden (auch schon von klein auf):

Langarmbody, Strumpfhose und Hose (je nachdem, wie kalt es ist, manchmal reicht auch die Strumpfhose), darüber ein Fleece-Overall oder Wollwalk- oder Schneeanzug. Wenn du im Kinderwagen einen gefütterten Fußsack hast, braucht dein Baby nur eine Strumpfhose und eine Hose drüber, obenrum dann noch eine dicke Jacke. Es fehlen noch: Fausthandschuhe, dicke Söckchen oder weiche Fellschühchen und eine Mütze, die die Ohren bedeckt.

den Kopf gezogen wird und auch den Hals schützt.

○ Die eigenen vier Wände sind im Winter geheizt und dadurch oft wärmer als im Frühling und Herbst. Ziehe dein Baby darum zu Hause nicht zu warm an.

○ Apropos »geheizt«: Auch darum ist für dein Baby und dich der »Zwiebellook« sehr praktisch, wenn ihr rausgeht. Denn vielleicht machst du einen Abstecher in einen Supermarkt, in ein Café oder in andere beheizte Räume. Da sollt ihr nicht schwitzen müssen.

○ Wenn du im Winter mit deinem Baby im Auto unterwegs bist, nimm die Babyschale am besten mit in die Wohnung, lege dein Baby hinein, decke eine Decke drüber, und ab ins Auto. Je nachdem, wie warm es da ist, bleibt die Decke drauf oder kommt ab. Willst du dein Baby ohne Sitz vom Auto ins Haus (oder umgekehrt) tragen, wickele es in eine Decke. Achte darauf, dass auch sein Köpfchen bedeckt ist.

DIE ERSTEN KRANKHEITEN

Erkältung der Mama in der Stillzeit

Fangen wir mit dir an, liebe Mama! Denn dass *du* gesund bist, ist das A und O, wenn es darum geht, ein Baby zu versorgen. Zum Glück wird man in der Stillzeit nur selten krank, weil die Ausschüttung von Oxytocin sich auch stärkend auf unser Immunsystem auswirkt.

Wenn es dich trotzdem erwischen sollte, dann hast du mein tiefstes Mitgefühl! Ich weiß selbst, wie fies es ist, in der Stillzeit erkältet zu sein. Aber: Auch das geht vorüber, halte durch! Ich gebe dir hier ein paar Tipps, wie du diese Zeit mit Baby meistern kannst.

Du fragst dich vielleicht zuallererst, ob du weiter stillen solltest, wenn du krank bist. Ja! Das Risiko, dein Baby anzustecken, ist dann sogar geringer, weil es über die Muttermilch deine bereits gegen das Virus gebildeten Antikörper bekommt.

Trotzdem braucht dein Körper natürlich Ruhe. Ach, am liebsten möchte man einfach den ganzen Tag im Bett bleiben. Wenn du also kannst, kuschele dich so oft es geht mit deinem Baby ins Bett oder auf das Sofa. Ich konnte mich nicht in mein Schlafzimmer zurückziehen, weil ich für die anderen Kinder da sein musste. Darum habe ich mir im Wohnzimmer auf dem Sofa ein gemütliches »Bettchen« gebaut, mein Baby zu mir genommen und alles, was ich für mich und das Baby über den Tag brauchte, um uns herumgruppiert. So brauchte ich so wenig wie möglich aufzustehen und konnte möglichst viel ausruhen.

- Taschentücher
- Tee (am liebsten Ingwertee, der wirkt auch antibakteriell)
- etwas Obst und Zwieback
- Windeln, Feuchttücher
- eine Spieluhr, eine Rassel oder ein anderes »Spielzeug« zur Ablenkung des Babys

Auch wenn du vielleicht gar keinen Appetit hast, ist es wichtig, dass du regelmäßig etwas isst. Denn du brauchst viel Energie und Nährstoffe zum Stillen. Nimm etwas Kleines und Leichtes zu dir. Und trinke sehr viel. Vielleicht hast du sogar das große Glück, dass dir ein lieber Mensch eine Hühnersuppe kocht. Mein liebstes Hausmittelchen zum Gesundwerden.

Überhaupt wäre es das Beste und Allerwertvollste, du hättest in dieser Zeit Hilfe an deiner Seite. Natürlich besonders, wenn noch größere Kinder da sind. Vielleicht

kann es jemand aus deiner Familie oder deinem engen Freundeskreis einrichten, dich zu unterstützen.

Medikamente

Grundsätzlich wird in der Stillzeit davon abgeraten, Medikamente einzunehmen, da die Wirkstoffe über die Muttermilch in den Kreislauf des Babys gelangen. Und leider gibt es viele Stoffe, die im kleinen Körper Schäden anrichten können. Im Idealfall bist du aber auch nur ein wenig und ein paar Tage krank. Dann helfen dir altbewährte Hausmittel, die keinerlei negative Auswirkungen auf dein Baby haben:

○ Hühnersuppe
○ Zwiebelsaft bei Husten
○ Meersalz-Nasenspray bei Schnupfen
○ mit Kochsalzlösung gurgeln und Tee trinken bei Halsschmerzen (bitte keinen Salbei, das kann deine Milchproduktion verringern)
○ und sehr tapfer sein.

Wenn du Fieber hast, empfehle ich dir, mit dem Senken abzuwarten. Denn je höher das Fieber, umso schneller und effektiver kämpft dein Körper gegen die Viren an. Wenn es über 39 Grad steigt, kannst du wie ich Wadenwickel machen. Und im Zweifelsfalle auch Ibuprofen oder Paracetamol einnehmen. Aber bitte immer getrennt voneinander, keine Kombipräparate.

Um dem Ganzen etwas Positives abzugewinnen: So ein kompletter Tag im Bett mit Baby erinnerte mich immer ein bisschen an die Wochenbettzeit. Du hast die Möglichkeit, noch mal ganz eng mit deinem Baby zusammen zu sein und alles andere liegen zu lassen. Klar, das staut sich ein wenig auf. Aber darum kümmern wir uns (oder bestenfalls der Partner oder gute Freunde), wenn wir wieder fitter sind.

Solltest du aber richtig doll und vielleicht sogar länger krank sein, besprich mit deiner Ärztin, welche Medikamente einzunehmen sind und wie du in dieser Zeit mit dem Stillen verfahren sollst.

Babys erste Erkältung

Du kannst es nicht verhindern: Irgendwann, früher oder später, wird dein Baby das erste Mal krank. Bis zu zehn Infekte

ℒIEBLINGSTRÖSTER BEI ERKÄLTUNG:

Mir das Bett (oder ein Lager in der Wohnung) gaaanz gemütlich machen und die Hühnersuppe meiner Mutter löffeln. Ich habe so ein großes Glück, dass ich, wenn ich krank bin, von meinen älteren Kindern ganz liebevoll umsorgt werde. Gerade meine beiden Mädels werden dann zu richtigen kleinen Mamas.

(besonders oft der Atemwege) im Jahr sind bei unseren Goldschätzen bis zum vierten Lebensjahr ganz normal. Um nicht zu sagen, immens wichtig für den Aufbau und die Stärkung ihres Immunsystems.

Meist kommt die erste Erkältung aber erst ungefähr mit vier bis sechs Monaten, wenn die ersten Zähnchen durchkommen und die erste feste Nahrung eingeführt wird. Denn dann wird der Darm etwas belastet, und durch die »offenen Stellen« im Zahnfleisch dringen leichter Bakterien und Viren in den Körper ein.

Auch mein Kleiner hatte mit einem halben Jahr Fieber, Schnupfen und alles, was zu einer waschechten Erkältung dazugehört. O weh!

Grundsätzlich einmal vorweg: Trau dich, deine Kinderärztin anzurufen, wenn du unsicher bist und dir Sorgen um den Gesundheitszustand deines Kindes machst. Beim vierten Baby war ich recht entspannt, aber bei meinem ersten habe ich doch das ein oder andere Mal angerufen, auch wenn sich meine Sorgen im Nachhinein öfter mal als nichtig herausgestellt haben.

Anzeichen, wenn du auf jeden Fall zur Kinderärztin gehen solltest:

- Wenn das Fieber über 38,5 Grad steigt und über zwei Stunden nicht sinkt oder sogar noch steigt
- Bei extremem Erbrechen oder Durchfall, der sehr flüssig ist, über sechs Stunden
- Wenn dein Baby trockene Lippen und trockene Haut hat und die Fontanelle eingesunken ist, denn dann besteht die Gefahr der Dehydrierung

NESTSCHUTZ

In den ersten Lebenswochen besitzt dein Baby den sogenannten Nestschutz. Ist das nicht süß? Er wird ihm in den letzten Wochen der Schwangerschaft im Mutterleib von der Mutter übertragen und schützt es nach der Geburt vor vielen Erregern (leider nicht allen). Ab dem zweiten oder dritten Lebensmonat lässt der Nestschutz dann stetig nach.

- Wenn Blut im Erbrochenen oder im Stuhl ist
- Bei starkem Ausschlag zusätzlich zu einer Erkältung
- Wenn dein Engelchen apathisch wirkt, die Augen verdreht
- Dein Baby verweigert die Nahrung
- Bei einem Fieberkrampf

Die meisten Erkältungen verlaufen zum Glück glimpflich. Du kannst Folgendes tun, um deinem Baby die Zeit zu erleichtern:

- Lass es nachts leicht erhöht schlafen mit einem Kissen unter dem Kopfteil der Matratze. So läuft die Nase nicht zu, und es bekommt besser Luft.
- Wenn die Nase trotzdem verstopft ist, bekommst du extra Baby-Nasenspray in der Apotheke oder einen Nasensauger.

STILLEN BEI BABYS ERKÄLTUNG

Auch bei Erkältung ist Muttermilch ein Wundermittel, denn sie enthält antibakterielle und antivirale Wirkstoffe. Besonders faszinierend ist: Die Zusammensetzung der Muttermilch verändert sich, wenn dein Baby krank ist. Der in ihr enthaltene Anteil der die Immunabwehr stärkenden Zellen, die Leukozyten, steigt in der Milch dann rapide an.

- Du kannst zusätzlich eine klein geschnittene Zwiebel in eine Socke füllen und sie in die Nähe vom Baby legen. Die ätherischen Öle der Zwiebel wirken bei Erkältung Wunder.
- Ich messe bei Fieber regelmäßig die Temperatur. Erst nur mit Stirn an Stirn. Wenn die des Babys wärmer ist als deine, dann mit einem Fieberthermometer. Am genauesten misst man übrigens im Po. Ich habe trotzdem immer mit dem Ohrthermometer angefangen. Sobald das Fieber aber höher als 38 Grad stieg, habe ich zur Sicherheit noch mal rektal nachgemessen.
- Ab 38,5 Grad beginne ich, das Fieber mit Hausmitteln zu senken. Dazu tauche ich zwei Lappen in zimmertemperaturwarmes Wasser, wringe sie aus und schlage sie um die Waden meines Babys. Die Füßchen müssen aber warm gehalten werden.
- Lässt sich das Fieber so nicht senken und steigt stattdessen weiter an, gibt es die Möglichkeit, Fiebersaft oder Zäpfchen zu geben. Wichtig ist hier die genaue Dosierung. Lass dich einmal von eurer Kinderärztin beraten.
- Ich habe mir nachts den Wecker gestellt, wenn eines meiner Kinder Fieber hatte, um es zu kontrollieren. Oder im selben Zimmer geschlafen. Das sind dann die Nächte, in denen man als Mama eben weniger schläft und mehr wach ist. Denn glaube mir: Als Mama leidest du mindestens genauso sehr wie dein Kleines.
- Wenn du voll stillst, musst du nichts verändern. Außer, dass du dein Baby noch öfter anlegst, denn Muttermilch ist auch jetzt das Beste. In allen anderen Fällen kannst du deinem Baby gut Kamillentee, Fencheltee oder Erkältungstee für Babys aus der Apotheke zu trinken geben.
- Sollte dein Kleines schon Brei zu sich nehmen, ersetze den vollwertigen Mittagsbrei durch Schonkost (am besten leicht verdauliche Kohlenhydrate; ich habe immer gern gekochten Apfel mit Reis gefüttert). Denn der Brei ist einfach viel schwerer verdaulich.
- Halte die Raumtemperatur feucht (ich habe auf Seite 131–133 beschrieben, wie), dann kann dein Baby besser atmen.
- Gegen Husten gibt es Hustensäfte, die danach ausgewählt werden, ob es sich um einen trockenen Reizhusten oder einen Husten handelt, bei dem Schleim

abgehustet wird. Lass dich da in der Apotheke gut beraten.

○ Oft geht mit Babys Erkältung ein wunder Po einher. Wechsle darum häufig die Windel und trage in dieser Zeit Wundcreme auf.

○ Und dann: Trage dein Baby ganz viel. Babys, die krank sind, wollen noch weniger weggelegt und allein gelassen werden. Schenke ihm ganz viiiiel Liebe.

MEIN TIPP

Da ich mit dem Nasensauger nicht gut klargekommen bin, habe ich das immer selbst gemacht: Ich habe meinem Baby die Nase mit meinem eigenen Mund freigesaugt. Das klingt im ersten Moment vielleicht eklig, aber wenn dein Baby nicht richtig Luft bekommt, willst du nichts anderes, als dass es wieder gut atmen kann.

Magen-Darm-Virus, Bronchitis und Co.

Leider gibt es noch ein paar andere Infekte, die dein Baby sich einfangen kann. Aber gegen alle gibt es Mittel zur Linderung und Heilung.

Magen-Darm-Virus
Die Symptome:

Ein Magen-Darm-Infekt beginnt meist mit Erbrechen, dann kommt oft Durchfall dazu. Durchfall bedeutet: Mindestens dreimal am Tag Stuhlgang, der meist so flüssig ist, dass er in der Windel versackt. Erhöhte Temperatur und Bauchschmerzen sind begleitend auch häufig zu erleben.

Was tun?

Wenn du voll stillst oder Pre-Nahrung gibst, muss du nichts an der Ernährung deines Babys verändern. Ansonsten füttere es mit Schonkost (ich habe es eben bereits erwähnt).

MEIN TIPP

Zerriebener Apfel und zermatschte Banane setzen Stoffe frei, die den Stuhl wieder etwas fester machen.

Wichtig ist, dass du dein Baby genau beobachtest. Es sollte immer mehr Flüssigkeit aufnehmen, als es ausscheidet. Denn je kleiner ein Baby ist, umso schneller trocknet es aus. Und das kann manchmal sehr schnell gehen.

Anzeichen für Austrocknung sind:

○ eine eingesunkene Fontanelle
○ trockene Lippen
○ trockene Schleimhäute generell
○ trockene Haut
○ dein Baby schläft plötzlich sehr viel
○ es macht kein Pipi mehr.

Wenn du eines oder mehrere dieser Symptome bemerkst, solltet ihr euch auf den Weg ins Krankenhaus machen, denn dann ist die Gefahr einer Dehydrierung hoch. Meist werdet ihr gleich stationär aufgenommen, und dein Baby bekommt Infusionen, mithilfe derer es wieder ausreichend Flüssigkeit im Kreislauf hat.

DAS BESTE HAUSMITTEL: DIE ZWIEBEL

Die Zwiebel enthält schwefelhaltige Verbindungen und ätherische Öle, die antibakteriell, schmerzstillend, entzündungshemmend, abschwellend und schleimlösend wirken.

ZWIEBELSÄCKCHEN, SO GEHT'S

Eine Zwiebel klein schneiden, fein hacken und auf Körpertemperatur erwärmen.
Die Zwiebel in ein Stofftuch oder einen Waschlappen legen. Möglichst fest zubinden.
Die Zwiebel leicht drücken, damit etwas Saft austritt.
Dann das Zwiebelsäckchen eine ganze Weile ans schmerzende Ohr halten.
Wiederhole das ruhig zwei- bis dreimal am Tag.

Mittelohrentzündung

Symptome:

Dein Baby weint sehr viel, weil es Schmerzen hat. Wenn es älter ist, führt es vielleicht schon seine Hände zum schmerzenden Ohr. Oft geht einer Mittelohrentzündung Schnupfen voraus. Der beeinträchtigt nämlich die Belüftung des Mittelohrs, sodass hier Bakterien und Viren gut wachsen können, die dann zu einer Entzündung führen.

Was tun?

Du kannst eine halbe Zwiebel in einem Stofftaschentuch oder ein Zwiebelsäckchen auf das Ohr deines Babys halten. Suche außerdem eure Kinderärztin auf, damit sie sich die Ohren deines Babys anschauen kann. Hat sich dort nämlich Eiter abgelagert, spricht das für eine Entzündung.

Dreitagefieber

Symptome:

Dein Baby hat Fieber, aber keine anderen Symptome. Der Allgemeinzustand deines Kleinen ist in der Regel gut. Es müssen übrigens nicht zwingend drei Tage sein, manchmal ist es nur ein Tag, maximal sind es fünf Tage, in denen es Fieber hat. Typisch ist aber der Ausschlag, der nach dem Fieber folgt.

Was tun?

Mit einem länger fiebernden Baby solltest du zur Sicherheit immer einmal zur Kinderärztin gehen, um die Ursache zu erfahren.

Fieberkrampf:

Symptome:

Gerade bei einem schnellen Fieberanstieg kann es passieren, dass sich bei deinem Baby plötzlich die Muskeln verkrampfen,

es die Augen verdreht, es unter Muskelzuckungen leidet, es sich einnässt. Es kann sogar bis zur Bewusstlosigkeit kommen.

Was tun?
Wenn dein Baby zum ersten Mal einen Fieberkrampf hat, rufe zur Sicherheit den Notarzt. Ansonsten kannst du einen Fieberkrampf tatsächlich nur abwarten. Normalerweise ist er nach einigen Sekunden oder Minuten wieder vorbei. Bleibe bei deinem Baby, versuche es zu beruhigen. Und bleibe vor allem selbst ruhig. Auf keinen Fall solltest du dein Baby festhalten, um seine Bewegungen zu unterbinden! Wichtig ist, die Umgebung deines Babys zu sichern, damit es sich nirgendwo stößt.

Nach dem Fieberkrampf ist dein Baby sicherlich eine gewisse Zeit in einer Art Dämmerzustand und wirkt sehr verschlafen. Bis es sich erholt hat, kann bis zu eine Stunde vergehen.

Hand-Fuß-Mund-Krankheit (oder auch nur Mundfäulnis)

Symptome:
An der Hand-Fuß-Mund-Krankheit leiden oft ganz kleine Kinder. Sie haben dann einzelne, kleine Pocken oder Pickelchen um den Mund, auf den Handflächen und unter den Fußsohlen. Es kann aber durchaus auch andere Körperstellen betreffen. Manchmal tritt auch etwas Fieber auf. Die Krankheit ist übrigens sehr ansteckend, allerdings in der Regel harmlos. Die Pickelchen tun den Kindern auch selten weh.

Selten treten aber auch *im* Mund weiße Stellen auf, die sehr schmerzhaft sind. Das nennt sich dann »Mundfäulnis«. Wenn

dem so ist, kann es gut sein, dass dein Kind verweigert, zu essen und zu trinken. Wenn es ganz arg kommen sollte, müsst ihr gegebenenfalls ins Krankenhaus, damit es nicht dehydriert.

Was tun?
Wenn dein Baby unter Mundfäulnis leidet, gib ihm auf keinen Fall etwas Saures zu essen, denn das würde höllisch brennen.

Ansonsten kannst du nicht viel machen. Schmiere keine Creme auf die Stellen an Händen und Füßen, verbinde sie bitte auch nicht.

Für die Fäulnis im Mund gibt es ein Gel, das die betreffenden Stellen etwas betäubt. Wenn die Schmerzen zu groß sein sollten (vor allem bei Mundfäulnis), kannst du deinem Baby mit Schmerzmitteln wie oben genannt die Schmerzen nehmen.

Wenn du es schaffst, lass dein Baby Kamillentee trinken, denn der beruhigt und hilft bei der Heilung, weil er entzündungshemmend ist.

Pseudokrupp

Symptome:
Dem Pseudokrupp liegt eine Entzündung auf Höhe der Stimmbänder zugrunde, die zu einer Schwellung führt. Diese Schwellung führt dazu, dass dein Baby beim Einatmen so klingt, als würde es keine Luft mehr bekommen. Gepaart ist das mit einem bellenden, hohen Husten. Manchmal kommt Heiserkeit hinzu.

Der Pseudokrupp tritt immer spätabends oder nachts auf. Das hat damit zu tun, dass dann unser Cortisolspiegel am niedrigsten ist, sodass sich die Viren dann am besten zeigen können. Trockene Heizungsluft beflügelt die Symptome noch.

Was tun?
Wenn dein Baby einen Pseudokrupp-Anfall hat, ist hohe Luftfeuchtigkeit im Raum sehr wichtig. Also: Raus an die frische Luft (oder vor den geöffneten Kühlschrank, wenn ihr nicht so einfach nach draußen kommt). Es hilft auch, die Dusche ganz heiß zu stellen, laufen zu lassen und mit dem Baby ins dunstige Badezimmer zu gehen.

Und immer: Ruhe bewahren. Ich weiß, so ein Pseudokrupp-Anfall klingt furchtbar, und man bekommt es wirklich mit der Angst zu tun. Aber kalte Luft und Ruhe wirken meistens Wunder. In der Regel ist der Anfall nach einer gewissen Zeitspanne wieder vorüber. Wenn du aber unsicher bist oder der bellende Husten und das schwere Einatmen sich nicht bessern wollen, fahre am besten ins Krankenhaus. Dort wird deinem Baby dann aller Wahrscheinlichkeit nach ein Kortisonzäpfchen verabreicht, das recht gut und schnell hilft.

Bronchitis
Symptome:
Anfangs trockener Husten. Erst später kann auch etwas Auswurf hinzukommen.

Wenn dein Baby ausatmet, hörst du dieselben Geräusche wie oben beschrieben: als würde es keine Luft mehr bekommen.

Manchmal rasselnde Atemgeräusche.

Im Anfangsstadium kann es auch zu Fieber kommen.

Auch die Symptome der Bronchitis treten meist spätabends auf wie beim Pseudokrupp.

Oft ist der Husten, wegen dem die meisten Eltern zur Kinderärztin gehen, allerdings gar nicht das Problem, sondern, dass das Baby tatsächlich schlecht Luft bekommt. Wenn sich sein Brustkorb und Bauch richtig doll hebt und senkt (man nennt das auch »Schaukelatmung«) oder sich die Nasenflügel stark bewegen (»Nasenflügeln«), bekommt das Baby schlecht Luft.

Was tun?
Das A und O ist dann, die Bronchien wieder weit zu machen. Der Weg zur Kinderärztin ist also der richtige. Sie wird dein Baby vermutlich mit einem Spray behandeln, das die Muskeln entspannt und dadurch die Bronchien weitet. Je nachdem, wie stark die Bronchitis ist, bespricht sie mit euch die weiteren Behandlungsmöglichkeiten mit Inhalator oder Vernebler. Beide Behandlungsarten dauern meist nur ein paar Tage an und können zu Hause gemacht werden.

RS Virus
Das RS Virus (kurz für »Respiratory Syncytial Virus«) ist eine für Erwachsene in der Regel harmlose Atemwegserkrankung, die aber für Babys (insbesondere für Frühchen) durchaus gefährlich werden kann. Wenn der Infekt nämlich auf die Atemwege übergreift, kann es zu einer schweren Bronchitis oder einer Lungenentzündung kommen.

Symptome:
○ quälender Husten, eventuell mit Schleimauswurf
○ erschwerte Atmung mit Atemnebengeräuschen wie Pfeifen
○ häufiges Niesen

○ auffällige Blässe und leicht bläuliche Färbung der Lippen

○ und/oder teilweise hohes Fieber

Was tun?

Wendet euch bei den genannten Symptomen umgehend an eure Kinderärztin oder direkt ans Krankenhaus.

Notfälle beim Baby

112
Notrufnummer

Wenn wir schon dabei sind, machen wir die Liste komplett. Aber wirklich nur der Vollständigkeit halber. Natürlich wird deinem Baby keines der nachfolgenden Dinge passieren! Aber Bescheid zu wissen, was im Ernstfall zu tun ist, beruhigt und gibt einem als Mama Sicherheit.

Mein Tipp vorweg: Mache einen Erste-Hilfe-Kurs, um dein Wissen aufzufrischen. Es gibt auch extra Erste-Hilfe-Kurse für Babys, die das Deutsche Rote Kreuz in vielen Orten Deutschlands anbietet.

Erstickungsanfall durch Fremdkörper in der Speiseröhre

Symptome:

○ Husten

○ Ringen nach Luft

○ Pfeifende Atmung bis hin zum Atemstillstand

○ bläuliche Lippen, blasse Haut

○ auch möglich: Schockzustand

Was tun?

Bitte auf keinen Fall dein Baby schütteln!

Greife dir dein Baby, lege es im 45-Grad-Winkel mit dem Bauch auf deine Beine, sodass sein Kopf in Richtung deiner Knie zeigt, und schlage beherzt mit der flachen Hand zwischen die Schulterblätter. Im Anschluss weint das Baby meist bitterlich durch den enormen Schreck.

Fahre anschließend zur Sicherheit mit deinem Goldschatz ins Krankenhaus.

Es kann auch vorkommen, dass dein Baby einen kleinen Gegenstand verschluckt, auf den es nicht sofort reagiert, der ihm aber trotzdem gefährlich werden kann. Wenn du mitbekommen hast oder auch nur vermutest, dass dein Baby etwas Schädliches oder Giftiges verschluckt hat (wie kleine Knopfbatterien o. Ä.), fahre lieber einmal zu oft ins Krankenhaus als einmal zu wenig.

Lungenentzündung durch Aspiration

Wenn dein Baby zum Beispiel Wasser geschluckt hat, das in die Lunge gelangt, nennt man das »Aspiration«: die unabsichtliche Einatmung von Fremdkörpern oder Flüssigkeiten bei der Atmung.

Symptome:

○ Atemschwierigkeiten und Husten

○ Teilnahmslosigkeit und Müdigkeit

○ bläuliche Lippen

Was tun?

Wenn dein Baby Wasser in die Lunge bekommt (oder andere Flüssigkeiten oder Fremdkörper), hustet es vielleicht erst mal nur ein bisschen und erscheint dann wieder ganz normal. Es kann aber tatsächlich noch 24 Stunden später zu den oben genannten Symptomen kommen. Darum: Habe 24 Stunden ein wachsames Auge auf dein Baby! Und bei den oben genannten Symptomen sofort den Notruf wählen oder ins Krankenhaus fahren, denn sonst kann es zu einer Lungenentzündung kommen, die lebensgefährlich ist.

Gift verschluckt

Ich habe doch kein Gift in der Wohnung, denkst du jetzt vielleicht. Aber giftig sind auch Chemikalien und schädliche Stoffe in Reinigungsmitteln, im Waschmittel, in Geschirrspültabs, Ungezieferfallen, ätherischen Ölen, Batterien etc.

Was tun?

Wenn dein Baby etwas Giftiges gegessen oder getrunken hat, bringe es auf keinen Fall zum Erbrechen. Denn dann besteht die Gefahr, dass es die giftigen Stoffe aspiriert und sie so in die Lunge gelangen.

Wähle immer die **Giftnotrufnummer.** Die gibt es für jedes Bundesland. Suche sie dir am besten JETZT raus und pinne sie an den Kühlschrank.

Bis die Rettung kommt, verabreiche deinem Baby ganz langsam zimmerwarmes Wasser oder Tee. Aber wirklich behutsam, damit es nicht erbricht. Auf diese Weise kannst du die Chemikalien zumindest ein bisschen verdünnen.

Bitte keine Milch geben, denn bei bestimmten Chemikalien sorgt Milch dafür, dass sie noch schneller ins Blut gelangen.

Schürfwunde

Was tun?

Wenn dein Baby fällt und sich verletzt, solltest du kleine, oberflächlich aufgeschürfte Stellen, die kaum bluten, vorsichtig auswaschen und eventuelle Steinchen entfernen. Die Wunde kann dann am besten an der Luft trocknen und heilen. Bevor aber die Hose daran reibt oder die Wunde mit Schmutz in Berührung kommt, klebe ein Pflaster drauf, um sie sauber zu halten.

Starke Blutung

Was tun?

Wenn die Verletzung aber tief ist oder eine Arterie getroffen sein sollte und sie extrem stark blutet, gilt es, diese Blutung sofort zu stoppen.

Wickele ein Handtuch oder ein T-Shirt ganz fest um die Wunde oder drücke es darauf, sodass das Blut nicht weiter fließen kann.

Wenn ihr zu zweit seid: Ab mit euch ins Krankenhaus! Wenn du allein bist mit deinem Baby: Notruf wählen! Und die ganze Zeit über nicht loslassen.

Innere Blutungen

Innere Blutungen sind leider sehr vertrackt, weil man sie nicht sieht und darum nicht sofort bemerkt. Sie entstehen durch dolle Stürze oder Stöße (auch durch Schläge oder Tritte).

Symptome:

○ Blässe
○ Teilnahmslosigkeit
○ plötzliches, starkes Unwohlbefinden und Schwäche
○ Bewusstseinsstörungen (die man bei Babys in der Regel aber schlecht bemerkt)
○ auch Atemprobleme können auftreten

Vielleicht breitet sich auch langsam ein großer blauer Fleck an der entsprechenden

Stelle aus. In einem solchen Fall handelt es sich um einen Bluterguss, also eine Blutung im Körper, ohne dass das Blut nach außen tritt. Er entsteht, wenn Mikrogefäße unter der Haut einreißen. An sich ist das unproblematisch, nur wenn er weiterwächst und sich nicht eindämmen lässt, kann es im schlimmsten Fall zu sogenannten Einblutungen in Organe oder ins Gehirn (je nachdem, welche Körperstelle betroffen ist) kommen.

Was tun?
Fahre bei den oben genannten Symptomen sofort ins Krankenhaus, um dein Baby umgehend untersuchen zu lassen.

Gehirnerschütterung
Wenn dein Baby von der Wickelkommode oder Ähnlichem herunterfällt, beobachte es anschließend ganz genau!

Symptome:
- eventuell Bewusstlosigkeit
- Erbrechen
- große Müdigkeit, dein Baby schläft plötzlich viel
- Lethargie
- ein paar Stunden später kann auch Fieber dazukommen
- Wenn die Pupillen bei Lichteinfall unterschiedlich groß werden, bedeutet es, dass etwas mit dem Gehirn passiert ist.

Was tun?
Bei all den oben genannten Symptomen macht euch bitte sofort auf den Weg ins Krankenhaus oder wählt den Notruf. Es

ACHTUNG!
Wenn es sich um eine vermutete Verletzung an Wirbelsäule oder Schädel handelt, auf keinen Fall das Baby selbst transportieren! Dann den Notruf wählen und dein Baby ruhig halten, es trösten, mit ihm sprechen und es wärmen, bis die Rettung kommt, damit der kleine Körper nicht auskühlt. Versuche, nach außen hin ruhig zu wirken, nicht panisch zu werden.

kann gut sein, dass ihr im Krankenhaus stationär aufgenommen werdet. Sicherheit geht nun einmal vor, und eine Gehirnerschütterung wird in der Regel bis zu drei Tage beobachtet.

Knochenbrüche
Bei Babys ist die Knochenhaut, die über den Knochen spannt, sehr elastisch. Darum biegen sich Knochen bei Babys »nur« und brechen nicht. Trotzdem ist das eine Fraktur, die aber schwer zu erkennen ist.

Wenn du vermutest, dass dein Baby einen Knochenbruch hat, lass das bitte im Krankenhaus abklären und röntgen.

Ellbogenluxation
Das betrifft nicht so sehr ganz kleine Babys, sondern eher Kleinkinder, aber weil es so häufig passiert, führe ich es trotzdem auf. Du kennst das bestimmt: Das Engelchen wird »fliegen« gelassen oder ein Kind stol-

pert, und man zieht es ruckartig an der Hand nach oben. Diese Reaktion ist übrigens ganz normal. Dabei kann es aber passieren, dass das Ellbogengelenk auskugelt, weil es bei Kindern noch nicht besonders stabil ist. Das ist keine schlimme Sache, aber das Kind geht sofort in eine Schonhaltung, in der es den Arm vor sich hält und die Hand fallen lässt. Und es schreit. Denn das tut richtig doll weh.

Was tun?
Sofort ins Krankenhaus fahren. Dort wird das Gelenk rasch wieder eingekugelt, und dein Kind ist sofort wieder schmerzfrei.

Verbrühungen

Bei Babys und Kindern handelt es sich weniger um Verbrennungen, viel häufiger um Verbrühungen durch kochendes oder sehr heißes Wasser.

Was tun?
Wenn Kleidung auf der Verbrühung ist: Kleidung ausziehen. Denn Verbrühungen brennen nach.

Wähle so schnell du kannst den Notruf.

Halte die verbrühte Stelle unter kaltes Wasser, aber nicht kälter als 15 Grad! Denn sonst kühlt der Körper zu schnell aus. Das können ruhig fünf Minuten sein.

Es kann sein, dass die Haut Blasen wirft. Bitte nicht anfassen! Und bitte auch keine Salbe und Creme draufschmieren! Die komplette Nachsorge übernimmt der Arzt. Auch dein Baby darf seine verbrühte Haut nicht berühren, halte es also davon fern.

Verlust …

Wenn ein Baby einen Körperteil (das kann auch ein Zahn sein) verlieren sollte – wie furchtbar! –, suche ihn unbedingt und bringe ihn mit ins Krankenhaus. Einen Zahn kann man mitunter wieder reindrücken, dann wächst er vielleicht wieder an.

Bei einem verlorenen Finger ist das um einiges komplizierter, aber dennoch gilt: Den verlorenen Finger *unbedingt* suchen und mitbringen! Der Finger kommt in eine Plastiktüte, die verschlossen wird. Diese wird in eine zweite Plastiktüte mit Eiswürfeln oder kaltem Wasser getan. Diese zweite Tüte ebenfalls verschließen. Dann bestehen die besten Chancen, den Finger zu transplantieren. Kinder heilen in allem zum Glück sehr schnell, dennoch dauert es sehr lange, bis so ein Finger wieder »funktioniert«.

Babys Impfungen im ersten Jahr

Im ersten Lebensjahr empfiehlt die STIKO (Ständige Impfkommission vom Robert Koch-Institut), dein Baby gegen acht Krankheiten zu impfen, und zwar das erste Mal zwischen der sechsten und achten Lebenswoche. Im Detail erfährst du alles rund ums Impfen von deiner Kinderärztin.

○ Rotaviren
○ Tetanus
○ Diphtherie
○ Keuchhusten (Pertussis)
○ Influenza
○ Kinderlähmung (Poliomyelitis)
○ Hepatitis B
○ Pneumokokken

Die meisten dieser Impfungen müssen dreimal gemacht werden, alle vier bis sechs Wochen. So kommt es, dass ein Baby im ersten Lebensjahr sehr oft gepikt und geimpft wird.

Ich kann verstehen, dass man das als Mama nur sehr schwer aushalten kann, und es ist auch für dein Baby alles andere als ein Vergnügen und tut mitunter richtig weh. Ich habe alle meine Kinder nach der Empfehlung der STIKO impfen lassen.

Worauf du am Tag der Impfung achten solltest:

Nimm dir und deinem Baby nach dem Besuch bei der Kinderärztin am besten nichts mehr vor, macht ganz ruhig. Dein Baby sollte sich erst mal erholen. Manchmal kann es zu Unwohlsein kommen und auch erhöhter Temperatur. Das ist ganz normal, der kleine Körper hat ja einiges zu verarbeiten. Wenn die Temperatur aber über 39 Grad steigt, kannst du das Fieber sanft senken. Sollten Krämpfe und/oder Erbrechen hinzukommen, melde dich bitte umgehend bei eurer Ärztin.

MEINE RÜCK-BILDUNGSÜBUNGEN

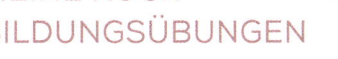
Mama-Spezial

Teil 2

Nach etwa vier bis sechs Wochen solltest du dich einmal bei deiner Frauenärztin vorstellen, damit sie prüfen kann, wie dein Körper nach der Geburt verheilt ist. Sie misst dann auch deinen Beckenboden. Das kannst du übrigens auch selbst machen: Dazu steckst du deinen Finger in die Scheide und versuchst, den Beckenboden anzuspannen. Wenn du auch nur ein kleines bisschen Druck spürst, ist das für den Anfang schon ein gutes Zeichen dafür, dass dein Beckenboden intakt und im »Training« ist.

Die folgenden Übungen bauen auf den ersten Rückbildungsübungen (siehe Seite 42 auf. Du solltest damit erst vier bis sechs Wochen nach der Geburt beginnen, denn wir trainieren jetzt schon ein klein wenig die Bauchmuskeln mit. Die ersten Übungen kannst du natürlich weiterhin machen.

Bevor wir starten, noch mal zur Erinnerung:
Beim Einatmen lässt du locker, beim Ausatmen ziehst du den Beckenboden nach oben und hältst ihn eine kleine Weile, bevor du wieder loslässt.

1. Übung: Die Katze-Kuh

Diese Übung sorgt neben dem Training des Beckenbodens auch dafür, dass deine geraden Bauchmuskeln wieder etwas weiter zusammenrücken.

Gehe in den Vierfüßlerstand, das heißt: auf die Knie, die stehen hüftbreit auseinander. Die Hände stützt du unterhalb der Schultern auf dem Boden auf und drückst die Arme durch.

Beim Einatmen lässt du deinen Rücken locker nach unten durchhängen.

Beim Ausatmen machst du den Rücken rund und ziehst gleichzeitig den Beckenboden nach oben und auch die Bauchmuskeln ein ganz klein wenig rein. Aber nicht anspannen. Halte das kurz und löse dann wieder.

Das Ganze wiederholst du ca. zehnmal.

2. Übung: Der Seitstütz

Du liegst auf einer Seite, stützt dich auf dem Unterarm ab, deine Beine liegen ausgestreckt, aber dabei leicht angewinkelt. Atme einmal tief ein und entspanne.

Jetzt atmest du aus und stützt dich dabei auf deine andere Hand und deine Knie und hebst dein Becken ein kleines Stück vom Boden. Das muss gar nicht viel sein. Dabei ziehst du den Beckenboden wieder nach oben. Den Bauch auch ein wenig reinholen (nicht anspannen), nicht nach unten hängen lassen. Alle das sollte gleichzeitig passieren.

Es geht nicht darum, die Seite ganz gerade aufzurichten. Aber wichtig ist, dass wir nicht nach vorn oder hinten ausweichen, sondern unser Körper ungefähr eine Linie bildet.

Mach auch diese Übung zehnmal. Du kannst gern nach fünf Malen die Seite wechseln, um deine Arme und Beine anders zu belasten.

Wenn du merkst, dass du bei dieser Übung den Beckenboden nicht halten kannst, ist sie noch zu früh für dich. Dann warte eine Weile ab und konzentriere dich auf die Rückbildungsübungen weiter vorn im Buch.

3. Übung: Für die seitliche Bauchmuskulatur

Du sitzt auf dem Boden, die Beine liegen nach hinten, seitlich angewinkelt. Einatmen, locker sitzen.

bist und deinen Beckenboden schon gut halten kannst, machst du die ganze Fließbewegung mit hochgezogenem Beckenboden.

Beim Ausatmen ziehst du den Beckenboden hoch und kommst, ohne die Hände zu Hilfe zu nehmen, nach oben auf die Knie.

Ohne anzuhalten, setzt du dich im selben Schwung auf der anderen Seite wieder ab, atmest dabei aus und lässt den Beckenboden locker. Mache diese Übung auch ungefähr zehnmal.

Wenn du etwas versierter in der Übung

Übung macht die Meisterin! Wenn du die Übung an vier Tagen drei- bis fünfmal gemacht hast, kannst du das auch – wetten?

Ich wünsche dir ganz viel Fleiß und Ausdauer, es lohnt sich!

TIPPS & TRICKS ZUM EINSCHLAFEN
UND DURCHSCHLAFEN DEINES BABYS

Babys zum Einschlafen und Durchschlafen zu bringen, ist nicht immer einfach. Aber im Laufe der Zeit (und mit vier Kindern) habe ich einige Tipps, Tricks und Routinen entwickelt, die meinen Babys beim Ein- und Durchschlafen geholfen haben. Die will ich jetzt gern an dich weitergeben.

Gut zu wissen: Ein Baby, das während des Tages zu einigermaßen festen Zeiten schläft, kann automatisch abends besser ein- und nachts besser durchschlafen. Das wird sich mit der Zeit entwickeln, und du kannst ein klein wenig darauf einwirken.

Ich bin dabei übrigens immer von dem Rhythmus ausgegangen, den mein Baby und ich gemeinsam im Wochenbett entwickelt haben.

○ Lass dein Baby immer ausschlafen
Babys lernen tagsüber das Schlafen für die Nacht. Und da möchtest du ja schließlich, dass es möglichst lange am Stück schläft.

○ Aus dem vorabendlichen Schlaf wecken
Nach dem Ende des Wochenbetts kannst du langsam anfangen, dein Baby sanft aus dem vorabendlichen Schlaf zu wecken. Und zwar nach und nach immer etwas früher, damit es zum Nachtschlaf dann umso müder ist und entspannt einschlafen kann. Es passiert allzu schnell, dass man sich über die »freie« Zeit freut, wenn das Baby den letzten Nachmittagsschlaf macht, es selig schlummern lässt, und schwupps ist es 19 Uhr! Dann wird dein Baby natürlich nicht so schnell wieder einschlafen.

○ Das Aufwachen hinauszögern
Wenn dein Engelchen morgens zu früh erwacht (und das kennt wahrscheinlich jede Mama), empfehle ich, es im Bett weiter zu stillen bzw. das Fläschchen zu geben und so das Aufwachen hinauszuzögern. So kann dein Baby Schritt für Schritt lernen: Nein, der Morgen beginnt noch nicht um vier Uhr. Bis es das verinnerlicht hat, dauert es mitunter ein bisschen. Du kannst dein Baby sanft dahin führen.

○ Tagsüber auspowern
Wenn mein Baby nicht im Tragetuch war, wo es ja sehr eng gebunden ist, habe ich es frei liegen lassen, also tagsüber nicht gepuckt. Wenn dein

---

STARKE MOTORIK OHNE WIPPE

Ich persönlich habe meine Babys übrigens nie in eine Wippe gesteckt. Denn je weniger ein Baby in einer Wippe sitzt, desto mehr Möglichkeiten hat es, seine Muskeln zu trainieren, und desto schneller kann es sich motorisch entwickeln.

Baby wach ist, lege es auf eine Decke, lass es strampeln, gern auch mal auf dem Bauch. Schnalle es nicht in eine Wippe, sondern lass es sich selbst bewegen.

○ Abendliche Ruhe schaffen

Bewährt hat sich, anderthalb Stunden vor dem Zu-Bett-Geh-Ritual zur Ruhe zu kommen. Das ist übrigens auch für ältere Kinder sehr gut. Ich habe dann immer versucht, alles etwas ruhiger anzugehen, keine laute Musik mehr zu hören, keine zu hellen Lampen anzuschalten.

○ Eine Abendroutine entwickeln

Die kann bei jeder von euch anders aussehen. Einige baden ihre Babys, andere nicht, einige stillen zum Einschlafen, andere nicht, manchen erzählen ihren Babys eine Geschichte, andere singen oder hören mit ihrem Baby gemeinsam leise Musik. Egal, wie eure ganz persönliche Routine aussieht – wichtig ist, dass es möglichst jeden Abend dieselbe ist.

○ Sich Zeit nehmen

Das Einschlafen deines Babys kann gerade am Anfang etwas dauern. Nimm dir diese Zeit und setz dich nicht unter Druck. Bei uns waren das damals zwischen einer Dreiviertel- und anderthalb Stunden. Oft ist es nämlich so: Gestaltet man das Einschlafen unter Druck, wacht dein Baby nach zwanzig Minuten wieder auf.

○ Baby wickeln und Schlafkleidung anziehen

Am besten trägt dein Baby einen Schlafanzug, schön ist ein Ganzkörperanzug mit Füßchen dran, da kann nichts verrutschen und es drückt auch kein Hosenbund auf das Bäuchlein. Das freie Gefühl in so einem Ganzkörperanzug hilft einem Baby beim Einschlafen.

○ Gute Nacht wünschen

Ich habe mich mit meinem Baby ins Bett gelegt, bis auf ein sanftes Nachtlicht alle Lichter gelöscht und ihm erklärt, dass wir jetzt schlafen gehen. Das mag sich vielleicht merkwürdig anhören, aber ich bin davon überzeugt, dass die Kleinen schon sehr intelligent sind und dass unsere Babys uns verstehen. Beziehungsweise spüren sie auf jeden Fall unsere Stimmung.

○ Stillen

Ein Baby muss satt einschlafen, damit es entspannt ein paar Stunden durchschlafen kann. Du kannst dein Baby stillen und wach ins Bett legen, oder aber, du stillst dein Baby in den Schlaf und gehst auch erst aus dem Raum, wenn es tief und fest schläft. Mir hat Letzteres immer recht lange Ruhephasen beschert.

○ **Baby in Ruhe lassen, wenn es wach wird**

Dafür musst du wissen, dass Babys manchmal nachts wach werden, um die Umgebung zu kontrollieren, oder sie erkunden ihre Händchen, brabbeln vor sich hin oder gucken einfach nur ins Leere. Das ist ganz normal. Dabei solltest du dein Baby von Anfang an nicht stören, sondern in Ruhe lassen. Auch wenn dein Baby süß ist, fange nicht an, nachts mit ihm zu spielen.

Besonders den Papas fällt das manchmal schwer. Auch meinen Mann musste ich manchmal, wenn er erst spätabends von der Arbeit nach Hause kam, davon abhalten, unseren Kleinen zu bespielen, wenn er gerade seine Wachphase hatte. Denn in diesen Phasen lernt dein Baby das Von-allein-wieder-Einschlafen. Und das ist es, was wir uns für unser Baby ja dringend wünschen: dass unser Kleines, wenn es nachts wach wird, allein wieder in den Schlaf findet. Deswegen ist es wichtig, es in diesen Phasen nicht hochzunehmen, denn so störst du diesen Prozess des Einschlafen-Lernens. Und das verzögert sich dann um viele Monate nach hinten. Natürlich wachen Babys nachts aber auch mal auf, weil sie hungrig sind oder sich allein fühlen. Dann stille dein Baby bitte und kümmere dich um es, liebkose es, habe es ganz nah bei dir. Ich empfehle dir, schon früh zu erkennen, ob dein Baby weint und dich braucht oder ob es einfach nur friedlich wach ist – und dann lass es ganz in Ruhe.

○ Licht auslassen

Mache so wenig Aufhebens wie möglich, wenn dein Kleines wach wird.

Auch beim Stillen und Füttern solltest du das Licht gelöscht lassen (bzw. nur ein ganz sanftes Nachtlicht an haben), damit dein Baby gar nicht erst richtig wach wird.

○ Nur wickeln, wenn nötig

Nur wenn die Windel richtig voll ist, musst du sie nachts wechseln. Und dann mache auch das nur bei ganz wenig Licht. Je weniger Action in der Nacht, umso besser kann dein Baby wieder in den Schlaf finden und ruhig weiterschlafen.

Was ich dir zum Abschluss noch sagen möchte: Eine Routine sollte niemals ein starres Gerüst sein, an dem man nicht rütteln darf. Du wirst sehen: Ab und an muss man seine eingespielten Abläufe (nicht nur fürs Schlafen) anpassen oder gar ganz über Bord werfen. Wenn das Baby zum Beispiel krank ist, ein Zähnchen bekommt, einen Entwicklungsschub macht, seine Schlafgewohnheiten am Tag ändert und, und, und. Lass dich davon nicht verunsichern oder gar frustrieren. Das ist ganz normal. Wachse mit deinem Baby, gehe weiter auf es ein und passe mit Freude und Neugier eure Routinen an die neuen Umstände an.

Wenn schon
ältere Geschwister da sind

Vielleicht hast auch du schon ältere Kinder, wenn dein Baby auf die Welt kommt. Dann macht man sich natürlich auch Gedanken darüber, wie sie es aufnehmen werden, dass ein neues Geschwisterchen da ist, mit dem sie die Aufmerksamkeit teilen müssen. Ganz besonders am Anfang. Nun wissen wir, dass Teilen für Kinder ohnehin schwierig ist. Aber was, wenn es dabei nicht mehr um Spielzeug oder Essen geht, sondern um das Liebste, was man hat: Mama und Papa? Unser wichtigstes Ziel ist also, wie ich finde, dass wir von Anfang an versuchen, keine Eifersucht aufkommen zu lassen. Uns ist das in der Familie unglaublich gut gelungen – es gibt nur selten Eifersüchteleien zwischen meinen Kindern und dann auch nur wegen Kleinigkeiten. Und darauf bin ich irgendwie auch stolz.

SO WAR ES BEI MIR

Jedes meiner Kinder hat übrigens dem Baby vorgelesen, als es selbst noch gar nicht lesen konnte. Da saßen dann die jeweils vierjährigen Steppkes, das Buch mitunter verkehrt herum in den Händen, und haben an ihr neues Geschwisterchen das weitergegeben, was sie von mir als Mama kennen: das Vorlesen. Ist das nicht herzerwärmend?

Aber natürlich ist der Umgang mit den eigenen Kindern eine ganz persönliche Sache. Jede Mama geht ihren eigenen Weg, hat ihre eigenen Tricks, und das ist auch genau richtig so. Ich möchte in diesem Kapitel ein bisschen davon berichten, was mir besonders wichtig ist und worauf ich, auf das Thema »Eifersucht« bezogen, mit meinen vier Kindern achte. Vielleicht ist ja der ein oder andere inspirierende Gedanke darunter, der auch dir hilft.

Alle Kinder teilhaben lassen

Das Wichtigste für mich war immer, meine größeren Kinder von Anfang an so viel wie möglich zu integrieren in alles, was mit dem Baby zu tun hatte. Denn ich habe gemerkt, dass es meine Kinder unglaublich stolz macht, wenn sie Verantwortung für das Baby übernehmen dürfen. So haben sie schon gleich nach der Geburt kleine Aufgaben zu tun bekommen. Natürlich solche, die sie in ihrem jeweiligen Alter gut leisten konnten. Zum Beispiel hat meine damals Vierjährige auf das Baby aufgepasst, während es auf einer Decke auf dem Boden lag, bis ich von der Toilette zurück war. Oder meine Große hat auch schon mal eine Windel gewechselt. Die muss ja nicht randvoll sein.

Und wenn meine Kinder das Baby halten wollten, habe ich bei den Kleinen nur darauf geachtet, dass sie sich anfangs am besten hinsetzten, damit nichts passieren konnte. Aber selbstverständlich durften sie von Anfang an ihr kleines Geschwisterchen auf den Arm nehmen. Sobald sie etwas größer sind und das Baby etwas »stabiler« ist, sind sie dann übrigens so geübt, dass der kleine Wurm wie eine Art lebensechte Puppe von Kind zu Kind gewuchtet wird. Das bereitet deinen Kindern viel Freude, und auch das Kleine fühlt sich so im Kreis der Geschwister aufgenommen und liebevoll umsorgt. Es baut ein großes Urvertrauen auf, weil immer so viele Geschwisterhände da sind, um es voller Liebe herumzutragen. Und für dich als Mama ist es auch schön, weil du ein bisschen Zeit für dich hast.

Vorbildfunktion fördern, keine Konkurrenz

Kinder werden durch ihr Umfeld geprägt. Darum ist es ganz wichtig, dass dieses Umfeld ihnen spiegelt, dass sie coole große Brüder und tolle große Schwestern sind, die dem Baby eines Tages etwas beibringen können. Ich suche mir die Stärken jedes meiner Kinder heraus und motiviere es, darin ein Vorbild zu sein für das kleine Geschwisterchen. Zum Beispiel kann meine Tochter besonders gut malen und mein Großer besonders gut Ski fahren. Sätze wie »Hoffentlich kannst du das deinem kleinen Bruder irgendwann beibringen« machen sie dann unglaublich froh und auch stolz. Und sie freuen sich darauf, ihr Geschwisterchen in seinem Wachsen und Großwerden begleiten zu können. So steht im Vordergrund automatisch die Vorbildfunktion und nicht die Konkurrenz zueinander.

Gemeinsame Momente verbinden

Wir gucken uns auch manchmal gemeinsam als Familie die Babybilder der anderen Kinder an. So erleben wir die Zeit, die jetzt gerade beim Baby dran ist, bei ihnen noch mal und erinnern uns daran oder erzählen den anderen Geschwistern davon, wie es »damals« war. Das ist immer ein sehr schöner, verbindender, durchaus mal lustiger und immer gefühlvoller Moment.

Hände auch für die »Großen« frei haben, aber kein Mamatainment

Und dann weißt du auch schon, dass ich durch das Tragen meines Babys in Tuch oder Trage meistens beide Hände frei hatte. So konnte ich auch meinen größeren Kindern immer das Gefühl geben, noch für sie da zu sein und (fast) alles genauso machen zu können wie vor der Geburt. Was allerdings meine ganz klare Haltung ist: Ich bespaße meine Kinder nicht. Ich bin ganz klar die Mama, und ich bin auch da, wenn sie miteinander spielen. Während sie aber spielen, erledige ich Dinge im Haushalt, die wichtig sind und die getan werden müssen. Klar nölen meine Kinder

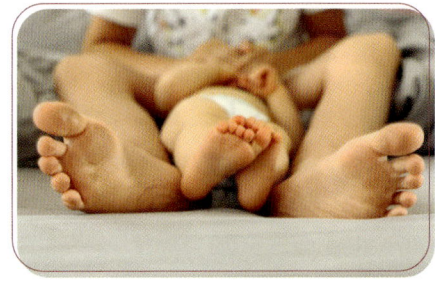

Großer Bruder, kleiner Bruder – praktisch, wenn man mal schnell duschen will.

auch mal rum oder langweilen sich. Ich weiß aber auch, dass sie ganz gut allein aus diesen Phasen wieder herausfinden. Und übrigens fördert »Langeweile« die Kreativität der Kinder.

Strukturierter Alltag

Was es auch braucht mit mehreren Kindern, ist ein möglichst strukturierter Alltag. Denn das hilft dabei, Prioritäten zu setzen, den Überblick zu behalten und sich selbst nicht zu verzetteln und in Stress zu kommen. Dabei haben mir meine Erfahrungen aus der Zeit ungemein geholfen, als ich alleinerziehend war (ich beschreibe das ab Seite 196 genauer).

Für mich ist es übrigens selbstverständlich, dass meine Kinder nach dem Essen ihre Teller selbst wegräumen, ihre Schuhe wegstellen, die Jacken selbst aufhängen, schmutzige Kleidung in die Wäsche tun, in ihren Zimmern Ordnung halten – dass sie diese kleinen Dinge im Haushalt übernehmen, die aber viel helfen, sodass kein Chaos entsteht. Und damit »erziehe« ich meine Kinder gleichzeitig zu Eigenverantwortung. Ich würde es auch gar nicht schaffen, den ganzen Tag hinter ihnen herzuräumen. Vielleicht schreibe ich zu meinem Alltag mit seinen Tipps und Tricks mit (vier) Kindern noch mal ein eigenes Buch …

Sei nicht zu streng mit dir selbst

Kurzum: Ein Alltag mit mehreren Kindern ist natürlich auf jeden Fall eine Herausforderung und auch, die Beziehung zwischen den Geschwistern auf eine gute Art und Weise zu prägen. Man sollte sich das immer bewusst machen und auch nicht zu hart mit sich als Mama sein, wenn es einem an einem Tag besser gelingt als am anderen. Von dir wird immerhin jeden Tag alles abverlangt. Man sagt: Es braucht ein ganzes Dorf, um ein Kind zu erziehen (darauf komme ich noch zu sprechen). Ganz zu schweigen von mehreren. Es ist dann besonders wichtig, dass du dich selbst in alldem nicht vergisst und deine Kraftreserven regelmäßig auffüllst.

Auch meine Schwester war übrigens ein Frühchen – darum ist sie hier auch noch so klein, obwohl sie schon zwei, drei Monate alt ist.

Von ersten Zähnchen bis zum Mittagsschlaf

DIE MONATE 4–6

Mit Urvertrauen zur Selbstständigkeit

Nun hast du die erste Zeit die Bedürfnisse deines Neugeborenen bedingungslos befriedigt, damit es in Ruhe und Geborgenheit hier ankommen und sich entwickeln kann. Irgendwann aber kommt bei jeder Mama der Punkt, an dem sie sich fragt: Ab wann muss ich anfangen, mein Baby zu »erziehen«? Ich verrate dir schon hier: Du darfst dich auch jetzt wieder entspannen und es dir leicht machen im ersten Jahr mit deinem Baby.

Warum das so ist und warum du genauso dein Baby unterstützt, zu einem sozialen, selbstbewussten, starken Kind heranzuwachsen, das erkläre ich dir hier.

Um das zu verdeutlichen, machen wir noch mal einen Ausflug zu »ursprünglicheren« Kulturen, also solchen, bei denen die Kinder gestillt werden, bis sie essen können, getragen werden, bis sie laufen können, im Elternbett schlafen, bis sie von selbst allein schlafen wollen. Denn gerade in diesen Kulturen werden die Kinder schon sehr früh zu selbstständigen Mitgliedern im Familienverbund, die selbstverständlich im Haushalt zur Hand gehen und wo die größeren Kinder sich um die kleineren kümmern.

Interessanterweise finden wir den Hebel zu dieser Entwicklung bereits im Umgang mit unseren Babys. Dazu muss man wissen: Die besten Freundinnen von Nähe und Geborgenheit sind Selbstvertrauen und Mut. Du wirst sehr bald bei deinem Baby bemerken, dass es ein starkes Selbstvertrauen entwickelt, um die Welt zu erforschen und angstfrei zu entdecken. Ein einfaches Beispiel: Dein Baby liegt auf einer Decke und beschäftigt sich zufrieden zehn oder sogar 15 Minuten mit sich selbst – es spielt angeregt mit seinen Fingerchen, betrachtet vielleicht etwas an der Decke, und zwar ganz genau … Und schaut sich dabei gar nicht nach dir um. Denn dein Baby hat in seinen ersten Lebenswochen gelernt und weiß nun: Du bist immer da. Es kennt kein Gefühl des Alleingelassen-Werdens. Es wird nicht abgelenkt von der Suche nach dir. Es besitzt ein starkes Urvertrauen. Mit acht bis neun Monaten ist dein Baby dann vielleicht so selbstbewusst, dass es sich mal bis zu einer halben Stunde lang allein beschäftigt. Denn sein Urvertrauen ermöglicht es deinem Baby, seinem Forscherdrang und Wissendurst ungehindert nachzukommen.

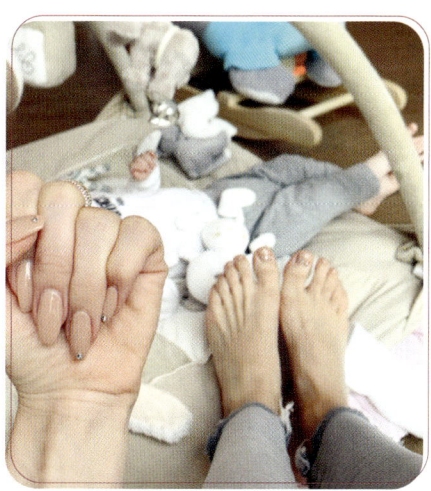

Aus unerwartet viel Zeit werden schnell die Strasssteine der Mädchen auf meinen Gelnägeln.

Babys aber, die früh allein gelassen und viel abgelegt werden und dabei vielleicht noch allein vor sich hin weinen müssen, sind meist viel unsicherer, weil sie immer darauf achten, ob die Mama in der Nähe ist oder nicht. Das löst beim Baby Stress aus, und es ist automatisch auch ängstlicher. Was wiederum dazu führt, dass das Baby selbst dann, wenn die Mama in der Nähe ist, immer damit beschäftigt ist, sicherzustellen, dass dies auch so bleibt. Dadurch kann das Kleine sich aber sehr schwer auf andere Dinge konzentrieren, und wenn, dann seltener und weniger intensiv, weil ihm immer die Angst im Nacken sitzt, gleich wieder allein gelassen zu werden. Es wird sich schwerer von der Mama lösen und leichter weinen, wenn sie weg ist. Kurzum: Es bleibt länger unselbstständig und hinter seinen Entfaltungsmöglichkeiten zurück. Und so kommt es häufig vor, dass diese Babys in der Entwicklung hinterherhinken,

zum Beispiel den Pinzettengriff später erlernen, das Krabbeln, das Sitzen, auch das Laufen. Denn all das benötigt die *volle* Konzentration des Babys auf sich selbst und seinen Körper. Und nur ein angstfreies Baby kann das wirklich leisten.

Es muss dazugesagt werden: Natürlich ist jedes Kind anders. Woran genau das liegt, ist nach wie vor ein Rätsel beziehungsweise kann mit so vielem zusammenhängen: einer schwierigen Geburt, dem mitgebrachten Temperament des Kleinen, den Genen … Und nicht jedes Baby, das weint, wurde automatisch viel liegen und allein gelassen.

Wenn du dich aber dazu entschieden hast, bedingungslos für dein kleines Baby da zu sein, brauchst du dich innerhalb des ganzen ersten Lebensjahres nicht darum zu kümmern, dein Kleines »umzuerziehen«, es weniger auf den Schoß zu nehmen, zu tragen oder zu stillen. Wir haben ja schon so viel geschafft! Schließlich haben wir auch ohne Eingreifen unseren eigenen Rhythmus und erste eigene Routinen im Alltag gefunden. Und je größer dein Baby wird, umso mehr Zeit wird für dich bleiben.

Babys Forscherdrang unterstützen, nicht hemmen

Was können wir also tun, um unsere kleinen, selbstbewussten Forscher zu unterstützen? Ich sage es dir: sie machen lassen. Das klingt so leicht, aber das ist es nicht. Es passiert dann doch manchmal ganz schnell, dass man etwas zu laut und erschrocken »Nein« sagt, obwohl es reichen würde, etwas aus dem Weg zu räumen. Und vielleicht können wir es auch mal zulassen, wenn unser Kleines zum Beispiel mit unserer Haarbürste spielt oder das Sandspielzeug in den Mund nimmt, das uns irgendwie zu »schmutzig« vorkommt. Übrigens: Die meisten Keime, mit denen dein Baby in Berührung kommt, stärken seine Abwehrkräfte. Keine Frage: Natürlich darf ein Baby nicht alles in den Mund nehmen. Verschluckbare Kleinteile (dazu zählen auch Nüsse, Weintrauben oder Knopfbatterien) sollten für dein Baby unerreichbar sein, ebenso scharfe, spitze oder sonst wie gefährliche Gegenstände und natürlich Medikamente und Putzmittel.

Schön ist aber, wenn wir unserem Goldschatz dann, nach Ausräumen der Gefahren, ganz viel Gelegenheit bieten, so unge-

hindert wie möglich seinen Entdeckungsdrang zu befriedigen, anstatt ihn auszubremsen. Zum Ausbremsen gehört zum Beispiel auch, dein Baby in einer Wippe festzuschnallen, denn das hindert ja seinen Bewegungsdrang. Wenn dein Baby sich bewegen will, möchte es dich nicht »stören«, es will und muss einfach die Welt entdecken und erforschen, damit es sich später auch in dieser zurechtfinden kann. Ein Baby, das auf dem Rücken liegt und Kraulbewegungen in der Luft macht oder auf dem Bauch herumrobbt, macht also alles richtig. Es möchte krabbeln lernen!

Ich persönlich hatte übrigens nie eine Wippe und habe sie auch für keins meiner Kinder vermisst. Und wenn dein Baby im-

Nicht alles, was schmutzig erscheint, ist ungesund – so können zum Beispiel die Keime aus Kuhställen Asthma und Allergien vorbeugen.

mer wieder den Weg zurück zur Treppe nimmt und sie hinaufklettern will, macht es das nicht, um dich zu ärgern – es will schlicht ein vollwertiges Mitglied der Gesellschaft werden. Es will lernen, was ihm vorgelebt wird. Und dazu gehört nun mal das Treppensteigen. Und auch, selbstständig am Tisch zu essen. Ein Baby will nicht extra kleckern oder nerven, wenn es nach dem Löffel grapscht und dabei der Brei spritzt – es hat einfach nur den großen Drang, es irgendwann selbst zu können. Jedes Baby besitzt eine Grundgelehrigkeit und Wissbegierde, genau das zu können, was die Erwachsenen um es herum können.

Dafür, dass sich unser Baby ausprobieren darf, scheint aber oft kein Platz in unserem Alltag. Ein Baby darf nicht »mithelfen«, weil dann alles zu lange dauert. Dabei verliert gerade eines nie seinen Reiz für unser Kleines: die Kochtöpfe, mit denen wir hantieren, die Gegenstände, die wir jeden Tag benutzen. Denn sein Anreiz ist: Das will ich auch können!

Ich weiß, dein Baby ist gerade erst vier Monate alt. Trotzdem ist es mir wichtig, dir an dieser Stelle schon dieses Wissen mit auf den Weg zu geben, damit du dein Baby in den kommenden Monaten beim Heranwachsen gut unterstützen kannst. Denn dann geht der Lernprozess ganz automatisch weiter beim Anziehen, beim Krabbeln, beim Laufenlernen … Dein Baby ist einfach immer so stolz darauf, wenn es etwas lernt, sodass es sich bald auch fortbewegen will, was kurz darauf zum Laufenwollen wird. Nun ist unser Alltag aber oft so, dass wir unseren Kindern das, was sie gerne lernen möchten bzw. frisch gelernt haben,

wieder aus der Hand nehmen, weil dafür die Zeit fehlt oder es zu gefährlich erscheint. Damit nehmen wir ihnen aber die Möglichkeit, Dinge zu lernen, ihre Fähigkeiten anzuwenden und natürlich auch die Freude, die sie dabei empfinden. Denn Lernen bedeutet für Babys pure Freude.

Aber: Ein Baby, das seine Motorik nicht einsetzen und sie nicht trainieren kann, kann die Dinge auch nur verzögert lernen.

Um auf das Beispiel mit der Treppe zurückzukommen: Natürlich passt es zeitlich nicht immer rein, darum gibt es Kindersicherungen für Auf- und Abgänge. Aber ab und zu muss dein Baby seinem Drang und seinem Interesse nachgehen dürfen. Und dann bist du da und begleitest es geduldig und stolz die Treppe hinauf und wieder hinunter, fängst es auf, bevor es fällt. Und ja, natürlich habe ich auch mein Baby gefüttert, insbesondere, wenn wir unterwegs waren. Aber ich habe ihm auch die Möglichkeit gegeben, es mal allein zu probieren – und wenn der Breilöffel ins Ohr wanderte. Wie soll es sonst lernen, vernünftig zu essen?

Ist es nicht paradox? Erst wollen wir von unseren Babys, dass sie alles allein können, möglichst allein schlafen, sich allein beschäftigen, geregelt essen etc. In einem Alter, in dem ihnen der Verstand und die Fähigkeit dafür aber noch fehlen. Und wenn sie es dann endlich können, reif dafür sind, dürfen sie es nicht, weil es uns zu lange dauert oder zu gefährlich erscheint.

Wichtig zu wissen: Wenn Babys oder Kindern zu wenig erlaubt wird, sich selbst auszuprobieren, verschwindet nach und nach ihr Interesse, die Welt zu erkunden. Abgesehen davon, dass sie dann nicht so viel

DIE ORALE PHASE

Wenn dein Baby anfängt, sich alles in den Mund zu stecken, hat seine orale Phase begonnen. Das können die eigenen Fingerchen, aber auch die ganzen Fäuste und jeglicher greifbare Gegenstand sein (leider manchmal auch sehr kleine). Es entdeckt die Welt jetzt sozusagen überwiegend mit dem Mund. Geprägt hat den Begriff übrigens der Psychoanalytiker Sigmund Freud. Alles mit der Zunge und den Lippen zu erkunden, hält durchaus bis ins Kleinkindalter an. Darum findet sich oft der Hinweis »Nicht für Kinder unter drei Jahren« auf kleinen Spielzeugen und kleinteiligen Gegenständen.

können wie ihre Altersgenossen, werden sie damit zu Kindern, die nichts mehr wollen. Und das ist eigentlich schade. Denn jedes Baby kommt mit einem starken natürlichen Forscherdrang auf die Welt.

So ist es doch nur verständlich, wenn ein Fünfjähriger von seiner Mama noch erwartet, dass sie ihm die Schuhe anzieht, wenn er nie die Gelegenheit hatte, es selbst auszuprobieren und zu lernen. Weil zum Beispiel morgens nie genug Zeit dafür blieb, als er noch die große Neugier in sich trug, es ganz allein zu schaffen. Nach außen erscheint ein solches Verhalten dann oftmals als »verwöhnt«. Dabei kann das Kind gar nichts dafür, und es liegt auch nicht in seinem Wesen.

Und darum möchte ich dir schon mit deinem vier Monate alten Baby mit auf den Weg geben: Versuche, dich zusammen mit deinem Baby auf dieses Abenteuer – denn das ist es für dein Baby – einzulassen! Gib ihm die Chance, die Welt zu entdecken und zu lernen! Das sind anfangs die eigenen Fingerchen, die Füßchen, es kann eine Tupperdose, ein kleines Spielzeug sein. Relativ bald kommen sicherlich die ersten Treppenstufen hinzu. Schnalle dein Baby bitte nicht in eine Wippe, es kann gut auf einem sauberen Boden liegen, meinetwegen auch auf einer Decke.

Funfact: Sobald dein Baby anfängt, sich hin und her zu rollen, wird es immer genau da liegen, wo die Decke NICHT ist.

LIEBLINGSBESCHÄFTIGUNG MEINES BABYS:

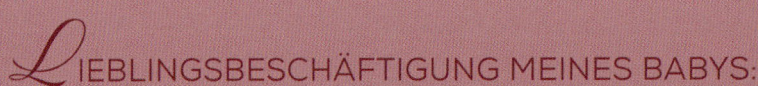

Mein Kleiner hat in dieser Zeit unglaublich gern unter einem Mobile gelegen und es gefühlt stundenlang gebannt beobachtet, wenn es sich leicht bewegte.

Und weißt du was: Mit dieser Einstellung ist dann ganz bald auch der Mehrwert für dich als Mama spürbar. Denn wie versprochen, möchte ich dir in diesem Buch ja zeigen, wie du dir das Leben mit Baby leichter machen kannst. Und ein entspannterer Alltag mit Baby bzw. Kleinkind ist natürlich dann vorhanden, wenn dein Engelchen sich schon früh die Hosen an- und ausziehen, allein essen und sich auch hin und wieder mit sich beschäftigen kann.

Klingt einfach, stimmt's? Genau so einfach ist es. Du brauchst dein Baby auch an diesem Punkt noch nicht zu erziehen, du brauchst noch kein Nein. Wusstest du übrigens, dass kleine Kinder erst ungefähr mit 18 Monaten ein Nein in seiner Bedeutung begreifen? Bis dahin, aber auch dann noch, lernen sie es besser zu verstehen, wenn dem Gesagten eine Handlung folgt. Deine Aufgabe in dem Ganzen ist also, Gefahren aus dem Weg zu räumen. Das machst du aber nicht verbal durch ein »Nein« oder »Vorsicht!«, sondern mit den Händen: scharfe Messer, »offene« Steckdosen, Silberfischfallen gehören nicht in Babys Nähe (wie du die eigenen vier Wände »krabbelsicher« machst, erfährst du auf Seite 204).

SO MOBIL IST DEIN BABY

Wir Mamas sind soo begeistert von jedem Entwicklungsschritt, den unser Baby macht! Und ich kann dir sagen, gerade im ersten Jahr geht alles so rasant vonstatten. Gefühlt lernt unser Baby jeden Tag eine Kleinigkeit dazu. Kein Wunder, es ist ja auch so fleißig. An dieser Stelle gebe ich dir gleich als Tipp: Schreibe dir die Entwicklungsschritte deines Babys auf. Ich habe das leider nie gemacht und kann dir darum heute nicht mehr sagen, an welchem Tag welches meiner Babys angefangen hat zu sitzen, zu robben, zu krabbeln. Aber eins weiß ich genau: Bei jedem meiner Kinder verlief die Entwicklung ganz unterschiedlich.

Darum solltest auch du dein Baby nicht vergleichen. Lass dich zumindest nicht verunsichern, wenn es seine motorischen Fähigkeiten langsamer, schneller oder ganz anders als gleichaltrige Babys entwickelt. Es gibt eine große zeitliche Spannbreite auf dem Weg zum freien Gehen. Einige Babys überspringen auch bestimmte motorische Entwicklungsschritte oder verharren besonders lange in einem. Oder aber sie entdecken ganz eigene Arten der Fortbewegung für sich. Während der U-Untersuchungen wird dein Baby ohnehin auch auf seine motorische Entwicklung hin angeschaut, sodass tatsächliche Entwicklungsverzögerungen oder -besonderheiten sofort auffallen würden.

Üben, üben, üben

Bereits im Mutterleib beginnt dein Kleines, seine Muskeln zu trainieren. Und schon vier bis sechs Wochen nach der Geburt wird es versuchen, seinen Kopf selbstständig zu heben. Damit stärkt es seine Nacken- und Rückenmuskulatur, eine wichtige Voraussetzung, um später zu krabbeln. Um den dritten Lebensmonat herum ist dein Baby in der Regel in der Lage, seinen Kopf aufrecht zu halten, wenn es auf dem Bauch liegt oder auf dem Schoß gehalten wird.

LIEBLINGSBEWEGUNG MEINES BABYS:

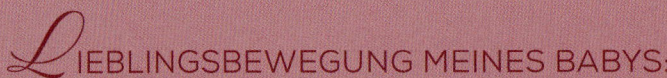

Mein viertes Baby hat schon sehr, sehr früh versucht, sein Köpfchen zu heben, und das sah so lustig aus. Ein bisschen wie eine kleine Schildkröte, die aus ihrem Panzer herauslugt. Und dann später fand ich auch so drollig, wenn mein Kleiner sich, um zum anderen Punkt im Zimmer zu gelangen, dorthin *gedreht* hat, bevor er robben oder krabbeln konnte. Erfinderisch!

Um diese Zeit herum beginnt dein Baby nun vielleicht, sich mit seinem ganzen Oberkörper in der Bauchlage hochzustemmen. Bald nimmt es dazu auch die Hände und Arme zu Hilfe. So hat es einen viel besseren Überblick über seine Umgebung.

Als Nächstes wird dein Baby wohl versuchen, sich durch Hin- und Herschaukeln oder heftiges Strampeln auf die Seite zu rollen. Um den fünften Lebensmonat herum folgt der nächste Schritt: Es wird sich gezielt vom Bauch auf den Rücken drehen können und schließlich vom Rücken auf den Bauch. Da niemand genau weiß, wann welches Baby dazu in der Lage ist, gilt es, immer besonders wachsam zu sein, wenn dein Baby irgendwo oben liegt, und immer eine Hand am Baby zu haben. Denn irgendwann kommt der Moment, in dem es sich drehen kann.

Ab wann kann mein Baby sitzen?

Irgendwann zwischen dem siebten und dem zehnten Lebensmonat beginnt dein Baby im Durchschnitt mit den ersten Sitzversuchen beziehungsweise kann sich schon allein hinsetzen.

Sich aus eigener Kraft hochzustemmen oder über die Seite aufzurichten ist übrigens eine ganz besondere Leistung für dein Baby. Darüber wird es sehr stolz sein. Ist das nicht herzerwärmend? Schau deinem Goldschatz darum geduldig beim Üben zu – dann habt ihr beide Freude daran. Erst sitzt dein Kleines noch sehr wackelig und instabil und hält die Balance, indem es sich nach vorn lehnt oder auf seinen Ärmchen abstützt. Wenn es jetzt etwas Unterstützung im Rücken erhält (auf deinem Schoß

ACHTUNG BEI ZU FRÜHEM SITZEN!

Es gibt Babys, die mit drei Monaten Anstalten machen, sitzen zu wollen. Dann lass dein Kleines aber bitte nur angelehnt auf deinem Schoß sitzen, denn zu dieser Zeit ist seine Rückenmuskulatur noch zu schwach. Und ziehe es noch nicht zum Sitzen hoch, auch wenn es das noch so gern zu wollen scheint, wenn du ihm die Finger reichst. Animierst du dein Kleines zu früh, allein zu sitzen, kann das später zu Haltungsschäden führen. Erst wenn dein Baby sich allein in die Sitzposition aufrichten kann, bedeutet das, dass es sitzen kann.

durch deinen Bauch oder durch Kissen), ist das schon eine gute Ausgangslage, um im Sitzen gefüttert zu werden. Wenn dein Baby wirklich frei und ohne Armstütze sitzen kann, kann es auch endlich seine freien Hände zur Erkundung seiner Umgebung nutzen!

Jetzt ist Fortbewegung angesagt

Manchmal ist das eigenständige Fortbewegen eine Voraussetzung für das Sitzen, manchmal ist es umgekehrt, und dein Baby kommt aus dem Sitzen heraus zum Beispiel zum Robben. Die Arten der Fortbewegung können dabei, wie gesagt, ganz unterschiedlich sein: robbend, schlängelnd, ziehend … Dazu benutzt dein Kleines zwar seine Arme und Beine, hebt den Bauch aber noch nicht an. Von hier aus geht es dann wahrscheinlich bald weiter in den Vierfüßlerstand, der eine wichtige Voraussetzung für das Krabbeln ist. Viele Babys verbringen hier noch einige Zeit mit Hin- und Herwippen, ohne sich fortzubewegen. Sie testen sozusagen ihr Gleichgewicht und die Balance, sich auf Knien und Händen zu halten, und die Kraft ihrer Arme und Beine.

Die Meisterleistung an Koordination und Muskelkraft ist dann das Krabbeln. Das passiert im Durchschnitt zwischen dem siebten und zehnten Lebensmonat. Besonders schwierig ist dabei das Überkreuzkrabbeln, bei dem der Arm der einen Seite parallel mit dem Bein der anderen Seite nach vorn oder zurückbewegt wird.

Etwa gleichzeitig zum Robben oder Krabbeln fangen manche Babys schon an, sich an Möbelstücken hochzuziehen und etwas später auch, vorsichtig daran entlangzugehen. Eine perfekte Übung zum Stehen und Grundvoraussetzung, um später die ersten Schritte zu machen. Aber dazu kommen wir natürlich noch ausführlicher – versprochen.

SO MACHST DU DEIN BABY SCHLAU

Jedes Baby, das auf die Welt kommt, ist genetisch vorprogrammiert, schlau zu werden und hat Spaß am Lernen, Entdecken und Sich-Bewegen, wie wir gerade gesehen haben. Es sollte dabei aber nicht darum gehen, dass dein Baby mit drei Jahren fließend Mandarin spricht – nein! Es geht nicht um Druck und Drill. Schlau machen wir unsere Babys, indem wir genau das tun, was unser Instinkt uns sowieso schon sagt.

Schau dir dein Kleines nur mal an: Es nimmt alles in den Mund, will alles anfassen, alles um sich herum ganz genau erkunden. Dein Baby ist voller Wissensdurst. Denn wenn unser Engelchen auf die Welt kommt, beginnt es quasi bei null. Es besitzt zwar einige Reize und Reflexe. Aber sonst weiß es noch nichts von der Welt, hat keinerlei Erfahrung. Es muss alles erst lernen.

Darum ist es auch so offen für alles, unsere Babys sind wahre »Anpassungskünstler« für ihre jeweilige Umgebung. Und genau darum können wir unsere Babys so gut spielerisch fördern. Dazu musst du dein Kleines, wie gesagt, nicht mal motivieren oder anleiten. Denn es fordert das Lernen von ganz allein. Und mit jedem Reiz und jedem Input, den es bekommt, bilden sich weitere wundervolle Synapsen in seinem Gehirn, die unsere Babys sozusagen schlau machen.

Diese Reize und den Input zu geben, ist dabei ganz einfach. Im Grunde genommen kannst du auf deinen eigenen Instinkt vertrauen und das machen, was du ohnehin mit deinem Baby tun würdest: es lieb haben, knuddeln, küssen, tragen, mit ihm sprechen (meist eine Oktave höher als normal), seine Füßchen massieren. All das

---

DAS GEHIRN DEINES BABYS

Wusstest du, dass ein Baby, wenn es auf die Welt kommt, genauso viele Neuronen, also Nervenzellen, besitzt wie ein Erwachsener? Nur sind diese noch nicht ausgereift und miteinander verbunden. Die Nervenverbindungen zwischen den Neuronen werden erst hergestellt. Diese Vernetzungen führen dazu, dass das Gewicht des Gehirns deines Babys in den ersten zwölf Monaten um das Doppelte zunimmt! Zum Ende des dritten Lebensjahres besitzt ein Kind in der Regel um die 200 Billionen Nervenverbindungen, die auch »Synapsen« genannt werden. Ein Erwachsener übrigens nur noch die Hälfte. Bis etwa zum Ende des zehnten Lebensjahres bleiben diese Verbindungen aktiv, dann nehmen sie langsam ab.

brauchen Babys zuallererst für ihre Entwicklung. Und so machen wir von Anfang an wahrscheinlich alles genau richtig, ohne uns dessen überhaupt bewusst zu sein.

MEINE SIEBEN TIPPS,

um dein Baby zu »fördern«:

1. Gib deinem Baby ganz viel Urvertrauen, indem du es herumträgst, ihm viiiel Liebe schenkst. Denn nur so ist dein Baby entspannt und kann selbstbewusst und neugierig der Welt begegnen und alles darin erforschen.

2. Darum: Wenn dein Baby weint, dann tröste es. Denn ein Baby, das weint und noch dazu allein gelassen wird, schüttet vermehrt das Stresshormon Cortisol aus. Das führt dazu, dass das Gehirn nicht weiterwachsen kann und die Lernfähigkeit gemindert wird.

3. Nimm dein Baby mit durch deinen Alltag, biete ihm Abwechslung. So erlebt es viele Gerüche, Geräusche, Eindrücke wie Straßenlärm, Vogelgezwitscher, verschiedene Stimmen, unterschiedliche Temperaturen und vielleicht auch mal Regen. Setze dein Baby also deinem ganz normalen Alltag aus, um ihm besonders viel Anregung zu bieten. Dabei ist es immer ganz nah bei dir und hat nichts zu befürchten.

4. Ganz wichtig ist aber: Reizüberflutung darf nicht sein. Denn ein Baby, das reizüberflutet ist, schüttet wieder Cortisol aus. Richte dich nach dem, was dein Baby verträgt. Jedes Baby ist da anders sensibel.

5. Sprich viel mit deinem Baby. Wenn ihr in der Familie die Möglichkeit habt, auch gern zwei- oder sogar dreisprachig. Ich finde, Vielsprachigkeit ist ein wundervoller Schatz! Ab dem sechsten Lebensjahr hört das Gehirn übrigens auf, eine zweite Muttersprache also solche anzunehmen. Natürlich kann man auch danach noch Sprachen lernen, nur nicht mehr so perfekt wie am Anfang.

Wenn ihr euch für Mehrsprachigkeit mit eurem Baby entscheidet, gibt es ein paar Tipps, damit es gut gelingen kann:

– Die Sprache sollte immer ganz natürlich angewendet werden. Nehmt sie in euren Alltag auf, sprecht über Dinge im Haushalt, über Erlebnisse, ihr könnt fremdsprachige Bücher vorlesen, Musik hören, Fingerspiele machen …

– Es ist wichtig, dass eine enge Bezugsperson das »Sprachvorbild« des Babys ist, das ist mit euch Eltern natürlich immer gewährleistet.

– Die jeweilige Sprache sollte vom Sprechenden sehr gut beherrscht werden, am besten ist es natürlich, man ist Muttersprachler.

– Die Bezugsperson sollte konstant in dieser Sprache mit dem Kind sprechen und möglichst nicht zwischen verschiedenen Sprachen hin und her wechseln.

– Die verschiedenen Sprachen sollten so ausgeglichen wie möglich benutzt

werden. Und jede Sprache sollte ihre Wertschätzung erhalten.

6. Gesunde Ernährung: Wenn das Gehirn wächst, braucht es natürlich viele Nährstoffe. Stillen ist auch für die Entwicklung des Gehirns am besten. Achte mit Einführung der Beikost ganz besonders auf eine abwechslungsreiche, gesunde, altersgerechte Ernährung mit guten Fetten.

7. Ein Baby braucht viel Schlaf. Im Schlaf wird das Gelernte verarbeitet und abgespeichert. Ein gut gelauntes, ausgeschlafenes Baby ist außerdem natürlich im besten Modus, Neues zu erlernen und zu entdecken. Deswegen bietet es sich auch an, mit deinem Baby zu spielen, wenn es munter und aufnahmebereit aus dem Schlaf erwacht. Auch so förderst du spielerisch dein Baby.

TRAGETUCH ALS SCHUTZ

Wenn du in einer Situation bist, die besonders laut und unruhig ist, zum Beispiel auf dem Jahrmarkt oder einer Familienfeier, nimm dein Baby in die Trage. Dort bekommt es alles von außen mit, jedoch geschützt und ganz geborgen an deinem Körper. Wenn es möchte, kann es schauen und die Reize annehmen, wenn es genug hat, kann es aber auch seinen Kopf wegdrehen, vielleicht sogar einschlafen. Und du ziehst dann einfach die Tuchbahn über sein Köpfchen, um ihm seine Ruhe zu gewähren.

Bei alldem brauchst du keine Angst zu haben, dein Baby zu überfordern. Es wird dir genau zeigen, wenn es reizüberflutet ist. Dann gilt es natürlich aufzuhören. Aber in den Phasen, in denen es Lust hat und diesen unbändigen Forschungsdrang zeigt, darfst du ihm als Mama neue Anreize bieten und Input geben. So regst du das Gehirn deines Babys an, weiterzuwachsen und sich zu entwickeln – kurzum: So machst du dein Baby spielerisch und liebevoll schlau.

DIE SCHÖNSTEN SPIELE MIT DEINEM BABY

Wir Mamas liiieben es natürlich, uns mit unseren Babys zu beschäftigen. Anknüpfend ans »Schlaumachen« unserer Babys zeige ich dir jetzt meine Lieblingsspiele mit meinem Baby.

MEINE ZEHN LIEBLINGSSPIELE

mit Baby

1. Vor allem nach dem gemeinsamen morgendlichen Aufwachen haben wir ganz oft noch im Bett gekuschelt. Mit ganz viel Körpersprache, Körperkontakt, Fühlen und Nachmachen. Ich habe meinem Kleinen dann zum Beispiel Klatschspiele vorgemacht, Lieder vorgesungen, meine Zunge rausgestreckt oder mit ihr hin- und hergewackelt. Babys probieren nämlich sehr früh, Mimik zu kopieren. Vielleicht wird dein Kleines also bald versuchen, auch seine Zunge herauszustrecken. Das sieht zu goldig aus! Oder du erklärst deinem Baby, indem du gleichzeitig darauf zeigst, wo die Augen sind, die Ohren, die Nase. Auch das wird es schon sehr bald versuchen, dir nachzumachen. Du kannst dein Baby auch durchkitzeln. Aber nicht wundern: Beim ersten Mal findet es das vielleicht noch nicht so lustig. Je öfter du es machst, umso mehr wird es dabei lachen. Wenn du es dann noch mit viel Körpersprache, großer Mimik und Lauten kombinierst, sprichst du all seine Sinne an. Versprochen: Das wird es lieben. Oder mach ein bisschen »Morgengymnastik«: Nimm seine rechte Hand und führe sie an seinen linken Fuß (und umgekehrt) – diese Kreuzverbindungen fördern die Zusammenarbeit der rechten und linken Gehirnhälfte.

2. Was auch gut im Bett funktioniert, sind akrobatische oder Gleichgewichtsspiele. Winkele im Liegen auf dem Rücken deine Beine an und lege dein Baby bäuchlings mit dem Gesicht zu dir darauf. Halte es an den Armen und bewege deine Beine nun auf und ab – so lässt du dein Baby »fliegen«. Dabei kann es wunderbar seinen Gleichgewichtssinn schulen. Wenn du dazu noch singst oder einen Reim aufsagst, lernt es, die verschiedenen Sinneseindrücke miteinander zu kombinieren. Ich habe meinen Kleinen auch gern über meinen Kopf gehoben und dann ganz schnell die Arme wieder gesenkt. So hatte er das Gefühl, einen kurzen freien Fall zu erleben. Alle diese Bewegungen stärken übrigens auch das Urvertrauen deines Kleinen, weil es lernt, dass es immer wieder aufgefangen wird.

3. Immer, wenn die Sonne rauskam, habe ich besonders mein »Winter-Baby« in der Wohnung nackig auf eine Decke vors geschlossene Fenster gelegt, es

massiert, mit dem Mund auf den Bauch geprustet – viele Babys finden das zum Schreien komisch. Das erste laute Lachen deines Babys wird dich übrigens so flashen, dass du es immer wieder hören willst und alles dafür tust, um das zu erreichen.

4. Wenn du deinem Baby etwas vorsingst, Reime vorträgst, wird damit schon die Sprachentwicklung angesprochen. Eine Melodie empfindet es als schön und interessant für die Ohren. Kombiniere doch ein Lied oder einen Reim noch mit Bewegungen. Denn: Je mehr Sinne deines Babys angesprochen werden, umso besser. Der Klassiker ist hier *Hoppe, hoppe, Reiter:* Nimm dein Baby auf den Schoß, sodass es dich anguckt, stütze es gut, wenn es noch nicht allein sitzen kann, bewege deine Beine auf und ab, sodass es hoch- und runterwippt und singe dazu das bekannte Lied. Jedes Baby weiß übrigens sehr schnell ganz genau, wann der »Plumps« kommt und es in den Graben fällt. Herrlich mit anzusehen, wie es sich schon vorher darauf freut!

5. Sobald meine Babys krabbeln konnten, habe ich mit ihnen kleine Spielchen gemacht, um die Bewegung zu unterstützen: Ich habe mich an einen Punkt des Raumes gesetzt, sie waren etwas von mir entfernt. Und dann habe ich mit etwas geknistert (die meisten Babys lieben Dinge, die knistern!), um sie zu mir zu locken. Auf dem Weg dorthin lag aber ein »Hindernis«, wie eine gefaltete Decke.

Und über das sind sie dann rübergekrabbelt und waren, bei mir angekommen, immer ganz besonders stolz auf ihren Erfolg. Das musst du wissen: Babys sind überglücklich, wenn sie bemerken, dass wir ihre Körpersprachesignale verstehen und annehmen. Darum freue dich deutlich sichtbar mit deinem Baby über seine Erfolge!

6. Einer unser Klassiker war das »Decken-UFO-Spiel«, das mein Ältester für seine kleine Schwester erfunden hat: Das Baby wird meist bäuchlings auf eine Decke (das UFO) gelegt, und diese Decke wird dann durch den Raum gezogen. Natürlich nicht zu wild. Das sollte man den Geschwisterkindern sagen, wenn sie es sind, die das UFO bewegen – ich weiß das zufällig aus Erfahrung. Das ist wieder eine schöne Balanceübung für dein Baby, denn es ist gar nicht so einfach, auf der »fahrenden« Decke das Gleichgewicht zu halten. Außerdem lernt dein Kleines unterschiedliche Geschwindigkeiten kennen. Und es hat Spaß mit seinen Geschwistern, sofern es welche gibt. Natürlich kannst auch du das »Decken-UFO-Spiel« mit deinem Baby spielen.

7. Kuckuck-Spiele liebt eigentlich jedes Baby. Am Anfang freuen sie sich einfach, dass Mama hinter den Händen wieder auftaucht. Nach einiger Zeit kannst du dann schon eine Decke oder ein Tuch nehmen. Du kannst die Decke auch über dein Baby decken, es verschwinden und wieder auftauchen lassen. Die Berührung mit

dem Material stimuliert dann gleichzeitig seinen Tastsinn. Wenn dein Baby schon mobiler ist, kannst du dich auch hinter einem Tisch oder einer Kommode verstecken und hervorlugen. Es wird sich garantiert auf den Weg zu dir machen und nachschauen wollen, wohin du immer wieder verschwindest. So schlau ist es!

8. Schön sind auch Rollenspiele mit verstellter Stimme, zum Beispiel mit einem Kuscheltier. Beim ersten Mal findet dein Baby das vielleicht noch etwas unheimlich, aber nach ein paar Malen wird es auch das sehr lustig finden und es lieben. Halte deinem Kleinen das Kuscheltier auch mal hin und ziehe es weg, wenn es danach greift. Wiederhole das ein paarmal, und überlasse ihm das Kuscheltier dann. Über dies Erfolgserlebnis wird es ganz glücklich sein. Und das Kuscheltier bestimmt sofort in den Mund stecken, um es genau zu erforschen.

9. Durch die Wiederholung erster Fingerspiele erkennt dein Baby irgendwann die Melodie oder die Worte. Nach ein paar Malen wissen Babys dann schon, was als Nächstes passiert. Verblüffend!

10. Das absolute Lieblingsspiel meines Kleinen mit fünf Monaten war übrigens, mit ganz wenig Wasser auf dem Bauch in der Badewanne zu liegen und mit den Händen wie wild herumzuplanschen. Er hat sich dabei immer so königlich amüsiert.

Du Liebe, es gibt noch so unendlich viel mehr Spiele, die du mit deinem Baby spielen kannst! Sei kreativ, probiert aus, was euch Spaß macht, entdeckt eure Lieblingsspiele und -beschäftigungen zusammen!

Übrigens gilt für alle »Spiele«: Babys liiieben es, etwas mehrmals zu tun, zu sehen, zu hören, was ihnen gefällt. Und zwar viele Male. Richtig lustig wird ein Spiel für dein Baby (und damit ja auch für dich) erst beim vierten oder fünften Mal, weil es dann verstanden hat, wie es funktioniert.

ERSTE ZÄHNCHEN UND ZÄHNEPUTZEN

Bei dem einen Baby kommen sie früher, bei dem anderen später: die ersten Zähnchen. Wie aufregend! Es ist ein ganz besonderer Moment, wenn der erste Zahn deines Babys sich seinen Weg bahnt.

Wenn die Zähnchen kommen (vor allem die Eck- und Backenzähne), kann das für dein Goldengelchen auch sehr schmerzhaft sein (muss es aber übrigens nicht). Dabei geht das »Zahnen« dem eigentlichen Durchbruch des Zahns oft ein ganzes Stück voraus. Vielleicht bemerkst du in dieser Zeit, dass dein Baby mehr weint, öfter an die Brust will, unleidlich ist, viel sabbert, seine Nase läuft, es auf seinen Fingerchen oder Gegenständen »herumkaut«, rote Wangen und vielleicht sogar ein bisschen erhöhte Temperatur bekommt.

Ich habe ein paar einfache, aber meist wirkungsvolle Tipps für dich:

○ Kühle einen Beißring im Kühlschrank vor und gib ihm deinem Baby.
○ Es hilft auch, seine Zahnleiste mit deinem Finger zu massieren.
○ Gibt deinem Baby einen Muttermilch-Eiswürfel (oder auch Pre-Milch oder Wasser), eingebunden in eine Mullwindel (siehe Seite 128).
○ Und wie so oft das A und O: Kümmere dich gut um dein Kleines, trage es viel, liebkose es – gehe mit ihm gemeinsam durch seinen Schmerz.

WUSSTEST DU:

○ Jeder Säugling wird kariesfrei geboren, und auch die ersten Zähne sind kariesfrei.
○ Typisch ist, dass um den sechsten Monat herum die unteren beiden Schneidezähne herauskommen, gefolgt von den oberen. Meist kommen anschließend die seitlichen unteren und oberen Schneidezähnchen durch. Die Eckzähne kommen in der Regel noch vor dem zweiten Geburtstag. Als Letztes zeigen sich die Backenzähne, aber das meist erst um den dritten Geburtstag herum. Diese Reihenfolge ist aber nicht in Stein gemeißelt, und wie lange es dauert, bis die Zähnchen alle da sind, ist auch sehr individuell.
○ Einiges Babys bekommen erst um den ersten Geburtstag herum ihren ersten Zahn.
○ Ganz selten hat ein Baby bereits angeborene Zähne, die keine Wurzel besitzen. Sie werden »Hexenzähne« genannt und fallen bald nach der Geburt von selbst aus.
○ Bis zum dritten Geburtstag werden es immerhin 20 Milchzähne (wir Erwachsenen haben 28 bleibende Zähne, eventuell plus vier Weisheitszähne).

Und natürlich fragt man sich: Was mache ich mit diesen ersten Zähnchen, wenn mein Baby noch so klein ist? Putzen oder nicht? Putzen! Und zwar tatsächlich zwei- bis dreimal am Tag. Dabei ist das wichtigste Zähneputzen das am Abend, weil in der Nacht die längste Zeitspanne ist, in der Zahnbelagsbakterien am Zahn wirken können. Denn in der frühen Kindheit wird der Grundstein zur lebenslangen Zahngesundheit gelegt.

Aber auch hier gilt: Wenn man ein paar gut gemeinte Tipps und Tricks befolgt, wird auch das Zähneputzen zu einer von vielen angenehmen Tagesroutinen in eurem Alltag.

So putzt du Babys Zähnchen

Ist es nicht ein schöner Gedanke, dein Baby gleich von Anfang an spielerisch an das Zähneputzen heranzuführen? Dann kann es mit der Zeit zu etwas ganz Selbstverständlichem heranwachsen und ist nicht negativ belastet. Und das schaffst du, indem du schon ganz früh, vielleicht sogar vor dem ersten Zähnchen, Babys Kauleiste mit deinem Finger leicht massierst. Das mögen Babys in der Regel nämlich sehr gern und empfinden es als angenehm, vor allem, wenn sie zu zahnen beginnen.

Wenn die ersten Zähnchen da sind, kannst du dann sie dann auch so putzen: mit deinem sauberen Finger oder einem leichten Stofftuch. Es gibt auch eigens dafür vorgesehene Fingerzahnbürsten, die du über deinen Zeigefinger ziehen kannst. Du kannst auch eine weiche Babyzahnbürste benutzen. Auf der kaut dein Kleines vielleicht auch gern herum, wenn es zahnt.

Wenn du magst, benutze Kinderzahnpasta, das muss aber nicht sein. Achte bei der Zahnpasta darauf, dass sie nicht mehr als 500 ppm Fluorid enthält. Auf der sicheren Seite bist du in der Regel, wenn du dich an die Altersangaben der Hersteller hältst.

Übrigens ist es für Kinder jeden Alters hilfreich und schön, zusammen mit Mama und Papa Zähne zu putzen. Nachputzen solltest du bei deinem Kind übrigens so lange, bis es sicher Schreibschrift schreiben kann, im Zweifelsfalle lieber etwas länger.

Denn du musst eins wissen: Die Milchzähne sind sehr weich und darum leider recht anfällig für Karies. Und darum ist es besonders wichtig, die Milchzähne gut zu pflegen, damit sie kariesfrei bleiben.

Der einfachste Weg, um das zu erreichen, ist: mittels häufigen Zähneputzens den Zahnbelag regelmäßig von den Zähnen zu entfernen.

Zähne und Ernährung

Selbstverständlich spielt die Ernährung eine sehr wichtige Rolle bei der Zahngesundheit. Verzichte deshalb darauf, deinem Baby im ersten Jahr zuckerhaltige Getränke und zuckerhaltige Speisen zu ge-

ben. Übrigens enthalten auch Obstsäfte Zucker.

In der frühen Kindheit werden auch der Geschmackssinn und unser Verlangen geprägt. Da ist es besonders wichtig, diese nicht ständig mit Süßigkeiten oder gesüßten Flüssigkeiten zu »füttern«. Das Verlangen nach Zucker ist nämlich eine Gewohnheit, die später nur schwer wieder zu durchbrechen ist. Interessant ist, dass Babys von allein nicht nach Zucker verlangen. Das Verlangen danach wird ihnen sozusagen erst über die Nahrung antrainiert. Wobei die Muttermilch auch süßlich schmeckt, sodass dieser Geschmack später häufig (aber nicht immer) bevorzugt wird.

Wann sollten Kinder das erste Mal zum Zahnarzt?

Da ich mein Baby immer zu allem mitgenommen habe, habe ich das auch beim Zahnarzt so gehandhabt. So haben alle meine Kinder recht früh spielerisch und beiläufig gelernt, dass der Besuch beim Zahnarzt etwas ganz Normales und überhaupt nichts Dramatisches ist. Dann kann der Zahnarzt oder die Zahnärztin auch gleich mal in den kleinen Mund hineinschauen. Das Schöne daran ist, dass es so auch kein böses Erwachen geben wird, weil ihr schon regelmäßig zur »Kontrolle« geht.

WIE ENTSTEHT EIGENTLICH KARIES?

Karies wird erst erworben wie eine Art Infektionskrankheit über kariesbildende Bakterien von Bezugspersonen. Das passiert mit der Zeit automatisch, zum Beispiel durch das Abnuckeln des heruntergefallenen Schnullers, das Ablecken des Löffels ... Wichtig ist aber, dass diese Bakterien sich dann nicht an der Zahnoberfläche ansetzen. Das nennt man dann Zahnbelag (oder Plaque). Durch Zucker und niedermolekulare Kohlehydrate bilden die Bakterien Säure auf der Zahnoberfläche, die den Zahn entkalken und so zu kleinen Löchlein führen: Karies.

MEIN TIPP

Wenn du dir einen Zahnarzttermin machst, sage kurz bei der Sprechstundenhilfe Bescheid, dass dein Engelchen dabei ist, und zeige bei Bedarf das Krankenkassenkärtchen deines Babys vor. Die Zahnärztin schaut dann einmal pro forma auch in seinen Mund, bei Mama auf dem Schoß. Das ist doch eine gute, sanfte Gewöhnung an spätere routinemäßige Zahnarztbesuche.

BEIKOSTEINFÜHRUNG:
WENN DEIN BABY ANFÄNGT ZU ESSEN

Juhu, die Einführung der Beikost ist wirklich ein großer Meilenstein in der Entwicklung unserer Babys! Auch wenn wir Mamas diesen Entwicklungsschritt kaum abwarten können, stellt er uns doch vor eine große Herausforderung, weil wir so viele Fragen zu diesem wichtigen Thema haben. Keine Sorge, hier erfährst du alles, was du darüber wissen musst, und wirst schon bald zu einer wahren Expertin.

Eins vorweg: Beikost bedeutet nicht, dass es vorbei ist mit den Milchmahlzeiten. Erst mal geht es »nur« um die *Beigabe* von Nahrung zu den üblichen Still- oder Fläschchenmahlzeiten. Das heißt, Muttermilch bzw. Pre-Milch bleibt nach wie vor und auch für längere Zeit noch die Hauptnahrungsquelle deines Babys. Alles, was dein Baby während der Einführung von Beikost ausprobiert, passiert sozusagen unter dem Schutz der Muttermilch. Ihre Bestandteile schützen den kindlichen Darm und helfen dabei, die Nahrungsmittel besser aufzunehmen. So reduziert sich die Gefahr von Allergien um ein Vielfaches.

Fangen wir mit dem richtigen Zeitpunkt an, an dem dein Baby bereit ist für Beikost. Wenn ihr den gefunden habt, könnt ihr entspannt und voller Entdeckerlust gemeinsam starten.

Entspannt starten
Gleich zu Beginn des Kapitels möchte ich dir den Druck nehmen, dich an einen vorgeschriebenen Zeitpunkt zu halten, wann dein Baby mit der Beikost anfangen muss. Es ist wie vieles mit Baby nämlich ganz einfach: Dein Kleines sendet dir Signale, sobald es bereit ist – und bis dahin bleibst du gelassen.

Daran erkennst du, dass dein Baby bereit ist für Beikost
- Dein Baby wacht nachts häufiger auf als üblich (mein Kleiner sage und schreibe wieder dreimal, statt nur einmal die Nacht), und die Zeitabstände zwischen den Stillmahlzeiten verringern sich wieder – ganz einfach, weil dein Baby Hunger hat und mehr Nahrung braucht.
- Es trinkt anders, sehr gierig; dabei zieht es gern die Brust in die Länge, arbeitet richtig daran herum, ist nicht konzentriert bei der Sache, dockt viel ab.
- Dein Baby verfolgt genau, wie du etwas in den Mund nimmst, und greift danach.
- Es öffnet mit dir gemeinsam beim Essen den Mund, macht eine Art Kaubewegung, beginnt zu schmatzen – es vermittelt dir einfach: »Ich auch!«
- Begleitet wird das oft von starkem Sabbern oder Vorschieben des Kopfes
- Dein Baby erkundet wahrscheinlich ohnehin seine Welt bereits vor allem mit dem Mund, oder? Es steckt also in seiner »oralen Phase«.

Als ich diese Signale bei meinem Kleinen bemerkte, war das der Moment, in dem ich ihm ein großes Stück geschälten Apfel in den Mund gesteckt habe (wichtig ist, dass es so groß ist, dass dein Baby sich daran nicht verschlucken und nichts davon abbeißen kann). Er hat dann ganz gierig daran herumgesaugt. Als ich ihm den Apfel wieder weggenommen habe, gab es großes Geschrei. Mein Kleiner hatte einen Hauch des Geschmacks allein durch das Daran-Lutschen erfahren – und das hat ihm seeehr gefallen. Mir war also klar: Er möchte mehr als Milch. Das war mein Startschuss für die Einführung der Beikost. Allerdings konnte mein Kleiner noch nicht allein sitzen. Glaub mir: Ein Baby zu füttern, das noch nicht sitzen kann, ist noch mal eine ganz andere Hausnummer, denn dann musst du es beim Füttern halb liegend in deinem Arm und auf dem Schoß halten.

Wie gehen wir mit »offiziellen« Empfehlungen um?

Es wird im Moment empfohlen, zwischen dem fünften und siebten Lebensmonat mit der Beikosteinführung zu beginnen. Und es gibt gute Gründe, mindestens bis zum fünften Monat damit zu warten: Die Muttermilch (oder auch Pre-Milch) ist sehr leicht verdaulich für dein Baby. Mit fünf, sechs Monaten ist das Verdauungssystem deines Kleinen erst so weit entwickelt, dass die Gefahr einer Infektion durch Lebensmittel sinkt. Auch sein Immunsystem ist jetzt ausgereifter, sodass allergische Reaktionen ebenfalls seltener auftreten. Die »offiziellen« Empfehlungen können sich über die Jahre aber auch wieder verändern. Aus eigener Erfahrung weiß ich übrigens, dass viele Babys nicht mit dem vollendeten sechsten Lebensmonat, sondern manche erst mit sieben oder auch erst mit acht Monaten essen wollen. Es gilt: *Food under one is just for fun* – zumindest für viele Babys. Darum finde ich am allerwichtigsten, dass du als Mama genau auf *dein* Baby guckst. Der Start der Beikost sollte immer im Einklang mit ihm stattfinden.

Meine Kinder waren grob in dem oben genannten Zeitraum bereit für die erste Nahrung außerhalb der Muttermilch. Hätte ich aber bei einem von ihnen beobachtet, dass es noch keinen Brei oder auch feste Nahrung zu sich nehmen möchte (oder kann), hätte ich länger abgewartet.

Und daran erkennst du, dass dein Baby noch nicht bereit ist

Viele Eltern wollen nun aber den gängigen Empfehlungen gerecht werden. Dabei verweigern immerhin 15–25 Prozent aller Babys den Start der Beikost. Oder sie fangen an, entscheiden sich dann aber einige Wochen später doch wieder dagegen.

Es gibt ein paar Anzeichen, an denen du gut erkennen kannst, dass dein Kleines noch nicht bereit ist, mit der Beikost zu beginnen:

○ Jedes Baby besitzt einen Reflex, der die Zunge nach vorn schiebt und der für die »Melkbewegung« beim Saugen verantwortlich ist, den »Zungenstoßreflex«. Dieser Reflex baut sich erst ab dem vierten Lebensmonat langsam ab. Wenn dein Baby den ganzen Brei mit der Zunge also wieder herausschiebt, heißt das nicht, dass es ihn nicht mag, sondern einfach, dass es noch nicht bereit dafür ist, ihn zu »verarbeiten«

- Dein Baby dreht seinen Köpfchen weg, wenn du es füttern willst
- Es wehrt den Löffel mit der Hand ab
- Es öffnet seinen Mund nicht
- Es weint sogar

Wenn du diese Signale bei deinem Kleinen erkennst, dann warte einfach noch ein paar Wochen. Es ist überhaupt kein Problem, wenn dein Baby etwas später dran ist. Dabei ist sehr schön zu wissen: Über die reine Ernährung mit Muttermilch oder Pre-Milch wird dein Baby die ersten zehn Lebensmonate mit den wichtigsten Nährstoffen ausreichend versorgt.

Womit starten?

Meinem Kleinen habe ich mittags den ersten Brei gefüttert. Und zwar einen reinen Gemüsebrei. Gerade, weil er mit fünf Monaten wirklich noch sehr jung war, im Vergleich zu meinen anderen Kindern, denn der Gemüsebrei ist recht gut verdaulich.

Ganz wichtig zur Erinnerung: Dieser erste Brei ist noch keine vollwertige Mahlzeit! Darum habe ich meinen Kleinen nach dem Füttern auch jedes Mal gestillt.

Wenn dein Baby den Brei gern mag, kannst du ein paar Tage später noch ein paar Tropfen Öl dazugeben (es eignet sich gut Raps-, Sonnenblumenöl oder etwas Butter). Öl ist Fett, und durch dieses können die fettlöslichen Vitamine A, D, E und K besser vom Körper aufgenommen werden.

Ein Stück Gurke oder Apfel kannst du deinem Baby auch mal reichen, aber das ist eher für den Geschmack und zum Dran-Saugen, es wird ja noch nicht zerkaut und runtergeschluckt.

Gemüsebrei besteht in unseren Breiten traditionell aus Pastinake, Kürbis oder Möhre – diese Breisorten schmecken übrigens auch mir gut. Aber du kannst im Hinterkopf behalten, dass das nicht die einzigen Gemüsesorten sind, die du deinem Baby füttern darfst. Wenn es aber gut funktioniert, warum nicht?!

Lass dich am Anfang nicht verunsichern, wenn dein Baby ein- oder zweimal die Hälfte des Breis wieder aus dem Mund schiebt. Es ist ja die Saugbewegung an der Brust gewohnt. Sollte dein Baby dies aber länger tun, kann der Grund dafür auch noch der Zungenstoßreflex sein. Das heißt, dein Baby ist noch nicht so weit. Also schau dein Kleines genau an – du wirst merken, ob es grundsätzlich Lust auf Beikost hat oder nicht.

Nicht zu schnell wechseln

Zudem braucht ein Baby ungefähr zehn Anläufe, um einen Geschmack wiederzuerkennen, ihn anzunehmen und zu mögen. Das ist Fakt. Du kannst dich also entspannen und für den Anfang bei dieser einen Gemüsesorte bleiben. Du brauchst sie auch nicht gleich zu kombinieren mit anderen Gemüsesorten, mit Reis, Fleisch oder Fisch. Und natürlich den Brei auf keinen Fall salzen oder süßen. Wenn dein Baby die ersten zwei Wochen beispielsweise nur Möhren-

brei isst, ist das also völlig in Ordnung. Es ist noch so klein und hat alle Zeit, sich langsam heranzutasten über Brei an feste Nahrung, bis diese irgendwann die Muttermilch ganz ersetzen wird.

Gib dem Verdauungssystem deines Engelchens also Zeit, sich auf die neue Nahrung einzustellen. Du kannst dich entspannen und gelassen dabei zuschauen, wie dein Baby sich nach und nach an den neuen Geschmack, die neue Art zu essen, gewöhnt.

Und so geht es weiter
Vollständiger Mittagsbrei

Wenn dein Baby den puren Gemüsebrei gern mag, kannst du nach etwa zwei Wochen den Brei erweitern, um daraus Babys vollständigen Mittagsbrei zu machen. Wenn dieser Brei bei deinem Baby eingeführt ist, kannst du die erste Stillmahlzeit weglassen, weil es über diesen Brei alles bekommt, was es zur Mittagszeit dann an Nährstoffen braucht.

Du kannst zum Beispiel zwei Gemüsesorten mischen (wie Brokkoli und Kartoffeln) und etwas mageres Rindfleisch (denn da ist am meisten Eisen drin) dazunehmen. Außerdem noch einen Löffel Pflanzenöl. In vielen Rezepten für Babybrei kommt noch ein Schuss Obstsaft hinzu, damit Eisen und Vitamine besser vom Körper aufgenommen werden können. Ich persönlich fand es etwas befremdlich, Obstsaft zu Fleisch-Gemüse-Brei dazuzugeben. Deshalb habe ich zum Beispiel lieber stattdessen einen Apfel als Nachtisch gewählt: mit dem Teelöffel ein bisschen von seinem Fruchtfleisch abschaben – und schon hat man fein pürierten Apfel.

BREI MIT MUTTERMILCH

Solltest du so viel Muttermilch haben, dass du damit sogar den Milchbrei deines Babys anrühren kannst, dann koche die Muttermilch bitte nicht auf. Der Brei wird in diesem Fall mit wenig Wasser aufgekocht, und wenn das Getreide durch ist, gibst du erst die Muttermilch hinzu. Außerdem solltest du sehr gut auf dich achten und schauen, dass es dir nicht zu viel wird, so viel Milch zu geben. Das erkennst du zum Beispiel daran, dass du stressanfällig bist und/oder dass deine Haut fahl wird, was ein Anzeichen von Nährstoffmangel ist.

Es gilt in der Menge die 1-2-3-Regel: 1 Teil Fleisch (oder Fisch), 2 Teile Sättigungsbeilage (z. B. Kartoffel oder Reis) und 3 Teile Gemüse. Alles wird nach dem Kochen wieder richtig schön durchpüriert und vielleicht wieder durch ein Sieb gegeben.

Gerade wenn dein Baby nach dem vollständigen Mittagsbrei nicht mehr gestillt wird, ist es ganz wichtig, dass es nach dem Essen Wasser trinkt. Biete deinem Baby ruhig eine ganze Zeit lang bis zur nächsten Milchmahlzeit immer wieder Wasser an. Ob dein Baby zu wenig Flüssigkeit zu sich nimmt, erkennst du an seinem Stuhlgang. Der sollte immer schön weich sein.

Abend-, Nachmittags- und Frühstücksbrei

Ein paar Wochen nach der Einführung des vollständigen Mittagsbreis wird empfohlen, Babys Abendbrei hinzuzunehmen. Das ist ein Getreide-Milch-Brei. Das Getreide können Gries, Reisflocken, Dinkel, Haferflocken sein … Es gibt die unterschiedlichsten Getreide, die gut für Babys sind. Wichtig ist, dass Babys noch keine Vollkorngetreide bekommen, die können sie noch nicht gut verdauen.

Muttermilch wäre das Nonplusultra. Sonst hast du die Möglichkeit, zwischen Pre-Milch und Kuhmilch zu entscheiden. Wenn du die Menge von 200 ml Kuhmilch zur Breizubereitung pro Tag nicht übersteigst, ist Letztere absolut in Ordnung. Aber dazu erfährst du etwas später noch mehr.

Es gibt übrigens auch Fertigbreie, wenn es mal schnell gehen muss oder ihr unterwegs seid. Ich beispielsweise habe immer einen fertigen Pre-Milchbrei zu Hause, falls mal etwas dazwischenkommt und ich vielleicht keine Zeit zum Kochen habe.

Diese Breie sind in der Regel mit Pre-Nahrung hergestellt. Nur bitte schau dir bei jedem Hersteller einmal genau die Zutatenliste an, damit kein Zucker dabei ist.

MEIN TIPP

Die Getreideprodukte für Babys sind übrigens dieselben, die es auch im »Erwachsenenregal« im Supermarkt zu kaufen gibt. Die Babyartikel sind nur hübscher verpackt und kosten ungefähr das Fünffache. Du kannst sie natürlich gern kaufen, wenn du es möchtest. Mir ist nur wichtig, dass du darüber Bescheid weißt.

Wieder ein paar Wochen später folgt der Nachmittagsbrei, oft ein Getreide-Obst-Brei. Und erst sehr viel später der letzte, der Frühstücksbrei. Weil dein Baby dann vermutlich bereits um die zehn Monate alt ist, kannst du statt des Breis zum Frühstück auch schon etwas feste Nahrung geben. Das kannst du ohnehin immer mal wieder zwischendurch probieren: deinem Baby ein Stück gekochtes Gemüse oder ein Stück Brot in die Hand geben.

So werdet ihr euch Stück für Stück und ganz behutsam und langsam erst von den

MEIN LIEBLINGSBREI:

Baby-Griesbrei! Der ist ganz einfach zubereitet: Hälfte Mich, Hälfte Wasser, Gries rein und fertig. Und soo lecker! Da braucht es auch gar keinen Zucker. Den hat übrigens die ganze Familie geliebt (sogar mein Mann, aber pssst!).

Milchmahlzeiten, dann auch von den Breien lösen, bis ein Baby irgendwann »vollwertig« und selbstständig (fast) alles essen kann, was es mag und gesund ist.

Vielleicht hilft dir diese Übersicht als grobe Orientierung:

Monat	5	6	7	8	9	10
Morgens und zwischendurch:	Muttermilch/Pre-Milch					
Morgens und zwischendurch:			→		Getreide-Obst-Brei/ feste Nahrung	
Mittags:	Gemüse-Brei					
Mittags:	→	Gemüse-Kartoffel/Reis-Fleisch/ Fisch-Brei				
Nachmittags:		→	Getreide-Obst-Brei			
Abends:		→	Milch-Getreide-Brei			

Alles langsam einführen und steigern, am besten unter dem Schutz der Muttermilch

Mir ist wichtig, dass du weißt, dass du dich nicht starr an Empfehlungen halten musst, denn jedes Baby ist anders, und jede Mama weiß am besten, wie ihr Baby tickt. Für mich und meine Babys hat der strenge »Ernährungsplan« zum Beispiel nicht funktioniert. Wir sind immer Mittelwege gegangen. So war mein Kleiner zum Beispiel nach dem Aufwachen immer so wahnsinnig hungrig, dass ich nach dem Mittagsbrei als Erstes einen halben Frühstücksbrei eingeführt habe. Im Anschluss habe ich gestillt. Die andere Hälfte gab es dann am Abend, wieder plus Stillen.

Wenn du darauf achtest, dass die Nahrung, die du deinem Baby anbietest, altersgerecht und gesund ist, hast du bei der Beikosteinführung auch wieder Freiheiten bei der Reihenfolge und Menge der Breie und wie oft und wie lange du zusätzlich stillst.

Ich finde wichtig, dass es ein schrittweises Heranführen an die nächste Breimahlzeit ist. So kommt vielleicht Monat für Monat (oder noch langsamer) eine weitere vollwertige Mahlzeit für dein Baby dazu, die dann auch irgendwann die Stillmahlzeiten ablöst. Dieser Prozess darf aber stark von deinem Baby abhängig sein und natürlich von dir.

Das »brauchst« du zum Füttern

Jeder macht es so, wie er es gern möchte. Für mich haben sich ein paar Dinge in den letzten Jahren bewährt, die ich dir hier vorstellen möchte:

○ langer Löffel aus Edelstahl: Ich habe meine Babys gern damit gefüttert, weil damit die eigenen Finger sauber bleiben

○ Breischüssel aus Porzellan: Da dein Baby noch nicht selbst isst, besteht eigentlich keine Bruchgefahr

○ kleiner Löffel: Den habe ich meinem Baby immer gern in die Hand gegeben, sodass es die Bewegungen mitmachen konnte. Babys wollen beim Füttern nämlich auch selbst aktiv sein

○ Lätzchen mit Ärmeln für den Rundumschutz (gerade Möhre geht sehr schlecht wieder raus aus den Klamotten)

○ weicher, leicht feuchter Lappen, um ab und zu mal was vom Gesichtchen oder von den Fingerchen abzuwischen, bevor es sich sonst wo verteilt

- Wasser: Babys, die Brei essen, müssen trinken. Auch hier habe ich keinen extra Babybecher gebraucht, sondern stattdessen meistens eine ganz normale Tasse genommen. Wenn du die Tasse deinem Baby an den Mund führst, kann es schöne erste »echte« Trinkerfahrungen machen. Natürlich geht auch ein Fläschchen mit Wasser. Erst im fortgeschrittenen Alter, wenn meine Babys selbstständig am Familientisch gegessen und getrunken haben, bin ich auf einen Becher aus unkaputtbarem Material umgeschwenkt, weil der ja doch öfter mal umfällt

Darauf solltest du achten

Um das Thema »Essen« und »Nahrung« für dein Baby von Anfang an nur mit Positivem zu verknüpfen, schlage ich dir Folgendes vor:

- Esst gemeinsam und in Ruhe am Familientisch. Schaltet zum Essen die Musik oder den Fernseher aus, denn das macht auch dein Baby am Tisch unruhig. Auch Streits in der Familie sorgen bei Kindern oft für Appetitlosigkeit.
- Grundsätzlich sollte nicht nebenbei gegessen werden. Wenn ihr esst, dann esst ihr. Auch Tablet und Handy aus der Hand legen.
- Spätestens ab dem Zeitpunkt, ab dem dein Baby den Löffel selbstständig zum Mund führen will, landet das Essen gern mal überall. Das gehört unbedingt dazu. Wenn du es weißt, kannst du dich entspannt darauf einstellen. Hinterher

muss eben einmal alles ab- und aufgewischt werden. Aber bitte nicht ständig während des Essens, denn das stört dein Baby beim Prozess des Essenkennenlernens. Wenn dein Baby anfangen sollte, mit dem Essen herumzumatschen, weil es offensichtlich kein Interesse mehr daran hat, schiebe es einfach etwas vom Tisch weg. Es ist noch nicht die Zeit für Erziehungsmaßnahmen.
- Bitte wisch deinem Baby auch nicht so oft während des Essens über den Mund.
- Stopfe bitte nichts in dein Baby hinein. Wenn es seinen Kopf wegdreht oder den Löffel wegschiebt, traue seinem eigenen, ursprünglichen Gefühl, dass es satt ist.

Mein Rezept für Babys ersten Brei

Das Beste ist natürlich, wenn du deinem Baby den Brei selbst kochst. Erstens weißt du genau, was drin ist, und zweitens ist alles ganz frisch. Und dann ist es auch so, dass selbst gekochter Brei jedes Mal etwas anders schmeckt. Dadurch lernt dein Baby schon sehr früh verschiedene und natürliche Geschmäcker kennen und lieben.

Natürlich ist auch ein Gläschen von Zeit zu Zeit nicht schlimm. Wenn ich zu viel Stress hatte, habe auch ich manchmal ein Gläschen Brei gekauft. Wenn du aber meist zum Gläschen greifst, rate ich dir, ab und zu auch mal selbst zu kochen. Und das ist übrigens alles andere als schwer, wie ich dir gleich unten zeige.

Wenn wir schon in der Küche und am Herd stehen, kochen wir am besten gleich ein bisschen im Voraus und vielleicht auch

verschiedene Gemüsebreie. Denn auch das macht uns den Alltag (an den anderen Tagen) leichter. Bewahre den Rest im Kühlschrank auf, dort hält er sich ein paar Tage, oder friere ihn ein.

MEIN TIPP

Da dein Baby am Anfang sicherlich nur kleine Portionen isst, friere den Brei doch in einem Eiswürfelbehälter ein. Dann kannst du pro Mahlzeit einen Eiswürfel rechtzeitig herausdrücken und auftauen lassen. Wenn's mehr sein soll, gehen ja auch zwei. Ich habe immer versucht, die Mikrowelle zu vermeiden.

Im Kühlschrank hält sich dein Möhrenbrei ungefähr eine Woche.

Möhrenbrei
Du brauchst:
1 Bund Biomöhren (denn die haben keine Schadstoffe)
KEIN Salz oder Zucker

Und so geht's:
- Möhren waschen, putzen, schälen und klein schneiden.

- In einen Topf geben und knapp mit Wasser bedecken. Nicht zu wenig, aber auch nicht zu viel. Das Wasser brauchen wir später noch, um es mit den Möhren zu einem geschmeidigen Püree zu verarbeiten.
- Deckel drauf und das Ganze etwa 10 Minuten kochen lassen. Einfach so lange, bis die Möhren richtig schön weich sind und nicht mehr bissfest, umso leichter geht das Pürieren.
- Jetzt werden die Möhren im Kochwasser einige Minuten ordentlich püriert.
- Wenn dein Baby noch klein ist, gibst du das Pürierte noch mal durch ein Sieb direkt in die Breischüssel. Dann ist die Konsistenz wirklich ganz fein, und es verstecken sich garantiert keine Stückchen mehr, an denen sich dein Baby verschlucken könnte.

Babys Windel »nach« dem Brei

Ja, und dann lass uns noch kurz über den »neuen« Stuhlgang deines Babys nach der Beikosteinführung reden! Denn der ist plötzlich anders. Und jetzt kann es auch nachts volle Windeln geben. Gehe also davon aus, dass dein Engelchen ab jetzt öfter und auch anders in die Windel macht. Öfter wickeln ist also vielleicht wieder angesagt.

Harter Stuhl ist übrigens ein Anzeichen dafür, dass dein Baby zu wenig Flüssigkeit aufnimmt. Gib ihm also zu den Breimahlzeiten immer auch ein Glas Wasser zu trinken (zusätzlich zur Stillmahlzeit im Anschluss).

Baby-led Weaning

»Baby-led Weaning« (kurz BLW) bedeutet übersetzt in etwa: »durch das Baby geleitete Entwöhnung«. Im Gegensatz zur von den Eltern geleiteten Beikosteinführung mit Brei, bei der das Baby ja gefüttert wird, übernimmt bei BLW das Baby seine langsame Entwöhnung weg von der Muttermilch, hin zur festen Nahrung von Anfang an selbst und in seinem eigenen Tempo – es isst das, was es sich in den Mund stecken und »verarbeiten« kann. Das ist am Anfang eher ein (Aus-)Saugen und Matschen als wirkliches Essen. Bis dein Baby über BLW so viel Nahrung zu sich nehmen kann, dass es davon vollständig satt wird und ausreichend mit Nährstoffen versorgt ist, bleibt die Muttermilch (oder Pre-Milch) darum die Hauptnahrungsquelle deines Babys. Das heißt, die Stillmahlzeiten werden erst mal nicht ersetzt, sondern du bietest deinem Baby zusätzlich feste Nahrung an, die es kennenlernen und probieren

kann. Bis es so weit ist, dass die feste Nahrung ausreicht, um es zu ernähren, kann es darum etwas länger dauern, durchaus bis nach dem ersten Geburtstag.

Der »Fahrplan«, den Kinderärzte oder Hebammen den Eltern in der Regel für die Beikosteinführung mit auf den Weg geben, ist nicht relevant für die, die mit ihrem Baby BLW machen wollen. Euer Fahrplan ist: Lasst euer Baby die Nahrung ausprobieren, die es am Familientisch greifen kann (und die natürlich geeignet ist, dazu gleich mehr), und stille zusätzlich als Hauptnahrungsquelle.

BLW ist gerade ein richtiger Trend und eignet sich besonders für Babys, die Brei ablehnen. Früher oder später bekommt aber jedes Babys feste Nahrung und ganze Lebensmittel in die Hand. Mit Brei zu füttern ist übrigens keine »moderne« Form der Beikosteinführung. In vielen Völkern der Erde durch die Menschheitsgeschichte hindurch wurde Babys das Essen vorgekaut und als breiige Masse gefüttert.

Meiner Meinung nach schließt das eine das andere gar nicht aus. Ich halte BLW für eine tolle Sache, und es passt in die Ernährung jedes Babys. Genauso wie auch Brei. Natürlich kann man beide Konzepte getrennt voneinander handhaben, aber eben auch miteinander kombinieren. Ich selbst habe immer eine Mischform gewählt: Meine Babys haben zwischen fünf und sieben Monaten angefangen, Brei zu essen, und als sie etwas älter waren, ist automatisch feste Nahrung hinzugekommen, hat die Breimahlzeiten ergänzt und irgendwann ganz abgelöst.

Es gibt allerdings auch Babys, die Brei rigoros ablehnen. Das liegt vielleicht daran, dass wir etwas zu früh anfangen, Babys an »richtige« Nahrung zu gewöhnen. Grund dafür ist die Sorge, die Muttermilch könne dem Baby nicht mehr ausreichend Nährstoffe zur Verfügung stellen. Das ist aber nicht so, wie ich vorher schon erklärt habe: Die ersten zehn Lebensmonate ist dein Baby in der Regel mit allem, was es braucht, über die Muttermilch versorgt.

Wenn dein Baby also noch keinen Brei essen mag, dann forciere es nicht. Entspanne dich, denn es ist kein Problem, wenn du später als im sechsten Lebensmonat mit der Beikosteinführung anfängst. Babys mit zehn Monaten haben mitunter viel mehr Freude an fester Nahrung und sind nicht mehr so sehr am Brei interessiert, denn sie sind viel reifer als noch mit sechs Monaten: Sie können aufrecht sitzen, selbst greifen, haben mehr Zähne zum Beißen und Kauen. Dann ist BLW für euch sicherlich ein guter Weg.

Solltest du dir nun vorgenommen haben, unbedingt mit BLW starten zu wollen, aber du merkst, dass dein Baby unzufrieden ist, an der Brust immer gieriger trinkt, offenbar nicht satt wird, dann könntest du durchaus überlegen, Brei zusätzlich zu ganzen Lebensmitteln anzubieten.

Welche Lebensmittel eignen sich?
○ Weich gekochtes, geschältes Gemüse, und zwar so weich, dass man es mit der Zunge am Gaumen zerdrücken kann: z. B. Möhren, Kartoffeln, Kürbis, Süßkartoffel, Brokkoli oder Blumenkohl. Das Gemüse sollte aber noch so fest sein, dass es nicht auseinanderfällt, wenn dein Baby es in die Hand nimmt. Schneide es in fingerdicke, pommesartige Schnitze, die kann dein Baby gut greifen
○ Weich gekochte Nudeln. Sehr gut eignen sich Penne oder Farfalle (Schleifchennudeln) zum Greifen
○ Salzarmes Brot (keine Laugenbrezel, da ist zu viel Salz drin), am besten körnerfrei. Du kannst auch die Rinde abschneiden
○ Weiches, nicht zähes Fleisch (zum Beispiel sehr mageres Rindfleisch, oder du brätst Rinderhack zu einer »Baby-Frikadelle« ohne alles durch)
○ Geschälter, vorgekochter Apfel
○ Eine weiche, geschälte Birne (die muss nicht unbedingt gekocht sein; wenn sie reif ist, dann einfach ein schön großes Stück in die Hand geben)
○ Avocado
○ Koch doch auch mal eine kräftige Fleischbrühe, und lass dein Baby ein wenig davon trinken. Aber bitte nicht als Wasserersatz. Die Inhaltsstoffe aus den ausgekochten Knochen sind nämlich sehr wertvoll
○ Du kannst auch recht bald anfangen, vor allem das gekochte Gemüse mit etwas Öl zu bestreichen oder mit ein paar Tropfen Öl im Wasser zu kochen (Raps- oder Sonnenblumenöl eignen sich gut). Denn Babys brauchen Fett zum Wachsen und Gedeihen, und es bindet außerdem die Vitamine im Gemüse

Was sich nicht so gut eignet, sind Orangen, Paprika und Tomate (wegen der Schale).

Und obwohl ich meinem kleinen Baby Gurke gern zum Dran-Lutschen gegeben habe, hatte ich ab dem Moment, wo es richtig essen und die Nahrung herunterschlucken konnte, plötzlich das Gefühl, sie sei zu hart, um sie am Gaumen zu zerdrücken. Darum habe ich Gurke dann erst später wieder gegeben. Das war aber mein ganz persönliches Bauchgefühl. Auch du darfst bei jedem Lebensmittel auf dein eigenes Bauchgefühl achten und es auch immer wieder überprüfen.

Überhaupt ist mir noch wichtig zu sagen: Wenn du bei irgendeinem Lebensmittel unsicher bist oder gar Angst hast, dein Baby könnte sich daran verschlucken, überspringe dieses Lebensmittel. Wichtig ist, dass auch du dich wohlfühlst mit diesem Weg. Das Ganze soll bitte auf keinen Fall in Stress ausarten. Denn auch das bekommt dein Baby mit, und dann ist BLW keine entspannte Ernährungsform mehr für euch.

Und darauf solltest du bei BLW achten

- Auch der Start für die Beikosteinführung mit fester Nahrung muss von deinem Baby ausgehen. Ich habe diese Signale etwas weiter vorn genannt.
- Wenn es dann losgehen kann, ist eines am allerwichtigsten: Lass dein Baby auch beim Essen natürlich nie allein.
- Und es sollte schon aufrecht sitzen können, wenn ihr mit BLW loslegt. Und zwar selbstständig (siehe dazu noch mal Seite 163). Warte diesen Entwicklungsschritt entspannt und ohne Eile ab.
- Dein Baby sollte auch selbstständig greifen und Sachen zum Mund führen

können, sonst wird die Erfahrung rasch zu einer recht frustrierenden für dein Kleines.
- Das Essen am Familientisch ist bei BLW übrigens besonders wichtig, denn du bist für dein Baby das größte Vorbild. Also iss am besten auch etwas, wenn dein Baby isst. Und biete ihm gern dieselben Lebensmittel an (bis auf wenige Ausnahmen, natürlich). Dazu müsst ihr euren Speiseplan natürlich ein wenig auf das ausrichten, was euer Baby zu sich nehmen darf. Das ist manchmal eine echte Entdeckungstour, selbst für die Mamas und Papas. Nachwürzen könnt ihr dann ja auf eurem Teller.
- In diesem Punkt gibt es keinen Unterschied zum Breiessen: Auch BLW führt zu einer einigermaßen großen Sauerei, ich sage es dir. Denn Babys untersuchen und zermanschen alles. Es bleibt nichts sauber – weder das Baby noch die Umgebung.
- Dein Baby zeigt dir bei BLW besonders deutlich, wann es nicht mehr mag, nämlich dann, wenn es sich nichts mehr selbst in den Mund steckt. Versuche dann nicht, es dazu zu bringen, doch noch etwas zu essen, indem du es ihm an die Lippen hältst oder es dazu animierst, den Mund aufzumachen.
- Übrigens gilt wie beim Brei auch bei BLW: Wenn dein Baby ein Lebensmittel beim ersten Mal ablehnt, heißt das noch nicht, dass es das nicht mag. Biete ihm das entsprechende Lebensmittel ruhig immer wieder mal an. Vielleicht findet es irgendwann doch Gefallen daran. Und wenn nicht: Dann lass dein Baby

entscheiden. Auch so kleine Menschenwesen haben schon individuelle Vorlieben.

○ Beruhigend zu wissen ist: Babys haben einen Würgereflex, der viel weiter vorn im Mund liegt als bei uns Erwachsenen. Er ist in der Regel so weit vorn, dass unzerkaute Nahrung gar nicht so weit in den Rachen gelangen kann, um aus Versehen verschluckt zu werden. Das soll keine Entwarnung sein. Nur, dass du es mal gehört hast und dich nicht wunderst, wenn dein Baby öfter mal am Anfang würgt. Der Reflex wandert mit der Zeit immer weiter nach hinten.

Das darf dein Baby unter einem Jahr nicht essen

Mit der Beikosteinführung kommt natürlich die Frage auf: Welche Lebensmittel darf mein Baby essen und von welchen sollten wir lieber noch die Finger lassen?

Folgende Lebensmittel solltest du in Babys erstem Jahr vermeiden:

○ Honig (und Ahornsirup): Er kann das Bakterium *Clostridium botulinum* enthalten, das zum sogenannten Säuglingsbotulismus führen kann: Bakterien lagern sich im Darm des Säuglings an und produzieren toxische Substanzen, die Lähmungserscheinungen zur Folge haben können, bis hin zum Atemstillstand. Sollte dein Baby, aus welchen Gründen auch immer, dennoch Honig zu sich genommen haben, musst du es 30 Tage lang ganz aufmerksam beobachten: ob es zu Atem-, Schluckbeschwerden, Verstop-

fung kommt. Und dich in einem solchen Fall umgehend mit eurer Kinderärztin in Verbindung setzen.

○ Rohe tierische Produkte: roher Fisch, wie er in Sushi verwendet wird, rohe Fleischprodukte (Tartar, Mett, rote Teewurst, viele Wurstsorten wie Salami), rohes Ei. Schau dir jede Zutatenliste genau an. Denn diese Produkte können u. a. Salmonellen enthalten, die zu einer Lebensmittelvergiftung führen können. Die ist schon für uns Erwachsene gefährlich, aber für ein Baby kann sie im schlimmsten Fall tödlich enden, weil sein Immunsystem noch nicht ausgereift ist. Ab wann Kinder rohes Fleisch essen können, da scheiden sich die Geister: Meist wird empfohlen, bis zum zweiten oder dritten Lebensjahr zu warten. Einige empfehlen sogar, rohes Fleisch nicht vor dem fünften Lebensjahr zu verzehren.

○ Rohmilchprodukte, das ist vor allem roher Käse: Es ist wichtig, dass alle Produkte auf Milchbasis pasteurisiert sind. Wenn du unsicher bist, frag unbedingt an der Käsetheke nach. Auf vielen Käsesorten ist aber auch vermerkt, ob sie pasteurisiert oder aus Rohmilch hergestellt sind.

○ Kuhmilch als Trinkmilch: Denn sie gilt einmal als Allergieauslöser, und zweitens ist ihre Zusammensetzung für Babys vor allem im ersten Jahr noch nicht geeignet. Kuhmilch enthält nämlich sehr viel Eiweiß. Überschüssiges Eiweiß aber wird vom Körper in Harnstoffe umgewandelt, die durch die Nieren ausgeschieden werden müssen.

DIE »RICHTIGE« MENGE KUHMILCH(PRODUKTE)

Im Moment wird pro Tag max. empfohlen:

200 ml Kuhmilch

100 ml Joghurt

20 g Butter

Grundsätzlich rate ich dazu: Gib deinem Baby nicht zu viel von was auch immer, versuche, eine gesunde Mischkost zu erreichen – von allem ein bisschen. Denn auch 200 ml Kuhmilch auf einmal können sehr viel und schwer verdaulich für dein Kleines sein. Füttere lieber alles in Maßen, dann hat dein Baby die Chance, es gut zu verdauen.

Babys Nieren sind aber noch gar nicht in der Lage, dieses Übermaß an Harnstoff auf dem Blut zu filtern und auszuscheiden. Die Folge: Seine Nieren werden zu stark belastet.

Darum wird empfohlen, Kuhmilch als Trinkmilch nicht unter einem Jahr zu reichen.

Ab dem siebten Lebensmonat kannst du aber im Zuge der Beikosteinführung anfangen, Kuhmilch anzubieten, indem du damit den Brei anrührst. Achte unbedingt darauf, die empfohlene Tagesmenge von 200 ml nicht zu überschreiten. Ich habe übrigens allen meinen Kindern zwischen dem achten und neunten Lebensmonat ihren Brei mit etwas Kuhmilch zubereitet. Und zwar so: Hälfte Kuhmilch, Hälfte Wasser und dann noch etwas Öl dazu.

○ Bitte keine Sojamilch oder sonstigen Sojaprodukte anbieten, denn Soja enthält Phytoöstrogene, die den Hormonhaushalt deines Babys durcheinanderbringen können.

○ Auch Milchprodukte wie Quark, Frischkäse und Käse sind in Babys erstem Jahr nur bedingt geeignet, da ihr Eiweißgehalt zum Teil noch höher ist als der von Kuhmilch. Joghurt ist eine bessere Alternative, seine Eiweißmenge ist etwas geringer.

○ Getreide: Derzeit wird empfohlen, dass Babys relativ bald, wenn sie mit dem »richtigen« Essen anfangen, mit allen Getreidesorten in Berührung kommen sollten. Natürlich nur in ganz geringen Dosen. Unter dem Schutz der Muttermilch ist nämlich die Wahrscheinlichkeit, später eine Unverträglichkeit zu entwickeln, viel geringer.

○ Eier: Ab dem zehnten Lebensmonat kannst du vorsichtig mit Ei anfangen. Vorsichtig darum, weil auch Eier Allergien auslösen können. Im Moment gilt: Ein Ei die Woche für ein Baby ab dem zehnten Lebensmonat. Eier zählen außerdem zu den schwer verdaulichen Lebensmitteln, können also Blähungen hervorrufen.

○ Apropos »schwer verdauliche Kost«: Ich würde im ersten Jahr diese Art von Lebensmitteln (Kohl, Rosenkohl, Zwiebeln, Hülsenfrüchte u. a.) für dein Baby noch vermeiden. Denn der Darm deines kleinen Engelchens braucht ein

WENN DEIN BABY DOCH …

Und wenn dein Baby doch von einem der genannten Lebensmittel gekostet hat, gilt: Beobachte ganz genau über die nächsten Tage, ob es Auffälligkeiten gibt, dein Baby vielleicht erbricht, Durchfall hat … Wenn du unsicher bist, halte sofort Rücksprache mit deiner Kinderärztin.

ERSTICKUNGSGEFAHR

Wir wissen es schon: Bis zum dritten Lebensjahr besteht erhöhte Erstickungsgefahr bei Babys, wenn sie harte, kleine Teile schlucken. Dazu zählen auch Lebensmittel. Auch Vorsicht bei Fisch wegen der Gräten! Immer gründlich durchsuchen, bevor dein Baby etwas davon zu essen bekommt.

bisschen, um sich von der Mutter- oder Pre-Milch an feste Nahrung zu gewöhnen. Das kann bis ins zweite Lebensjahr hineinreichen.

○ Nüsse: Allerdings nicht wegen ihrer Inhaltsstoffe, sondern aufgrund der Gefahr des Verschluckens. Nussmus (zum Beispiel mein geliebtes Mandelmus) kannst du aber sehr gern geben. Auch das natürlich in kleinen Dosen, zumindest zum Start. Erdnüsse haben den Ruf, Allergien auszulösen, darum hat man bis vor wenigen Jahren davon abgeraten, Babys davon zu geben. Mittlerweile weiß man aber, dass das Immunsystem des Babys trainiert wird, wenn man ihm bereits im ersten Lebensjahr auch Erdnussmus (natürlich ohne Zucker!) in winzigen Mengen zum Probieren gibt.

○ Zucker: Je später du dein Baby (Kleinkind) an Zucker gewöhnst, umso besser. Wir sprachen bereits darüber. Je früher Babys Zucker bekommen, desto höher ist übrigens auch die Wahrscheinlichkeit, später an Diabetes Typ II zu erkranken.

○ Salz benötigt dein Baby nicht zusätzlich im ersten Lebensjahr. Lass alle Nahrungsmittel so natürlich wie möglich, salze sie nicht. Babys vermissen nichts, denn sie kennen den Geschmack von Salz noch gar nicht.

○ Auberginen: Die besitzen tatsächlich einen kleinen Nikotingehalt.

○ Thunfisch kann Quecksilber enthalten. Leider speichern viele fette Fischsorten Umweltgifte in ihrem Fettgewebe. Achte bei deinem Baby also eher auf fettarme Fischsorten (wie Kabeljau, Seelachs, Zander).

○ Künstliche Zusatzstoffe, Geschmacksverstärker, Aromen. Je ursprünglicher ein Lebensmittel, desto besser für unsere Kleinen zum Großwerden.

○ Fast Food

BABYS MITTAGSSCHLAF

Du Liebe, vielleicht klappt es bei euch schon gut mit dem Einschlafen am Abend, vielleicht schläft dein Baby sogar schon einige Stunden durch in der Nacht, vielleicht steht ihr aber auch ganz am Anfang und steckt noch in eher unregelmäßigen und unruhigen Schlafphasen. Ärgere dich nicht, wenn dein Baby vielleicht noch nicht allein schlafen möchte. Es gibt eben auch sehr sensible Babys. Ich kann dir nur ans Herz legen: Lasst euch Zeit! Gib deinem Baby die Nähe und Geborgenheit, die es braucht. Umso mehr wächst sein Urvertrauen, sodass es bald auch das Zutrauen haben wird, allein einschlafen zu können.

Wenn dein Engelchen etwa fünf Monate alt ist, haben sich die anfänglichen ungefähr fünf Schlafphasen auf zwei längere Schlafphasen am Tag reduziert. Zusammengerechnet mit dem Nachtschlaf sind das noch etwa 14 bis 16 Stunden Schlaf in 24 Stunden. Mein Kleiner schlief mit fünf Monaten tagsüber noch zweimal ungefähr zweieinhalb bis drei Stunden. Über diesen Vor- und Nachmittagsschlaf wollen wir jetzt sprechen.

So begleitest du dein Baby gelassen und liebevoll in seinen Tagschlaf

1. Versuche, dein Baby nicht zu lange wach zu lassen. Wenn der »müde Punkt« überschritten ist, wird es schwieriger und dauert länger, es zum Schlafen zu bewegen. Ich habe meinen Kleinen in diesem Alter nie länger als drei Stunden wach gelassen.

2. Lass dein Baby in seinen wachen Phasen aktiv sein, lass es sich »austoben«. Geht viel an die frische Luft, sodass es schön müde werden kann.

3. Aber nicht »übermüdet«. Sobald du erkennst, dass dein Baby langsam für den Mittagsschlaf bereit ist, leite in eure Mittagsschlafroutine ein.

*L*IEBLINGS-EINSCHLAFLIED:

Da ich bekanntermaßen seit 15 Jahren Einschlaflieder singe, sind mir die Texte im Laufe der Jahre langweilig geworden. Darum habe ich angefangen, mir eigene Texte zu bekannten Einschlafmelodien auszudenken. Die müssen sich auch gar nicht reimen. Meist singe ich davon, was wir den Tag über gemeinsam erlebt haben. Das muss gar nichts Großes gewesen sein, manchmal geht's einfach um die Farbe des Schlafanzugs oder das Mittagessen, das es gegeben hat.

Daran erkennst du, dass dein Baby müde wird:

○ Dein Baby starrt ins Leere.
○ Es reibt sich die Augen, die Ohren, die Nase, fuchtelt in seinem Gesichtchen herum.
○ Es dreht den Kopf weg.
○ Es hat glasige Augen.
○ Es wird quengelig.

Mein Einschlafritual für den Mittagsschlaf

Es ähnelt ein wenig dem Abendritual. Der große Unterschied ist aber, dass ich meinen Kleinen mittags wach hingelegt habe. Ich habe ihm vorher etwas Brei gegeben, dann gestillt. Und dabei habe ich dafür gesorgt, dass er nicht an der Brust einschläft. Denn wenn ich ihn dann ins Bettchen gelegt hätte, wäre er aufgewacht. Und ein Baby, das erst kurz geschlafen hat und dann wieder wach wird, schläft ganz schwer erneut ein. Nach dem Essen habe ich mein Baby gewickelt, umgezogen und es dann wach in sein Bettchen gelegt. Zu seinem Mittagsschlaf war es nie besonders dunkel, ich habe aber darauf geachtet, dass mein Kleiner kein direktes Licht abbekommen hat.

Er hat mich dann mit seinen müde-glasigen Äuglein angeschaut. Ich habe meine Hand auf seinen Kopf gelegt oder auf sein Beinchen, ihn ein bisschen gestreichelt, manchmal habe ich ihm noch etwas erzählt oder gesummt. Manchmal war ich aber auch ganz still, war einfach nur bei ihm, sodass er mich sehen und fühlen konnte. Und dabei ist er dann eingeschlafen. Das hat am Anfang noch etwas länger gedauert, doch durch die Sicherheit, die er durch dieses im-

mer wiederkehrende Ritual gewonnen hat, ging es von Mal zu Mal schneller. Irgendwann war er innerhalb von zehn Minuten eingeschlafen.

Auch während des Mittagsschlafs war mein Kleiner immer in meiner Nähe und von Geräuschen umgeben. Ich habe nicht dafür gesorgt, dass im Haus absolute Stille war. Dieser permanente Geräuschpegel gibt Babys zusätzlich Sicherheit.

Tagsüber hinlegen oder tragen?

Ich habe meinen Kleinen übrigens nur zu einem Tagschlaf hingelegt, beim zweiten Schlaf habe ich ihn zu mir ins Tragetuch genommen. Denn ich hatte immer eine Menge »draußen« zu tun und konnte seine Schlafenszeit dann gut dazu nutzen.

Diese zwei Möglichkeiten, dein Baby

Mein Kleiner war so an das Tragen gewöhnt, dass er sogar wie hier beim Schaukeln seinen Vormittagsschlaf machen konnte.

WAS BEDEUTET BEIM BABY »DURCHSCHLAFEN«?

Beim Stichwort ›Durchschlafen‹ denken viele an einen Nachtschlaf von 19 oder 20 Uhr bis zum nächsten Morgen. Wenn ein Baby schon in den ersten Wochen so lange am Stück schlafen sollte, wäre das eine sehr große Ausnahme. Durchschlafen wird als ununterbrochene Schlafphase von Mitternacht bis etwa 5 Uhr morgens definiert, das bedeutet also fünf (manchmal sechs) Stunden am Stück. Bis etwa zum sechsten Lebensmonat bildet sich bei den meisten Babys diese ungefähre nächtliche Schlafdauer heraus. Bei den meisten. Es gibt aber auch Babys, die schlafen erst später durch, manchmal erst nach dem ersten Lebensjahr. Es kann übrigens auch passieren, dass dein Baby schon durchgeschlafen hat und auf einmal nachts wieder öfter aufwacht. Gründe können ein Wachstumsschub sein und damit verbundener Hunger, Zahnen, ein Infekt … Wusstest du übrigens, dass kein Mensch – auch kein Erwachsener – die ganze Nacht durchschläft? Zwischen den Übergängen von Tiefschlaf- zu REM-Phasen (die REM-Phase wird auch als »Traumphase« bezeichnet, und wir sind darin viel aktiver als in der Tiefschlafphase) unseres Schlafes erwachen wir jedes Mal, um (unbewusst) zu kontrollieren, ob alles um uns herum noch in Ordnung ist. Der Unterschied ist, dass wir Erwachsenen gleich wieder einschlafen und uns am nächsten Morgen in der Regel nicht daran erinnern. Ein Baby aber muss erst lernen, nach so einer Wachphase ganz beruhigt wieder allein einzuschlafen.

tagsüber schlafen zu lassen, widersprechen sich nicht, du musst dich also nicht für eine Variante entscheiden, sondern kannst sie variieren.

Wichtig ist nur, dass du die Schlafenszeiten jeden Tag weitestgehend einhältst.

Mein Kleiner hat meist zwischen 10 und 12 Uhr und dann noch mal zwischen 15 und 17 Uhr geschlafen. An diesen Zeiten habe ich dann versucht, meinen Tagesplan zu orientieren. Und das hat immer erstaunlich gut geklappt.

MEIN MAMA-ALLTAG MIT BABY

Was kann man zusammen mit einem Baby alles machen? Eine ganze Menge!

Zum Abschluss dieses Kapitels möchte ich dir noch mitteilen, wie sich mein Mama-Alltag zu dieser Zeit damals ungefähr gestaltete. Wie weit ich es geschafft hatte, meinen Kleinen in mein Leben zu integrieren. Denn das ist wichtig: Dein Leben mit Baby hat sich natürlich sehr verändert – aber sich selbst treu zu bleiben, die Dinge, die man als Nicht-Mama gemacht hat, auch nach und nach mit Baby wieder aufzunehmen, macht dich glücklich. Und damit auch dein Baby. Ob es nun um alltägliche Dinge wie Einkauf und Spaziergang geht oder um geliebte Hobbys.

Baby draußen auf dem Rücken

Wie du weißt, habe ich schon früh angefangen, alles mit meinem Baby zusammen zu machen – und zwar im Tragetuch, erst vor dem Körper, später auf dem Rücken. Je größer dein Baby wird, umso mehr hast vielleicht auch du Lust, es beim Tragen auf den Rücken zu nehmen, wenn ihr draußen unterwegs seid. Das kann zwei Gründe haben: Erstens bekommst du vom mittlerweile ja doch recht ordentlichen Gewicht deines Babys vorn vielleicht Rückenschmerzen, und zweitens ist dein Goldschatz möglicherweise unzufrieden, weil er so wenig von der Welt zu sehen bekommt.

Ab wann du dein Baby auf dem Rücken tragen kannst, hängt davon ab, wann dein Baby seinen Kopf einigermaßen stabil hal-

ten kann. Das kann zwischen dem dritten und sechsten Lebensmonat sein. Wir haben das ausführlich im Kapitel »So mobil ist dein Baby« (siehe Seite 162) behandelt. Ich empfehle dir, dich beim Rückentragen an die Anleitung des Herstellers zu halten, auf YouTube findest du auch eine Reihe von Trageanleitungen. Im Zweifelsfall kannst du dich auch noch an eine Trageberatung wenden. Außerdem: Übe das Tragen auf dem Rücken drinnen, bis du dich sicher fühlst.

Wichtig ist, dass dein Baby auf dem Rücken warm genug angezogen ist, weil du es ja auf dem Rücken über deiner Jacke trägst. Je nach Jahreszeit und Temperatur also ein Höschen, Jäckchen und warme Socken drüber oder aber einen Fleece- und sogar Schneeanzug und Handschuhe (wir sprachen schon darüber bei »Babys im Winter«, Seite 132). Es gibt auch, wie bereits erwähnt, warme Tragejacken, die einen Einsatz für vorn und hinten haben. Wenn du dein Baby also über der Jacke auf dem Rücken trägst, schützt der Einsatz das Kleine vor der Kälte. Und natürlich das Mützchen nie vergessen, denn jetzt schützen dein Baby keine Tuchbahnen mehr.

Wenn ich meinen Kleinen auf dem Rücken getragen haben, habe ich mir vorn übrigens meinen Rucksack umgeschnallt. Das sieht vielleicht etwas merkwürdig aus, ist aber superpraktisch. So hat man alles griffbereit in Augenhöhe. Auch im Rucksack war nicht mehr drin als mein »Wickel-Notfall-Kit«: Windel, Feuchttücher, Spuck-

STILLEN IN DER ÖFFENTLICHKEIT

Zum Glück sieht man immer mehr Frauen in der Öffentlichkeit stillen, und es gehört mittlerweile zum normalen Stadtbild dazu. Das ist ja auch folgerichtig: Wir Erwachsenen holen uns schließlich auch etwas zu essen, wenn wir Hunger haben, und spazieren damit durch die Straßen oder sitzen auf Parkbänken. Und wir *könnten* uns sogar noch eine Weile gedulden. Ein Baby aber kann nicht warten. Wenn es Hunger oder Durst hat, dann muss dieses Bedürfnis natürlich so schnell wie möglich gestillt werden. Und dafür haben die allermeisten Menschen auch volles Verständnis.

Kleiner Hinweis: Solltest du dich doch mal deswegen verteidigen müssen, dann gebe ich dir hier meine Lieblingsantwort mit auf den Weg: »Bitte denken *Sie* daran, wenn Sie das nächste Mal einen Schluck Wasser trinken oder in einen Apfel beißen: Ab sofort nur noch zu Hause.« Alles natürlich mit einem Lächeln auf den Lippen.

tuch, Taschentücher. Außerdem mein Handy und Portemonnaie.

Wie auch immer du dein Kleines »fortbewegst« – ob vor dem Körper, auf dem Rücken oder im Kinderwagen –, hier kommt

Ich beim Stillen auf einer Parkbank – übrigens: Ich mache gerade Beckenbodentraining. Multitasking at its best.

meine Inspiration für Unternehmungen zusammen mit deinem Baby!

Die elf schönsten Unternehmungen mit Baby

1. Sieh dein Baby doch als eine Art Gefährten, mit dem du deinen Alltag fortan gestaltest. Nimm es mit in den Supermarkt, zur Post etc. Ich schwöre dir: All diese Dinge machen mit Baby Spaß.

2. Geht täglich raus und an die frische Luft, tankt Tageslicht, das tut Körper und Seele gut. Am schönsten sind diese Spaziergänge in Begleitung, und wenn keiner Zeit hat, nimm deine beste Freundin per Telefonanruf mit.

3. Ich bin gern mit meinem Baby ins Café gegangen. Da haben wir uns unsere kleine Auszeit genommen: Ich

mit meinem Tee und mein Baby an der Brust. Ich habe den Kleinen also abgeschnallt und gestillt.

Das hat um mich herum in einer großen Stadt wie Berlin übrigens niemanden interessiert. Und wenn ich mich irgendwie beobachtet oder unwohl gefühlt hätte, hätte ich einfach ein Tuch drübergedeckt.

Als Sitzplatz habe ich am liebsten eine Bank gewählt, weil ich mein Baby dann auch mal ablegen konnte. Ich habe die Seiten mit einer Stuhllehne gesichert, bin aber natürlich immer mit einer Hand am Baby geblieben. Denn mit sechs Monaten ist da schon ordentlich Bewegung drin.

Es gibt auch spezielle »Kindercafés«, die extra auf Babys und Kleinkinder ausgelegt bzw. wo diese ausdrücklich erwünscht sind. Hier lernt man auch andere Mamas kennen und hat eine schöne Zeit mit seinem Baby.

4. Dann ging's für uns oft zum Einkaufen. Da war ganz klar: Ich kann nur so viel einkaufen, wie in ein Körbchen passt (nicht in einen Einkaufswagen, da ist das Risiko, zu viel einzukaufen, zu groß). Denn ich musste den Einkauf ja auch noch nach Hause tragen. Für Großeinkäufe musste dann das Auto herhalten.

5. Besuche Freunde oder Familie.

6. Lade Besuch zu dir nach Hause ein. Aber ohne Druck und ganz gelassen – bei dir darf es unordentlich sein, du darfst im Schlabberlook die Tür aufmachen, und der Besuch darf den Kuchen mitbringen.

Ob abends oder tagsüber – auswärts essen mit Baby ist immer einen Versuch wert.

7. Du kannst dein Baby auch abends mit ins Restaurant nehmen und dir einen schönen Abend gönnen. Du musst ja nicht allzu hohe Erwartungen haben, probiere es einfach aus, wenn dir danach ist. Zieh dir ein stillfreundliches Oberteil an und stelle dein Baby im Maxi-Cosi oder Kinderwagen neben dich oder lege es im Tragetuch auf zwei Stühle oder eine Sitzbank.

8. Es gibt klassische Aktivitäten mit Baby wie PEKiP, Babyschwimmen, Mutter-Kind-Yoga. Der Haken ist, dass es feste Termine sind, die auch in der Regel nicht verschiebbar sind und die sich nicht danach richten, was dein Baby vielleicht gerade an dem Tag, zu der Stunde *nicht* will. Wenn du mal einen Termin versäumst, mach doch das ein oder andere Bekannte einfach allein zu Hause mit deinem Baby. Nutze auch die Angebote in Familienzentren für Mutter und Kind. Diese

Zentren gibt es eigentlich in jedem Ort, du findest den Kontakt und das Kursangebot im Netz.

9. Aktiviere deine alten Hobbys, probiere aus, wie du sie mit deinem Baby vereinbaren kannst. Denn deine Hobbys machen dich glücklich!

10. In der Elternzeit hast du endlich mal Zeit, mit deinem Baby zusammen »Erwachsenendinge« zu unternehmen, zu denen du bisher nicht gekommen bist, Dinge, die auch deinen eigenen Geist ansprechen: Museumsbesuch, Zoo …

11. Wenn du besonders ambitioniert – oder talentiert – bist, kannst du deine »Auszeit« auch dafür nutzen, dir etwas ganz Neues anzueignen per Video- oder Audiotraining, wie eine Sprache oder Zeichnen.

Du siehst, es gibt viele Unternehmungen und Aktivitäten, die du auch mit deinem Baby machen kannst. Schau doch einfach selbst und probiere aus, wo du dein Goldengelchen überall in deinen Alltag integrieren kannst. Hab den Mut, etwas zu versuchen, und wenn es nicht klappen sollte und dein Baby zu unruhig ist oder anfängt zu weinen, dann unterbrichst du eben und probierst es beim nächsten Mal wieder.

Und sorge dich nicht, dass es zu viel Vorbereitung benötigt oder zu kompliziert ist, mit einem Baby allein das Haus zu verlassen. Es braucht wirklich nicht viel, wie ich dir im Kapitel »Wickeltasche« schon gezeigt habe (siehe Seite 124). Und wenn mal was Großes danebengeht oder etwas Wichtiges fehlt, kannst du auch jederzeit entspannt umkehren. Setze dich einfach nicht zu sehr unter Druck.

FREUNDSCHAFTEN ZWISCHEN MAMAS UND NICHT-MAMAS

Je jünger du bist, umso wahrscheinlicher ist es, dass du Freundinnen hast, die noch keine Kinder haben. Und wenn du schon etwas älter bist, bist du vielleicht noch eine der wenigen, die keine Kinder hat. Natürlich unterscheidet sich ein Leben mit Kindern wesentlich von einem Leben ohne Kinder. Und wenn man ein Baby hat, redet man nun mal über volle Windeln, weil einen dieses Thema so sehr betrifft. Mamas können sich jedoch schwer vorstellen, dass das auch ihre Nicht-Mama-Freundinnen interessiert, und sprechen darum mit anderen Mamas darüber. Und die Nicht-Mamas empfinden die Dinge, die sie im Moment beschäftigen, manchmal als zu banal, verglichen mit einem Leben mit Baby. So fühlt sich sowohl die eine als auch die andere ausgeschlossen vom Leben der anderen, ist traurig, mitunter sogar wütend. Daran kann manchmal sogar eine Freundschaft zerbrechen, zumindest auseinanderdriften.

Das muss aber nicht sein und wäre auch so, so schade.

Sei gewiss: Es ist etwas wundervolles, Freundinnen zu haben, die ein ganz anderes Leben führen als man selbst, denn es inspiriert und bereichert den eigenen Horizont so sehr.

MEINE SECHS GOLDENEN REGELN

für Mama- und Nicht-Mama-Freundschaften

1. Frage deine Freundin geradeheraus, was sie momentan beschäftigt. Sie muss wissen, dass es dich interessiert.

2. Rede als Nicht-Mama auch über die Themen, die dir gerade wichtig sind. Sorge dich nicht, dass sie zu banal sind.

3. Habt Verständnis füreinander, versucht, euch ineinander hineinzuversetzen.

4. Schließe deine Nicht-Mama-Freundin nicht aus deinem »neuen« Leben aus. Sie kann mit deinen Themen mitwachsen und muss nicht außen vor gehalten werden.

5. Bitte sie stattdessen, zu helfen – ungebundene, kinderlose Freundinnen können dich meist wunderbar unterstützen! Und: Es ist ein schönes Gefühl, gebraucht zu werden und helfen zu können.

6. Habt ein gemeinsames Hobby, das euch verbindet, außerhalb eurer so verschiedenen Leben.

THEMA

An alle alleinerziehenden Mamas und Papas

Es liegt mir sehr am Herzen, mit dir über das Thema zu sprechen, war ich doch selbst drei Jahre lang alleinerziehend. Und zwar, als mein Großer drei Jahre alt und ich schwanger mit meinem zweiten Baby war. In dieser Zeit habe ich viel lernen, meinen Alltag umstrukturieren und mir etliches aneignen müssen und viele Talente entdeckt, von denen ich nicht wusste, dass sie überhaupt in mir schlummern.

Diese Erfahrung möchte ich gern mit dir teilen und dir ein paar Tipps und Tricks mit auf den Weg geben.

○ Vorweg möchte ich zuallererst sagen: Mach dir keine Sorgen um dein Engelchen! Jetzt ist dein Baby ja noch ganz klein und braucht vor allem dich. Aber auch wenn es größer wird, ist es mit dieser Situation nicht allein, es wird vielen anderen Kindern von Alleinerziehenden begegnen und deswegen auch verstanden werden. Manche Schulen bieten sogar AGs an, in denen Kinder von Alleinerziehenden sich untereinander austauschen können, aber nicht problem-, sondern »freudeorientiert«. Früher waren Kinder von alleinerziehenden Müttern noch Außenseiter in der Gesellschaft, aber das ist heute nicht mehr so. Jedes fünfte Kind in Deutschland wächst nämlich bei einem allein erziehenden Elternteil auf, neun von zehn Kindern bei der Mutter, eins von zehn beim Vater.

○ Du bist eine Löwenmama oder ein Löwenpapa. Es wird Momente geben, in denen du traurig bist und dir alles zu viel wird. Nimm solche Momente als Herausforderung an. Und glaub mir, ich weiß: Das ist leichter gesagt als getan. Und dennoch muss es sein – du musst diese Herausforderung annehmen. Also heißt es: aufstehen, Schultern nach hinten, Brust raus, Bauch rein, Krone richten – und kämpfen.

○ Teile deinen Kummer – aber nicht mit deinen Kindern. Selbstverständlich muss man sich manchmal ausweinen, sich aussprechen und jemandem sein Leid klagen. Am besten rufst du deine beste Freundin oder deinen besten Freund an. Aber bitte niemals vor oder gar mit den Kindern. Denn deine Kinder verstehen das noch nicht, sie können nicht als Freund oder Seelsorger herhalten.

○ Hol dir Hilfe. Auch wenn du normalerweise nicht zu den Menschen gehörst, die Hilfe von anderen annehmen – jetzt ist es an der Zeit, über deinen Schatten zu springen. Dazu sind doch Freunde und Familie da: um bei Engpässen zu helfen. Nutze das. Es gibt auch offizielle Stellen, wie den *Verband alleinerziehender Mütter und Väter e.V.* (VAMV). Auch bei der Caritas beschäftigt sich ein ganzer Bereich damit, Alleinerziehenden unter die Arme zu greifen (bei finanziellen Fragen zu Kinderzuschlag, Unterhaltsvorschuss, Eltern- und Kindergeld etc. oder auch, wenn es um Familienhebammen oder Haushaltshilfen geht). Behalte im Hinterkopf, dass es diese Hilfsangebote gibt. Du findest Kontaktmöglichkeiten und alle wichtigen Infos dazu im Netz.

○ Bleibt als Ex-Partner fair vor euren Kindern. Im Idealfall habt ihr euch in Freundschaft getrennt und geht vor den Kindern auch immer freundschaftlich miteinander um. Leider läuft es in den meisten Fällen nicht so ab. Dann ist ganz wichtig zu beachten: Lasst eure Kinder nicht teilhaben an Streitigkeiten zwischen euch und macht den jeweils anderen nicht schlecht. Wenn es ganz schlimm zwischen dir und deinem/r Ex-Partner/in läuft, gibt es die Möglichkeit, Elternvereinbarungen zu treffen, sodass ihr eure Streitpunkte nicht vor euren Kindern austragen müsst. Das sind Vereinbarungen, die sich um ganz banale Alltagsdinge drehen wie »Wann geht das Kind ins Bett?«, »Wie viel Fernsehen darf es gucken?«, »Wie viele Süßigkeiten darf es essen?«. Sie können aber auch größere Themen betreffen wie »Wann ist das Kind wo?«, »Wann fährt das Kind mit wem in den Urlaub?« Entsprechende Formulare findest du zum Beispiel auf den Seiten der Caritas.

Wenn dein Ex-Partner es nicht schafft, fair zu bleiben, bleibe du es bitte dennoch. Du solltest nicht nachziehen. Kinder fühlen sich dort aufgehoben, wo sie nichts Schlechtes über ihre Mama oder über ihren Papa hören müssen. Wenn auch das nicht hilft und ihr einfach nicht auf einen gemeinsamen Nenner kommt, ist die letzte Instanz dann leider das Jugendamt.

○ Den Alltag meistern. Ich weiß aus eigener Erfahrung: Das ist als Alleinerziehende/r wirklich eine große Herausforderung. Aber es ist so immens wichtig, den Familienalltag in Ruhe und ohne allzu viel Stress hinzubekommen. Ich habe in der Zeit gelernt, ganz früh aufzustehen. Mein Tag brauchte einfach mehr Stunden als der vieler anderer. Gerade mit meinem zweiten Baby, das in den ersten Wochen so viel geweint hat. Ich habe oft schon morgens mit meiner Kleinen in der Trage zum Beispiel Mittagessen gekocht und eine Waschmaschine angeworfen. Es wäre für mich übrigens unvorstellbar gewesen, durch diese Zeit zu kommen, ohne mein Baby auf dem Rücken zu tragen. Denn nur so hatte ich immer beide Hände frei.

○ Versuche, immer ausgeschlafen zu sein. Zum Thema »frühes Aufstehen« gehörte für mich dazu, früh ins Bett zu gehen. Denn nur so konnte ich so früh aufstehen und den Tag bewältigen, ohne übermüdet zu sein. Das war mein Schutzpanzer. Denn übermüdet war ich emotional noch angreifbarer und nicht so konzentriert. Wenn man aber zwei

Elternteile in einer Person sein, für zwei denken, dazu in allem oft schneller sein und mehr leisten muss, braucht man dieses Ausgeschlafensein dringend. Da bleibt einem oft nichts anderes übrig, als mehrmals in der Woche mit den Kindern ins Bett zu gehen.

- Ordnung halten. Versuche, Unordnung in den eigenen vier Wänden gar nicht erst entstehen zu lassen, indem du beispielsweise jeden Gegenstand gleich wegräumst und auch jeder Gegenstand seinen festen Platz hat. Versuche, Dinge sofort zu erledigen (Post, Finanzen, kleinere Reparaturarbeiten), schiebe sie nicht auf. So kommst du weder mit deinem Haushalt noch mit anderen Dingen in Verzug. Ich weiß aus eigener Erfahrung: Wenn die ungeöffneten Briefe sich zu hoch stapeln, kann schnell Panik entstehen. Und das brauchen wir gar nicht. Seine Dinge zu erledigen, beruhigt ungemein und schafft im eigenen Zuhause eine positive Stimmung. Diese Einstellung hilft mir bis heute in meinem Alltag mit meinen vier Kindern.
- Größere Kinder helfen mit. Auch mein »Großer« musste schon früh lernen, Dinge allein zu machen und mit anzupacken. So hat er zum Beispiel gelernt, sein Zimmer selbst aufzuräumen, sich anzuziehen, sich die Schuhe zuzubinden, bei Kleinigkeiten, den Tisch auf- oder abzudecken. Hab keine Sorge, dass du dein älteres Kind überforderst, traue es ihm zu – das kann es! Meinem Großen hat die frühe Verantwortung in seiner Entwicklung

sehr gutgetan. Er ist übrigens bis heute der »Beschützer« und »Streitschlichter« in der Familie und in seinem Freundeskreis. Darum habe ich das Prinzip auch bei meinen anderen Kindern fortgesetzt, obwohl wir mittlerweile in einer ganz anderen Situation leben und genug Hilfe haben. Aber ich habe gelernt, dass diese Eigenverantwortung meinen Kindern total guttut.

- Führe einen strukturierten Terminkalender. Mir hat das damals sehr geholfen. Heute stehen darin nur noch zum Beispiel Arzttermine und Verabredungen. Aber damals habe ich auch hineingeschrieben, wann ich den Großen zur Schule bringe und abhole, wann ich einkaufen oder zur Post gehe. So bin ich gar nicht in die Verlegenheit gekommen, etwas auf den nächsten Tag zu verschieben, denn da hatte ich mindestens genauso viel zu erledigen.
- Habe einen Überblick über deine Finanzen. Auch geholfen hat es mir, ein Haushaltsbuch zu führen, in dem ich alle Einnahmen und Ausgaben notiert habe. So hatte ich immer die Kontrolle darüber, wie viel ich im Monat ausgebe. Da wird einem erst so richtig bewusst, wofür man sein Geld ausgibt. Und dass Kleinvieh eben auch Mist macht.
- Lege etwas Geld zurück. Wie auch immer du finanziell aufgestellt bist – versuche, mit deinem Geld gut zu haushalten. Habe immer im Hinterkopf, dass du alleinerziehend bist und man nie genau wissen kann, was morgen ist. Ich habe in der Zeit ange-

fangen, jeden Monat etwas Geld beiseitezulegen. Und dabei geht es nicht darum, wie viel. Mache es nach deinen Möglichkeiten. Das gibt dir ein gutes Gefühl und entspannt ungemein.

○ Du kannst alles. Irgendwann wirst du in eine Situation kommen, in der du etwas nicht kannst. Ich hatte solche Situationen damals ständig. Das fing beim Auswechseln einer Glühbirne an, reichte über einen Nagel in die Wand hauen bis zum Zusammenbauen eines Möbelstücks. Wenn man sich aber für einen kurzen Moment von der Überzeugung löst, dass man es nicht kann, ist man erstaunt, wie oft es dann doch klappt, indem man es einfach tut. Und so habe ich damals erfahren: Es gibt nichts, was ich nicht lernen kann. Dazu gibt es wunderbare YouTube-Tutorials oder, ganz old-school, Gebrauchsanweisungen, die man Step by Step befolgen kann. Und siehe da: Ich habe ganz viel in meiner eigenen Wohnung gewerkelt und geschafft.

○ Sei stolz auf dich. Du hattest deine Gründe für die Trennung. Lieber alleinerziehend sein, als in einer Partnerschaft, die dir nicht guttut. Denn darunter leiden auch deine Kinder.

○ Eigene Kräfte schonen und jede Hilfe in Anspruch nehmen, die man bekommen kann. Bei Dingen wie Getränkekisten die Treppen hochschleppen kannst du gut und gern auf die Hilfe von außen zurückgreifen, denn sie wird ja angeboten. Lass dir die Sachen nach Hause liefern, entlaste so deinen Alltag und schone deine Ressourcen.

○ Mütter- und Väter-Allianzen bilden. Es gibt eine ganze Menge Alleinerziehende, garantiert auch in deiner unmittelbaren Umgebung. Tu dich mit ihnen zusammen. Ihr könnt euch wunderbar gegenseitig im Alltag unterstützen. Zum Beispiel die Kinder abwechselnd zur Kita oder Schule bringen oder abholen. Schön ist auch, wenn die Kinder gemeinsam am Nachmittag bei einer/m der Mütter/Väter zu Hause spielen. Die Kinder haben einen Spielgefährten und die/der andere Mutter/Vater hat mal einen Nachmittag etwas Luft. Irgendwann können die Kinder auch beieinander übernachten. So kannst du abends von Zeit zu Zeit etwas unternehmen, dich mit Freunden treffen. Sich ab und an mal wieder »jung« und »frei« zu fühlen, ist ein ganz, ganz wichtiger Ausgleich dazu, dass du so viel mit deinem Kind allein bist. Oder ihr kocht reihum Abendessen und esst gemeinsam, wenn ihr nah beieinander wohnt. Oder man bringt sich gegenseitig Einkäufe mit. Kurzum: Der Alltag kann um so vieles einfacher werden. Und Mütter-/Väter-Allianzen machen zudem euren Alltag schöner! Ihr könnt ihn gemeinsam durchleben und gestalten und all eure Themen besprechen. Denn der ebenbürtige Gesprächspartner fehlt oft mehr, als man es sich eingestehen mag, wenn man alleinerziehend ist.

○ Eine/-n neue/-n Partner/-in kennenlernen. Du *musst* wissen: Du bist nicht unattraktiv oder uninteressant für andere Männer oder Frauen, nur weil du Kinder hast. Meine Erfahrung hat das Gegenteil gezeigt. Dass eine Frau, die eine Mutter ist, oder ein Mann, der ein Vater ist, nämlich ganz viel zu geben hat: Liebe und Fürsorge, sie/er kann sich kümmern und hat ein sehr großes Herz. Und das sind *sehr* attraktive Attribute für all die einsamen Männer und Frauen da draußen.

Was bleibt mir zum Abschluss zu sagen? Ach, ich möchte dir Hoffnung machen und dir sagen: Du schaffst das. Man muss auch nichts beschönigen: Die Zeit als Alleinerziehende/r ist eine sehr harte, gerade am Anfang. Aber glaube mir, es wird einfacher, weil ihr euch einspielen werdet in eurem Alltag. Versucht, so viel Freude und Liebe darin zu leben wie möglich. Und ich kann dir auch versichern, dass die Bindung, die du und dein Kind in dieser Zeit aufbauen werdet, eine ganz, ganz besondere und intensive ist – euer Band ist ein besonders starkes, und es ist das, was bleibt, über alle Widrigkeiten hinweg.

Vom ersten Krabbeln bis zum ersten Brabbeln

DIE MONATE 7–9

Mit Volldampf voraus – was dein Baby alles kann

Zwischen dem siebten und zehnten Lebensmonat fangen Babys im Durchschnitt an zu krabbeln. Irgendwann in dieser Zeit wird also auch dein Baby anfangen, sich fortzubewegen. Anfangs macht es das meist auf dem Bauch und benutzt nur seine Arme, um vorwärtszurobben. Kurz darauf nimmt es auch die Beine hinzu. Es wird so immer schneller und kommt richtig gut in Übung. Wenn sich dein Kleines dann auf Hände und Knie aufstützt, ist das ein wichtiger Schritt hin zum Krabbeln – denn es hebt zum ersten Mal seinen Körper vom Boden ab! In dieser Position wird dann häufig ein paar Tage lang hin und her gewippt, ohne voranzukommen. Zu süß! Aber dann geht's los: Oft allerdings erst mal im Rückwärtsgang. Und nach einigen Tagen dann endlich, endlich vorwärts – dein Baby krabbelt! Was für ein bewegender Moment!

Wenn dein Baby im Sommer krabbeln lernt, wird es das sicher auch viel draußen tun. Denke dran, ihm eine lange Hose anzuziehen, wenn es auf härtere Untergründe geht, damit sich dein Kleines die Knie nicht aufschürft. Und bei Asphalt und Ähnlichem ist wichtig zu wissen, dass der in der Sonne sehr heiß werden kann.

SO WAR ES BEI MIR

Ich selbst gehöre mit meinen vier Kindern übrigens nicht zum Durchschnitt, denn sie waren alle motorisch überdurchschnittlich schnell, dafür sprachlich überdurchschnittlich langsam. Dabei ist mir übrigens aufgefallen, dass meine Jungs besonders früh dran waren mit Krabbeln und Laufen, die Mädchen etwas später. Dafür haben meine Mädchen früher gesprochen als die Jungs.

Die ersten Laute

In dieser Zeit eröffnet sich deinem Baby noch eine ganz neue Welt: die der Laute und der Wörter, denn ab dem siebten Lebensmonat setzt sein Verständnis für Sprache ein. Je mehr es sich dafür interessiert, umso mehr ist es auch fasziniert von Gesichtern und Mündern. Wenn du dich also wunderst, warum dir dein Baby seit Neuestem immer in den Mund fasst – es will herausfinden, woher die Laute kommen, die du machst.

Wusstest du übrigens, dass Babys in den ersten Lebensmonaten fast überall auf der Welt dieselben oder auf jeden Fall sehr ähnliche Laute bilden wie »oh-oh«, »ah-ah« oder »meh-meh«? Erst ab dem sechsten oder siebten Lebensmonat bilden sie Laute, die sie in ihrer eigenen Umgebung hören. Vielleicht hörst du auch schon, wie dein Engelchen langsam Konsonanten dazunimmt: »bah-bah-bah« oder »gah-gah-gah« sind dann recht typische Geräusche. Ich erinnere mich noch daran, dass ich meine Kinder ganz oft habe brabbeln hören, wenn sie während ihrer Wachphasen in ihren Bettchen lagen.

Ganz besonders süß und herzerwärmend ist, wenn du die Laute deines Babys nachmachst, als würdest du dich so mit ihm unterhalten. Wetten, es »antwortet« dir dann?

Weil dein Baby nun also mehr und mehr zu verstehen lernt, was die Menschen um es herum sprechen, ist es schön, ihm von Dingen zu erzählen, die es direkt sehen, hören, fühlen oder riechen kann. Umso besser kann es die Worte verstehen und zuordnen.

Das ist übrigens auch die Zeit, in der dein Engelchen höchstwahrscheinlich weniger weinen und mehr »schimpfen« wird, wenn es mit etwas unzufrieden ist.

Und irgendwann wird aus dem Brabbeln und Lallen und Singsang ein »mah-mah« oder »pah-pah«. Ob dein Kleines zuerst Mama oder Papa sagt, hängt übrigens nicht davon ab, wen von euch es lieber hat – sondern eher davon, welche Silben es als Erstes artikulieren kann. Am Anfang benutzt dein Baby diese Laute aber noch zufällig. Erst später spricht es bewusst die Wörter aus, das ist meist um den ersten Geburtstag der Fall. Bleibe also ganz geduldig mit deinem kleinen Goldschatz. Einige Kinder »sprechen« früher, andere erst später.

Dein Baby ahmt alles nach

Nicht nur die Nachahmung von Lauten gerät mehr und mehr in den Mittelpunkt, generell ahmt dein Kleines immer mehr von

𝓛IEBLINGSLAUTE MEINES BABYS:

Meine Babys haben alle zuerst »mah-mah« und danach erst »pah-pah« gesagt! Ha! Diese Kopf-an-Kopf-Rennen habe ich immer gewonnen. Darauf bin ich besonders stolz, obwohl es gar nichts mit mir zu tun hatte.

ZEICHENSPRACHE MIT BABY

Eine, wie ich finde, wundervolle Sache, mit der ich nur leider keinerlei Erfahrung habe, da ich die Zeichensprache für Babys nie konsequent ausgeübt habe. Aber ich möchte dir an dieser Stelle unbedingt dennoch davon erzählen. Mit meinem vierten Baby habe ich nämlich begonnen, ein paar Zeichen zu üben, und die sind auf sehr fruchtbaren Boden gefallen. Nur leider war es zu dem Zeitpunkt schon zu spät, um die gesamte Zeichensprache einzuüben. Aber mein Versäumnis musst du ja nicht wiederholen. Noch hast du Zeit und vielleicht Lust dazu, mit deinem Baby Zeichensprache einzuüben.

Mit Zeichensprache lernen Babys, ihre Wünsche und Bedürfnisse auszudrücken, bevor sie sprechen können. Denn während Babys motorisch schon in der Lage sind, mit ihren Händen allerlei auszudrücken, ist das Sprachzentrum erst langsam dabei, sich zu entwickeln.

Das beste Alter, um mit der Zeichensprache zu beginnen, ist zwischen dem sechsten und neunten Lebensmonat. Denn dann hat dein Baby die motorischen Fähigkeiten entwickelt, um seine Hände koordiniert zu benutzen. Beginnen solltest du mit Zeichen, die für die Grundbedürfnisse deines Babys stehen wie »Hunger« oder »essen«, »trinken« oder direkt »Milch« oder auch »Schlafen« und »müde«. Zeige zum Beispiel deinem Baby das Zeichen für Milch, wenn du es stillen oder ihm das Fläschchen geben willst. Frage dein Baby und zeige dabei: »Möchtest du Milch trinken?« Danach kannst du ihm sagen und zeigen: »Dir hat die Milch aber gut geschmeckt.« Je öfter du die Zeichen im Alltag auf natürliche Weise wiederholst, umso schneller lernt sie dein Baby.

Das Zeichen für »Milch« ist zum Beispiel: Du machst mit der rechten Hand auf Brusthöhe eine Faust, der Daumen ist nach oben abgespreizt. Dann öffnest und schließt du die Faust dreimal. Wie beim Melken. Und schlafen oder müde sein zeigt man an, indem man beide Handflächen aneinanderlegt und sie ans Ohr oder an die Wange legt, während man den Kopf leicht zur Seite neigt.

Es gibt Bücher und auch Kurse zum Erlernen der Zeichensprache für Babys.

außen nach – Bewegungen, Gestik, Mimik. Vielleicht winkt dein Baby schon zum Auf-Wiedersehen-Sagen oder klatscht in die Hände. Einige Babys lernen auch, den Kopf zu schütteln, wenn sie etwas nicht wollen.

Ist das nicht Wahnsinn: Dein Baby verbindet seine Bewegungen und Gesten schon mit einer Bedeutung!

Ich habe dir schon davon erzählt: Dies ist die beste Zeit für Kuckuck-Spiele aller

Art. Ihr werdet garantiert sehr viel Spaß zusammen haben!

Die eigenen vier Wände krabbelsicher machen

ab 7. Lebensmonat

Wie auch immer – wann auch immer: Dein Baby erweitert seinen Bewegungsradius nach und nach enorm, und umso anspruchsvoller wird es, unser Engelchen sicher durch den Alltag zu begleiten, weil es an viel mehr Dinge heranreicht, sich mitunter sehr schnell viel weiter von uns entfernen kann als noch vor ein paar Wochen.

Spätestens jetzt sollte eure Wohnung darum »krabbelsicher« gemacht werden. Ich zeige dir, worauf es besonders zu achten gilt.

○ Während des Essenkochens sollte dein Baby nicht zwischen deinen Beinen herumkrabbeln. Auch nicht, wenn du das Kochen vorbereitest, indem du Gemüse schneidest – es kann immer auch ein Messer auf den Boden fallen. Ebenso Vorsicht beim Zubereiten von kochendem Wasser zum Beispiel für Tee oder zum Abkochen von Fläschchen und Co. Ich habe mir meinen Kleinen in der Küche entweder auf den Rücken geschnallt, so konnte er »in Sicherheit« dabei sein, oder ich habe darauf geachtet, dass er sich in der anderen Ecke des Raumes aufhielt. In jedem Fall habe ich versucht, mein Baby vom »Arbeitsplatz« fernzuhalten. Alternativ kannst du die Kochzeit auch in die Schlafphase deines Babys legen.

○ Sortiere deine Schränke um. Babys wollen alles entdecken und durchsuchen. Alles, was gefährlich, spitz, scharf, giftig (Putzmittel!) ist, kommt also nach oben, wo es das Baby nicht erreichen kann. Ungefährliche Gegenstände wie Tupperdosen, Töpfe oder das Nudelsieb kann es dafür gern aus den unteren Schränken herausräumen.
Du kannst auch alle Schränke und Schubladen mit dafür vorgesehenem Kindersicherungen verschließen (die gibt es in der Drogerie), wenn dir das lieber ist.

MEIN TIPP

Wenn du dich dazu entscheidest, alle unteren Schränke und erreichbaren Schubladen zu verschließen, empfehle ich dir allerdings, wenigstens einen Schrank oder eine Schublade deinem Baby zur Verfügung zu stellen. Lege Dinge hinein, die es ohne Gefahr ausräumen darf. Ich habe das mit meinem Kleinen damals auch so gemacht und ihm die Schublade immer geöffnet, wenn ich in der Küche den Geschirrspüler ausgeräumt habe oder Ähnliches. Ich garantiere dir: Dein Kleines wird es lieben und nicht länger frustriert sein, dass alles verschlossen ist. Denn so kann es Dinge tun, die auch ein Erwachsener tut. Und das ist bekanntlich viel interessanter als das eigene Spielzeug.

○ Sichere Steckdosen mit eigens dafür vorgesehenen Steckdosensicherungen (auch die erhältst du in der Drogerie).

- Kabel (von Ladegeräten, Fernseher, Telefon etc.) nicht in den Steckdosen stecken oder von irgendwo herunterhängen oder herausschauen lassen. Verstaue sie immer gut und sicher vor deinem Baby. Vergiss nicht: Babys nehmen alles in den Mund! Außerdem besteht dabei immer die Gefahr, dass es sich das Kabel um den Hals legt.
- Treppen sollten abgesichert werden durch einen Treppenschutz. Den bekommst du im Babyfachhandel, aber auch online. Du kannst damit übrigens auch bestimmte Bereiche in der Wohnung oder Balkonzugänge sichern.
- Wenn du geputzt hast und das dreckige Wasser auskippst, solltest du auch den Eimer sehr gründlich ausspülen, bevor du ihn wegstellst. Dein Baby könnte sonst an die Restflüssigkeit gelangen, in der schädliches Putzmittel enthalten ist.
- Befülle die Geschirrspülmaschine immer erst mit den Tabs oder dem Geschirrspülmittel, wenn du sie anschließend direkt zuklappst, nicht, während du noch Geschirr einräumst. Gerade die Tabs sind sehr giftig für dein Baby, und es geht schneller, als man denkt, dass es eine davon im Mund hat, wenn die Spülmaschine offen steht.
- Gefährliche, scharfe, spitze, womöglich gläserne Ecken und Kanten würde ich auf jeden Fall absoften. Dafür gibt es »Eckenschutz« in der Drogerie (oder du bastelst dir selbst einen).
- Stelle sicher, dass es nichts gibt, was herunterfallen kann, wenn dein Kleines daran zieht. Babys ziehen an allem, wenn sie drankommen: Tischdecken,

DER LAUFSTALL

Ich mag Laufställe nicht besonders, weil sie ein bewegungsfreudiges Baby irgendwie einengen und es so merkwürdig aussieht, wenn dein Kleines hinter Gittern steht. Aber manchmal kommt man einfach nicht drum herum, gerade, wenn man allein ist mit seinem Baby. Zu seiner eigenen Sicherheit. In solchen Ausnahmefällen finde ich den Laufstall eine gute Alternative. Man sollte nur darauf achten, dass das Baby nicht zu lange darin bleibt und es nicht zur Gewohnheit wird. Ich selbst hatte bei meinem ersten Baby auch einen Laufstall, weil wir einen Schäferhund besaßen. Und manchmal musste ich mich eben auch nur um den Hund kümmern. Dann habe ich meinen Kleinen eben eine Zeit lang in den Laufstall gesetzt.

Vorhänge, Schnüre, Kabel (zum Beispiel vom Föhn, von einer Stehlampe, von einem Rollo …), aber auch an Grünpflanzen in Vasen oder großen Töpfen.
- Apropos Pflanzen: Einige Pflanzen sind giftig, wie der Gemeine Efeu oder Maiglöckchen. Achte darauf, dass ihr solche Pflanzen nicht im Haus habt. Im Idealfall sollte dein Baby gar keine Pflanzen in den Mund nehmen.

- Kleinteile vom Spielzeug älterer Geschwister müssen immer außer Reichweite deines Babys sein.
- Ich habe es schon erwähnt, aber der Vollständigkeit halber auch hier: Lass dein Baby niemals unbeaufsichtigt in der Nähe von oder im Wasser (egal, wie wenig)!
- Grundsätzlich sollten wir *immer* ein Auge auf unser Baby haben, egal, wie »kindersicher« die Umgebung ist, in der es sich bewegt. Zum Beispiel auch im Hochstuhl. Denn der kann bei viel Bewegung nach hinten kippen (wenn ein Baby sich mit den Füßen am Tisch abstützt, kann es schon ungeheure Kraft entwickeln), und auch das Anschnallsystem lässt sich schneller von unseren cleveren Babys austricksen, als du von der Arbeitsfläche bei ihm sein kannst, um es aufzufangen.

SO WAR ES BEI MIR

Dass mir die Hinweise für Babys Sicherheit so sehr am Herzen liegen, hat mit einer Geschichte zu tun, die mir selbst passiert ist. Ich sage gleich vorweg: Meinem Baby ist nichts passiert. Mein drittes Baby war damals siebeneinhalb Monate alt, es krabbelte schon, hat sich überall entlanggehangelt. Am Abend, als alle Kinder bereits im Bett waren, habe ich mir eine Kanne heißen Tee gemacht. Und die ist mir dann unglücklicherweise aus der Hand gerutscht, sodass sich der ganze kochend heiße Tee auf meinen Oberschenkel ergossen hat. Ich musste sofort ins Krankenhaus,

wurde operiert, und meine Beine sind an den Stellen bis heute vernarbt. Wenn ich heute diese Narben betrachte, bin ich einfach nur dankbar, dass mir der Unfall nicht passiert ist, während mein Baby fröhlich glucksend zwischen meinen Beinen herumgekrabbelt ist. Mir hat diese Situation so sehr verdeutlicht, wie schnell etwas passieren kann, auch wenn wir meinen, noch so gut aufzupassen.

»Erziehung« zur Selbstständigkeit = weniger Erziehung, mehr Bauch

Auch in den kommenden Monaten wird dein Baby viele Meilensteine aus sich heraus schaffen, ebenso wie bisher. Das heißt, wir können uns weiterhin entspannen. Unsere Babys wollen von *sich* aus mehr von der Welt sehen, sie begreifen und noch schneller erkunden. Was *wir* machen können: Wir können sie darin unterstützen, noch mutiger zu werden.

Vielleicht hast du das ein oder andere Mal bemerkt, dass dein mittlerweile schon sehr selbstständiges Baby hier und da Dinge tut, die dir nicht recht sind. Da stellt sich recht bald die Frage: Wann muss ich anfangen, mein Baby zu erziehen? Was darf es alles ausprobieren, was sollte ich untersagen?

Meine Antwort darauf ist ganz klar: Du darfst an diesem Punkt lernen, auf dein Bauchgefühl zu hören. Das heißt, du darfst erlauben, was du erlauben möchtest, musst aber nichts erlauben, was dir Sorgen bereitet oder nicht in deinen Alltag passt.

SENSIBELCHEN ODER KÄMPFER?

Was bedeutet eigentlich »stark sein« oder »mutig sein«?

Jedes Kind kommt mit einem anderen Temperament auf die Welt. Je älter dein Baby wird, umso mehr bildet sich seine eigene Persönlichkeit heraus, wirst du immer deutlicher sein Temperament und seinen Charakter erkennen. Das ist sooo bewegend und auch spannend!

Zwei meiner Kinder sind sehr sensibel, zwei sind eher Raufbolde. Junge wie Mädchen, übrigens. Aber alle vier sind gleich »stark«. Es kommt dabei nämlich auf die innere Stärke an. Alle meine vier Kinder gehen ihren Weg. Und es ist ihr ganz persönlicher. Ein Kind ist übrigens nicht sensibel oder schüchtern, weil wir ihm als Baby »zu viel« Liebe oder Nähe gegeben haben. Und so *ist* vielleicht auch dein Kind sehr sensibel oder eben weniger. Das kannst du gar nicht beeinflussen. Was du tun kannst, ist, das Temperament deines Kindes zu erkennen und zu akzeptieren und ihm vielleicht dabei zu helfen, sich zu trauen oder auch zurückzunehmen, wenn sein eigenes Temperament ihm mal im Weg steht.

Ich habe immer ganz stark mein eigenes Bauchgefühl als Wegweiser genommen und auch die Möglichkeiten, die mir mein Alltag geboten hat. Wenn mein Baby sich ausprobieren wollte in einem Bereich, in dem es nicht gefährdet war, zum Beispiel auf dem Spielplatz, wenn es höchstens beim Krabbeln hätte hinfallen oder sich schmutzig machen können, konnte ich mich entspannen und es ganz einfach zulassen. Wenn es sich aber um Dinge handelte, die gefährlich waren oder einfach gerade nicht umsetzbar, dann habe ich diese natürlich nicht zugelassen. Wenn ich also mal keine Zeit hatte, mit meinem Baby gemeinsam auf Erkundungsreise zu gehen, ging es eben nicht. Dann konnte mein Kleiner in dem Moment nicht üben, die Treppen hochzukrabbeln. Wenn ich Zeit hatte, jedoch schon. Diese Freiheit kann ich mir als Mutter nehmen.

Hier ein paar Beispiele dazu:

Auf dem Spielplatz ließ ich, wie gesagt, vieles zu. Aber wenn mein Kleiner sich zielstrebig in Richtung Drei-Meter-Rutsche aufmachte oder gar anfing, die Stufen hochzuklettern – dann kletterte ich entweder mit, oder ich holte ihn runter. Ohne Diskussion und Argumentation.

Ich habe meinen Kleinen im Supermarkt auch nicht an allen Regalen herumfummeln lassen, wenn er im Einkaufswagen saß. Denn dabei hätte etwas runterfallen und kaputtgehen können. Aber es gibt Produkte, die in dieser Hinsicht ungefährlich sind. Und die durfte er dann auch aus dem Regal nehmen und sogar in den Einkaufswagen packen. Dann war er immer so stolz!

Lass deinem Baby also nach wie vor möglichst viele Freiheiten, sich auszuprobieren und die Welt zu erforschen, sie zu begreifen, mit den neu erlernten Fähigkeiten zu wachsen und zu reifen. Aber niemals gegen deinen eigenen Instinkt. Die Freiheit deines Babys hört da auf, wo dein schlechtes Gefühl anfängt. Und diese Grenzen sind von Mutter zu Mutter, von Familie zu Familie unterschiedlich. Aber so lernt dein Engelchen, sich in einem sicheren Rahmen zu entwickeln, einem Rahmen, der genau zu dir und in deine Familie passt.

Das kleine Wörtchen »Nein«

Wenn dein Baby beispielsweise etwas greift, was es nicht darf, nimm ihm den Gegenstand weg und sage dabei deutlich, aber nicht laut »Nein«. So lernt dein Baby, dass nach dem ersten Nein Schluss ist. Verwirrend für dein Kleines hingegen wäre, wenn du ein paarmal das Wort nein wiederholst und sogar immer lauter dabei wirst, ehe du ihm die Gefahrenquelle aus der Hand nimmst. Denn so lernt dein Baby: Nach dem sechsten Mal »Nein« muss ich einen Gegenstand hergeben. Wir wollen ja aber erreichen, dass es den Gegenstand nach dem *ersten* Nein weglegt.

Übrigens: Wenn du es in Zukunft so machst, bedeutet es nicht, dass dein Baby ab morgen beim ersten Mal versteht, was dein Nein bedeutet. Dazu ist es erst viel später in der Lage. So legst du aber einen guten Grundstein, wenn ab einem bestimmten Alter sein Verstand und seine Selbstbeherrschung hinzukommen.

BABY VOM ELTERNBETT
ANS EIGENE BETT GEWÖHNEN

Was in die Zeit des siebten Lebensmonats meines vierten Babys fiel, war die Umgewöhnung vom Elternbett ans eigene Bettchen. Ich erinnere mich noch genau daran, wie ich meinen Kleinen eines Abends in einer seiner Wachphasen brabbeln hörte und aus einem Gefühl heraus nach ihm schaute. Da turnte er auf dem Rausfallschutz am Bettrand herum! Mein Kleiner war einfach so früh schon so mobil, dass er im Elternbett nicht mehr sicher war, zumindest in der Zeit, in der ich noch nicht neben ihm lag.

Und so habe ich mein Baby vom Elternbett an sein eigenes Bettchen gewöhnt:

Unsere neue Einschlafroutine

Die letzten Wochen vor dem Umgewöhnen habe ich immer alle drei »kleinen« Kinder gleichzeitig bettfertig gemacht. Manchmal haben sie alle miteinander gebadet. Das war immer so süß! Im Anschluss habe ich meinen Mädchen meist eine Gutenachtgeschichte vorgelesen und hatte meinen Kleinen dabei. Wenn er dafür aber zu müde war, sind wir zwei schon früher zu seiner Einschlafroutine übergegangen.

Im Schlafzimmer zog ich ihm dann seinen Schlafsack an. Mein Kleiner ist eher ein »warmer« Typ, das heißt, er brauchte unter dem dickeren Schlafsack im Winter zum Beispiel nur eine Leggins und einen Langarmbody. Wenn dein Baby aber etwas »kühler« ist, ziehe ihm auch noch Söckchen über.

Und dann habe ich mich aufs Elternbett gesetzt, ihn im Arm gehalten und gestillt.

Dabei habe ich gesungen, manchmal auch telefoniert, sodass er die ganze Zeit über meine Stimme hören konnte. Meist war er danach noch wach, kurz vorm Einschlafen oft. Und so habe ich ihn dann in sein Bettchen gelegt, dabei weiter gesungen, telefoniert oder einfach mit ihm geredet. Auf diese Weise blieb der Geräuschpegel, den er auch beim Stillen hatte, derselbe.

Ich habe mich dann entweder an das Bettchen gestellt oder gesetzt und noch eine Hand auf ihn gelegt. Also hatte er auch weiterhin Körperkontakt zu mir.

Und so ist er immer relativ schnell eingeschlafen. Es ging viel schneller als bei der anfänglichen Mittagsschlafroutine. Erwartet hatte ich das so übrigens nicht, hatte mich schon mental auf eine Stunde Neben-dem-Bett-Sitzen eingestellt, wie ich das von einigen meiner Kinder gewöhnt war. Und dann war er nach einer Viertelstunde eingeschlafen. Verrückt! Wenn er nachts in seinem Bettchen aufwachte, gegen drei oder vier Uhr, um gestillt zu werden, habe ich ihn herausgenommen, gestillt und ihn bei mir weiterschlafen lassen.

An dieser Stelle bitte noch einmal: Ob ein Kind schnell oder langsam mit einer neuen Schlafroutine zurechtkommt, hängt von seinem Temperament ab. Das könnt ihr als Eltern wenig beeinflussen, ihr könnt nur geduldig bleiben. Deswegen empfehle ich dir, bei einer neuen Einschlafroutine lieber etwas mehr Zeit einzuplanen und diese schrittweise zu verkürzen.

DEIN BABY IN ANDERE HÄNDE GEBEN

Vielleicht machst du es früher, vielleicht später – dein Baby zur Betreuung in »fremde« Hände geben. In jedem Fall ist es ein großer Schritt, der jeder Mama (und auch dem Papa) erst mal bevorsteht. Und das ist ganz normal. Gerade nach der Geburt kann man sich schließlich kaum vorstellen, sein Baby jemals wegzugeben. Und das ist gefühlt (und auch tatsächlich) noch nicht so lange her.

Wenn dein Baby aber ein paar Monate alt ist, empfindest du es bestimmt als angenehm, dein Engelchen tagsüber auch mal länger an Familie, Freundin oder Babysitter abzugeben. Viele Mamas plagt dann gleich das schlechte Gewissen. Ich rate dir, wenn es dir ähnlich geht: Höre nicht darauf (es wird einem auch oft von außen eingeredet). Höre auf dein inneres Empfinden, auf dein Bauchgefühl. Wie doch eigentlich immer.

Hier gilt ganz einfach das Sprichwort: Für die Erziehung eines Kindes benötigt man ein ganzes Dorf. Diese Weisheit sollte uns immer daran erinnern, dass wir Menschen jahrtausendelang in familiären Großverbänden gelebt haben, mit verschiedenen Generationen unter einem Dach, wo sich das Tagewerk aufgeteilt oder die Aufgaben gemeinsam erledigt und eben auch zusammen nach den Kindern geschaut wurde. Heute leben wir in der eher unnatürlichen Situation, dass die meisten Mamas oder Eltern allein mit ihrem Baby in der Minifamilie zu Hause sind. Und somit nur zwei oder vier Hände zur Verfügung haben für das, wozu man eigentlich ein ganzes Dorf oder die Großfamilie bräuchte.

Und darum empfinde ich es als so wichtig, dass man sich regelmäßig mit Menschen umgibt, die unseren Alltag begleiten und mit denen dein Baby vertraut ist. Das erleichtert in der Regel auch den Moment um ein Vielfaches, in dem du es in andere Hände geben willst.

Hier kommen meine Tipps, um dein Baby (und dich) bestmöglich auf eine Betreuung durch andere Menschen vorzubereiten.

Wie du dein Baby auf die Betreuung durch andere vorbereitest

- Bekannte Personen machen den Abschied viel leichter. Je mehr helfende Hände du schon in den ersten Monaten mit Baby um dich scharst, die euch regelmäßig in eurem Alltag begleiten, umso leichter wird es für dich, dein Baby irgendwann in diese abzugeben. Das langsame Aneinandergewöhnen ist darum so wichtig, weil dein Baby noch nicht weiß, dass du wiederkommst. Und ein Gefühl für Zeit hat es auch noch nicht. Es fühlt sich dann aber auch bei der Betreuungsperson sicher und geborgen.
- Gewohnte Umgebung schaffen. Je seltener dein Engelchen die Person, die auf es aufpassen soll, gesehen hat, umso wichtiger ist eine gewohnte Umgebung. Am besten ist darum, es bei euch zu

Hause zu machen. Wenn das nicht geht, versuche, dich so lange wie möglich mit deinem Baby in der neuen Umgebung aufzuhalten, damit es sich an sie gewöhnen kann.

○ Locker lassen bei der Routine. Sicherlich wird die zu betreuende Person eine andere Routine haben als du zu Hause. Durch meine Patchworkfamilie habe ich gelernt, dass Kinder sich in unterschiedlichen Systemen verschieden verhalten und zurechtfinden. Und entsprechende Routinen gut adaptieren. Ich habe sogar das Gefühl, dass es meine Kinder selbstständig und stark macht, darum sehe ich darin keine Schwierigkeit. Sie lernen schon früh, über den Tellerrand hinauszuschauen. Und das ist doch etwas Tolles!

○ Verabschieden. Ich finde, dass das Verabschieden ein ganz wichtiger Moment ist beim Übergeben deines Babys. Ich kann nicht empfehlen, sich einfach wegzuschleichen, wenn dein Baby gerade mit der Betreuungsperson spielt. Das scheint in dem Moment vielleicht eine Chance, aber ich sage dir: Dein Baby kommt früher oder später darauf. Es wird dich dann suchen und merken, dass du nicht mehr da bist. Und es wird nicht verstehen, was geschehen ist. Darum empfehle ich immer, sich offen zu verabschieden. Selbst, wenn dann das Risiko besteht, dass es ein herzzerreißender Abschied mit Tränen ist.
Fürs Verabschieden gibt es schöne Rituale, die man einführen kann, damit das Baby sie als gewohnte und lieb

gewonnene Routine wiedererkennt. Zum Beispiel, dass dir dein Baby auf dem Arm der Betreuungsperson am Fenster noch gaaanz lange nachwinkt.

Wenn dein Baby beim Abschied weint

Du bist nun also bereit, wegzugehen und möchtest dein Baby das erste Mal in die Arme der vertrauten Bezugsperson geben. Und was passiert? Dein Kleines fängt vielleicht ganz fürchterlich an zu weinen! Ich finde es selbst ungemein schwierig, dann trotzdem zu gehen. Das sind meine Tipps, was du machen kannst:

○ Ich empfehle, für die allererste Übergabe ein oder zwei Stunden Zeit einzuplanen. Umso schneller wird es die nächsten Male klappen, und dann ist das doch eine einmalig gut investierte Zeit, findest du nicht?

○ Gerade in der Fremdelphase sind Babys sehr anhänglich und lassen sich manchmal gar nicht abgeben. Was du auch tun kannst: Nimm dein Baby *und* die Betreuungsperson mit zu dem, was du vorhast. Ich habe das öfter gemacht. Ich war zum Beispiel mit meinem Kleinen und meiner guten Freundin, die ihn eigentlich betreuen sollte, beim Friseur. Auch zum Tanzen habe ich diverse Kinder samt der eigentlich geplanten Betreuungsperson mitgenommen. In der Regel kann die dann doch eine ganze Menge übernehmen, während du deinen geplanten Dingen nachgehst. Einfach darum, weil dein Baby weiß: Mama ist da. Und dann scheint es dich plötzlich gar nicht mehr so dringend zu brauchen. Diese Tipps beziehen sich natürlich nur auf Mütter, die das erste Jahr mit ihrem Baby zu Hause verbringen und noch nicht wieder arbeiten müssen.

Für berufstätige Mütter

Natürlich gibt es Mütter, die schon im ersten Jahr des Babys wieder arbeiten gehen möchten oder müssen. Die brauchen an früherer Stelle bereits eine vertrauensvolle Umgebung für ihr kleines Engelchen, wo sie es mit einem guten Gefühl in Bauch und Herz in liebevolle Hände übergeben können.

Wenn auch du im ersten Jahr mit deinem Baby wieder arbeiten gehen willst, lege ich dir folgende Dinge ans Herz:

○ Suche dir eine Kindertagesstätte (kurz »Kita«) aus, mit der du dich im Herzen wirklich wohlfühlst, deren Erzieherinnen liebevoll mit den Kindern umgehen und deren pädagogisches Konzept deinen Wünschen und Vorstellungen entspricht. Hör hier wirklich auf dein Bauchgefühl! Gerade, wenn dein Engelchen noch sehr klein ist, musst du deinen Kopf frei machen können, und das geht nur, wenn dein Baby gut aufgehoben ist.

○ Nimm dir besonders viel Zeit für die Eingewöhnung, also für die Zeit, in der dein Baby mit der Krippe startet. Da werden je nach Einrichtung zwei bis vier Wochen eingeplant. Du begleitest als Mama oder Papa diese ersten Wochen dein Baby in die Krippe, sitzt aber still daneben und greifst nicht ein. Vielleicht sitzt dein Baby erst mal ein paar Tage nur auf deinem Schoß, vielleicht sucht es dann auch schon den ersten Kontakt zu anderen Kindern oder zu den Erzieherinnen.

○ Vielleicht wirst du am Nachmittag ein sehr müdes, erschöpftes und eventuell auch quengeliges Baby zu Hause haben. Wenn du es ab und zu einrichten kannst, versuche doch, dein Baby früher abzuholen. Denn je früher dein Baby bei Mama zu Hause ist, umso entspannter wird es sein. Bringe dein Baby auf jeden Fall rechtzeitig ins Bett, damit es am nächsten Morgen wieder ausgeschlafen in seinen nächsten Krippentag starten kann.

○ Nimm dein Baby also nach der Krippe nicht noch mit zum Einkaufen, wenn es sich irgendwie einrichten lässt. Lass dir die Nahrungsmittel lieber liefern oder versuche, den Einkauf wenigstens von Zeit zu Zeit an einer anderen Stelle des Tages ohne dein Baby unterzubringen.

○ Halte die Augen auch im Kindergarten nach Müttern (oder Vätern) offen, mit denen du dich anfreunden könntest. Stichwort »Mütter/Väter-Allianz« (siehe Seite 199). Im besten Falle verstehen sich dann auch die Kinder gut. Und wenn du vielleicht schon jemanden in der Eingewöhnungszeit kennenlernst und ihr euch mal verabredet, können sich auch eure Babys schneller aneinander gewöhnen und miteinander vertraut machen. Und das wiederum kann die Eingewöhnung erleichtern.

6.–10.
Lebensmonat

Wenn dein Baby fremdelt

Dein Baby fremdelt zum ersten Mal? Herzlichen Glückwunsch! Das bedeutet nämlich erst mal: Dein Baby hat einen großen Entwicklungsschritt gemacht. Über die letzten Monate hat es nach und nach alle seine Sinne miteinander zu kombinieren gelernt. Überhaupt, immer mehr um sich herum wahrgenommen. Und es ist mobiler geworden, hat seinen Bewegungsradius ausgedehnt und ist immer mutiger geworden, die Welt zu erkunden.

Und dann kommt irgendwann der Moment, an dem dein Baby auch die Gesamtzusammenhänge verstehen lernt. Das ist der Moment, an dem es plötzlich zu unterscheiden weiß zwischen Vertrauten und Fremden, dass es Menschen gibt, die immer um es sind, und andere, die nur selten da sind. Diese Menschen haben eine andere Mimik, machen andere Laute, sie riechen anders. Und sie verunsichern dein Baby darum in dieser Phase, machen ihm regelrecht Angst. Die Fremdelphase kann ein paar Tage dauern, aber auch ein paar Wochen und sogar Monate. Die natürliche Reaktion deines Babys ist dann: zurück zum Gewohnten, Vertrauten. Was in der Regel bedeutet: So nah wie möglich an Mama heran.

So wenig Fremdkontakt wie möglich

Babys fremdeln zu unterschiedlichen Zeitpunkten, und das Fremdeln ist auch unterschiedlich ausgeprägt, je nach Baby. Fremdeln äußert sich darin, dass dein Baby plötzlich nicht mehr so aufgeschlossen anderen Menschen gegenüber ist. Ein sehr offenes

WAS IST EINE KRIPPE?

Die Kinderkrippe, kurz: Krippe, ist eine Einrichtung der Kindertagesbetreuung für Säuglinge und Kleinkinder von einigen Monaten bis drei Jahren.

Baby, das normalerweise alle Menschen anlächelt, hat auf einmal kein Lächeln mehr übrig und guckt die ganze Zeit kritisch. Oder es dreht plötzlich den Kopf weg und möchte keinen Kontakt aufnehmen. Babys, die ohnehin schon eher sensibel und schüchtern sind gegenüber anderen Menschen, fangen wahrscheinlich in dieser Phase sogar an zu weinen. Kurzum: Die Kontaktaufnahme mit fremden Personen ist weniger gewünscht, als es normalerweise der Fall ist.

Es kann sich dabei um Fremde handeln, allerdings auch um Menschen aus der Familie oder Freunde und Freundinnen, die nicht jeden Tag um das Baby sind. Auch diese Menschen werden vom Baby vielleicht nicht mehr angelächelt und als fremd und mitunter sogar störend empfunden.

Das sorgt manchmal für Irritation bei den entsprechenden Personen. Wenn das geliebte Enkelkind plötzlich nicht mehr auf den Arm will, sondern sich weinend abwendet, kann sich die Oma schon mal vor den Kopf gestoßen fühlen. Und als Mama fragst du dich vielleicht: Was stimmt nicht mit meinem Baby, wird es krank, ist es gar »ungezogen«? Je älter das Baby ist, umso weniger Verständnis zeigt man für ein solches Verhalten übrigens.

Aber ich sage dir: Es ist ganz normal, was dein Baby da macht.

Nimm dein Baby ernst

Es ist sehr wichtig, dass du diese Phase bei deinem Baby erkennst und akzeptierst. Nimm dein Baby also ernst. Denn es hat Angst in dieser Zeit. Und diese Angst ist für dein Baby absolut real.

Wenn du also in eine solche Situation gerätst, wenn du spürst, dass dein Baby sich anspannt, eben fremdelt, gehe einen Schritt von der fremden Person zurück und drehe dein Baby weg von dem Geschehen. Und erkläre der Person, warum du das tust.

Widme dich dann erst mal deinem Baby, bevor ihr es noch einmal mit einer Annäherung probiert. Ich habe damals sogar mitunter den Raum verlassen, wenn ich die Situation nicht anders habe auflösen können. Meist sind es nur ein paar Minuten Auszeit, die dein Baby braucht. Auszeit mit ganz, ganz viel Nähe und Kuscheln. Dadurch tankt dein Baby Selbstbewusstsein und Kraft und traut sich die Situation dann vielleicht zu.

Im Idealfall kommt ihr nach einer gewissen Weile wieder zurück. Ohne viel Aufhebens. Mit einer gesunden Distanz. Lass dein Baby selbst »kommen«. Die meisten Babys sind ja sehr neugierig. Vielleicht wird sich dein Kleines nach und nach selbst trauen, aus deinem Schoß herauszuschauen, erst noch ganz schüchtern, aber dann immer selbstsicherer – weil seine Neugierde einfach überwiegt.

Beim Fremdeln gilt: Distanz zum Gegenüber, Nähe zum Baby – und zwar ganz, ganz viel.

Versuche, außer dass du Distanz zu anderen schaffst, der Situation nicht zu viel Aufmerksamkeit zu widmen. Reagiere nicht selbst erschrocken oder angespannt auf die Reaktion deines Babys. Bleibe gelassen und lass dich nicht unter Druck setzen von den »abgewiesenen« Personen. Auch wenn dein Baby weint: Tröste es und sei für dein Engelchen da, aber gerate nicht selbst in Stress.

Nicht die Begegnung meiden

Je mehr Besuch ihr bekommt, ihr unter Menschen seid, du Geselligkeit zulässt, umso kürzer wird auch die Fremdelphase sein. Wenn du aber anfängst, in der Fremdelphase jeden Kontakt nach außen zu vermeiden, wird es für dein Baby schwieriger, sein Misstrauen gegenüber anderen zu überwinden, denn es hat ja keine Gelegenheit, es mit dir an seiner Seite sicher zu üben.

ab 9. Lebensmonat

SO TRÄGST DU DEIN GROSSES BABY

Du Liebe, ja, dein Baby ist jetzt schon langsam ein *großes* Baby. Aber du kannst es immer noch tragen, wenn du willst. Du weißt ja, dass ich alle meine vier Babys getragen habe, bis sie laufen konnten. Ich möchte dir an dieser Stelle aber sagen, dass meine vier Kinder vergleichsweise wenig gewogen haben und recht früh laufen konnten. Das hat es mir überhaupt erst ermöglicht, sie so lange zu tragen, da ich selbst weder besonders groß noch besonders kräftig bin. Zu diesem Zeitpunkt habe ich mir bei allen vier Kindern im Hinterkopf behalten: Wenn es mir zu schwer wird, besorge ich mir einen Buggy. Ich möchte auch dich an dieser Stelle dazu ermutigen, auf deinen Körper zu hören und dich nicht zu überfordern.

Zum Tragen deines Babys muss deine Bauch- und Rückenmuskulatur entsprechend ausgebildet sein. Es empfiehlt sich, dass sich deine Muskulatur nach und nach an das Gewicht deines Babys anpasst, sozusagen mitwächst. Du trägst also schon dein Neugeborenes, das noch ganz leicht ist, wenn sich auch deine Muskeln nach der Geburt wieder aufbauen. Auch die Rückbildungsübungen helfen bei der Stärkung deiner Bauch- und Rückenmuskulatur. Und im nächsten Kapitel zeige ich dir noch ein paar Extraübungen, die besonders gut sind für »Trage-Mamas«. Wenn du dein Baby durch die ersten Monate regelmäßig und viel trägst, wird deine Muskulatur außerdem automatisch immer stärker, je schwerer dein Baby wird. Durch tägliches »Tragetraining«, sozusagen. Dein Körper kennt dann das Gewicht deines Babys und ist darauf eingestellt, es zu tragen.

Nutze gern verschiedene Bindetechniken oder zwei verschiedene Tragen-Modelle, damit dein Rücken immer mal anders belastet und in einer Position nicht überlastet wird.

Tuch oder Babytrage?

Du kannst nach wie vor ein Tuch nehmen, um auch dein großes Baby zu tragen. Ab 6 bis 7 Kilo empfehle ich eins aus gewebtem Material, weil das nicht nachgibt und dein Baby nicht herausrutschen kann. Das Tuch muss immer eng und perfekt gebunden sein, und das dauert natürlich etwas. Wie das geht, zeige ich dir gleich. Dafür ist es die gemütlichere Variante. Ich habe es viel zu Hause benutzt.

Da die Trage perfekt auf dich voreingestellt ist, ist sie schneller an- und auszuziehen. Deswegen habe ich gern auf die Trage zurückgegriffen, wenn ich draußen unterwegs war, weil sie einfach etwas praktischer zu handeln ist.

Vor dem Körper tragen

Ein großes Baby *vor* dem Körper zu tragen, ist für diesen wirklich eine Herausforderung. Aber auch das geht. Und ich habe es auch ab und zu gemacht. Zum Beispiel, wenn ich wusste, ich komme in größeres Gedränge oder muss mich viel hinsetzen. Das geht mit einem Baby auf dem Rücken nicht so gut.

Kleiner Tipp: Wenn du dich mit Baby vorn hinsetzen willst, hebe vorher die Beine deines Babys an, damit sie nicht umknicken. Sie sind nämlich schon wirklich lang.

So binde ich mein großes Baby mit einem Tuch auf den Rücken

Diese Tragevariante habe ich immer erst nach dem sechsten Monat genutzt, weil Babys dann ihr Köpfchen richtig gut halten können.

1. Zuerst breite ich das Tuch in der Länge ohne Falten aus.
2. Dann setze ich meinen Kleinen darauf, lasse die obere Tuchkante um seinen Nacken laufen, die untere in seinen Kniekehlen.
3. Dann setze ich mich vor ihn, nehme die Tuchbahnen über die Schultern nach vorn vor meinen Körper und halte sie mit einer Hand zusammen.

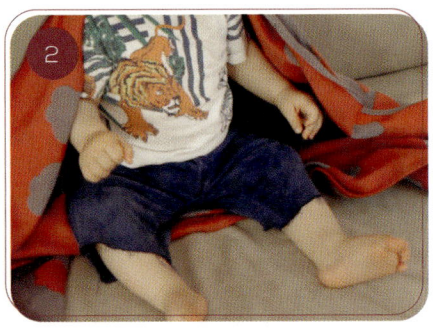

4. Jetzt stehe ich mit leicht gebeugtem Rücken auf und stütze dabei meinen Kleinen mit einer Hand am Po oder Rücken, damit er nicht runterfallen kann – denn das Tuch ist ja noch nicht festgebunden.
5. Dann führe ich beide Tuchseiten an meinem Körper gerade nach unten, straffe sie und ziehe sie einzeln noch mal nach, dass sie schön gerade an meinem Körper anliegen.

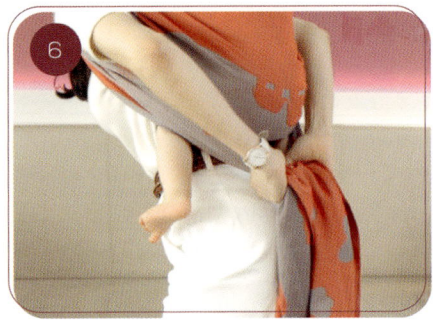

6. Nun führe ich sie über die Knie
meines Kleinen nach hinten.

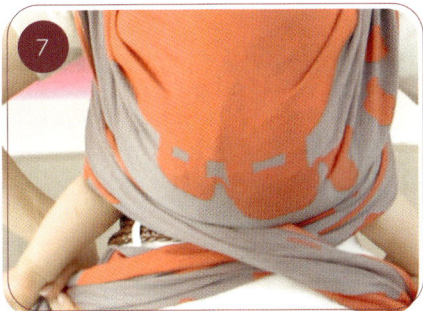

8. Als Letztes verknote ich das Tuch vor
dem Bauch.

7. Ich überkreuze sie unter seinem Po
und führe sie unter seinen Knien
wieder nach vorn. Somit hat der Po
einen guten Halt. Sein Rücken darf
leicht rund sein.

Der Kopf deines Babys ist bei dieser Tragevariante recht beweglich, darum ist es auch
so wichtig, dass es ihn schon gut halten kann.

Und jetzt kann es losgehen. Viel Vergnügen, wohin ihr auch immer auf dem Weg
seid!

SO VERÄNDERT SICH DEIN KÖRPER IN NEUN MONATEN

Ich habe es dir schon ganz am Anfang gesagt: Unser Körper braucht nach der Geburt Zeit, um sich zu erholen und zu regenerieren. Man sagt, dass der Bauch neun Monate kommt und genauso lange braucht, bis er wieder geht. Und das betrifft meist auch den Rest unseres Körpers. Darum möchte ich mir diesen nach den ersten neun Lebensmonaten deines Engelchens einmal vom Scheitel bis zur Sohle mit dir gemeinsam anschauen.

Die Haare

Fangen wir bei den Haaren an: Unsere Haare durchlaufen drei Phasen: Wachstumsphase, Übergangsphase und Ruhephase. In Letzterer fallen sie aus. Durch den ungeheuren Östrogenschub in der Schwangerschaft werden in dieser Zeit viel mehr Haare in der Wachstumsphase gehalten. Darum hat man in der Schwangerschaft oft so wunderschöne, glänzende, volle Haare. Nach der Geburt aber werden all diese »zusätzlichen« Haare wieder abgestoßen. Die Folge: zum Teil extremer Haarausfall. Bei einigen Frauen beginnt das vier Wochen nach der Geburt, bei anderen drei bis fünf Monate später. Irgendwann müssen wir da alle durch. Bei mir war das zu der Zeit wirklich, wirklich schlimm. Überall lagen Haare, auf meinem Kopfkissen nach dem Schlafen oder in der Wanne nach dem Duschen, nach dem Haarekämmen … Dunkle Haare fallen natürlich besonders auf.

Die gute Nachricht: Das geht vorbei, und die Haare wachsen auch wieder nach. Die schlechte: Wenn es so weit ist, können wir nichts dagegen tun. Zumindest nicht viel.

- Wir können immerhin dafür sorgen, dass es nicht schlimmer wird. Und das machen wir, indem wir uns keinem zusätzlichen Stress aussetzen. Stress verstärkt nämlich den Haarausfall.

- Eine gesunde, vielseitige Ernährung hilft auch dabei, nicht zu viele Haare zu verlieren beziehungsweise damit auch viele wieder nachwachsen. Zu einer ausgewogenen Ernährung gehören hier an erster Stelle ausreichend Eisen, Zink und Eiweiß. Letzteres ist sehr wichtig für die Haarbildung.

- Besonders in der Stillzeit muss dein Körper viel leisten. Darum solltest du sicherstellen, dass du mit allen nötigen Nährstoffen versorgt bist. Denn die sorgen unter anderem auch für gesundes Haar bzw. kann ein Mangel an diesen auch für Haarausfall verantwortlich sein. Du kannst in dieser Zeit ein Blutbild bei deiner Frauenärztin machen lassen, um genau zu wissen, wie es um deine Blutwerte bestellt ist.

- Zu guter Letzt: Benutze am besten ein mildes Shampoo und führe ab und zu eine Kopfmassage durch, um die Durchblutung deiner Kopfhaut zu fördern.

MEIN GEHEIMTIPP

Gegen Ende dieser Haarausfall-Periode, bevor die neuen Haare nachwachsen, kann es sogar manchmal zu kahlen Stellen auf unserem Kopf kommen. Meist ist das im Scheitelbereich oder an den Schläfen der Fall. Ich habe dann Schütthaar benutzt. Das Pulver in der jeweiligen Haarfarbe kann man auf die lichten Stellen draufgeben.

Die Haut

Gerade dunkelhaarige Frauen mit heller Haut neigen in der Schwangerschaft dazu, Pigmentflecken (oder Sommersprossen) zu bekommen. Darum ist Sonnenschutz in der Schwangerschaft auch so wichtig. Davon war leider auch ich betroffen und habe nach meinen vier Schwangerschaften einige Flecken im Gesicht zurückbehalten. Es gibt die Möglichkeit, sich die Pigmentflecken weglasern zu lassen. Das habe ich tatsächlich irgendwann gemacht. Wenn du dich an deinen Pigmentflecken aber nicht störst, kannst du völlig problemlos damit leben und sie überschminken, wenn du magst. So habe ich es viele Jahre lang auch gemacht. Es ist absolut keine medizinische Notwendigkeit, nur etwas für Frauen, die genauso eitel sind wie ich.

Die Zähne

Du weißt sicherlich, dass es heißt: Jedes Kind kostet einen Zahn. Grund dafür ist die hormonelle Umstellung in der Schwangerschaft, die unser Gewebe lockerer werden lässt. Auch das Zahnfleisch ist dann oft geschwollen und besser durchblutet. Gerade unter geschwollenem Zahnfleisch sammeln sich aber viel leichter Beläge an. Ausgerechnet in der Schwangerschaft putzen aber viele Frauen nicht ordentlich, weil sie ihr Zahnfleisch nicht permanent zum Bluten bringen wollen. Zudem ist der Speichel saurer, der damit den perfekten Nährboden für Karies bietet. Darum beginnen viele Zahnprobleme in der Schwangerschaft und ziehen sich in die Zeit nach der Geburt des Babys. Gehe regelmäßig zur Zahnreinigung, um Karies vorzubeugen und deine Zähne zu schützen.

Die Bauchmuskulatur

Wie du weißt, wurden deine geraden Bauchmuskeln während der Schwangerschaft recht weit auseinandergedrängt. Durch Rückbildungsgymnastik (u. a. der schrägen Bauchmuskeln) sollten sie inzwischen wieder ein ganzes Stück näher zusammengerückt sein. Solange sie aber noch nicht wieder ganz geschlossen sind, mache bitte keine weiteren oder härteren Sportarten. Bei mir hat es vier Monate gedauert, bis meine geraden Bauchmuskeln wieder zueinandergefunden hatten.

Der Beckenboden

Eng damit hängt auch die Stärkung der Beckenbodenmuskulatur zusammen. Auch solange diese nicht stark genug wieder ausgebildet ist, treibe bitte keinen weiteren Sport. Gerade, wenn du bald wieder trainieren möchtest, ist es wichtig, dass du die Beckenbodenübungen der Rückbildungsgymnastik ernst nimmst und fleißig bist. Es gibt übrigens auch Beckenbodenzentren, die mit Elektroden arbeiten und noch intensiver den Beckenboden trainieren. Frage gern deine Frauenärztin nach einem nahe gelegenen Beckenbodenzentrum, wenn er besonders schwach ist.

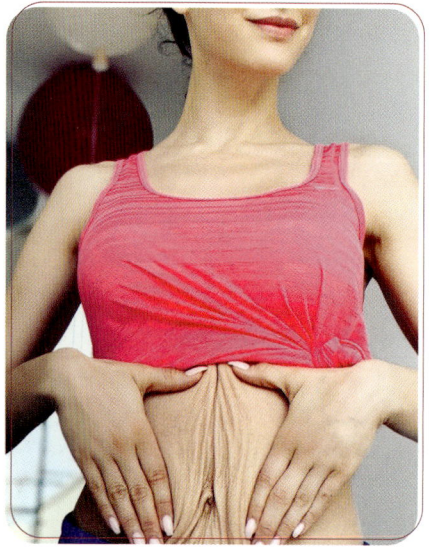

Der Bauch/die Taille

Auch wenn sich der Körper nach und nach mithilfe von Rückbildungsgymnastik und gesunder Ernährung und Bewegung wieder zurückbildet, bleibt überschüssige Haut von der Schwangerschaft. Bei mir ist nach der letzten Schwangerschaft ein Großteil dieser überschüssigen Haut geblieben – und ich halte sie in Ehren. Denn ich weiß, was wir, mein Körper und ich, geleistet haben.

Die erste Periode nach der Geburt

Frauen, die nicht stillen, bekommen etwa drei bis vier Wochen nach der Geburt wieder ihre Periode. Manchmal verschwimmt sogar der Wochenfluss mit der ersten Periode. Da gilt die Faustregel: Sobald die erste Periode da ist, gehe einmal zur Frauenärztin, damit sie überprüfen kann, ob sich alles gut entwickelt und zurückgebildet hat (Gebärmutter, Eierstöcke …). Wenn du stillst, wird deine erste Periode sicherlich später einsetzen. Dazu kommen wir dann noch im Kapitel »Abstillen« (siehe Seite 240).

Selbst wenn du deine erste Periode nach der Geburt bekommen haben solltest, heißt das nicht unbedingt, dass ab dann dein Zyklus regelmäßig ist. Dieser pendelt sich manchmal erst innerhalb des nächsten halben Jahres wieder auf »Normalniveau« ein.

Dass man auch ohne Periode schwanger werden kann, wissen wir bereits. Also: Beim Geschlechtsverkehr zur Sicherheit immer verhüten, auch wenn du noch stillst.

ℒIEBLINGSMOMENT NACH DER GEBURT:

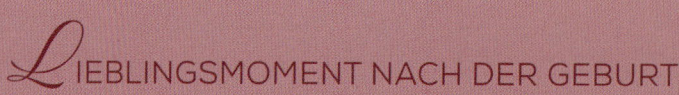

Als mir nach einem halben Jahr alle meine Lieblingsschuhe wieder passten. Schööööner als shoppen!!

SO WAR ES BEI MIR

Es war ein paar Monate nach der Geburt meines zweiten Babys. Ich weiß noch genau, wie entsetzt ich war, wie fettig meine Haare waren, obwohl ich sie frisch gewaschen hatte. Am Abend dann die Auflösung: Ich bekam meine erste Periode nach der Schwangerschaft. Und ein paar Monate nach der dritten Entbindung bin ich eines Morgens nicht richtig wach geworden, wurde auch den ganzen Tag nicht richtig wach, hatte das Gefühl, krank zu werden. Und am Abend habe ich meine erste Periode bekommen. Du siehst: Die Periode ist einfach ein ungeheurer Hormonumschwung und hormoneller Aufwand, mit dem unser Körper zu tun hat. Es kann sein, dass du das bei der ersten Periode nach der Geburt besonders deutlich spürst.

Das Gewicht

Das Gewicht, das du während der Schwangerschaft zugenommen hast, kann innerhalb von neun Monaten wieder verschwinden, muss es aber nicht. Nach der Geburt solltest du aber auf keinen Fall sofort eine Diät machen, warte damit bitte bis nach der Stillzeit ab. Wir haben darüber an früherer Stelle bereits gesprochen (siehe Seite 45).

Wenn du wie ich zu den Frauen gehörst, die mit wenig Gewicht in die Stillzeit gegangen sind, kann es sein, dass du an deine Reserven gehen musst. Achte besonders gut darauf, dass du gesund, ausreichend und regelmäßig isst und nicht zu viel Gewicht verlierst. Du brauchst Energie! Ich sah am Ende meiner Stillzeiten übrigens immer fünf Jahre älter aus als das Jahr drauf.

Die Füße

Die meisten Frauen bekommen während der Schwangerschaft größere und dickere Füße. Bei mir waren es anderthalb Größen mehr! Ich habe sooo sehr gehofft, dass meine Füße auch nach der vierten Schwangerschaft wieder kleiner werden. Und: So war es. Aber es hat ein halbes Jahr gedauert. Darum habe ich diesen Moment dann auch ganz besonders gefeiert!

Mama-Fitness – meine tägliche Sportroutine (nur 15 Minuten!)

Mama-Spezial

Du Liebe, um unseren Körper darin zu unterstützen, wieder fit zu werden oder zu bleiben, nicht nur nach der Geburt, sondern eigentlich jeden Tag, braucht es Bewegung, Bewegung, Bewegung. Wichtig ist dabei aber auch, dass du dich nicht zu sehr unter Druck setzt und dadurch den Spaß daran verlierst. Immerhin ist es kostbare Zeit, die du für dich hast.

Darum gilt für mich auch hier: Mein Sport muss in jeden Alltag zu integrieren sein und ohne komplizierte Geräte funktionieren. Die Übungen, die ich dir gleich zeigen werde, kannst du wirklich überall machen. Dazu brauchst du nur dich, vielleicht noch eine Wand zum Gegenlehnen und vielleicht eine Decke/eine Matte und ein Handtuch. Das war's!

Für mich gehört das folgende Programm zu meiner Tagesroutine dazu. Ich mache am liebsten morgens vor dem Duschen Sport. Früher ist mein Kleiner dabei noch um mich herumgekrabbelt.

Je nachdem, wie viel Zeit ich habe, variiert die Länge des Programms zwischen zehn bis 15 Minuten. Hauptsache, ich schaffe es überhaupt.

Die Übungen sind ein Mix aus Dehn- und Kraftübungen. Nur ein gedehnter und flexibler Muskel kann sich gesund und stark aufbauen. Ich schließe dann meist ab mit einer kurzen Meditation oder nennen wir es: einem Zur-Ruhe-Kommen.

Das ist meine Viertelstunde Auszeit am Morgen. Und die ermöglicht es mir, fit und gelassen in den Tag zu starten und mit aller Kraft für meine Kinder da zu sein.

Jetzt will ich nicht länger rumreden, denn das geht alles von unserer kostbaren Zeit ab. Starten wir also los!

Für alle Übungen stelle ich auf meinem Handy die Stoppuhr-Funktion ein und positioniere es so, dass ich es gut im Blick habe.

Dehnübungen

Die Dehnungsübungen versuche ich 20 bis 30 Sekunden zu halten. Wenn ich viel Zeit habe, führe ich jede Übung auch mal 60 Sekunden lang aus. Ich gebe aber gleich zu: Das schaffe ich nicht besonders häufig.

1. Übung: Dehnung Waden

Stelle dich mit dem Gesicht zur Wand so auf, dass dein rechtes Bein gestreckt nach hinten zeigt, dein linkes nach vorn angewinkelt steht. Stütze beide Arme durchgedrückt gegen die Wand.

Das Ganze wiederholst du auf der anderen Seite (also Beine wechseln in der Position).

2. Übung: Dehnung Achillessehne

Du stellst dich auf dein rechtes Bein, winkelst es leicht an, und hebst nun das linke Bein, ebenfalls angewinkelt, vom Boden. Dabei lässt du die Wand los, verschränkst deine Arme vor dem Körper und versuchst, das Gleichgewicht zu halten. Je älter man wird, umso schwieriger wird es übrigens, das Gleichgewicht zu halten.

Auch das wiederhole mit dem linken Bein als Standbein.

3. Übung: Dehnung Oberschenkel

Stelle dich auf dein rechtes Bein und winkele das linke an. Greife den linken Fuß hinter dem Rücken und dehne deinen linken Oberschenkel. Den Oberkörper richtest du nach oben hin auf. Wenn du es jetzt noch schaffst, den Beckenboden anzuspannen und den rechten Arm gerade nach oben zu strecken, bist du ein kleiner Hero. Das ist wirklich nicht leicht.

Auch das wiederholst du auf der anderen Seite.

Richtig ausgeführt, ist diese Übung sowohl eine Dehnungs- als auch eine Haltungs- und Kräftigungsübung.

4. Übung: Dehnung Seiten

Diese Übung empfinde ich als die unangenehmste der Dehnungsübungen. Aber danach fühlt man sich wie neugeboren!

Stelle beide Beine auf, die Füße nah beieinander. Strecke die Arme über dem Kopf aus und falte die Hände. Strecke die Zeigefinger nach oben. Und jetzt: Beuge dich mit dem gesamten Oberkörper zur rechten Seite. Wichtig ist, dass dein Körper auf ei-

ner Linie ist. Das ist wichtiger, als dass du besonderes weit runterkommst. Bitte auch nicht federn, einfach halten.

Dann kommt die linke Seite dran.

5. Übung: Dehnung Rücken

Du behältst die Grundposition bei, lässt aber nun deinen Kopf ganz vorsichtig in den Nacken fallen und beugst dich etwas nach hinten. Die Arme bleiben ausgestreckt über dem Kopf.

6. Übung: Lockern

Dann holst du den Kopf vorsichtig wieder nach vorn, lässt die Arme und alles locker und rollst dich ganz langsam, Wirbel für Wirbel, nach unten, gehst in die Knie, lässt den Kopf sinken, den Rücken rund werden und Richtung Boden sinken. Versu-

che, den Oberkörper an deinen Knien zu halten. Idealerweise kommst du dabei noch mit den Handflächen auf den Boden, ansonsten umfasst du deine Knöchel oder Schienbeine.

7. Übung: Dehnung Rücken und Beine

Anschließend mit den Händen ein Stück nach vorn gehen, sodass du sozusagen im Dreieck stehst. Den Rücken gerade halten, die Fersen schön in den Boden drücken, den Hintern nach oben rausstrecken. Der Kopf befindet sich zwischen deinen Armen.

Du kannst dabei auch ein wenig deine Beine einknicken, wie beim Laufen.

Wenn du es schaffst, kannst du jetzt noch abwechselnd ein Bein nach oben stre-

cken. Das dehnt und trainiert dein Gleichgewicht.

Nach der Übung gehst du mit deinen Händen langsam wieder zu deinen Füßen zurück und rollst dich Wirbel für Wirbel wieder nach oben, bis du gerade aufgerichtet stehst.

8. Übung: Dehnung Nacken- und Halsmuskulatur

Stelle dich gerade hin und strecke den rechten Arm zur Seite aus. Die Handfläche ist aufgerichtet, du drückst die Hand sozusagen von dir weg. Den Kopf neigst du zur linken Seite. Dann bewegst du dein rechtes Handgelenk auf und ab. Dadurch dehnst du unterschiedliche Halsmuskeln.

Dann kommt die andere Seite dran.

9. Übung: Schulter kreisen

Rolle nun deine Schultern nach vorn und nach hinten. Wenn du deine Hände auf die Schultern setzt oder die Arme ausstreckst und mit ihnen kreist, trainierst du übrigens noch mal andere Muskeln.

10. Übung: Dehnung Leisten

Stelle dein rechtes Bein auf, dein linkes hebst du an und stellst es angewinkelt auf

einen erhöhten Gegenstand. Umfasse mit deinen Händen dein linkes Knie. Der Oberkörper ist aufgerichtet.

Wiederhole das Ganze mit dem anderen Bein.

Für die restlichen Übungen lege dir eine Decke oder Matte unter, wenn es dir sonst zu hart ist.

11. Übung: Dehnung Füße

Stelle dich auf die hohen Zehenspitzen und gehe dabei in die Hocke. Du kannst dich gern irgendwo festhalten.

Anschließend stellst du dich auf das linke Bein, setzt den rechten Fuß vor den linken und lehnst dich auf den linken Fußspann, drückst ihn leicht nach unten. Aber ganz behutsam. Das dehnt den

Spann. Dasselbe auf der anderen Seite wiederholen.

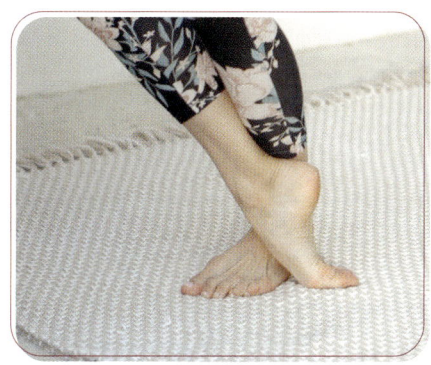

12. Übung: Dehnung Hüfte

Knie dich hin. Setze deine Hände schulterbreit auseinander auf dem Boden auf, die Fingerspitzen zeigen nach vorn.

Strecke nun das linke Bein gerade nach hinten aus, das Knie ist schön durchgestreckt, lege deinen Fußspann ab.

Das rechte Bein winkelst du nach vorne an, der Fuß ist auf Höhe deiner Hände.

Hebe dabei deinen Oberkörper, der Rücken ist gerade, der Kopf ist in der Verlängerung der Wirbelsäule.

Du kannst die Arme dann auch auf dem angewinkelten Knie ablegen. Der Rücken sollte dabei immer schön gerade sein. Das erfordert Kraft und Gleichgewichtssinn.

Bitte auch auf der anderen Seite wiederholen.

Die Arme über den Kopf zu heben, ist die absolute Königsdisziplin bei dieser Übung.

Strecke nun den linken Arm nach oben aus, schaue deinen Fingerspitzen hinterher. Mit dem anderen Arm stützt du dich am Boden ab.

Dasselbe wiederholst du auf der anderen Seite.

Während der Übung kannst du in jeder Position einen Punkt vor dir fokussieren und dich darauf konzentrieren. Das hilft, dein Kopf frei zu bekommen.

Lockere zwischen den verschiedenen Positionen gern mal deine Beine, wenn es dir sonst zu viel wird.

13. Übung: Dehnung Beine

Setze dich hin, strecke dein rechtes Bein aus, winkele dein linkes an. Strecke beide Arme nach oben hin aus und führe deinen Oberkörper dann behutsam nach vorn. Umfasse deinen Fuß oder deine Zehen. Wenn du nicht so weit kommst, reicht auch der Knöchel oder das Schienbein. Der Rücken sollte so gerade wie möglich bleiben. Im Idealfall schaffst du es, den Kopf auf deinem Knie abzulegen. Mir gelingt das im Moment leider nicht mehr. Versuche einfach, ohne zu viel Druck so weit runterzukommen wie möglich. Es darf ein wenig wehtun, aber bitte nicht über den Schmerz hinausgehen. Und niemals ruckartige Bewegungen machen.

Wiederhole das auch mit ausgestrecktem Bein auf der anderen Seite.

Jetzt strecke beide Beine aus, und wiederhole die Übung, indem du mit jeweils einer Hand einen Fuß umfasst (oder die Zehen, die Knöchel, die Schienbeine). Auch hier wieder: Am besten ist, du schaffst es, deinen Kopf mit so geradem Rücken wie möglich auf den Knien abzulegen. Du kommst so weit runter, wie es eben geht.

14. Übung: Dehnung Oberschenkel, Teil 1

Du bleibst auf dem Boden und streckst dein linkes Bein nach hinten aus. Das rechte Bein winkelst du nach vorn hin an. Richte deinen Oberkörper auf und stütze deine rechte Hand auf dem Boden auf.

Winkele nun das linke Bein an und umfasse mit der linken Hand den rechten Fuß, ziehe ihn so weit zu dir heran wie möglich.

Du kannst jetzt noch den rechten Arm über dem Kopf mit deinem linken zusammentun, das linke Bein dabei weiter angewinkelt lassen. Du kannst das Bein mit dem linken Oberarm halten. Das ist gleichzeitig eine wunderbare Balanceübung. Diese Variante ist wirklich schwer, tut aber unglaublich gut. Bleib einfach dran! Es lohnt sich.

Wiederhole die Übung/en auf der anderen Seite.

15. Übung: Dehnung Oberschenkel, Teil 2

Führe die Füße aneinander und lass die Knie nach außen sinken. Mache es so weit, wie du es schaffst. Ein leichter Zug darf aber entstehen.

Umfasse mit den Händen deine Fersen und senke nun deinen Kopf behutsam in Richtung Füße. Auch hier: Du kommst so weit, wie du es schaffst.

16. Übung: Locker lassen

Lege dich anschließend auf den Rücken, winkele die Beine an und strecke die Arme nach oben hin aus. Versuche locker zu lassen und zu entspannen.

Kraftübungen inklusive Beckenboden

Im besten Falle spannst du bei all den folgenden Übungen den Beckenboden an. Natürlich musst du ihn auch zwischendurch wieder locker lassen. Halte dann in der Übung jeweils kurz inne.

1. Übung: Knie anziehen

Lege dich auf den Rücken, winkele deine Beine an und ziehe die Knie an den Oberkörper heran. Umfasse sie mit deinen Händen und halte sie fest. Spanne deinen Beckenboden dabei an.

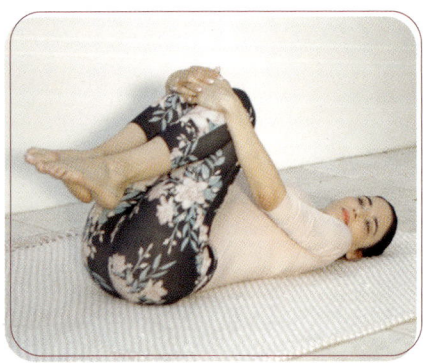

2. Übung: Schräge Bauchmuskeln

Das Training der schrägen Bauchmuskeln unterstützt, dass deine geraden Bauchmuskeln wieder zusammenrücken. Diese Übung kannst du darum auch machen, wenn deine geraden Bauchmuskeln noch nicht wieder weit genug zusammengewachsen sind.

Du liegst auf dem Rücken, die Beine sind angewinkelt aufgestellt. Führe den linken Arm hinter den Kopf, der Ellbogen ist zur Seite ausgestreckt. Lege deinen Kopf in die Hand. Den rechten Arm streckst du nach vorn aus. Jetzt behutsam den Oberkörper auf und ab bewegen. Mache ruhig kleine Bewegungen und dafür lieber ein paar mehr. Die ganze Zeit den Beckenboden anspannen.

Und auf der anderen Seite wiederholen.

3. Übung: Gerade Bauchmuskeln, Teil 1

Es ist wichtig, dass du diese Übungen bitte erst machst, wenn deine geraden Bauchmuskeln wieder ganz zusammenliegen, es sollte maximal noch ein Fingerbreit zwischen den geraden Bauchmuskeln zu spüren sein!

Lege dich auf den Rücken, winkele die Beine an, führe deine Arme hinter den Kopf und falte die Hände. Die Ellbogen zeigen zur Seite.

Jetzt hebst du deinen Oberkörper und

senkst ihn wieder. Dabei spannst du deinen Beckenboden an.

Versuche nicht, mit den Händen am Kopf zu ziehen, sondern nutze deine Bauchmuskeln.

Du kannst deine Beine jetzt auch im rechten Winkel anheben.

Versuche, so viele Wiederholungen wie möglich zu machen.

4. Übung: Gerade Bauchmuskeln, Teil 2

Du liegst weiterhin auf dem Rücken. Du hebst die Beine im rechten Winkel an. Jetzt kommen auch die Arme dazu.

Strecke jeweils ein Bein aus, das andere Knie führst du mit deinem diagonal gelegenen Ellbogen über deiner Körpermitte zusammen. Dann das Bein ausstrecken, das andere anwinkeln, mit dem diagonal gelegenen Ellbogen zusammenführen und so weiter. Das ist eine recht dynamische Übung. Dabei spannst du den Beckenboden bitte wieder an.

So viel du möchtest oder so wenig, wie du schaffst.

5. Übung: Knackiger Po

Knie dich auf den Boden, stütze dich auf deine Unterarme, die Handflächen zeigen nach unten. Der Kopf ist in der Verlängerung der Wirbelsäule.

Und nun hebe das linke Bein ungefähr im rechten Winkel und hebe und senke es. Wichtig ist, dass das Bein immer ungefähr gleich hoch geht. Dann ist die Übung schön effektiv. Halte dabei den Rücken gerade.

Mache einige Auf- und Abbewegungen, ein bis zwei Minuten. An guten Tagen mache ich davon pro Seite 200 Stück. Danach weißt du dann aber auch, was du getan hast.

Wiederhole dann auf der anderen Seite.

Auch dabei bitte den Beckenboden wieder anspannen.

6. Übung: Reiterhosen ade

Du bleibst in der Position (du kannst dein Kinn auch auf deine gefalteten Hände stützen, wie ich auf dem Foto). Hebe nun dein rechtes Bein an, strecke es zur Seite aus und ziehe es wieder an. Mach auch das so oft, wie du es schaffst, und auch auf der anderen Seite. Halte auch dabei möglichst deinen Beckenboden.

Wenn deine Knie bei dieser Übung wehtun, überspringe sie.

7. Übung: Starker Rücken

Eine besonders wichtige Übung für »Trage-Mamis«, denn wir brauchen einen starken Rücken.

Lege dich auf den Bauch, strecke die Arme und Beine aus. Der Kopf ist in der Verlängerung der Wirbelsäule. Du kannst nach vorn schauen oder auf den Boden.

Hebe nun erst das linke Bein und den rechten Arm, lass sie sinken, hebe sie wieder an und so weiter. Mach die Bewegungen nicht zu ruckartig, lieber langsamer und exakt.

Das wiederholst du dann mit dem rechten Bein und dem linken Arm.

Lege dann deine Beine ab, halte den Oberkörper oben und lege den Kopf auf deine zusammengeführten Hände. Die

Ellbogen zeigen zur Seite. Nicht federn, sondern ungefähr drei Sekunden halten. Dann die Arme nach vorn ausstrecken – und wieder die Hände unters Kinn.

Und die ganze Zeit dabei den Beckenboden anspannen (und zwischendurch natürlich auch wieder entspannen).

8. Übung: Liegestützen

Überkreuze die Beine, stütze dich mit ausgestreckten Armen auf dem Boden ab, hebe den Oberkörper an. Der Kopf ist in der Verlängerung der Wirbelsäule.

Und jetzt führst du den Oberkörper so weit es geht nach unten. Nicht ablegen. Dabei spannst du den Beckenboden an.

Wenn ich von dieser Übung zehn oder 15 schaffe, bin ich schon glücklich. Ich habe nämlich keine besonders starken Arm-

muskeln und muss mich da richtig durchquälen. Du schaffst vielleicht mehr.

Und zum Abschluss: die Meditation oder Entspannung

Ich setze mich dazu in den Schneidersitz, richte mich bis nach oben hin auf, lasse im unteren Rücken und in den Schultern los, lasse die Arme hängen, schließe die Augen – und entspanne. Die Hände kannst du falten, einfach so in den Schoß legen oder auf die Knie mit den Handflächen nach oben oder nach unten.

Ich mache das meist wirklich nur zwei bis vier Minuten. Wenn du länger Zeit hast, dann führe die Entspannung so lange durch, wie es dir guttut.

Versuche, in dieser Zeit über nichts nachzudenken, kümmere dich nicht um Geräusche von außen. Konzentriere dich stattdessen auf deinen Atem. Fixiere imaginär einen Punkt zwischen deinen Augenbrauen, das hilft auch.

Fertig! So »einfach« trainierst du ganz effektiv deinen Körper.

Gehe dabei Stück für Stück vor, wenn dir alles auf einmal zu viel erscheint. Du musst auch nicht alle Übungen machen, kannst welche überspringen, dafür andere hinzunehmen, die dir besonders gut gefallen oder dir wichtig sind (wie Kniebeugen oder »richtige« Liegestütze). Manchmal ist die ein oder andere Übung auch tagesformabhängig. Wenn du eine Lieblingsübung hast, halte die eben besonders lange, eine andere dafür auch mal kürzer.

Wenn du dann noch viel spazieren und zu Fuß gehst, bietest du deinem Körper täglich bereits einiges an Bewegung und Fitness.

Ich garantiere dir: Wenn du so oder so ähnlich in den Tag startest, gestaltet sich der viel motivierter und beschwingter.

Sieh diese Zeit einfach als Zeit für dich und genieße sie!

Vier Dinge, die ich als Mama bereue, und vier Fallen, in die ich immer wieder tappe

Vier Dinge, die ich als Mama bereue

Ich bin sehr dankbar dafür, Mama von vier wunderbaren Kindern zu sein, für meine große Familie und das Leben, das ich heute führen darf. Und dennoch gibt es ein paar Dinge, die ich bereue. Und ich finde es nur gut, wenn ich dir neben meinen Tipps und Erfahrungen auch von meinen Versäumnissen oder »Fehlern« berichte. Vielleicht entscheidest du dich dafür, etwas anders zu machen. Deswegen möchte ich dir diese nun mit auf den Weg geben.

Was ich bereue:

1. … nicht genug Familienfotos zu haben aus der Zeit, als meine Kinder noch kleiner waren. Vor allem auch zusammen mit mir. Ach ja, ich wünschte, es gäbe mehr Bilder von mir und meinen Kindern über die Jahre. Immerhin ist mein Großer schon 15 Jahre alt … Da aber ich diejenige in der Familie bin, die normalerweise die Fotos macht, bin ich auf keinem mit drauf. Sollte jemand also mal mein Handy finden, ist nicht unbedingt zu erkennen, dass ich zu der Familie gehöre, von der all die Fotos sind.

2. … meine Ungeduld mit Baby. Man ist mit einem kleinen Baby zu Hause und einfach ungeduldig, weil man viel mit dem Kleinen allein ist, es nicht einschlafen, schon wieder trinken will. Aber diese Zeit geht so schnell vorbei und kommt nicht wieder. Beim vierten Baby wusste ich dann: Genieße die Zeit! Und sogar da habe ich mich manchmal einsam gefühlt und gedacht, mir fällt die Decke auf den Kopf. Und sosehr ich meine eigenen Gefühle darin verstehen kann, sage ich heute ganz klar: Ich hätte nicht die Zeit damit verschwenden sollen, mich darüber zu ärgern, sondern sie einfach genießen sollen.

3. … kein Lern- oder Entwicklungstagebuch für all meine Kinder geschrieben zu haben. Ich würde mich heute unglaublich darüber freuen, wenn ich nachschlagen könnte, wann welches Kind zum ersten Mal »Mama« gesagt hat, krabbeln konnte oder laufen. Man vergisst die Sachen nämlich, auch wenn man sich natürlich grob an vieles erinnert. Aber eben nur noch grob.

4. … dass ich es nicht geschafft habe, »Karriere« und Kinder miteinander

zu vereinen. Ich war mit meinen Kindern nach der Geburt immer ziemlich lange zu Hause und habe keine beruflichen Pläne verfolgt. Aber gerade jetzt bin ich an einem Punkt, wo ich mich frage, ob das immer die richtige Entscheidung gewesen ist, ob ich nicht das ein oder andere Angebot als Schauspielerin hätte annehmen sollen in der Zeit mit Baby zu Hause. Als mein zweites Kind auf die Welt kam, war ich ja alleinerziehend, und da habe ich relativ früh wieder angefangen zu arbeiten. Rückblickend war das vielleicht manchmal schwer zu organisieren und miteinander zu verbinden, aber es hat mich doch auch zu einem glücklichen und erfüllten Menschen gemacht. Ich möchte den Gedanken hier auch nur einmal laut denken. Man muss eben wissen, dass es nach der Babypause, gerade wenn man mehrere Kinder hat und die also länger dauert, nicht ganz leicht ist, wieder in den Beruf einzusteigen. Wichtig finde ich vor allem, diese Entscheidung dann ganz bewusst zu fällen, in welche Richtung auch immer, um es nicht womöglich hinterher zu bereuen.

Vier Fallen, in die ich immer wieder tappe

Auch hier möchte ich dich noch mal einladen, aus meinem Erfahrungsschatz in Sachen »Fehlern« zu lernen.

1. Essen: Wir Mütter essen nicht mehr so, wie wir wollen. In der Schwanger-schaft und Stillzeit machen wir das vor allem für unsere Babys. Aber irgendwann ist unsere Ernährung losgelöst von unseren Kindern, und trotzdem kochen wir nur das, was sie gern essen. Das ist aber gar nicht unbedingt das, was wir am liebsten mögen. Zum Beispiel kann ich Möhrenpüree nicht mehr sehen. Oder Fischstäbchen mit Spinat. Wie oft esse ich abends Dinge, die meine Kinder gern essen, weil ich keine Lust habe, zwei Gerichte zu kochen? Eigentlich ist das aber sehr schade. Ab und zu koche ich darum auch mal das, was *mir* am besten schmeckt. Und das ist zum Beispiel Sauerkraut. Das mag übrigens kein anderer in meiner Familie … Aber wer weiß, vielleicht finden auch meine Kinder irgendwann Gefallen daran.

2. Pflege: Wir sind den ganzen Tag damit beschäftigt, unsere Babys anzuziehen, auszuziehen, zu waschen, einzucre-men, zu kämmen … Aber auch wir Mütter haben eine Haut. Und der tut es unglaublich gut, eingecremt zu werden. Jeden Tag. Sie braucht diese Feuchtigkeit. Denke auch ein bisschen an die Pflege deines eigenen Körpers.

3. Perfektion: Man will alles perfekt machen: Haushalt, Outfit, Brotdosen der Kinder, Elternrat-Amt … Jede stößt da an ihre persönlichen Grenzen, weil wir so hohe Erwartungen an uns selbst haben und auch so viel von uns erwartet wird. Suche dir die Sache aus, in der du perfekt sein willst, die dir am wichtigsten ist. Wenn das der Haushalt ist, bist du eben in anderen Punkten

nicht so perfekt. Bei mir ist das ein guter Start in den Tag, ein gutes Frühstück für die Kinder und sie immer pünktlich in die Schule zu bringen. Worin ich nicht perfekt bin und mittlerweile auch dazu stehe: Ich übernehme keine Ämter in Schule und Co., weil meine Stärke nicht im Bereich des Organisierens/Listenanfertigens liegt. Außerdem kommen bei mir keine Vier-Gänge-Menüs, sondern nur schnelle und unkomplizierte Gerichte auf den Tisch.

4. Hobbys: Vergiss nicht deine eigenen Leidenschaften. Es ist gut und richtig, dass sich am Anfang alles um das Baby dreht. Aber du hattest auch ein Leben vor der Geburt und Schwangerschaft mit Freunden und Hobbys. Wenn du die nicht ganz ausklammerst, sondern auch in deinen neuen Alltag integrierst, wird dich das glücklich machen. Ich verspreche es dir. Bei mir ist es das Balletttanzen. Damit habe ich vor dem ersten Baby angefangen und war auch wirklich gut darin, habe schnell Fortschritte gemacht. Mit jeder Schwangerschaft und jeder Babypause habe ich das Tanzen aber wieder ruhen lassen und musste hinterher mühsam bei null anfangen. Mein Traum und Ziel wäre es, mich eines Tages auf Spitzenschuhe zu stellen. Das würde mich sehr stolz und zufrieden machen. Dafür bräuchte es dann aber tatsächlich mal eine längere, intensive Zeit des Übens. Also dürfte es keine weiteren Babypausen mehr geben …

Von den ersten Schritten bis zum ersten Geburtstag

DIE MONATE 10–12

Wow, wow, wow – dein Baby ist schon sooo groß!

Du Liebe, jetzt sind wir tatsächlich bereits im letzten großen Kapitel dieses Buches angelangt: die letzten drei Monate, bevor dein Baby seinen ersten Geburtstag feiert!

Die meisten Babys können jetzt robben, krabbeln oder bewegen sich auf eine andere Weise fort, sie können sich aufsetzen und frei sitzen. Alle Babys haben einen unbändigen Drang, sich fortzubewegen, und dafür nehmen sie auch viele Rückschläge, Stürze und manchmal sogar (hoffentlich nur kleine) Verletzungen in Kauf. Bis zu hundert Mal fallen Babys in ihrer Lauflernphase hin – stell dir das mal vor! Sie sind einfach so tapfer, und ihre Energie scheint unerschöpflich. Beneidenswert!

Die ersten Gehversuche

Vielleicht beginnt dein Kleines sich auch schon langsam an Gegenständen oder deinem Bein hochzuziehen. Wenn es einigermaßen sicher steht, wird es versuchen, an diesen Gegenständen entlangzuwandern, oder es greift nach deinen Händen und geht so tatsächlich schon seine ersten Schritte. Die meisten Babys (75 Prozent) machen ihre ersten, vorsichtigen Schritte mit zwölf bis 14 Monaten, einige auch schon mit acht bis zehn Monaten, wie zum Beispiel mein Vierter. Andere Babys aber auch erst später, mit 18 bis 20 Monaten. All das ist der grüne Bereich, in dem dein Baby laufen lernen darf. Jedes Baby hat eben sein eigenes Tempo.

Problematisch ist, wenn dein Baby *vor* dem achten Lebensmonat versucht, ins Laufen zu kommen. Denn dann sind seine Knochen noch nicht stabil genug. Besprich einmal mit eurer Kinderärztin, wie man das Kleine vielleicht noch gut bremsen kann oder was sonst zu tun ist. Und wenn ein Baby älter als 20 Monate ist und noch keine Anstalten macht, sich hochzuziehen oder aufzustehen, würde das bei den U-Untersuchungen ohnehin auffallen. Das betrifft aber auch wirklich nur ganz wenige Babys.

Um ins Laufen zu kommen, vollzieht ein Baby verschiedene Entwicklungsschritte, die wir in den letzten Monaten beobachtet haben: angefangen beim Halten des Köpfchens übers Rollen, Sitzen, Krabbeln und/oder Robben bis hin zum Aufstehen und Entlanghangeln. Je mehr dein Baby sich bewegen darf, umso besser wird es seine Bewegungsabläufe trainieren.

HÄNDE WEG VON LAUFLERNHILFEN

Unsere Babys lernen in einer Lauflernhilfe nicht das Laufen. Und mit ›Lauflern-hilfe‹ meine ich die Gestelle auf Rädern, in die man sein Baby hineinsetzen oder -stellen kann und in denen es sich durch Strampeln fortbewegen kann. Das Laufen lernen Babys aber tatsächlich allein und aus sich heraus, indem sie gelassen werden und ihre Muskeln trainieren, das Gleichgewicht entwickeln – und eben auch mal hinfallen. Zudem werden die Dinger ganz schön schnell (bis zu zehn Stundenkilometer!) – und damit gefährlich, um mit großer Wucht gegen Ecken, Regale und Wände zu knallen. Da passieren wirklich zum Teil schlimme Unfälle. Denn ein Baby kann die Schnelligkeit und auch Bewegung des Lauflern-wagens im Zweifelsfall nicht kontrollieren. Auch passieren immer wieder Stürze die Treppen hinunter, oder das Baby stürzt mit der Lauflernhilfe über ein Hinder-nis und schlägt mit dem Kopf auf. Zudem wird vermutet, dass Babys, die eine Lauflernhilfe nutzen, sich motorisch später entwickeln als Babys ohne solche Geräte. Also genau das Gegenteil von dem, was das Ding eigentlich bewirken sollte.

Überhaupt nichts ist jedoch gegen Lauflern*wagen* zu sagen, die das Baby vor sich herschieben bzw. -rollen kann.

Wenn dein Engelchen dann genug Mut und Sicherheit gesammelt hat, wird es ir-gendwann die Hände lösen und versuchen, frei zu gehen. Das ist soo ein Wahnsinns-moment! Als Mama ist man in diesem Au-genblick richtig verzaubert und verdrückt bestimmt das ein oder andere Freudenträn-chen. Ich kann es nicht anders sagen: Diesen ersten Schrittchen wohnt einfach ein Zau-ber inne.

Wenn du dir begreiflich machst, was dieser kleine Mensch da leistet, wird auch klar, warum das so ist: Gehirn, Muskulatur und der ganze Körper müssen perfekt auf-einander abgestimmt arbeiten. Es ist wirk-lich ein Wunder.

Forschungen haben ergeben, dass Babys in den Laufenlernphasen mehrere Tausend Schritte am Tag machen! Ich bin jedes Mal aufs Neue fasziniert vom Ehrgeiz unserer Babys und wie sie an ihren Zielen festhal-ten, gerade beim Laufenlernen. Das sind die ersten Momente, in denen ich als Er-wachsene denke: *Ich kann etwas von meinen Kindern lernen.* Und davon wird es übrigens noch viele geben, wenn du deine Kleinen beim Großwerden betrachtest, denn sie machen ganz viel richtig. Aber natürlich gehört dazu auch das Hinfallen. Sogar sinnbildlich. Babys fallen hin, stehen wie-der auf und machen weiter. Ich gestehe, es ist als Mama nicht immer leicht, seinem

Kleinen beim Hinfallen zuzusehen. Aber solange du eure vier Wände sicher gemacht hast, wie im Kapitel »Die eigenen vier Wände krabbelsicher machen« beschrieben (siehe Seite 204), muss sich dein Baby ausprobieren dürfen. Und dazu gehört auch: Dein Baby muss hinfallen dürfen.

Hinfallen, Krönchen richten

Hinfallen ist beim Laufenlernen ein wichtiger Aspekt, denn Laufen *ist* genau genommen eine Hinfallbewegung. Es ist ein Stehen und dann nach vorne Kippen, nur federn wir den Sturz mit einem Schritt ab. Laufen ist also der gelernte, kontrollierte und durch einen Schritt unterbrochene Fall.

So kannst du dein Baby unterstützen

Auch wenn dein Baby ganz von allein laufen lernt, macht es uns natürlich großen Spaß, unser Engelchen dabei zu unterstützen.

○ Gib deinem Baby einen großen, leichten Gegenstand in die Hand, zum Beispiel einen Ball oder einen Luftballon. Dann konzentriert es sich nämlich darauf und denkt, es würde sich daran festhalten.

Mit dem Gegenstand in der Hand macht es nun möglicherweise ein paar Schritte. Meine Kinder haben beim Laufen tatsächlich immer einen Gegenstand in der Hand gehalten. Vielleicht hat es sie so stolz gemacht, ihn aus eigenem Antrieb heraus irgendwohin zu transportieren.

○ Lass dein Baby am besten barfuß das Laufen üben, denn dann hat es einen sichereren Halt. Mein Kleiner ist zu Hause immer barfuß gelaufen und auch draußen, wenn es warm genug war. Sonst ziehe deinem Engelchen dünne Söckchen über, auch draußen. Es macht ja nichts, wenn sie schmutzig werden, man kann sie einfach waschen. Ich habe meinen Babys erst Schuhe angezogen, als sie sicher laufen konnten. Schuhe brauchst du für dein Baby darum noch nicht.

○ Mein Kleiner hat es geliebt, Gegenstände zu verschieben, zum Beispiel Kisten, Spielzeug oder einen Stuhl. Wichtig ist, dass diese Gegenstände nicht umkippen können. Wenn das Baby nun losläuft, verschiebt sich der Gegenstand natürlich mit. Und das bereitet ihm viel Freude, weil es erlebt, etwas mit seiner eigenen Kraft zu bewegen.

ℒIEBLINGSERINNERUNG AN DIE ERSTEN SCHRITTE:

Das freudige Jauchzen, wenn die Kleinen so stolz auf ihren Erfolg sind.

Wasser ist das perfekte Medium zum Üben von neuen Bewegungsabläufen.

○ Biete deinem Baby verschiedene Untergründe an, um seine Bewegungen und Muskeln zu trainieren: der Fußboden in der Wohnung, aber auch Gras oder Sand. Ich war auch oft beim Babyschwimmen. Erstaunlicherweise haben all meine Kinder danach immer einen motorischen Entwicklungsschritt gemacht. Wasser ist einfach das perfekte Medium, um Bewegungsabläufe zu üben, die Muskulatur zu stärken und zu trainieren. Und im Wasser können Babys plötzlich Dinge, die ihnen »an Land« vielleicht noch nicht gelingen. Das vergessen sie aber manchmal und machen es dann auch, wenn sie wieder festen Boden unter den Füßchen haben.

Bis dein Baby nach den ersten Schritten aber richtig und sicher laufen kann, dauert es durchaus ein paar Wochen, bei manchen auch ein paar Monate. Also sei geduldig, nach den ersten Gehversuchen sind noch keine langen Spaziergänge angesagt.

Konzentration aufs Wesentliche

Es kann übrigens sein, dass dein Kleines mit dem Laufenüben so beschäftigt ist, dass seine anderen Fähigkeiten etwas in den Hintergrund gedrängt werden und es in anderen Bereichen nicht mehr so viel übt. Zum Beispiel vergrößern Babys in dieser Zeit kaum ihren Wortschatz (oder nennen wir es besser »Brabbelschatz«). Sie wollen einfach auf den Beinen sein – denn von hier oben gibt es noch so viel mehr zu entdecken! Außerdem bist du das große Vorbild deines Babys, und du stehst ja schließlich auch den ganzen Tag auf zwei Beinen.

Andere wiederum sind eher interessiert an Spielen, auch an Büchern oder Musik und machen noch nicht so große Fortschritte in der Fortbewegung. Dafür eignen sie sich zum Beispiel den Pinzettengriff an (das ist der Griff mit Zeigefinger und Daumen, um gezielt einen kleinen Gegenstand aufzuheben). Der erfordert sehr viel Konzentration und Feinmotorik deines Babys. Vielleicht sammelt es nun stundenlang Flusen oder Krümel vom Küchenboden auf.

Dein Baby nimmt jetzt auch genau wahr, wer wer ist, es »spielt« schon richtig und kommuniziert, natürlich auf seine Art. Manchmal sind Geben-und-Nehmen-Spiele sehr gefragt: Du reichst deinem Baby einen Gegenstand, und es gibt ihn dir zurück. Das will es dann bestimmt Millionen Mal wiederholen.

ABSTILLEN – DEIN BABY VON DER BRUST ENTWÖHNEN

Der Prozess des Abstillens kann sehr individuell gestaltet sein. Man kann das Stillen langsam ausschleichen lassen, das Abstillen zu einem festen Zeitpunkt planen oder aber auch sehr abrupt abstillen (müssen). Ich habe tatsächlich schon alle diese Möglichkeiten durchlaufen und möchte dir im Folgenden von meinen verschiedenen Erfahrungen berichten.

Stillen ausschleichen lassen

Mein erstes Baby habe ich mit etwa anderthalb abgestillt. Damals hatte ich noch keinerlei Erfahrung und habe einfach so lange gestillt, bis mein Kleiner immer mehr gegessen hat und immer weniger an die Brust wollte. Ich habe mich also nach ihm gerichtet. Irgendwann wollte er nur noch nachts an die Brust, und das auch eher, um zu nuckeln, anstatt satt zu werden. Das wollte ich wiederum irgendwann nicht mehr. Und so habe ich nach und nach auch das Stillen nachts nicht mehr zugelassen. Mein Kleiner hat in der Nacht dann natürlich geweint. Und so habe ich ihn ein paar Nächte lang viel getragen und in meinen Armen geschaukelt. Aber nach ein paar unruhigen Nächten hatte er sich damit abgefunden.

Dieses ausschleichende Abstillen war für mich und meinen Körper ein sehr unkomplizierter Prozess, denn ich hatte sowieso nur noch wenig Milch, weil mein Kleiner schon fast normal gegessen hat. So bin ich auch von einem Milchstau oder einer Brustentzündung verschont geblieben. Die wenige Milch, die noch da war, ist durch den fehlenden Bedarf dann auch recht schnell versiegt.

Geplantes Abstillen

Im zehnten Lebensmonat meines zweiten Babys stand eine große Zahnbehandlung mit Narkose bei mir an. Für mich war klar, dass ich für ein großes Baby, das noch dazu eine gute Esserin war, nicht kompliziert Milch abpumpen wollte. Ich hatte damals zwei Wochen Zeit, um abzustillen. Und im Nachhinein muss ich sagen: Das war eine ziemlich toughe Zeit.

Zuerst habe ich sämtliche Stillmahlzeiten um die Hälfte reduziert und durch Brei ergänzt (außer natürlich nachts). Und erst nachdem ich alle Stillmahlzeiten halbiert hatte, habe ich nach und nach einzelne Stillmahlzeiten weggelassen. Am Schluss blieben nur noch die Nächte.

Diese zwei Wochen war ich wirklich ausschließlich mit Abstillen beschäftigt, da war nicht mehr viel Platz für anderes. Und es war eine echte Herausforderung für meinen kleinen Schatz und meinen Körper. Dennoch bin ich ohne Milchstau und Brustentzündung davongekommen.

Abruptes Abstillen

Als mein drittes Baby ungefähr acht Monate alt war, habe ich mich mit dem heißen Tee so verbrüht, dass ich operiert werden musste (ich habe bereits davon berichtet). Da war dann plötzlich von einer auf die

andere Sekunde nicht mehr ans Stillen zu denken. Und dann konnte ich mein Baby nicht mal tragen, als ich endlich aus dem Krankenhaus wiederkam. Das war ein schlimmes Abstillen und traumatisch für mich und meine Kleine. Da hatte ich dann auch einen Milchstau, habe Fieber bekommen und musste mit Antibiotika behandelt werden. Hinbekommen haben wir es trotzdem, und die seelischen Wunden sind gut verheilt. Meine Kleine habe ich damals übrigens mit Pre-Milch weitergefüttert.

Verschlafen …

Bei meinem vierten Baby ist meine Milch irgendwann einfach versiegt. Und zwar war es so, dass mein Kleiner mit 16 Monaten schon sehr viel gegessen hat – wie ein Scheunendrescher. Ich habe ihn tagsüber zwar noch gestillt, aber es wurde nach und nach immer weniger. Irgendwann hat er dann nur noch nachts getrunken. Ja, und dann hat er einmal ein paar Nächte hintereinander durchgeschlafen – was ungewöhnlich war, weil er kein »Durchschläfer« ist, übrigens bis heute nicht –, und in dieser Zeit ist meine Milch versiegt. Da war er ungefähr anderthalb. Als er die nächsten Nächte dann wieder aufwachte und trinken wollte, kam keine Milch mehr nach. Er hat das Abstillen also im wahrsten Sinne des Wortes verschlafen.

Viel körperliche Nähe und Liebe

Zusammenfassend kann ich sagen, dass ich das langsame Ausschleichen des Stillens als am angenehmsten und unkompliziertesten empfunden habe. Aber auch geplantes Abstillen kann entspannt sein, wenn man genug Zeit einplant. Das sollte, meiner Erfahrung nach, etwas länger als zwei Wochen sein.

Wichtig ist bei jeder Variante: Gib deinem Baby während des Abstillens viel körperliche Nähe und Liebe, damit es den Abschied von seiner geliebten Brust gut verarbeiten kann. Denn die hat es nicht nur ernährt, sondern ihm auch Geborgenheit vermittelt und ab und zu Trost gespendet. So kann es sicher sein, dass ihm durch das Abstillen nicht automatisch auch deine körperliche Nähe entzogen wird. Leider war mir das bei meinem dritten Baby wegen des Unfalls ja nicht möglich. Das hat unserer Bindung in der Zeit leider nicht gutgetan und vorübergehend zu einer leichten Entfremdung geführt.

Egal, für welche Methode du dich entscheidest (oder entscheiden musst): Babys sind unglaublich anpassungsfähig, und sie lernen wirklich schnell, mit den geänderten Umständen gut zurechtzukommen. Wertvoll ist, sich von vornherein auf etwa zwei Wochen einzustellen, in denen die Nächte vielleicht etwas anstrengender und unruhiger werden. Aber dann pendelt sich auch das bald wieder ein.

Meine sieben besten Tipps und Tricks zum Abstillen

1. Kühle deine Brust: Und zwar in den Phasen, in denen sie es eigentlich gewöhnt ist, dein Baby zu stillen. Du kannst dazu Kühlpads nehmen, die du im Kühlschrank vorkühlst (nicht im Gefrierschrank, da werden sie zu kalt): Rein damit in den BH und alle zwanzig Minuten austauschen. Du

QUARKWICKEL

Du brauchst:

1 Mullwindel oder 2 Blatt Küchenrolle
250–500 g Quark (hole ihn ungefähr eine halbe Stunde vorher aus dem Kühl-schrank)

Und so geht's:

Falte die Mullwindel erst zu einem Dreieck, dann weiter, bis eine etwa 10 Zenti-meter breite Manschette entsteht. Oder aber du schneidest in die Mitte jedes Küchenpapiers ein Loch (für die Brustwarzen).

Streiche nun ca. fingerdick den Quark darauf. Bei der Mullwindel muss nur so viel bestrichen werden, wie für deine Brust benötigt wird.

Dann wickele die Windel mit der Quarkseite nach unten rund um deine Brust. Aber so, dass die Brustwarzen frei bleiben, weil die empfindliche Haut hier sonst leicht aufweicht. Oder aber du legst auf jede Brust je ein Küchenpapier, sodass das Loch über deiner Brustwarze liegt.

Lass den Quarkwickel so lange auf der Brust, bis er warm geworden ist. Während dieser Zeit kannst du dich entspannt hinlegen oder -setzen und deinen Oberkör-per zusätzlich mit einem leichten Tuch bedecken, damit dir nicht zu kalt wird. Decke dich nur nicht mit einer Bett- oder Wolldecke zu, weil dann die Feuchtigkeit nicht verdunsten kann. Erst dadurch aber entsteht die kühlende, schmerzlindern-de und abschwellende Wirkung des Quarkwickels.

Nach dem Wickel lassen sich die angetrockneten Quarkkrümel recht leicht mit einem feuchten Lappen sanft von der Haut wischen.

kannst aber auch, wie beim Milchein-schuss ganz am Anfang, mit einem Kohlblatt kühlen (siehe Seite 64). Oder einen

2. Quarkwickel machen.

3. Streiche deine Brust aus, und zwar, wenn du merkst, dass deine Brust zu voll wird. Streiche aber nur so viel Milch aus, dass der Druck gerade so von deiner Brust genommen wird.

Wie das geht, habe ich dir auf Seite 69 bereits erklärt. Auf keinen Fall solltest du deine Brust vollständig entleeren, denn dadurch würdest du nur die Milchproduktion erneut anregen. Darum benutze möglichst auch keine Milchpumpe, denn auch die würde dazu führen, dass mehr Milch nach-produziert wird. Das Ausstreichen geht übrigens nicht mit gekühlter

Brust. Darum wärme und entspanne deine Brust kurz davor mit einem nasswarmen Waschlappen.

4. Teetrinken. Und zwar zwei bis vier Tassen Salbei- und/oder Minztee am Tag. Am besten sind frische Blätter oder getrocknete. Aber es reicht auch ein ganz normaler Beuteltee. Zwei bis vier Tassen am Tag. Salbei ist übrigens die beste Wahl, leckerer, aber nicht ganz so wirkungsvoll ist aber Minztee. Ich habe den in der Abstillphase immer sehr gern mit etwas Honig getrunken. Auch Petersilie wirkt abstillend. Die kann man sowohl essen als auch einen Tee daraus kochen (wie bei frischer Minze).

5. Quetsche deine Brust ein. Das klingt fies, ist aber wirkungsvoll: Wenn du einen engen BH oder einen Bandeau-BH (das ist eine Art trägerloser BH) trägst oder die Brust mit einem Tuch eng umwickelst, wird die Durchblutung gehemmt und so automatisch auch die Milchbildung. Diese Methode hat mir vor allem beim abrupten Abstillen sehr geholfen. Nur nie so eng schüren, dass es zu Blutstau kommt!

6. Viel kuscheln: Während wir stillen, produziert unser Körper ja unter anderem Oxytocin. Beim Abstillen wird das nun natürlich weniger gebildet, und wir leiden in dieser Zeit unter regelrechtem Oxytocin-Entzug. Das ist oft der Moment, in dem sich viele Mamas plötzlich traurig und als schlechte Mutter fühlen und sich als solche infrage stellen. Wenn es dir auch so gehen sollte, vergiss bitte nie:

Das ist einzig und allein deinen (fehlenden) Hormonen geschuldet. Und dieses Gefühl geht vorüber, wenn du dich erst wieder an das »normale« Maß an Oxytocin wie vor der Stillzeit gewöhnt hast. Einige Mamas fangen dann aber plötzlich doch wieder an zu stillen, weil sie das schlechte Gefühl einfach nicht aushalten und damit wieder überwinden wollen. Das führt allerdings zu einem Teufelskreis. Ich hoffe einfach, es hilft dir, zu wissen, dass dieses unangenehme Gefühl hormonell gesteuert ist und du keinesfalls eine schlechte Mutter bist, weil du abstillst. Dagegen hilft übrigens, sehr viel zu kuscheln. Vielleicht weniger mit dem Baby (denn dann wird die Milchproduktion wieder angeregt), sondern vor allem mit deinem/r Partner/in.

7. Massiere deine Brust, wenn du merkst, dass sie trotz der Empfehlungen oben immer gespannt und viel zu voll ist. Das kannst du ohnehin immer wieder zwischendurch während des Abstillprozesses machen. Beobachte dich genau: Wenn du merkst, dass deine Brust sehr heiß wird, du gar Fieber bekommst, unter Schwindel leidest und die Brust schmerzt, dann gehe zu deiner Frauenärztin. Diese wird dir empfehlen, was dann zu tun ist. Es gibt Medikamente, die das Abstillen sanft unterstützen. Denn wenn die Brust erst mal entzündet ist, wird es sehr schmerzhaft, und man kommt um die Behandlung mit Antibiotika nicht mehr herum.

Keine zwingenden Gründe zum Abstillen sind übrigens:

○ die erste Periode nach der Geburt

○ eine erneute Schwangerschaft: Da sollte jede Frau jedoch auf sich schauen, ob sie es körperlich schaffen kann

○ wenn du wieder anfängst zu arbeiten: Auch als arbeitende Mutter hast du ein Recht darauf, dein Baby während der Arbeit zu stillen

○ Brustentzündung: Es gibt Medikamente bis hin zu Antibiotika, die nur in ganz geringem Maße in die Muttermilch übergehen und keine Nebenwirkungen für das Baby haben (welche das sind, besprichst du mit deiner Frauenärztin)

○ Wenn das Baby Zähnchen bekommt: Klar, es tut verdammt weh, wenn dein Baby in deine Brust beißt. Wenn du aber ein paarmal wahrscheinlich aus Reflex entsprechend heftig darauf reagiert hast, wird dein Baby sicherlich

mit der Zeit daraus lernen. Vergiss nicht: Natürlich will dein Baby dir nicht absichtlich wehtun, es hat einfach kein Bewusstsein dafür, was es da tut

Wie lange stillen?

Wie und wann auch immer: Jede stillende Mama kommt irgendwann an den Punkt, an dem sie abstillen möchte oder muss. Manchmal ist das ein paar Wochen nach der Geburt, manchmal ein paar Monate, manchmal sogar erst ein paar Jahre später. Ich wünsche mir, dass jede Mama ganz frei für sich entscheiden kann, wann sie abstillen möchte, ohne Druck von außen.

Abstillen ist auch ein Abschied

Abstillen bedeutet ja, dein Baby von deiner Brust zu entwöhnen. Das ist für dich als Mama also eine Art Abschied. Und natürlich auch für dein Engelchen. Abschied von der Zeit, dein Kleines an der Brust zu säugen. Aber es ist auch ein Neuanfang. Gerade für den Papa. Denn der kann sich nach dem Abstillen intensiver ums Baby kümmern, wenn es unabhängiger von der Mutter wird – er kann es mit ernähren. Ab jetzt kann die bereits angelegte Papa-Kind-Beziehung wachsen und (noch) enger werden. Dazu aber später noch etwas mehr (siehe Seite 263).

Die erste Periode

Die erste Periode tritt normalerweise frühestens sechs Wochen nach der Geburt ein. Bei Mamas, die nicht stillen, kann sie sich sogar mit dem Wochenfluss überschneiden. Bei all den Mamas, die stillen, liegt der Eisprung und damit die erste Periode nach

der Schwangerschaft aber wahrscheinlich noch eine ganze Weile in der Zukunft. Oft ist die erste Monatsblutung an den Prozess des Abstillens gebunden, aber lange nicht immer. Einige Mamas bekommen die Periode auch schon während der Stillzeit. Meist tritt sie zwischen sechs bis 18 Monaten nach der Geburt auf.

Diese erste Monatsblutung nach der Schwangerschaft ist etwas ganz Besonderes. Mit ihr beginnt ein neuer Abschnitt. Denn bis dahin haben wir Mamas in der Schwangerschaft und oft auch noch in der Stillzeit in einer Art »Mama-Kosmos«, in einer »Mama-Blase« gelebt. Unser Körper ist in dieser Zeit hormonell einfach ganz anders programmiert, als wir es kennen.

Wenn dann unser normaler Zyklus wieder einsetzt, kommen auch andere Hormone zum Tragen, und andere weichen zurück, und das noch dazu in unterschiedlicher Intensität zu unterschiedlichen Zeiten. Dieses allmonatliche Auf und Ab kennen wir alle seit unserer Teenagerzeit. Und in der Regel machen wir uns darüber nicht mehr viele Gedanken, ignorieren unseren Zyklus sogar weitestgehend in unserem Leben. Wir haben einfach gelernt, damit umzugehen bzw. ihn unbemerkt in unseren Alltag zu integrieren.

Jedoch: Nach so einer langen Pause kann es einen dann doch ganz schön überraschen, wenn der Zyklus auf einmal wieder da ist. Noch dazu ist die erste Periode nach der Geburt meist sehr intensiv.

Ich habe zumindest damals zum ersten Mal wirklich gespürt und mir auch bewusst gemacht, was unser Körper leistet. Und wie man sich als Frau innerhalb dieser vier Wochen immer wieder verändert. Und gerade jetzt, wo wir Mamas geworden sind, dürfen wir uns einen Moment Zeit nehmen, um zu begreifen und auch zu würdigen, was wir Frauen da Monat für Monat eigentlich leisten.

Lasst uns bewusst mit unserem Zyklus umgehen, ihn nicht »wegdrücken«, denn wenn wir uns genau kennen, können wir auch mit unserer Kraft und Energie viel besser haushalten. Und das ist doch gerade als Mama sooo wichtig.

Es gibt natürlich auch Frauen, die ihren Zyklus anders wahrnehmen oder nicht so deutlich spüren. Aber auch da ist es doch interessant zu wissen, durch welche (hormonellen) Phasen wir uns in unserem Alltag bewegen und wie wir sie uns vielleicht zunutze machen können.

Fünf Phasen

Der weibliche Zyklus lässt sich in fünf Phasen einteilen:

1. Die Periode ist da, und zwar für die nächsten drei bis fünf Tage. Meist fühlen wir uns zu dieser Zeit ausgeglichen. Das liegt daran, dass der Östrogenspiegel ansteigt. Östrogen gilt ja als unser »Glückshormon«. Trotzdem hat man das Gefühl, man sollte nicht zu viel von sich wollen, zum Beispiel beim Sport lieber etwas kürzertreten, nicht über seine eigenen Grenzen gehen. Meine Empfehlung ist: Mache nur das, wozu du dich kräftig genug fühlst.

2. Mit Ausbleiben der Monatsblutung geht die zweite Phase los. Das ist meine Lieblingsphase. In dieser steigt

der Östrogenspiegel weiter an, und man fühlt sich oft voller Tatendrang, ist belastbar, hat Lust auf viel Bewegung, kann gut Dinge erledigen und managen, sich im Streit behaupten; kurzum: Man schafft ganz viel, ist kreativ und sehr wachsam. Wenn du weißt, wann diese Phase ist, kannst du deinen Alltag wunderbar danach ausrichten und größere Unternehmungen, wie zum Beispiel einen Umzug, in diese Zeit legen.

3. Es folgt die Phase des Eisprungs. Da fühlen wir uns meist wunderschön und anziehend, besonders weiblich. Auch diese Tage mag ich ganz besonders, vor allem auch in der Partnerschaft. Grundsätzlich ist man während dieser Zeit sehr gesellig und weniger Couch-Potatoe. Das ist übrigens auch die Phase, in der man ein Baby »in Angriff nimmt«, wenn man schwanger werden will.

4. Es folgt die Lutealphase, in der das Östrogen wieder sinkt. Wir spüren das. Allerdings äußert sich das noch nicht in trüber Stimmung, sondern eher in einem wachen Kopf, wir kommen auf den Boden der Tatsachen, weil wir einfach frei von (Glücks-)Hormonen sind. Und die sind zwar wunderschön, aber auch nicht immer in allen Lebenslagen die besten Berater. Mit gesundem Menschenverstand und kühlem Kopf kann man jetzt besonders gut Entscheidungen fällen, Verträge unterschreiben, Pro-Contra-Listen aufstellen. Übrigens hat man in dieser Phase meist mehr Appetit.

5. Die fünfte Phase ist nun die kurz vor der nächsten Monatsblutung, in der das Prämenstruelle Syndrom (PMS) einsetzt. Ich mag diese Zeit nicht. Nicht verwunderlich, denn ich bekomme Pickel und fühle mich auch sonst unglaublich unattraktiv. Der Appetit steigt weiter an. Das ist auch nicht besonders förderlich fürs allgemeine Wohlbefinden.

And so on and on and on …

Wenn du diese fünfte Phase also das erste Mal nach einer langen Pause erlebst, kann sie dich richtig umhauen. So war es damals bei mir. Im Nachhinein wusste ich: Mein Zyklus ist wieder da! Und damals habe ich mir dann auch vorgenommen, ihn ab jetzt genauer wahrzunehmen und meinen Alltag, wo möglich, danach auszurichten. In der fünften Phase legte ich ab sofort mehr Ruhepausen ein, ich lege auch mal die Füße hoch und gönne mir einen Kakao, pflege mich und lasse mich pflegen, streite gerade jetzt nicht, weil ich dann sowieso viel zu schnell aus der Haut fahre, ungerecht werde oder gleich anfange zu weinen. Man ist einfach nicht man selbst in dieser Zeit.

Ist es nicht gut, das zu wissen? Sich selbst genau zu kennen? Dieses Wissen kannst du mit durch deinen Alltag als Mama nehmen, ich garantiere dir: Es wird dir helfen.

Noch eine Sache zum Schluss: Der erste Zyklus nach der Geburt ist übrigens besonders fruchtbar. Da du den ersten Eisprung aber oft nicht bemerkst, solltet ihr immer verhüten, wenn ihr noch keine weiteren Babys haben möchtet.

DER SCHLAF DEINES GROSSEN BABYS

Schlafen ist und bleibt meist das ganze erste Lebensjahr deines Babys hindurch ein großes Thema. Und oft auch noch darüber hinaus. Denn erinnerst du dich? Unsere Kinder durchlaufen bis zum vierten Lebensjahr um die zehn Infekte im Jahr und bekommen bis zum dritten Geburtstag immerhin zwanzig Milchzähne. Dann kommen noch die berühmten Wachstums- und Entwicklungsschübe dazu. All das kann immer mal wieder zu unruhigen Nächten und zur Verschiebung des Schlafrhythmus' deines Engelchens führen.

Hinzu kommt, dass jedes Kind auch in seinem Schlafverhalten ganz individuell ist. Obwohl ich alle meine vier Kinder ähnlich behandelt habe, haben alle vier zu unterschiedlichen Zeiten das Ein- und Durchschlafen gelernt. Darum empfehle ich dir von Herzen: Hole dein Engelchen da ab, wo es steht. Folgende Empfehlungen helfen aber jedem Baby, ob klein oder groß, entspannter einzuschlafen.

Viel Bewegung und frische Luft

Wenn dein Baby sich tagsüber auspowern kann, ist es am Abend natürlich wohlig erschöpft. Verbring also so viel wie möglich Zeit an der frischen Luft. Ob als Kinderwagen- oder Trage-Mama oder auch, wenn längere Autofahrten anstehen – plane immer genug Pausen ein, in denen du dein Kind viel auf den Boden lässt, wo es ungehindert krabbeln oder robben und sich bewegen kann. In der Regel wollen Babys den ganzen Tag über in Bewegung sein, wenn sie nicht gerade schlafen. Babys durchlaufen am Tag tatsächlich diese drei Phasen: Sie wollen sich entweder bewegen oder schlafen oder sich auf etwas konzentrieren, um ihre Geschicklichkeit zu üben. Biete deinem Engelchen einfach so viel Gelegenheit wie möglich, sich auszutoben. Das fördert nebenbei noch seine Motorik.

Urvertrauen über den Tag stärken

Ein starkes Urvertrauen hat nach wie vor auch beim Schlafen eine große Bedeutung. Denn je älter dein Baby wird, umso mehr tritt es von sich heraus in Kontakt mit anderen Menschen, zum Beispiel auf dem Spielplatz. Gerade wenn es krabbeln kann oder sogar schon die ersten Schritte macht, bewegt es sich aus eigener Kraft und eigenem Willen auf andere zu. Das ist natürlich ein sehr bedeutender Entwicklungsschritt für dein großes Baby. Dieses mutige und selbstsichere Entfernen von der Mama (oder dem Papa) führt auf der anderen Seite dazu, dass dein Baby sich anschließend vielleicht umso drängender eine feste Umarmung von dir abholen muss. Das stärkt das Urvertrauen deines Engelchens. Sicherlich wird dein Kleines über den Tag auch immer mal wieder weinen, weil es hingefallen ist, sich erschreckt hat, ihm etwas nicht passt. Da werden Stresshormone ausgeschüttet, die am besten durch Nähe und Geborgenheit abgebaut werden. Denn wenn dein Baby am Abend voller aufgestauter Stresshormone ist, wird ihm das entspannte Einschlafen kaum gelingen. Sorge also dafür, dass es so wenig gestresst wie möglich durch den Tag kommt.

Gute Ernährung

Klar, dass eine gesunde Ernährung für das Wohlempfinden unserer großen Babys ganz entscheidend ist. Und sie hängt auch mit einem gesunden Schlaf zusammen. Du weißt: Im ersten (und am besten sogar auch im zweiten) Lebensjahr solltest du deinem Baby ohnehin keinen Zucker geben. Lies dir die Zutatenlisten der Lebensmittel, die du deinem Baby besonders am Abend zu essen gibst, aber genau durch. Denn oft sind versteckte Zucker in Grießbrei und Co. Wenn wir Zucker zu uns genommen haben, sinkt der Blutzuckerspiegel jedoch kurze Zeit später rasant in den Keller, und wir bekommen wieder Hunger oder haben ein Gefühl der Unterzuckerung. Das ist bei einem Baby noch viel ausgeprägter der Fall und wird es am ruhigen Einschlafen hindern.

Ruhe am Abend

Zwischen 17 bis 19 Uhr weinen kleine Babys häufig, weil sie über den Tag so viele Reize aufgenommen haben, die sie nicht verarbeiten können. Und was ihnen in dieser Zeit geholfen hat, das Abschirmen nämlich und die Nähe zu uns, wirkt auch bei großen Babys. Die quengeln am Abend auch schneller, und man merkt: Sie werden müde. Schalte in diesen Stunden, in denen dein Baby so empfänglich und sensibel ist, einen Gang runter, versuche, Ruhe in euren Ablauf zu bringen. Und plane nicht die größten, wildesten Unternehmungen mit deinem Baby am frühen Abend, wenn es sich irgendwie vermeiden lässt.

Einschlafritual

Über die letzten Monate haben wir gemeinsam ein Einschlafritual für unsere Babys entwickelt. Und das hilft auch deinem großen Baby, gut in den Schlaf zu kommen. Wie auch immer ihr euer Ritual gestaltet: Stimme dein Baby ungefähr eine halbe Stunde vor dem Einschlafen und jeden Abend ungefähr zur gleichen Zeit darauf ein, dass nun Schlafenszeit ist.

Ein Einschlafritual kann sich übrigens über die Monate auch verändern. Manchmal braucht dein Baby auch plötzlich wieder ewig, um einzuschlafen. Da empfehle ich dir: Bewahre Ruhe und bleibe geduldig. Plane die nächsten Abende etwas mehr Zeit ein. Dein Baby wird seine Gründe haben. Wenn du diese Zeit investierst, zahlt sich das relativ bald aus, und dein Engelchen wird wieder ganz beruhigt, ohne Druck und schneller einschlafen.

SO WAR ES BEI MIR

Als mein Kleiner etwas über ein Jahr alt war, habe ich sein Gitterbettchen in das Zimmer seiner Schwester (der damals Fünfjährigen) gestellt. So hatten die beiden von dem Zeitpunkt an ein gemeinsames Abendritual. Und das ging so: Nach dem Waschen, Umziehen und Zähneputzen haben wir zu dritt noch eine halbe Stunde ruhig im Zimmer auf dem Boden gesessen, uns eingecremt, erzählt, ein Buch gelesen … All das bereits in gemütlicher Abendstimmung, mit gedämpftem Licht. Meine Kleine ist dann in ihr Bettchen gekrochen und hat vielleicht noch ein Hör-

spiel gehört, und ich habe meinen Kleinen gestillt (andere werden ihrem Baby zum Einschlafen vielleicht ein Fläschchen geben), ihn dann noch wach in sein Gitterbettchen gelegt und meine Hand auf seinem Bauch gelassen, bis er eingeschlafen war. Das war ja schon Teil unseres Einschlafrituals mit sieben Monaten, mittlerweile schlief er innerhalb weniger Minuten ein.

Trösten in der Nacht

Du weißt schon, dass Babys nachts wach werden, um sich zu vergewissern, dass alles in Ordnung ist. Oft spielen sie in dieser Wachphase ein wenig mit sich selbst, brabbeln vor sich hin und schlafen dann allein wieder ein. Wenn dein Baby in diesen Phasen nichts fordert, lass es ganz in Ruhe. Vielleicht brabbelt es durchaus mal lauter. Auch da kannst du dich trauen, dein Kleines nicht zu stören. Traue deinem Baby zu, dass es allein wieder in den Schlaf findet. Solange es nicht weint, natürlich.

Wenn es aber weint, beruhige es auf jeden Fall. Dann hat es vielleicht Hunger oder Angst, hat schlecht geträumt und braucht einfach deine Nähe. Da muss dann auch kein Baby durch. Denn dann lernt es: Wenn ich nachts wach werde, ist keiner da. Wenn es so lange weint, bis es von allein wieder aufhört, hat sich dein Baby nicht selbst beruhigt, sondern aufgegeben und ist vor Müdigkeit wieder eingeschlafen. Und das ist doch kein schönes Gefühl, mit dem wir unser Baby durch die Nacht gehen lassen wollen. Damit dieses Gefühl gar nicht erst entsteht, nimm dein Baby also zu dir und tröste es, bis es wieder beruhigt einschlafen kann.

Das war nun das letzte Kapitel zum Thema »Schlafen« in diesem Buch. Mir bleibt, dir und euch in Zukunft viel Schlaf und gute Nächte zu wünschen. Es macht alles so viel einfacher, wenn man ausgeschlafen in den Tag startet.

Zum Abschluss möchte ich dir noch meine drei besten Tipps mit auf den Weg geben, die sich in den letzten Jahren mit meinen vier Kindern herauskristallisiert haben. Deren Grundlage ist:

Schlafen kann man nicht lernen, Schlafen ergibt sich, wenn man müde und entspannt ist.

1. Monotone, gleichbleibende Geräuschkulisse: Entspannt ist man, wenn man sich geborgen und sicher fühlt. Diese Geborgenheit erreichst du gerade bei einem kleinen Baby natürlich zuallererst durch deine Nähe. Als meine Babys älter wurden, reichte ihnen aber oft eine gleichbleibende, bekannte Geräuschkulisse. Dieses Gefühl haben sie sich nämlich aus dem Mutterleib bewahrt, wo schließlich auch nie Ruhe herrschte. Siehe dazu auch meine Ausführung zum »weißen Rauschen« auf Seite 106. Lasst doch die Tür zum Schlafzimmer auf, macht es euch in der Nähe bequem und unterhaltet euch in normaler Lautstärke (das muss gar nicht geflüstert sein). Oder, wenn du allein bist, telefoniere oder singe deinem Baby etwas vor.

2. Baby nicht aufdrehen lassen vor dem Schlafen: Einige Babys drehen, obwohl sie schon sehr müde sind, noch mal voll auf. Versuche, dein Baby in diesem

Aufbäumen zu beruhigen und nicht noch mal mit ihm zu »spielen«. Denn oft wird es direkt im Anschluss wieder ganz müde und schläft sofort ein. Ich habe meinen Kleinen dann gern in sein Bettchen gelegt und eine Weile meine Hand auf ihn gelegt. So hat er sich immer unglaublich schnell entspannt und ist nach wenigen Minuten eingeschlafen.

3. Vertraute Gerüche: Ich weiß, es gibt viele Düfte da draußen, die uns versprechen, dass unsere Kleinen besser in den Schlaf finden. Ich muss aber aus Erfahrung sagen: Unser Bettgehritual ist immer dann schneller vonstattengegangen, wenn das Bettzeug bereits benutzt war, und es hat im Gegenzug länger gedauert, wenn es frisch bezogen war. Denn auch Düfte vermitteln Geborgenheit und Sicherheit. Wenn meine Babys kurz vor dem Einschlafen den bekannten Geruch ihrer Bettwäsche riechen durften, schien mir das immer sehr förderlich fürs entspannte Einschlafen.

Und noch zwei Tipps, die bei meinen Kindern zwar nicht funktioniert haben, die ich dir aber nicht vorenthalten will, weil sie bei vielen Babys gut klappen:

4. Viele Kinder mögen es, mit einem kleinen Licht einzuschlafen (natürlich kein blaues, also Handylicht). Meine Kinder schlafen allerdings lieber bei Dunkelheit ein und auch besser durch.

5. Auch vertraute Kuscheltiere oder -tücher helfen einigen Babys beim Einschlafen.

JETZT GEHT'S UM DICH, MAMA!

Es ist an der Zeit, dass wir uns mal ausgiebig um dich kümmern, liebe Mama! Dein Baby ist im letzten Quartal vor seinem ersten Geburtstag und wird immer selbstständiger. Und auch du erlangst vielleicht Stück für Stück etwas Normalität in deinem, jetzt eurem Alltag zurück. Es ist auch an der Zeit, dass wir Mamas uns auf unsere eigenen Kräfte und Ressourcen besinnen sollten. Denn die müssen gepflegt und regelmäßig wieder aufgefüllt werden. Das sollten wir auch immer wieder tun: unsere Energiespeicher auffüllen. Denn es geht ja weiter und weiter und weiter mit Kindern im Alltag.

Darum ist dieses »Mama-Kapitel« dir gewidmet.

Ich bin sooo müde! Wenn du auf dem Zahnfleisch gehst

Während die Energie unserer Engelchen über den Tag geradezu unerschöpflich scheint, ist es um unsere eigene oft nicht so gut bestellt. Ein Thema, das alle Mamas, die einen mehr, die anderen weniger, kennen: *Ich bin sooo müüüüüde!!* Immerhin gelingt es den meisten von uns schon seit der Schwangerschaft nicht mehr, richtig durchzuschlafen, spätestens zur Geburt des Babys ist das Durch- und Ausschlafen ohnehin vorbei. Hinzu kommt noch die Belastung untertags in unserem Alltag mit Kind.

Bei einigen Mamas tritt die große Müdigkeit schon ein paar Wochen nach der Geburt auf, und sie gehen auf dem Zahnfleisch. Andere fühlen sich erst später über-

müdet und ausgelaugt. Mich hat es im elften Lebensmonat meines Kleinen erwischt. Denn zu der Zeit hatte mich mein normaler Alltag bereits wieder und ich viel zu wenig Möglichkeiten, mich auszuruhen. Das ist übrigens sehr häufig so: Je näher man dem zwölften Lebensmonat des Babys rückt, umso eingespannter ist die Mama wieder in ihren Alltag, arbeitet vielleicht sogar schon wieder, stemmt den Haushalt zu hundert Prozent und, und, und. Und »vergisst« darüber manchmal, dass da noch ein nicht mal einjähriges Baby an ihrer Seite ist, das zu Recht natürlich sehr viel fordert. Darum fällt vielen Mamas gerade um diese Zeit herum die große Müdigkeit und Erschöpfung auf die Füße.

Für uns Mamas ist es aber oft nicht leicht, genug Schlaf zu bekommen. Aber deswegen ist es umso wichtiger, einen Weg zu finden, wie wir mit der großen Müdigkeit umgehen. Lass ihn uns auf den nächsten Seiten gemeinsam suchen!

Als Allererstes ist wichtig zu wissen: Die Grundvoraussetzung für jeden Menschen, um fit und leistungsfähig durch den Tag zu kommen, ist *erholsamer* Schlaf. Und als Mütter müssen wir *jeden* Tag leistungsfähig sein. Und zwar den ganzen Tag über. Erholsamer Schlaf setzt sich aus der *Qualität* und der *Quantität* des Schlafs zusammen. Das Hauptproblem ist für uns Mamas sicherlich Letzteres. Denn je öfter unser Baby nachts aufwacht, umso kürzer, ruheloser und damit weniger erholsam ist unser Schlaf.

MEINE SECHS GOLDENEN REGELN

bei der großen Müdigkeit

1. Ausruhen, wann immer es geht: Wenn du tagsüber die Möglichkeit hast, dich gemeinsam mit deinem kleinen Baby auszuruhen, dann tue es! Je älter dein Baby aber wird, desto kürzer sind seine Schlafphasen am Tag und desto wichtiger ist für dich, in kurzen Nickerchen Erholung zu finden.

Mit den folgenden Punkten verbessern wir die Qualität unseres Schlafs, denn die können wir ein Stück weit beeinflussen:

2. Gehe früh schlafen: Das klingt leichter, als es ist. Denn endlich ist unser Engelchen eingeschlafen, und wir hätten ein paar wenige kostbare Abendstunden, um das zu tun, wozu den Tag über keine Zeit bleibt. Wenn du aber wirklich an deiner Grenze bist, versuche, vor Mitternacht, am besten sogar vor 23 Uhr, einzuschlafen. Denn das sind die erholsamsten Stunden für den Körper.

3. Nutze die Schlafphasen, die du hast, so intensiv wie möglich: Beschwere dich vor dem Schlafengehen darum nicht mit fettem Essen oder viel Sport, führe allgemein keine anstrengenden Tätigkeiten durch wie Möbelrücken und anderes. Du solltest auch vermeiden, zu lange vor Handy, Computer oder Fernseher zu sitzen. Deren »blaues Licht« wirkt eher anregend und hindert uns am geruhsamen und entspannten Einschlafen. Ich weiß soo gut, wie schwer das umzusetzen ist, gerade, wenn man tagsüber darauf achtet, vor dem Baby so wenig wie möglich das Handy zur Hand zu nehmen. Aber wenn du unter extremem Schlafmangel leidest, versuche wenigstens für ein paar Abende, den Konsum dieser Medien auf ein Minimum zu reduzieren.

Funfact: Während ich vor dem Laptop an diesem Text sitze, ist es übrigens 22 Uhr, und ich esse Dominosteine.

4. Trinke abends vor dem Schlafengehen keinen Alkohol, keinen schwarzen Tee, keinen Kaffee. Das Glas Wein zur Entspannung ist ein Mythos. Man kann vielleicht kurzfristig entspannen und besser einschlafen, aber tatsächlich

LIEBLINGSFRISUR FÜR »FAULE« TAGE:

Ein einfacher Knoten im Nacken oder ein Dutt auf dem Kopf.

POWERNAP – SO GEHT'S

Powernap bezeichnet einen Turboschlaf, der Körper und Geist bewiesenermaßen in kurzer Zeit mit neuer Kraft auflädt. Wichtig ist dabei, dass es sich wirklich um einen kurzen Schlaf handelt, der zwischen 15 bis 20 Minuten andauert, maximal 30 Minuten. Denn nach einer halben Stunde beginnt die Tiefschlafphase, und danach ist es sehr schwer, wieder aufzuwachen. Im Anschluss würdest du dich nicht ausgeruht, sondern gerädert fühlen. Powernapping kannst du üben, indem du dich tagsüber ins Bett oder auch auf das Sofa legst und dir einen Wecker stellst, der dich rechtzeitig wieder aufweckt. Je nachdem, wie müde du bist, wird es dir mehr oder weniger leichtfallen, einzuschlafen.

Du solltest versuchen, dabei nicht an anstehende Aufgaben zu denken, bedanke dich stattdessen bei deinem Körper, Stück für Stück, wie ich es weiter unten zum autogenen Training beschreibe, oder zähle meinetwegen Schafe, konzentriere dich auf deine Atmung. Vielleicht schiebst du auch in Gedanken die Wolken beiseite, Hauptsache, du lässt deine Gedanken los, um zu entspannen. Wenn der Wecker dann klingelt, wirst du am Anfang vielleicht noch gar nicht in den Schlaf gefunden haben. Stehe dann trotzdem auf. Auch das ist eine Ruhezeit, die dich schon erfrischen wird. So erlernt dein Körper nach und nach ganz automatisch den Rhythmus des Powernaps. Es wird dir wahrscheinlich dann von Mal zu Mal besser gelingen, einzuschlafen.

schläft man dann nicht tief und schon gar nicht durch.

5. Versuche abzuschalten: Wenn sich das Gedankenkarussell dreht, obwohl man rechtzeitig im Bett ist und auch das Baby selig schlummert, ist das zum Verrücktwerden. Dabei ist es kein Wunder, dass wir nicht auf Knopfdruck abschalten können. Schließlich sind wir den ganzen Tag über damit beschäftigt, uns aufzuteilen. Ich persönlich habe mir schon vor Jahren angewöhnt, in diesen Momenten im Bett eine Art schnelles autogenes Training zu machen, eine »Gedankenreise«: Ich bedanke mich bei meinem Körper, und zwar bei jedem Körperteil. Dazu liege ich auf dem Rücken und wandere mit geschlossenen Augen in Gedanken von den Fußspitzen bis zur Sohle. Und ich meine es dann auch ganz ernst. Denn mein Körper leistet ja wirklich so viel jeden Tag. Diese Technik führt dazu, dass ich mich ganz stark auf das Hier und Jetzt konzentriere und alle anderen Gedanken ausblenden kann. In den seltensten Fällen schaffe ich es übrigens bis

zu meinem Kopf, denn meistens bin ich vorher eingeschlafen. Vielleicht klingt das für dich erst mal merkwürdig, und vielleicht klappt es auch nicht beim ersten Mal. Aber ich sage dir: Es lohnt sich, es auszuprobieren!

6. Ernähre dich gesund: Gerade bei Schlafmangel ist eine gesunde Ernährung besonders wichtig. Insbesondere Eisen-, Vitamin-B- und Vitamin-D-Mangel kann übrigens auch dafür verantwortlich sein, dass man tagsüber total müde und abgeschlagen ist und sich nicht gut konzentrieren kann. Kläre doch zur Sicherheit einmal mit deiner Frauenärztin beim nächsten Besuch, wie es um dein Blutbild bestellt ist. Außerdem: Bei der nächsten Heißhungerattacke am Abend lieber zu ein paar Nüssen greifen, anstatt sich Süßkram zuzuführen. Der Zucker wirkt nämlich aufputschend und anregend und hindert uns ebenfalls am entspannten Einschlafen.

Sechs SOS-Tipps, wenn's hart auf hart kommt

1. Entscheide dich im Zweifelsfalle immer für längeres Schlafen. Zum Bei-
spiel statt Haare waschen. Du brauchst nur eine Frisur, die dich auch mit ungewaschenen Haaren mit einem einigermaßen guten Gefühl durch den Tag bringt.

2. Schminken. Unbedingt schminken. Es ist immens wichtig, dass man sein Spiegelbild einigermaßen leiden mag, wenn man sich innerlich schon so furchtbar fühlt.

3. Helle Farben anziehen und sich »schmücken«. Wenn ich müde bin, machen mich dunkle Farben noch niedergeschlagener. Ich trage dann Weiß. Und schöne Ohrringe, denn die lenken vom müden Gesicht ab und machen mir selbst Freude.

4. Gern den ein oder anderen Termin absagen, der dir zu stressig erscheint an dem Tag. Gute Freunde verstehen, wenn man einfach mal keine Kraft für ein Treffen hat.

5. Augentropfen. Wenn ich so richtig müde bin und am Limit, tun mir meine Augen weh, sie werden rot, und ich habe das Gefühl, es ist ein Fremdkörper darin. Das ist extrem selten, aber dann greife ich zu künstlicher Tränenflüssigkeit aus der Apotheke.

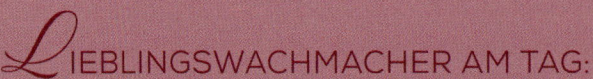

LIEBLINGSWACHMACHER AM TAG:

Nie schmeckt mir schwarzer Tee mit Milch und Honig besser, als wenn ich richtig müde bin.

Da ist nichts weiter drin, es ist ein ganz harmloses Präparat. Aber ein Tropfen ist dann Balsam für meine geschundenen Augen.

6. Und – natürlich! – gehe ich besonders gern an die frische Luft und bewege mich, wenn ich müde bin. Das tut immer gut und hilft ungemein.

Mehr Zeit hab ich nicht – »schön« in 5 Minuten

Du Liebe, gerade ging es um den Umgang mit der großen Müdigkeit. Jetzt will ich dir zeigen, wie ich meinen Notfall-Tipp Nummer 2, »Schminken im Alltag« umsetze. Wirklich in fünf Minuten. Denn dann kannst du vorher vielleicht noch fünf Minuten länger schlafen. Und selbst wenn du nicht übermüdet bist, haben wir Mamas morgens oft zu wenig Zeit, uns fertig zu machen. Und wenn wir mal mehr Zeit haben, warten genug andere Aufgaben auf uns, die vor dem Schminken drankommen. Gefühlt habe ich schon mein ganzes Leben lang morgens nie genug Zeit gehabt für ein ordentliches Make-up. Darum spreche ich hier aus etwa 25 Jahren Erfahrung.

Und weißt du was, dabei machen wir gleich mal schön unsere Beckenbodenübung! Ich habe es mir wirklich angewöhnt, beim Schminken immer meinen Beckenboden zu trainieren. Und da auch du mittlerweile sicherlich Profi bist bei dieser Rückbildungsübung, empfehle ich es auch dir. Es gilt wie gewohnt: Beim Ausatmen hochziehen, »Fahrstuhl fahren«, beim Einatmen locker lassen. Du kannst auch ruhig mal zwei, drei Atemzüge lang den Be-

ckenboden »oben« lassen. Und wenn du nur jeden zweiten Atemzug dran denkst, ist das immer noch besser als gar nicht.

1. Trockenshampoo: Wir beginnen mit den Haaren. Zumindest in meiner Welt sind die morgens fettig. Wenn ich also keine Zeit habe, sie zu waschen, nehme ich Trockenshampoo. Das sprühe ich auf den Haaransatz, überall da, wo das Haar fettig ist. Dann massiere ich das Ganze mit einem trockenen Handtuch oder Waschlappen ein. So kann das Puder das Fett auf der Kopfhaut aufsaugen, und ich habe den Frisch-gewaschene-Haare-Effekt. Danach noch durchkämmen und wenn du magst, auch noch mal ganz kurz durchföhnen, Scheitel ziehen und fertig.

2. Alltags-Outfit schonen: Ich ziehe mein Alltags-Outfit erst dann an, wenn ich mit meinen Haaren fertig bin, damit kein Trockenshampoo-Puder darauf landet. Aber *bevor* ich mich schminke, sonst landet Make-up im Pulli oder verwischt. Du siehst: Ich spare Zeit und Mühe, wo ich kann.

3. Schminken:
   – Die Tagescreme trage ich immer direkt nach dem Waschen des Gesichts auf. Wenn ich dann angezogen bin, geht's weiter. Ich mische auf meiner Hand Sonnencreme mit etwas Make-up. Den Mix trage ich mit einem Schwämmchen auf. Das dauert übrigens von allen Schritten am längsten, denn man muss es sehr genau und gründlich

machen, damit es keine unschönen sichtbaren Ränder gibt, gerade am Haaransatz und unterm Kinn. Dann säubere ich mit einem feuchten Q-Tip die Augenbrauen und Lippen vom Make-up-Gemisch.

– Als Nächstes trage ich ebenfalls mit dem Schwämmchen Concealer auf, das ist ein etwas deckenderes Make-up für Stellen wie Pickelchen, Pigmentflecken oder Augenringe. Auch das ist wieder Fleißarbeit, damit wir so ungeschminkt wie möglich aussehen, obwohl wir geschminkt sind.

– Jetzt fehlt noch Rouge. Das trage ich immer mit einem großen Pinsel auf die Wangen auf. Die Farbe wähle ich übrigens danach aus, was ich anziehe oder worauf ich eben Lust habe. Meist nehme ich eher ein dunkleres, fast schon ins Lila gehendes Rosa. Ich habe aber auch ein Rouge im Pfirsichton.

– Und: Fettstift ohne Farbe auf die Lippen. Dann fühlen sie sich schön geschmeidig an.

4. Meinen Schmuck lege ich ganz zum Schluss an, damit er nicht von Kosmetikprodukten beschmiert wird.

Fertig! Nicht perfekt, aber so fühle ich mich wohl und bin bereit für meinen Tag. Und mehr Zeit habe ich nun mal nicht.

$\mathcal{L}$IEBLINGSKOSMETIKA:

Ich benutze für die Lippen am liebsten einen sogenannten Propolis-Lippenstift. Propolis ist ein ganz natürliches Produkt, das von Bienen hergestellt wird und im Bienenstock gegen Bakterien und Pilze wirkt. Bei uns Menschen pflegt und regeneriert es besonders empfindliche und spröde Lippen und macht sie wunderbar geschmeidig. Du bekommst diesen Lippenstift sehr günstig beim Imker, aber auch in vielen Drogerien. Vorsicht nur, wenn du allergisch auf Bienen- oder Wespenstiche reagierst. Dann verzichte lieber darauf, denn Propolis hat ein hohes allergisches Potenzial.

Manchmal trage ich auch Honig auf meine Lippen auf. Das fühlt sich einen Hauch klebrig, aber auch sehr angenehm an und sorgt für eine gute Durchblutung. Honig ist das perfekte Mittel gegen spröde Lippen, weil er antiseptisch wirkt, das heißt, er reduziert Keime an Wunden und hemmt Entzündungen. Dadurch wird die Heilung von kleinen Rissen in unseren Lippen beschleunigt.

MEIN TIPP

Ich finde wichtig, dass das Make-up (auch der Concealer) immer einen Tick heller ist als der eigene Hautton. Das sieht schön edel aus. Nur wenn du eine sehr weiße Sonnencreme benutzt (ich versuche, das zu vermeiden), sollte das Make-up ein bisschen dunkler sein als normalerweise. Aber auch das ist natürlich Geschmackssache.

Helle Haare, dunkle Haare

Nun habe ich insofern »Glück«, als dass ich dunkle Augenbrauen und Wimpern habe. Aber auch, wenn du helle Augenbrauen und Wimpern hast, brauchst du nicht viel mehr als dreißig Sekunden Zeit, um deine Wimpern zu tuschen und die Augenbrauen nachzuziehen.

Die Marke der Make-up-Produkte spielt übrigens keine Rolle, wie ich finde. Ich habe mich in meinen 25 Jahren Schminkerfahrung schon mit jedem Budget geschminkt und finde, dass es in jeder Preisklasse tolle Produkte gibt.

Ich habe nichts anzuziehen! »Mama-Mode« im Alltag

Ich finde, es wird viel zu wenig darüber gesprochen, was Mamas gut tragen können, dabei gibt es schon das eine oder andere zu beachten bei der Klamottenwahl, wenn man mit Kindern unterwegs ist. In diesem Kapitel geht's also nicht um High Fashion, sondern darum, worauf ich beim Einkaufen, Kombinieren und Tragen von Klamotten achte, um meine besten Mode-Tipps als Mama für Mamas.

MEINE ZEHN GOLDENEN MAMA-MODE-REGELN

1. Meine Kleidung darf mich nicht einschnüren. Darum wähle ich oft Kleidungsstücke, die ein bis zwei Nummern zu groß sind. Ich mag es einfach, wenn's ein bisschen lockerer sitzt. Das betrifft natürlich keine Skinny-Jeans oder ein Abendkleid, aber in den meisten Kleidungsstücken fühle ich mich dann einfach wohler.

2. Das Material darf nicht kratzen. Dazu muss es meinen »Hals-Kratztest« bestehen: Wenn der Stoff am Hals kratzt, kommt mir das Teil nicht in den Kleiderschrank. Am liebsten trage ich natürliche weiche Materialien wie Baumwolle oder Jersey. Ich bin da über meine Schwangerschaften immer sensibler geworden und muss sagen: Für »Hauptsache, es sieht gut aus« bin ich definitiv zu alt und zu viel Mama.

3. Meine Kleidung muss praktisch sein. Sie anzuziehen darf mich nicht mehr Zeit kosten als nötig. Pullis mit einem zu engen Ausschnitt ruinieren beim An- und Ausziehen meinen Pferdeschwanz oder mein Make-up. Darum greife ich lieber zu Oberteilen mit etwas weiteren Ausschnitten. Und zu Blusen und Co., die nicht tausend winzige Knöpfe haben, sondern schnell an- und ausgezogen sind. Praktisch ist auch, wenn meine Jacken und Mäntel alle eine Kapuze haben. Gerade in Berlin kommt ja öfter mal Regen runter. Dann muss ich keinen sperrigen Regenschirm mit mir

herumtragen und habe – tadaa – mal wieder die Hände frei.

4. Auch meine Handtaschen dürfen über keinen komplizierten Schließmechanismus verfügen. Ich muss die Tasche schnell aufmachen können, um mal eben eine Windel oder ein Feuchttuch oder was auch immer herauszuholen. Außerdem dürfen Handtaschen nicht von der Schulter rutschen. Gerade, wenn man sein Kind trägt, in der Trage oder auf der Hüfte, ist das sehr nervenaufreibend. Darum mag ich auch ganz besonders Rucksäcke oder Cross-Body- oder Bauchtaschen, die man sich so umhängen und umschnallen kann, dass sie einem nicht runterrutschen. Und zu groß sein darf die Tasche auch nicht. Du weißt bereits, wie platzsparend ich meine Wickeltasche packe. Das erleichtert mir das Tragen und gibt mir größere Freiheit im Alltag.

5. Meine Kleidung sollte zum Anlass passen, dann fühle ich mich einfach wohler. Gemütliche Joggingkleidung ist in Berlin zum Glück absolut alltagstauglich. Bisschen Make-up, gepflegte Haare, Schmuck – fertig. Aber bei Terminen wie einem Gespräch in der Schule muss es schon etwas formaler sein. Da würde ich mich mit einer Jogginghose nicht wohlfühlen. Und bei einer Verabredung zum Ausgehen am Abend darf es selbstverständlich auch mal etwas schicker sein. Es macht ja auch so viel Freude, sich zurechtzumachen.

6. Meine Sachen sind immer sauber und gepflegt, da bin ich gern ein Vorbild für mein Kinder. Gerade das Sauberhalten der Kleidung ist mit Kindern aber nicht immer ganz leicht. Ich habe darum immer ein Feuchttuch dabei. Damit lassen sich wunderbar kleine Flecken auf der Kleidung entfernen. Damit meine ich übrigens kein Baby-Feuchttuch, sondern eins von diesen kleinen Erfrischungstüchern mit Zitronenaroma, die einem in Restaurants für die Hände gereicht werden.

Gerade wenn es um meine Lieblingskleidungsstücke geht, gehe ich sehr sorgsam damit um und pflege sie. Und wenn's der älteste Jogginganzug ist. Ich hänge nämlich sehr an meiner Kleidung und trage sie meist viele Jahre lang. Handwäsche bedeutet für mich dann auch Handwäsche (und nicht die in der Waschmaschine). Das geht übrigens in der Regel wesentlich schneller und ist in ein paar Minuten erledigt. Es sei denn, es muss ein Fleck eingeweicht werden. Und hinterher nicht aufhängen, sondern zum Trocknen hinlegen. Dann hast du lange was von deinen Lieblingsstücken.

MEIN TIPP

Bei schicken Anlässen mit der ganzen Familie, bei denen ich eine weiße Bluse trage, habe ich gern ein Wechseloberteil dabei. Irgendwas landet ja doch immer irgendwo. Und ich laufe nicht gern den Rest des

Abends mit Flecken auf dem Oberteil herum, während ich die ganzen Nicht-Mamas beneide, die strahlend sauber ihr Essen genießen. Zusammen mit einer Wechselstrumpfhose (Laufmaschen finde ich ganz furchtbar!) passt das wunderbar in die Handtasche.

7. Auch wenn ich Trends liebe, mache ich nicht automatisch jeden mit. Denn: Nur, weil etwas Trend ist, heißt es noch lange nicht, dass die Mode zu mir passt. Einiges ist auch einfach nicht mehr altersgemäß, wie ich finde. Mittlerweile weiß ich glücklicherweise genau, was zu mir passt und was nicht. Und, wie gesagt, bei Mode ist mir auch sehr wichtig, dass sie länger hält als eine Saison, sie soll mir sehr lange Freude machen.

8. Wenn du noch stillst: Suche dir auch dann Mode aus, die dich länger begleiten kann. Du brauchst weder Umstands- noch Stillmode. Kaufe Oberteile, die weite Ausschnitte haben oder insgesamt weit geschnitten sind. Fast jedes Oberteil lässt sich bequem hochziehen. Und weit ausgeschnittene eben auch nach unten.

9. Hohe Schuhe: Ich ziehe bei Verabredungen mit meinem Mann ganz gern hohe Schuhe an. Aber sonst passen sie gar nicht in meinen Alltag mit Kindern. Was ich oft mache, wenn ich mal hohe Schuhe trage: Ich stecke mir flache Schuhe in die Handtasche. Das ist dann natürlich nicht meine Clutch, sondern muss ein etwas größeres Modell sein.

10. Meine Kleidung soll nachhaltig und fair hergestellt sein: Wir alle sollten uns Gedanken darüber machen, wie die Kleidung hergestellt wird, die wir tragen. Für mich ist ein klares Ausschlusskriterium, wenn Kinderarbeit daran beteiligt ist. Es gibt da ganz tolle Webseiten, die darüber informieren, wie Kleidung hergestellt wird.

WIE SCHÖN, DASS DU GEBOREN BIST! –
BABYS ERSTER GEBURTSTAG

Dein Baby feiert seinen ersten Geburtstag! Ich könnte schon beim Schreiben anfangen zu heulen. Es ist so ein bedeutsamer Moment und ein wichtiger, emotionaler Tag für euch als Familie. Das erste Lebensjahr, zwölf Monate sind vergangen, in denen ihr euer Baby habt wachsen, lernen, lachen und weinen sehen. Irgendwie kann man es noch gar nicht fassen. Das erste Jahr geht sooo schnell vorbei!

Wir müssen jetzt ganz, ganz stark sein: Unsere Babys sind mit dem ersten Geburtstag nämlich offiziell keine Babys mehr, sondern Kleinkinder. Da schwingt auch immer ein bisschen Wehmut mit.

Aber vor allem ist es ein Grund zu feiern und auch stolz auf euch als Eltern zu sein. Was habt ihr nicht alles gemeinsam mit eurem Engelchen gemeistert! Darum feiern wir auch euch! Herzlichen Glückwunsch auch dir und euch zum ersten Geburtstag eures Babys!

Was ist das Besondere an diesem Tag? Dein Baby weiß noch nicht, dass es Geburtstag hat. Es hat noch keine »Freunde«, die man einladen kann, und kann auch noch nicht richtig feiern. Aber natürlich bekommt es diesen besonderen Tag mit, und darum kannst du ihn auch schön gestalten.

Bei vier Kindern und also schon viermal erstem Geburtstag, haben wir uns angewöhnt, daraus eine Art Familiengeburtstag zu machen. Wir feiern zum einen die Mama, weil die vor einem Jahr die ganze Arbeit geleistet und dieses Wunder vollbracht hat. Das ist auf jeden Fall einen lieben und innigen Gedanken wert. Und zum anderen ist die Familie um ein neues Mitglied größer geworden. Ist das nicht auch ein schöner Gedanke für den ersten Geburtstag? Unsere Tradition sieht vor, dass alle Geschwisterkinder ein kleines Geschenk bekommen und dass die ganze, auch erweiterte Familie und enge Freunde beisammen sind. Und so feiern wir den ersten Geburtstag als Familiengeburtstag.

Und trotzdem habe ich immer ganz klassisch dekoriert. Dein Baby braucht das natürlich noch nicht, aber mir hat es so viel Freude bereitet. Inklusiver riesengroßer Geburtstagstorte. Die war aber nur für uns Erwachsene und die älteren Kinder. Na gut, ich habe meinem Einjährigen ein winziges Stück gegeben. Und er hat es verschlungen. Für ihn gab's dann vor allem den zuckerfreien Kuchen. Das Rezept dazu verrate ich dir gleich. Aber auch der ist superlecker, und er hat ihn sehr gern gegessen. Und übrigens auch seine Geschwister.

Kommen wir zum Thema »Geschenke«. Natürlich sind auch die nicht notwendig. Ein Einjähriges braucht keine Geschenke und erwartet auch noch keine. Aber mir macht es einfach wahnsinnig viel Spaß zu schenken. Wir haben uns jedoch auf hochwertiges Holzspielzeug konzentriert, denn das ist zum einen gesundheitlich unbedenklich (weil keine Schadstoffe darin stecken) und hält auch länger. Und

so kann es auch gut weitergegeben werden, wenn dein Kind nicht mehr damit spielt.

Klassiker an Kleinkinderspielen zum ersten Geburtstag sind aus meiner Sicht: Kugelbahn (am besten mit großen Holzkugeln, weil die nicht verschluckt werden können), Nachziehtiere, Steckspiele, Rassel, Greiflinge, Musik- oder Geräuschespielzeug, Kuscheltiere.

Übrigens: Vielleicht macht dir das Spielzeug sogar genauso viel, wenn nicht sogar mehr Freude. Als Eltern habt ihr das große Glück, noch mal mit Kinderspielzeug spielen zu dürfen.

Fokus auf die Gemeinschaft

Wir versuchen dennoch, den Fokus nicht auf die Geschenke, sondern auf das gemeinsame Zusammensein zu legen. Unser Ritual für uns als enge Familie ist darum, dass jeder von uns von seinen schönsten Erlebnissen aus dem ersten Jahr mit dem Geburtstagskind berichtet. Da kommen so viele schöne, zum Teil vergessene Momente zusammen und Gefühle wieder hoch – wunderschön! Weil wir diese Zeit so sehr genießen, machen wir das übrigens mittlerweile bei jedem Geburtstag.

Welche Geburtstagstradition ihr auch immer einführen und pflegen wollt – genießt diesen besonderen Tag gemeinsam im kleinsten oder erweiterten Kreis mit euren Liebsten. Das Wichtigste ist auch hier: Lass dich bloß nicht stressen. Die Vorbereitungen für den (und das gilt für jeden) Geburtstag deines Kindes sollten dir Freude bereiten, keine schlaflosen Nächte bescheren. Denn du weißt ja, wie wichtig unser erholsamer Schlaf ist. Und wichtiger als jedes Geschenk, jede Girlande und jeder Kuchen ist eine Mama, sind Eltern, die froh und unbeschwert diesen Tag mit ihrem Kind feiern.

Mein Rezept für Babys ersten Geburtstagskuchen

Da wir vor allem im ersten Lebensjahr unserem Kind möglichst gar keinen Zucker geben wollen, es zu seinem Geburtstag aber seinen ersten Kuchen bekommen soll, gibt's eben einen gesunden. Und der schmeckt übrigens auch sehr, sehr lecker.

Bananenkuchen

Das brauchst du:

etwas Butter

2 EL gemahlene Haselnüsse oder Mandeln

3 reife Bananen

150 g Apfelmus

100 ml Reismilch

30 ml Rapsöl

200 Gramm Mehl (ich nehme gern Dinkelmehl, denn das hat einen leicht nussigen Geschmack, außerdem enthält es schön viele Mineralstoffe und Vitamine)

1 Päckchen Backpulver

Ceylonzimt

kleine Springform

Und so geht's:

○ Fette die Springform ordentlich mit Butter ein und bestäube sie mit den gemahlenen Nüssen. So klebt der Kuchen nachher nicht an der Form fest.

○ Heize den Ofen auf 180 Grad vor.

○ Püriere nun die Bananen.

- Gib dann nach und nach Apfelmus, Milch und Rapsöl dazu und rühre zwischendurch alles immer gut durch.
- Dann gibst du das Mehl dazu, das Backpulver und den Zimt und rührst alles mit einem Schneebesen oder Schaumschläger gut unter.
- Die Masse füllst du nun in die Form. Und ab damit in den Ofen, ungefähr für 30 bis 40 Minuten.
- Mache nach 30 Minuten eine Stäbchenprobe, damit der Kuchen weder verbrennt noch zu weich ist. Dafür stichst du mit einem Holzstäbchen oder einer Gabel in den Kuchen hinein und ziehst es/sie wieder heraus. Wenn noch Teig daran klebt, braucht der Kuchen noch eine kleine Weile.

Und nun: nach Herzenslust dekorieren mit Geburtstagskerzen und Co.

Guten Appetit!

THEMA

Papas only – ein Kapitel für die frischgebackenen Väter

Hallo, »neuer« Papa, ich freue mich so, dass du da bist und dieses Buch (oder zumindest dieses Kapitel) liest! Erst einmal möchte ich dir von Herzen zu deinem Baby gratulieren!

Dass du diese Zeilen liest, zeigt schon, dass du ein toller, fürsorglicher Mann bist, der sich für seine Frau und sein Baby interessiert. Das ist leider längst nicht immer so. Du machst also sicherlich sowieso schon ganz viel richtig. Aber vielleicht bist du für den ein oder anderen Hinweis aus der Feder einer Vierfachmutter – und Ehefrau – dankbar.

Wochenbettzeit = Mama-Baby-Zeit

Fangen wir mit dem Wochenbett an: Das ist wirklich ein absoluter Ausnahmezustand für deine Frau, denn sie hat die anstrengende Geburt hinter sich, ihr Körper erholt sich von der harten Arbeit, eventuelle Geburtswunden müssen ausheilen, sie muss erst wieder zu Kräften kommen. In dieser Zeit rauschen auch die Schwangerschaftshormone in den Keller, was durchaus dazu führen kann, dass die frischgewordene Mama mal sehr traurig und niedergeschlagen ist. Es kann sogar zu einer Wochenbettdepression kommen, das ist aber selten (wie ihr die erkennt, kannst du auf Seite 40 nachlesen).

Wahrscheinlich hast du in dieser ersten, ganz besonderen Zeit manchmal das Gefühl, nicht so recht dazuzugehören, irgendwie außen vor zu sein. Und damit hast du recht. Denn das Wochenbett ist vor allem davon geprägt, dass Mama und Baby zusammenwachsen und ihren ganz eigenen ersten zarten Rhythmus finden.

In den ersten Wochen geht es deshalb für dich vor allem darum, deine Frau dabei zu unterstützen, das heißt: Sie kümmert sich ums Baby, und du entlastest sie in allen anderen Bereichen. Denn umso mehr Kraft und Aufmerksamkeit kann sie für euer Baby frei machen, und umso entspannter und besser kann euer Engelchen wachsen und gedeihen. Und das ist doch auch für den Papa gut.

Kurz: Das Wochenbett ist keine »Vaterzeit«, sondern eine Zeit, in der der Mann sich ganz doll um die Frau kümmert und diese wiederum ganz doll ums Baby. Die echte »Vaterzeit« beginnt dann erst im Laufe der ersten Monate.

Papa-Baby-Beziehung

Nur, weil sich im Wochenbett hauptsächlich die Mama um das Baby kümmert, heißt das nicht, dass du als Papa dein Kleines nicht auf den Arm nehmen, es liebkosen, es herumtragen sollst. Im Gegenteil: Jetzt ist die beste und eine ganz wichtige Zeit für das sogenannte Bonding (siehe Seite 15). Durch ganz viel Nähe, Kuscheln und Zärtlichkeiten zwischen dir und deinem Baby könnt ihr ein enges und inniges Band aufbauen, das sich später leicht weiterspinnen und um ein Vielfaches verstärken lässt. Mit ein klein bisschen Übung wirst du auch schnell den Bogen raushaben, wie du dein Baby am besten hältst, trägst, pflegst (wie du das machst, kannst du übrigens im ersten Teil des Buchs nachlesen) – selbst wenn du am Anfang vielleicht noch etwas Sorge hast, dein Kleines könnte für deine starken Arme zu zerbrechlich sein.

Eventuell hast du nicht viele Vorbilder für dieses Zärtlichsein mit deinem Baby. Tatsächlich ist es in unserem Kulturkreis noch nicht lange üblich, dass die Papas sich schon mit dem Säugling beschäftigen. Jahrzehntelang traten sie erst viel später im Leben ihrer Kinder so richtig auf den Plan. Wir Frauen dagegen hatten schon immer viele Vorbilder, oft in der Familie: die eigene Mama, Oma, vielleicht Tanten, große Schwestern, aber auch Freundinnen, die schon Kinder haben. Darum kann es eine besondere Herausforderung für dich als Mann sein, und ich möchte dich umso mehr dazu ermutigen: Probiere es aus, traue deinem Gefühl und lass ganz viel Zärtlichkeit mit deinem Baby zu!

Mamas und Papas sind verschieden – und das ist gut so

Je älter ein Baby wird, umso stärker können die Papas sich einbringen. Da ist es faszinierend zu beobachten, wie verschieden Mütter und Väter mit ihren Kindern umgehen. Wo wir Mütter oftmals sehr auf Sicherheit, Struktur und Kontrolle bedacht sind (wie viel Gemüse isst unser Kind, passt die Kleidung zum Wetter?), kümmern sich die Väter nicht so sehr um »Details«. Da werden die Spiele auf dem Spielplatz schnell waghalsiger, vielleicht haben die Kleinen dabei noch Sandalen an, obwohl schon die Blätter von den Bäumen fallen. Kurzum: Väter überbehüten ihre Kinder nicht so sehr. Sie trauen ihnen mehr zu. Und das stärkt sie. So ergänzt sich die Sicherheit, die sie von ihren Mamas bekommen, ganz wunderbar mit dem Selbstvertrauen, das sie ihre Papas lehren.

Und, lieber Papa, lass mich dir darum eins zum Abschluss mit auf den Weg geben: Wahrscheinlich wird es mal die ein oder andere Streitigkeit geben über die Menge an Gemüse, die euer Kind, gemessen an den Fischstäbchen, zu sich nimmt, oder darüber, ob es im Winter wirklich keinen Schal braucht. Aber sei dir sicher: Du machst es auf deine Weise genau richtig. Es ist gut, wie du mit deinem Kind umgehst. Genauso, wie es richtig und gut ist, wie die Mama es macht. Euer Kind braucht beides.

Nachwort

Du Liebe,
jetzt sind wir eng an eng zusammen durch die letzten zwölf Monate gegangen. Vielleicht sogar vorher schon durch neun, zehn Monate Schwangerschaft. Was für eine bewegende Zeit! Und ging sie gefühlt nicht unglaublich schnell vorbei? Glaube mir, das wird so bleiben. Die Zeit mit unseren Kindern vergeht wie im Flug, und ruck, zuck werden sie zwei, drei, vier, fünf Jahre alt, kommen in die Schule … Was soll ich sagen: Mein Ältester ist immerhin schon 15 Jahre alt!

Umso mehr genieße ich es, euch Mamas immer wieder durch eure allererste Zeit mit eurem Engelchen zu begleiten, euch

zur Seite zu stehen bei all euren Fragen. Und ich hoffe von Herzen, dass ich das auch weiterhin tun kann. Dazu gibt es meinen YouTube-Kanal und meinen Blog. Und, wer weiß, vielleicht auch bald noch ein drittes Buch von mir.

Was bleibt mir zum Abschluss noch zu sagen? Ich danke dir für dein Vertrauen und wünsche dir und deiner Familie auch für euren weiteren Weg mit eurem Kleinkind alles Gute, viel Liebe, Freude, Geduld, Gelassenheit und Vertrauen in euch und die Zukunft.

Und vergiss nie: Du bist auch die beste Mama für dein Kleinkind!

Danke

Mein großer Dank geht auch diesmal zuallererst an Stefanie Hess und das gesamte Droemer-Knaur-Team. Weil sie ein zweites Mal an mich geglaubt haben – sodass auch dieses Buch entstehen konnte. Dafür bin ich sehr, sehr dankbar, weil mir gerade die Botschaft in diesem Buch sehr am Herzen liegt.

Dann bedanke ich mich ganz doll bei Nina Schnackenbeck, die wieder mit mir zusammen gegrübelt, geschrieben, umformuliert und die Sätze geschliffen hat. Wir sind mittlerweile ein super eingespieltes Team, was uns vor allem in Zeiten von Corona und Lockdown sehr zugute kam: So haben wir uns dieses Mal auch draußen getroffen und viel auf Parkbänken gesessen und gefroren. Danke, Nina! Danke auch für deine Geduld, deine Sorgfalt, deine guten Gedanken und Ideen. Und deine Energie, auch dieses Buch mit mir so gut zu seinem Ende gebracht zu haben.

Ebenso bedanken möchte ich mich bei meinem besten Freund und Kameramann meiner YouTube-Videos Michael Gabat. Und natürlich bei meinen Freundinnen Manuela und Flavia, die ihr mit Sicherheit aus dem ein oder anderen Video kennt. Auch bei meiner lieben Freundin Anita, die ich noch aus meiner Schulzeit kenne, und die ihren Input zum Thema »Zwillinge« gegeben hat.

Danke an Anna-Juliana für den Beweis, dass eine Mama-Nicht-Mama-Freundschaft funktioniert.

Meinem Mann bin ich natürlich unendlich dankbar dafür, dass er mich jederzeit liebevoll unterstützt, mich morgens ausschlafen lässt, wenn ich mal wieder die Nacht über den Texten zu diesem Buch gesessen habe.

Und meinen Kindern. Einfach dafür, dass sie da sind. Ohne sie gäbe es weder meine YouTube-Videos noch mein erstes oder dieses Buch. Ich bin unendlich glücklich, dass ihr in meinem Leben seid.

Und dann, ja dann bedanke ich mich von Herzen bei euch Mamas! Ihr begleitet mich schon so viele Jahre, inspiriert mich, gebt mir durch eure zahlreichen Kommentare Anregungen und unterstützt und bestätigt mich tagtäglich mit euren liebevollen Zeilen in dem, was ich tue. Und das bis heute und jeden Tag. Ihr Lieben, eure herzlichen Nachrichten und eure liebevolle Unterstützung bedeuten mir jeden Tag aufs Neue sehr, sehr viel. Ihr seid mir im Laufe Zeit richtig ans Herz gewachsen, schön, dass es euch gibt.

Die zehn wichtigsten Entwicklungsschübe deines Babys und Kleinkinds

Unsere Babys durchlaufen in den ersten anderthalb Jahren eine enorme Entwicklung. Und weil es sich eben um die ersten 18 Monate handelt, wagen wir hier nun auch einen kleinen Ausblick in die Zeit nach dem ersten Geburtstag, wenn dein Baby schon ein Kleinkind ist.

Auch wenn dein Baby *jeden* Tag ein klein wenig mehr dazulernt, kann man diese Entwicklungen grob in verschiedene Phasen unterteilen. Phasen, in denen sich im Gehirn die Nervenzellen besser miteinander verbinden und vernetzen und dein Baby dabei gefühlt »sprunghaft« neue körperliche oder geistige Fähigkeiten entwickelt. Und so verändert sich Stück für Stück seine Welt.

Bevor ich diese zehn Entwicklungsschübe einmal aufzähle, ist mir noch einmal wichtig zu sagen: Lass dich nicht davon unter Druck setzen, wenn die Entwicklungen bei deinem Kleinen anders vonstattengehen. Es geht nicht darum, was wann dran sein *muss,* sondern lediglich um einen Überblick, was dein Baby in den ersten anderthalb Jahren erwartet. Und damit ja auch dich und euch als Eltern.

Die ersten Entwicklungsschübe verlaufen bei den meisten Babys übrigens noch einigermaßen gleichzeitig, doch spätestens ab dem sechsten Lebensmonat entwickeln sie sich sehr individuell und in ihrer jeweils eigenen Geschwindigkeit.

Bei Frühgeborenen gilt normalerweise der ursprünglich errechnete Entbindungstermin als Ausgangspunkt für die Entwicklungsphasen, nicht der Zeitpunkt, an dem das Baby tatsächlich auf die Welt gekommen ist. Denn Frühgeborene brauchen in der Regel einfach noch etwas länger, um ins Leben zu starten.

Die zehn Entwicklungsschübe

1. Schub: um die 5. Lebenswoche herum
Dein Baby fängt an, richtig zu sehen und zu hören

2. Schub: um die 8. Woche
Alle Sinne deines Babys entwickeln sich langsam weiter, wie auch das Tasten und Riechen; es kann noch besser sehen und hören

3. Schub: um die 12. Woche
Hier bildet sich Babys erstes Sozialverhalten heraus, es fängt zum Beispiel an, Gesichter zu lesen und ihnen Stimmen zuzuordnen

4. Schub: um die 19. Woche
Die orale Phase beginnt, das heißt, dein

Baby steckt sich alles in den Mund, um es damit und mit der Zunge zu erforschen

5. Schub: um die 26. Woche

Hier entdeckt dein Baby vor allem seinen Körper, es dreht sich, versucht vielleicht zu robben, macht erste Krabbelversuche; einige fangen auch schon an zu brabbeln, aber lange nicht alle Babys

6. Schub: um die 37. Woche

Dein Baby möchte das Gelernte anwenden, es bewegt sich durch die Wohnung, vielleicht rollend, robbend, vielleicht schon krabbelnd

7. Schub: Um die 47. Woche

Jetzt lernt dein mittlerweile bereits Kleinkind vielleicht, erste Wörter zu sprechen; wie gesagt, das ist nicht bei allen Babys so, du weißt: Meine waren sprachlich auch etwas später dran

8. Schub: um die 55. Woche: Bei vielen Kleinkindern steht nun das Laufen auf dem Plan

9. Schub: um die 64. Woche

Dein Kleinkind fängt an zu verstehen, dass Dinge zusammengehören, es begreift Zusammenhänge besser; zum Beispiel versteht es, dass es nach dem Anziehen gleich rausgehen und den Spielplatz besuchen wird; es entwickelt damit auch nach und nach die Fähigkeit, vorauszudenken (vielleicht nimmt es ein Eimerchen für den Spielplatz mit)

10. Schub: um die 75. Woche

Und jetzt beginnt dein Kleinkind, diese Zusammenhänge zu hinterfragen, es fängt an, ganz genau zu untersuchen, wie was funktioniert; Kinder verhalten sich ab jetzt in unterschiedlichen Systemen und Routinen auch schon unterschiedlich, sie entwi-

ckeln eigene Strategien, entwickeln sich zu richtig smarten und klugen Menschlein

Entwicklungsschub erkennen

Da die Wochenangaben für die Entwicklungsschübe nur ungefähre Angaben sind und variieren können, fragst du dich vielleicht: Woran erkenne ich denn, dass mein Kleines einen Entwicklungsschub durchmacht? Keine Sorge, du *wirst* es erkennen. Denn in den Entwicklungsphasen sind unsere Engelchen oftmals quengeliger, weinerlicher und anhänglicher als sonst, brauchen sehr viel Nähe, Geborgenheit und Aufmerksamkeit und durchbrechen vielleicht auch die ein oder andere bereits gewohnte Routine. Wachen also nachts wieder häufiger auf, wollen öfter an die Brust, Babys, die schon Brei essen, haben auf einmal wieder mehr Lust auf Milch … Je älter dein Kleines in einer Entwicklungsphase ist, umso mehr kann sein Verhalten auch in Richtung Wutanfall, Auf-den-Boden-Werfen, Bockig-Werden oder Sich-steif-Machen gehen.

Wenn du einen Infekt, einen neuen Zahn oder zum Beispiel auch die Fremdelphase ausschließen kannst, wird es sich aller Wahrscheinlichkeit nach um einen Entwicklungsschub deines Engelchens handeln.

So kannst du deinem Kleinen helfen

Nimm diese Phasen an, wie sie kommen, und versuche, dein Engelchen darin zu verstehen und für es da zu sein. Dein Kind braucht dann ganz, ganz doll seine Mama und muss sehr umsorgt werden. Geht da gemeinsam durch. Verzweifle vor allem nicht daran, versuche nicht, dein Kleines abhärten zu wollen, weil es aus deiner Sicht »nichts« hat. Bleibe, egal wie alt dein Baby oder Kleinkind ist, gelassen und sei dir dabei immer sicher: Dein Kleines will dich nicht ärgern. Es hat nur im Moment eine Menge zu verarbeiten.

Diese Phasen gehen auch wieder vorü-ber. Sie kommen manchmal über Nacht und können einige Tage, in seltenen Fällen aber auch mal ein bis zwei Wochen dau-ern. Im Anschluss wirst du bemerken, dass dein Engelchen etwas Neues erlernt hat – dann kannst du stolz sein auf dein Kleines, und ihr könnt euch gemeinsam ganz doll darüber freuen.

Alles auf einen Blick

STICHWORTREGISTER

A

Abendbrei 178
Abstillen 240 ff.
Alkohol 68, 75, 252
alleinerziehend 196 ff.
Arbeitsplatz 50, 54
Armhaltung 79
Atemnot 129
Augenfarbe 17

B

Baby im Sommer 127
Baby im Winter 131
Babyblues 38
Babygrößen/Kleidergrößen 116
Babyhängematte 105
Baby-led Weaning 182
Babymassage 98
Babynagelschere 93
Baden/Duschen 91
Bauchmuskulatur 148 f., 219
Bäuerchen 98
Beckenboden 219
Beckenbodentraining 147 ff.
Bedürfnisbefriedigung 47
Bedürfnisse 52 ff., 95, 102
Beikost 174
Besuch 193, 214
Bilirubin(wert) 21
Blutung, äußere 144
Blutung, innere 144
Bonding 15
Bronchitis 142
Brustentzündung 244
Brustwiegehaltung 79
Buddha-Baby 95

C

Clusterfeeding 57
Co-Bedding 82
Co-Sleeping 82

D

Daumen 60
Dehydrierung/Austrocknung 137, 139
Diät 45, 71
Dreimonatskoliken 110
Dreitagefieber 140
Durchschlafen 150

E

Eifersucht 153
Einschlafhilfe 150
Eisenmangel 218, 254
Ellbogenluxation 145
Elterngeld 50
Elternzeit 49
Entwicklungsphase 267
Entwicklungsschritt 12, 115
Entwicklungsschub 152, 267
Erkältung Baby 135
Erkältung Mama 135
Ernährung 37, 40, 45 f., 71 ff.
Erste Hilfe für Babys 143
Erstickungsanfall 143

F

Familienbett 82
Familienpflegerinnen 41
Federwiege 105
Feinmotorik 239
Feuchttücher 88
Feuermal 18
Fieberkrampf 140
Fläschchen 34, 55, 70, 76 ff.
Fliegergriff 81

Fluorid 24, 172
Fontanelle(n) 16
Footballposition (Seiten-, Rückenhaltung) 63
Fototherapie 21
Fremdbetreuung 210
Fremdeln 213
Frühchen 23, 142
Frühgeburt 25
Frühstücksbrei 178
Füße (Mama) 221

G

Gebärmutter 14, 18, 35 f.
Geburt, schwierige 112
Geburtstag, erster 260
Gehirnerschütterung 145
Geschenke 260
Geschwister 153
Gewicht (Baby) 22, 29
Gewicht (Mama) 71, 221
Giftnotruf 144
Glukoselösung 21

H

Haarausfall 218
Halsschmerzen 136
Handling 78
Haushaltshilfe 33, 41, 197
Hautfalten 92, 129
Herzdruckmassage 87
High-Need-Baby 102
Hochziehen 255
Honig 74, 185, 243, 256
Husten 136, 138, 141 ff.

I

Impfen 146 f.
Inkubator/Brutkasten 23, 25
Insektenstiche 129

K

Kaffee 73 f., 252
Känguruhen 25 f.
Kinderkrippe (Krippe) 212 f.
Kindertagesbetreuung (Kita) 212
Kindspech (Mekonium) 19, 56
KiSS-Syndrom 100, 101
Knochenbruch 100, 145
Koffein 73 f.
Koliken 110 ff.
Kolostrum (Vormilch) 19, 56
Kopfgneis 18
Körper (Mama) 218
Körpertemperatur 23, 97, 131
Krabbeln 157 ff., 201, 207, 236
krabbelsicher 204
Kümmel 110

L

Lanugobehaarung 16
Laufen 159, 201, 236 ff.
Leistenbruch 100
Lungenentzündung 142 f.

M

Magen-Darm-Virus 139
Make-up 255 ff.
Mama-Fitness 221
Milchabpumpen 68 ff.
Milchbildung 26, 58, 66 f.
Milcheinschuss 38, 56
Milchpumpe 69 f.
Milchschorf 18
Milchspendereflex 62, 69, 70
Mittagsbrei 177 ff.
Mittagsschlaf 188
Mittelohrentzündung 100, 140
Mode 257
Mongolenfleck 19
Müdigkeit 251 f.
Mutterinstinkt 165, 208
Muttermilch 55 ff.
Mütterpflegerinnen 41
Mutterschutz 49

N

Nabelbruch 19
Nabelpflege 89
Nachmittagsbrei 178
Nachwehen 35, 37
Nagelpflege 93
Nestschutz 137
Neugeborenengelbsucht 21
Nicht-Stillen 40, 75 ff.
Nikotin (Rauchen) 75

O

Ohrenschmerzen 140
Orale Phase 160, 174, 267
Oxytocin 14, 15, 37, 39, 70, 77, 135, 243

P

Periode, erste 244
Perzentilenkurve 29, 30
Pigmentflecken 219
Pinzettengriff 239
Plazenta 35 f.
Plötzlicher Kindstod 85
Postnatale Depression (Wochenbettdepression) 40
Powernap 253
Pre-Milch 76, 127 f., 174 ff., 178, 182
Prolaktin 67
Pseudokrupp 141 f.
Pucken 103
Putzmittel (Gift) 158, 205

R

Rachitis 24
Rektusdiastase 36
Robben 162 ff., 236, 247, 268
Routine/Rhythmus 30 ff., 47, 150 ff.
RS Virus 142
Rückbildungsgymnastik 42, 147, 215, 219 f.
Rückenmuskulatur 162 f., 215
Rückentrage 124, 191

S

Saugreflex 56, 59
Schnuller 59, 77, 107, 118
Schnupfen 65, 136 f., 140
Schreiambulanz 109
Schreibaby 95, 100 ff.
Schritte, erste 236, 238 f.
Schulterhaltung 80
Schütteltrauma/schütteln 109
Schwitzen 118, 131
Screening/Stoffwechseltest 20
Sex nach der Geburt 46
Sicherheit (Baby) 204, 206
Sitzen 163
Sonneneinstrahlung 17, 21, 24, 127, 130 ff.
Sonnenschutz 119, 127, 219
Spielzeug 160, 204, 206, 260 f.
Steckdosen 161, 204
Stillen 55 ff.
Stillen im Sitzen 63
Stillen nach Bedarf 57, 96
Stillkissen 34, 61, 62 f.
Stillpositionen 62 ff.
Stillprobleme 64 ff.
Stillrhythmus 57
Storchenbiss 18
Süßigkeiten 173

T

Tee 57, 66 f., 73 f., 110, 128, 136, 138, 141, 144, 243
Tragetuch binden 121

U

Übergangsmilch 56
Überhitzung 103, 118, 128
unterkühlen 97
U-Untersuchung 20, 21 ff.

V

Verbrühung 146
Verhütung 46
Vitamin D 24, 132
Vitamin K 22, 23
Vorsorgeheft 29

W
Weinen/Schreien 95 ff.
Weißes Rauschen 106
Wickelkreuztrage 121
Wickeln 88 f.
Wiege 105 f.
Wiege-Haltung 79
Windelbereich, wund 89
Windeldermatitis 89
Windeln 88
Windelpilz (Windelsoor) 89
Wippe 150 f., 158, 160

Wochenbett 27 ff.
Wochenfluss 36 f., 45, 220, 244
Würgereflex 185

Z
Zahnen 171
Zähneputzen 171
Zahngesundheit 172
Zahnhygiene 171
Zeichensprache 203
Zungenstoßreflex 175 f.
Zwiebelsäckchen 140

Rezepte:
Babybrei, Gemüse (Möhren) 181
Bananenkuchen, zuckerfrei 261

Meine Übungen:
Rückbildungsübungen, Teil 1
42
Rückbildungsübungen, Teil 2
147
Mama-Fitness 221